21世纪高等院校计算机实用技术规划教材

多媒体CAI
课件制作实用教程

（第3版）微课视频版

缪亮 傅荣会 主编

清华大学出版社
北京

内容简介

本书紧密结合教学需要，在介绍多媒体 CAI 课件理论知识的同时，重点介绍使用 PowerPoint 2010、Authorware 7 和 Flash CS6 制作多媒体 CAI 课件的方法与技巧。

全书共 13 章，以实例带动教学，详细讲述了多媒体 CAI 课件的制作方法与技巧。每章都配有"本章习题"和"上机练习"，既可以让教师合理安排教学内容，又可以帮助读者举一反三，快速掌握本章知识。

为了让读者更轻松地掌握多媒体课件制作技术，作者制作了 20 小时的配套微课视频。微课视频包括教材的全部内容，全程语音讲解，真实操作演示，让读者一学就会。本书还提供教学大纲、教学课件、电子教案、习题和答案、教学进度表等配套资源。

本书可作为各类院校的多媒体 CAI 课件制作教材，也可作为教师进修培训教材，同时还可作为广大多媒体课件制作爱好者的自学用书。

本书封面贴有清华大学出版社防伪标签，无标签者不得销售。
版权所有，侵权必究。举报：010-62782989，beiqinquan@tup.tsinghua.edu.cn。

图书在版编目(CIP)数据

多媒体 CAI 课件制作实用教程：微课视频版/缪亮，傅荣会主编．—3 版．—北京：清华大学出版社，2020（2025.1 重印）

21 世纪高等院校计算机实用技术规划教材

ISBN 978-7-302-54145-5

Ⅰ．①多…　Ⅱ．①缪…②傅…　Ⅲ．①多媒体课件－制作－软件工具－高等学校－教材　Ⅳ．①G434

中国版本图书馆 CIP 数据核字(2019)第 257456 号

策划编辑：魏江江
责任编辑：王冰飞
封面设计：刘　键
责任校对：徐俊伟
责任印制：杨　艳

出版发行：清华大学出版社
网　　址：https://www.tup.com.cn，https://www.wqxuetang.com
地　　址：北京清华大学学研大厦 A 座
邮　　编：100084
社 总 机：010-83470000
邮　　购：010-62786544
投稿与读者服务：010-62776969，c-service@tup.tsinghua.edu.cn
质量反馈：010-62772015，zhiliang@tup.tsinghua.edu.cn
课件下载：https://www.tup.com.cn，010-83470236

印 装 者：三河市龙大印装有限公司
经　　销：全国新华书店
开　　本：185mm×260mm
印　　张：26.5
字　　数：665 千字
版　　次：2010 年 1 月第 1 版　2020 年 5 月第 3 版
印　　次：2025 年 1 月第 7 次印刷
印　　数：38101～39100
定　　价：59.80 元

产品编号：084335-01

前　言

党的二十大报告中指出：教育、科技、人才是全面建设社会主义现代化国家的基础性、战略性支撑。必须坚持科技是第一生产力、人才是第一资源、创新是第一动力，深入实施科教兴国战略、人才强国战略、创新驱动发展战略，这三大战略共同服务于创新型国家的建设。高等教育与经济社会发展紧密相连，对促进就业创业、助力经济社会发展、增进人民福祉具有重要意义。

随着计算机的普及和教育手段的现代化，应用多媒体课件辅助教学已经成为当今教师必须具备的一种能力。计算机辅助教学（CAI）是一种将文本、图形、图像、动画、声音、视频等多种媒体信息进行综合处理后，实现双向交流的教学方式。这种方式不仅可以给学生带来多种类型的感受，而且能充分调动学生学习的积极性，大大提高课堂效率。随着素质教育的深入，多媒体课件在教学中的作用日益明显，也获得广泛应用，成为广大教育工作者改革教学方法、改进教学手段、提高教学质量的突破口。

多媒体课件的制作离不开制作软件。在实际创作中，为了使课件内容丰富多彩，教学效果更佳，针对不同类型的课件选择合适的创作软件尤为重要，正所谓"工欲善其事，必先利其器"。适合于课件制作的软件很多，根据不同学科的需要可以有不同的选择，但当前使用最为广泛的非 PowerPoint、Authorware 和 Flash 莫属了。它们各具特色，各有所长。PowerPoint 功能强大，入门简单，效果直观，无须掌握复杂的编程技术即可实现各种媒体的展示和动画效果的制作。Authorware 作为一种面向对象的基于图标和流程线的多媒体开发工具，其功能强大，易于掌握，具有丰富的函数和程序控制功能，融合了编辑系统和编程语言的特色，能够很容易地创建各种复杂的交互课件。相对于前两款多媒体制作软件，Flash 无疑具有无以比拟的综合性能。其具有强大的动画制作能力，在多媒体课件所必需的多媒体支持、交互性和网络化这 3 个方面具有强大的能力。这些制作软件的存在，为教师课件制作提供了巨大的选择空间，教师可根据各自不同的教学需要和对不同软件的熟悉程度，选择合适的软件进行创作，以实现自己的教学理念。

1. 主要内容

本书主要介绍了多媒体 CAI 课件基本理论、PowerPoint 制作多媒体课件的方法、Authorware 制作多媒体课件的方法、Flash 制作多媒体课件的方法。全书共 13 章，各章节内容如下。

第 1 章　多媒体 CAI 课件制作基础知识，包括多媒体课件基础、多媒体课件开发软件、多媒体课件开发的美学基础、课件脚本等。

第 2 章　PowerPoint 课件制作入门知识，包括 PowerPoint 2010 简介、创建 PowerPoint 演示文稿的方法、幻灯片的操作方法、设计 PowerPoint 课件的外观、PowerPoint 课件中的文字、PowerPoint 课件的放映和发布等。

第 3 章　PowerPoint 课件中的多媒体对象的知识，包括 PowerPoint 课件中的特殊符号、PowerPoint 课件中的图片、PowerPoint 课件中的表格、PowerPoint 课件中的图表和知识结构图、PowerPoint 课件中的声音、视频和动画等。

第 4 章　PowerPoint 课件中的动画方案和交互控制的知识，包括 PowerPoint 课件中的动画方案、PowerPoint 课件中的交互导航设计、触发器和 VBA 在 PowerPoint 课件中的应用等。

第 5 章 Authorware 课件入门知识,包括 Authorware 工作环境、Authorware 多媒体程序制作流程、认识 Authorware 中的变量和函数、打包和发布 Authorware 课件等。

第 6 章 Authorware 课件中的多媒体对象的知识,包括在 Authorware 课件中应用文字、在 Authorware 课件中应用图形和图像、编辑对象、在 Authorware 课件中应用声音、在 Authorware 课件中应用视频、在 Authorware 课件中应用 Flash 动画等。

第 7 章 "等待"图标、"擦除"图标和"移动"图标的知识,包括"等待"图标、"擦除"图标、演示型多媒体课件的制作方法、"移动"图标等。

第 8 章 Authorware 课件中的交互设计的知识,包括 Authorware 交互的基础知识、按钮交互、热区域交互、热对象交互、目标区交互、文本输入交互、按键交互、条件交互、下拉菜单交互、时间限制交互和重试限制交互、事件交互等。

第 9 章 Authorware 课件的流程控制和知识对象的知识,包括决策判断分支控制、导航结构、超文本、知识对象等。

第 10 章 Flash 课件制作入门知识,包括 Flash CS6 概述、Flash CS6 的基本操作、Flash 课件的发布等。

第 11 章 Flash 课件中的多媒体对象的知识,包括 Flash 课件中的文字、图形图像、声音和视频等。

第 12 章 Flash 课件中的动画制作的知识,包括逐帧动画、形状补间动画、传统补间动画、引导路径动画、对象补间动画、遮罩动画、3D 动画和骨骼动画等。

第 13 章 Flash 课件中的交互和导航的知识,包括 ActionScript 概述、按钮元件、Flash 课件的交互功能、典型单场景交互课件、多场景导航课件等。

2. 本书特点

(1) 紧扣教学规律,合理设计图书结构。

本书作者都是长期从事多媒体 CAI 课件教学工作的一线教师,具有丰富的教学经验,熟悉教师的教学规律和学生的学习规律,基于此,全力打造难易适中、结构合理、实用性强的教材。

图书采取"知识要点—相关知识讲解—典型应用讲解—习题—上机练习"的内容结构。在每章开始给出本章的主要内容简介,读者可以了解本章所要学习的知识点。在具体的教学内容中既注重对基本知识点的系统讲解,又注重学习目标的实用性。每章都设计了"本章习题"和"上机练习"两个模块,既可以让教师合理地安排教学内容,又可以让读者加强实践,快速掌握本章知识。

(2) 注重教学实验,加强上机练习内容的设计。

多媒体 CAI 课件制作是一门实践性很强的课程,读者只有亲自动手上机练习,才能更好地掌握教材内容。本书根据教学内容统筹规划上机练习的内容,上机练习以实际应用为主线,以任务目标为驱动,增强读者的实践动手能力。

每个上机练习都给出了操作要点提示,既方便读者上机练习,也方便任课教师合理地安排练习指导。

(3) 配套资源丰富,让教学更加轻松。

为了让读者更轻松地掌握多媒体课件的制作,作者精心制作了配套微课视频。微课视频完全和教材内容同步,共 20 小时超大容量的教学内容,全程语音讲解,真实操作演示,让读者一学就会!不管是教师还是学生,扫描书中的二维码即可在线播放微课视频,这样更加有利于教师的教和学生的学。

此外,本书还提供教学大纲、教学课件、电子教案、习题和答案、教学进度表、素材和源文件,扫描封底的课件二维码可以下载。

本书作者

参加本书编写的作者为多年从事多媒体 CAI 课件教学工作的资深教师,具有丰富的教学经验和实际应用经验,其中缪亮老师还多次担任全国 NOC 多媒体课件大赛评委和裁判长。

本书主编为缪亮(负责编写第 1～4 章、微课视频开发)、傅荣会(负责编写第 8～13 章),副主编为聂静(负责编写第 5～7 章)。

另外,感谢开封文化艺术职业学院、内江师范学院对本书的创作给予的支持和帮助。

由于编写时间有限,加之作者水平所限,疏漏和不足之处在所难免,恳请广大读者批评指正。

编者

2020 年 3 月

目 录

源码等资源下载

第 1 章 多媒体 CAI 课件制作基础 ··········· 1

- 1.1 多媒体课件基础 ··········· 1
  - 1.1.1 多媒体课件的概念 ··········· 1
  - 1.1.2 多媒体课件的类型 ··········· 2
  - 1.1.3 多媒体课件与微课 ··········· 3
- 1.2 多媒体课件开发软件 ··········· 3
  - 1.2.1 多媒体课件制作工具 ··········· 3
  - 1.2.2 多媒体素材制作工具 ··········· 4
- 1.3 多媒体课件开发的美学基础 ··········· 6
  - 1.3.1 平面构图规则 ··········· 6
  - 1.3.2 色彩设计和视觉效果 ··········· 8
- 1.4 课件脚本 ··········· 10
  - 1.4.1 课件脚本的概念 ··········· 10
  - 1.4.2 编写课件脚本的方法 ··········· 11
- 1.5 本章习题 ··········· 13
- 1.6 上机练习 ··········· 13
  - 练习 1-1 采集 Internet 上的图像素材 ··········· 13
  - 练习 1-2 用 SnagIt 截取计算机屏幕上的图像 ··········· 13
  - 练习 1-3 用 Photoshop 剪裁图像 ··········· 15
  - 练习 1-4 将图像背景处理成透明 ··········· 16
  - 练习 1-5 用 GoldWave 录音 ··········· 16
  - 练习 1-6 用 GoldWave 剪裁声音 ··········· 18
  - 练习 1-7 用闪客精灵采集 Flash 动画素材 ··········· 19

第 2 章 PowerPoint 课件制作入门 ··········· 21

- 2.1 PowerPoint 2010 简介 ··········· 21
  - 2.1.1 PowerPoint 2010 的工作窗口 ··········· 21
  - 2.1.2 视图模式 ··········· 23
- 2.2 创建 PowerPoint 演示文稿的方法 ··········· 27

2.2.1 创建空演示文稿 ··· 27
2.2.2 根据样本模板创建演示文稿 ································· 29
2.2.3 根据已安装的主题创建新演示文稿 ······················ 30
2.2.4 根据现有演示文稿创建新演示文稿 ······················ 30
2.2.5 根据 Office.com 模板创建新演示文稿 ·················· 32
2.3 幻灯片的添加、移动和删除 ··· 34
2.3.1 新建幻灯片 ·· 34
2.3.2 重用和复制幻灯片 ····································· 35
2.3.3 移动和删除幻灯片 ····································· 36
2.4 设计 PowerPoint 课件的外观 ·· 37
2.4.1 认识"设计"功能区 ····································· 37
2.4.2 应用幻灯片主题 ·· 37
2.4.3 自定义幻灯片主题 ····································· 39
2.5 PowerPoint 课件中的文字 ·· 41
2.5.1 文本占位符 ·· 42
2.5.2 文本框 ·· 44
2.6 PowerPoint 课件的放映和发布 ·· 45
2.6.1 幻灯片放映 ·· 45
2.6.2 将 PowerPoint 课件打包成 CD 数据包 ············· 48
2.6.3 直接复制课件 ··· 49
2.7 本章习题 ··· 50
2.8 上机练习 ··· 50
练习 2-1 制作 PowerPoint 多媒体课件封面 ·············· 50
练习 2-2 制作 PowerPoint 课件范例——平方差公式说课 ·············· 51

第 3 章 PowerPoint 课件中的多媒体对象 ································· 53

3.1 PowerPoint 课件中的特殊符号 ·· 53
3.1.1 汉语拼音 ··· 53
3.1.2 英语音标 ··· 54
3.1.3 各种公式 ··· 55
3.2 PowerPoint 课件中的图片 ·· 56
3.2.1 在幻灯片中使用艺术字 ······························ 56
3.2.2 在幻灯片中使用图形图像 ··························· 56
3.2.3 编辑图片 ··· 59
3.3 PowerPoint 课件中的表格 ·· 60
3.3.1 在幻灯片中插入表格 ································· 60
3.3.2 编辑表格 ··· 61
3.3.3 为表格添加文字 ······································· 62
3.4 PowerPoint 课件中的图表和知识结构图 ······························ 62

3.4.1　在幻灯片中添加图表 🎥 ·················· 62
　　　3.4.2　在幻灯片中添加知识结构图 🎥 ············ 64
　3.5　PowerPoint课件中的声音、视频和动画 ············ 66
　　　3.5.1　在幻灯片中使用声音 🎥 ···················· 67
　　　3.5.2　在幻灯片中使用视频 🎥 ···················· 69
　　　3.5.3　在幻灯片中使用Flash动画 🎥 ·············· 70
　3.6　本章习题 ································ 72
　3.7　上机练习 ································ 73
　　　练习3-1　绘制物理电路图 ······················ 73
　　　练习3-2　制作PowerPoint课件范例——例题解析 ···· 73
　　　练习3-3　制作多媒体课件封面 ···················· 74
　　　练习3-4　在PowerPoint课件中插入Flash动画 ······ 75

第4章　PowerPoint课件中的动画方案和交互控制 ········ 76

　4.1　PowerPoint课件中的动画方案 ···················· 76
　　　4.1.1　在幻灯片之间添加切换效果 🎥 ············ 76
　　　4.1.2　为幻灯片上的元素添加动画效果 🎥 ········ 77
　　　4.1.3　动画应用课件范例——轴对称图形 🎥 ······ 79
　4.2　PowerPoint课件中的交互导航设计 🎥 ·············· 81
　　　4.2.1　从主界面跳转到相应的课件模块 ············ 81
　　　4.2.2　实现返回主控导航界面的功能 ·············· 83
　　　4.2.3　链接到原有文件、网页或电子邮件 ·········· 86
　　　4.2.4　常规动作按钮超链接 ······················ 87
　4.3　触发器和VBA在PowerPoint课件中的应用 ·········· 88
　　　4.3.1　利用触发器控制背景音乐的播放 🎥 ········ 88
　　　4.3.2　利用触发器制作交互练习题课件 🎥 ········ 89
　　　4.3.3　利用VBA制作标准测验题课件 🎥 ·········· 92
　4.4　本章习题 ································ 97
　4.5　上机练习 ································ 97
　　　练习4-1　PowerPoint课件综合范例——水乡歌 ······ 97
　　　练习4-2　用触发器控制幻灯片中视频的播放 ········ 99

第5章　Authorware课件入门 ···················· 100

　5.1　Authorware工作环境 🎥 ························ 100
　　　5.1.1　标题栏 ································ 101
　　　5.1.2　菜单栏 ································ 102
　　　5.1.3　常用工具栏 ···························· 102
　　　5.1.4　图标栏 ································ 102
　　　5.1.5　程序设计窗口 ·························· 103

5.2　Authorware 多媒体程序制作流程 ··· 104
　　5.2.1　新建和打开文件 📹 ··· 104
　　5.2.2　设置文件属性 📹 ·· 105
　　5.2.3　图标和流程线操作 📹 ·· 106
　　5.2.4　保存文件 ·· 108
5.3　认识 Authorware 中的变量和函数 📹 ·· 108
　　5.3.1　变量 ·· 109
　　5.3.2　函数 ·· 110
5.4　打包和发布 Authorware 课件 ·· 111
　　5.4.1　一键发布 📹 ·· 111
　　5.4.2　课件的打包 📹 ·· 115
5.5　本章习题 ·· 119
5.6　上机练习 ·· 120
　　练习 5-1　图标的基本操作 ·· 120
　　练习 5-2　Authorware 文件的基本操作 ···································· 120

第 6 章　Authorware 课件中的多媒体对象 ·· 121

6.1　在 Authorware 课件中应用文字 ·· 121
　　6.1.1　利用 Authorware 的文字工具创建文本 📹 ····························· 121
　　6.1.2　引用外部文本 📹 ··· 123
　　6.1.3　设置文字格式 ··· 127
6.2　在 Authorware 课件中应用图形和图像 📹 ··································· 131
　　6.2.1　创建图形 ·· 131
　　6.2.2　导入外部图像 ··· 134
　　6.2.3　设置外部图像的属性 ·· 136
6.3　编辑对象 📹 ··· 139
　　6.3.1　对象的叠放、对齐和透明 ··· 139
　　6.3.2　多个显示对象的编辑 ·· 143
　　6.3.3　"显示"图标的属性设置 ·· 145
6.4　在 Authorware 课件中应用声音 ·· 147
　　6.4.1　导入声音和设置声音属性 📹 ······································ 148
　　6.4.2　声音和图像同步效果 📹 ·· 150
6.5　在 Authorware 课件中应用视频 📹 ·· 153
　　6.5.1　数字电影的导入和预览 ·· 153
　　6.5.2　设置"电影"图标的属性 ··· 154
　　6.5.3　更改电影的尺寸和位置 ·· 156
6.6　在 Authorware 中应用 Flash 动画 📹 ······································ 156
　　6.6.1　导入 Flash 动画 ··· 156
　　6.6.2　设置 Flash 动画的属性 ·· 158

6.7 本章习题 ………………………………………………………………… 160
6.8 上机练习 ………………………………………………………………… 161
  练习 6-1 特效文字 🎥 …………………………………………… 161
  练习 6-2 绘制实验装置图 ………………………………………… 162
  练习 6-3 图文混排课件——古诗欣赏 …………………………… 162
  练习 6-4 制作数字电影和解说词的同步效果 🎥 ………………… 163
  练习 6-5 应用 Flash 课件 ………………………………………… 165
  练习 6-6 插入 PowerPoint 幻灯片 ……………………………… 166

第 7 章 "等待"图标、"擦除"图标和"移动"图标 ……………………… 167

7.1 "等待"图标 🎥 ………………………………………………………… 167
  7.1.1 "等待"图标的属性 ……………………………………… 167
  7.1.2 "等待"图标的应用范例——桂林山水演示课件 ……… 168
  7.1.3 用变量控制"等待"图标 ………………………………… 173
7.2 "擦除"图标 …………………………………………………………… 175
  7.2.1 使用"擦除"图标的两种方法 🎥 ………………………… 175
  7.2.2 "擦除"图标的属性设置 🎥 ……………………………… 176
  7.2.3 退出程序的方法 🎥 ……………………………………… 177
7.3 演示型多媒体课件制作范例——守株待兔 🎥 ……………………… 178
  7.3.1 范例简介 …………………………………………………… 178
  7.3.2 制作步骤 …………………………………………………… 179
7.4 "移动"图标 …………………………………………………………… 183
  7.4.1 认识"移动"图标 🎥 ……………………………………… 183
  7.4.2 设置"移动"图标的属性 🎥 ……………………………… 184
  7.4.3 指向固定点应用范例——移动字幕 🎥 ………………… 187
  7.4.4 指向固定路径的终点应用范例——弹跳的小球 🎥 …… 190
7.5 本章习题 ………………………………………………………………… 192
7.6 上机练习 ………………………………………………………………… 193
  练习 7-1 课件范例——世界景观欣赏 …………………………… 193
  练习 7-2 课件范例——认识植物 ………………………………… 194
  练习 7-3 课件范例——有序数对 🎥 ……………………………… 196

第 8 章 Authorware 课件中的交互设计 …………………………………… 197

8.1 Authorware 交互的基础知识 ………………………………………… 197
  8.1.1 "交互"图标的结构特点 🎥 ……………………………… 197
  8.1.2 "交互"图标的属性 🎥 …………………………………… 199
  8.1.3 "响应类型"图标的属性设置 🎥 ………………………… 200
8.2 按钮交互 🎥 …………………………………………………………… 201
  8.2.1 范例简介 …………………………………………………… 201

　　　　8.2.2　制作步骤 …………………………………………………………………… 202
　　8.3　热区域交互 ……………………………………………………………………… 208
　　　　8.3.1　范例简介 …………………………………………………………………… 209
　　　　8.3.2　制作步骤 …………………………………………………………………… 209
　　8.4　热对象交互 ……………………………………………………………………… 211
　　　　8.4.1　范例简介 …………………………………………………………………… 212
　　　　8.4.2　制作步骤 …………………………………………………………………… 212
　　8.5　目标区交互 ……………………………………………………………………… 215
　　　　8.5.1　范例简介 …………………………………………………………………… 215
　　　　8.5.2　制作步骤 …………………………………………………………………… 215
　　8.6　文本输入交互 …………………………………………………………………… 219
　　　　8.6.1　范例简介 …………………………………………………………………… 220
　　　　8.6.2　制作步骤 …………………………………………………………………… 220
　　8.7　按键交互 ………………………………………………………………………… 224
　　　　8.7.1　范例简介 …………………………………………………………………… 224
　　　　8.7.2　制作步骤 …………………………………………………………………… 224
　　8.8　条件交互 ………………………………………………………………………… 226
　　　　8.8.1　范例简介 …………………………………………………………………… 226
　　　　8.8.2　制作步骤 …………………………………………………………………… 226
　　8.9　下拉菜单交互 …………………………………………………………………… 228
　　　　8.9.1　范例简介 …………………………………………………………………… 228
　　　　8.9.2　制作步骤 …………………………………………………………………… 229
　　8.10　时间限制交互和重试限制交互 ……………………………………………… 230
　　　　8.10.1　范例简介 ………………………………………………………………… 231
　　　　8.10.2　制作步骤 ………………………………………………………………… 231
　　8.11　事件交互 ……………………………………………………………………… 233
　　　　8.11.1　范例简介 ………………………………………………………………… 233
　　　　8.11.2　制作步骤 ………………………………………………………………… 234
　　8.12　本章习题 ……………………………………………………………………… 236
　　8.13　上机练习 ……………………………………………………………………… 237
　　　　练习 8-1　用按钮交互制作模块化课件结构 ……………………………………… 237
　　　　练习 8-2　用按钮控制课件背景音乐 ……………………………………………… 238
　　　　练习 8-3　热区域交互范例——多媒体计算机的组成 …………………………… 239
　　　　练习 8-4　热对象交互范例——认识蝗虫 ………………………………………… 240
　　　　练习 8-5　目标区域交互范例——组装化学实验装置 …………………………… 241
　　　　练习 8-6　限时和限次的密码输入测验系统 ……………………………………… 242

第9章　Authorware 课件的流程控制和知识对象 ……………………………………… 244
　　9.1　决策判断分支控制 ……………………………………………………………… 244

9.1.1 决策判断分支结构的组成 ……………………………………………… 244
9.1.2 决策判断分支结构的设置 ……………………………………………… 245
9.1.3 "决策"图标的应用——幻灯片随机播放 ……………………………… 246
9.2 导航结构 …………………………………………………………………………… 249
9.2.1 导航结构的组成和功能 ………………………………………………… 249
9.2.2 "框架"图标 ……………………………………………………………… 249
9.2.3 "导航"图标 ……………………………………………………………… 251
9.2.4 "框架"图标和"导航"图标的应用——翻页导航型课件 …………… 251
9.3 超文本 ……………………………………………………………………………… 253
9.3.1 超文本对象的建立与链接 ……………………………………………… 253
9.3.2 超文本的应用——古诗欣赏 …………………………………………… 255
9.4 知识对象 …………………………………………………………………………… 257
9.4.1 认识知识对象 …………………………………………………………… 257
9.4.2 知识对象的应用——单项选择题 ……………………………………… 258
9.5 本章习题 …………………………………………………………………………… 261
9.6 上机练习 …………………………………………………………………………… 262
　　练习 9-1 "决策"图标应用范例——闪烁的文字 ………………………… 262
　　练习 9-2 "框架"图标应用范例——测试题课件 ………………………… 263
　　练习 9-3 知识对象应用范例——简单电影播放器 ……………………… 264

第 10 章　Flash 课件制作入门 ………………………………………………… 266

10.1 Flash CS6 概述 …………………………………………………………………… 266
10.1.1 Flash 制作多媒体课件的功能和特点 ………………………………… 266
10.1.2 Flash CS6 的工作环境 ………………………………………………… 267
10.2 Flash CS6 的基本操作 …………………………………………………………… 271
10.2.1 Flash 课件的制作流程 ………………………………………………… 271
10.2.2 图层的基本操作 ………………………………………………………… 273
10.2.3 帧的基本概念和操作 …………………………………………………… 275
10.2.4 元件的基本操作 ………………………………………………………… 277
10.3 Flash 课件的发布 ………………………………………………………………… 279
10.3.1 将 Flash 课件发布成 SWF 影片并输出到网页 ……………………… 279
10.3.2 将 Flash 课件发布成 EXE 文件 ……………………………………… 281
10.3.3 将 Flash 课件发布成 AVI 视频文件 ………………………………… 282
10.4 本章习题 ………………………………………………………………………… 284
10.5 上机练习 ………………………………………………………………………… 284
　　练习 10-1 Flash CS6 界面布局操作 ……………………………………… 284
　　练习 10-2 Flash 课件的制作流程 ………………………………………… 285

第 11 章　Flash 课件中的多媒体对象 ····· 287

11.1　Flash 课件中的文字 ····· 287
- 11.1.1　创建传统文本 ····· 287
- 11.1.2　设置文本属性 ····· 289
- 11.1.3　文本分离和变形 ····· 290
- 11.1.4　文字滤镜 ····· 290
- 11.1.5　创建 TLF 文本 ····· 292
- 11.1.6　TLF 文本段落分栏 ····· 292

11.2　Flash 课件中的图形图像 ····· 294
- 11.2.1　绘图工具的应用 ····· 294
- 11.2.2　设计图形色彩 ····· 306
- 11.2.3　图形变形 ····· 311
- 11.2.4　外部图像素材的导入和编辑 ····· 312

11.3　Flash 课件中的声音 ····· 314
- 11.3.1　导入声音 ····· 314
- 11.3.2　引用声音 ····· 314
- 11.3.3　声音属性的设置和编辑 ····· 316
- 11.3.4　声音和字幕同步的制作方法 ····· 316

11.4　Flash 课件中的视频 ····· 319
- 11.4.1　基础知识 ····· 319
- 11.4.2　将视频应用到 Flash 课件 ····· 319

11.5　本章习题 ····· 320

11.6　上机练习 ····· 321
- 练习 11-1　绘制函数图像 ····· 321
- 练习 11-2　石墨分子晶体结构俯视图 ····· 322
- 练习 11-3　文字和位图的应用 ····· 323
- 练习 11-4　声音和字幕的同步效果——英语单词识读 ····· 324
- 练习 11-5　在 Flash 课件中嵌入视频 ····· 325
- 练习 11-6　在 Flash 课件中播放外部视频 ····· 325

第 12 章　Flash 课件中的动画制作 ····· 327

12.1　逐帧动画 ····· 327
- 12.1.1　逐帧动画的制作方法 ····· 327
- 12.1.2　绘图纸功能 ····· 328

12.2　形状补间动画 ····· 329
- 12.2.1　形状补间动画的制作方法 ····· 329
- 12.2.2　形状补间动画的参数设置 ····· 330
- 12.2.3　添加形状提示 ····· 331

12.2.4 课件范例——摇曳的烛光 ································· 332
12.3 传统补间动画 ······································· 335
　　12.3.1 传统补间动画的创建方法 ································· 335
　　12.3.2 传统补间的参数设置 ································· 337
　　12.3.3 传统补间动画的应用范例 ································· 338
12.4 基于传统补间的路径动画 ······································· 341
　　12.4.1 制作路径动画的方法 ································· 342
　　12.4.2 课件范例——台风模拟演示动画 ································· 343
12.5 对象补间动画 ······································· 346
　　12.5.1 对象补间动画的制作方法 ································· 347
　　12.5.2 动画编辑器和动画预设 ································· 351
12.6 遮罩动画 ······································· 354
　　12.6.1 遮罩动画的制作方法 ································· 354
　　12.6.2 课件范例——课件中的电影镜头效果 ································· 356
12.7 3D动画和骨骼动画 ······································· 357
　　12.7.1 3D动画 ································· 357
　　12.7.2 骨骼动画 ································· 358
12.8 本章习题 ······································· 359
12.9 上机练习 ······································· 360
　　练习12-1 逐帧动画范例——人物行走 ································· 360
　　练习12-2 传统补间动画范例——化合反应的微观现象 ································· 361
　　练习12-3 形状补间动画范例——内吞现象 ································· 362
　　练习12-4 引导路径动画范例——太阳、地球和月亮 ································· 363
　　练习12-5 遮罩动画范例——太阳、地球和月亮（加强版） ································· 364

第13章 Flash课件中的交互和导航 ································· 366

13.1 ActionScript概述 ······································· 366
　　13.1.1 动作面板 ································· 366
　　13.1.2 脚本助手 ································· 368
13.2 按钮元件 ······································· 370
　　13.2.1 认识按钮元件 ································· 370
　　13.2.2 变色按钮 ································· 371
　　13.2.3 文字按钮 ································· 373
　　13.2.4 透明按钮 ································· 375
　　13.2.5 给按钮加上声效 ································· 376
13.3 Flash课件的交互功能 ······································· 376
　　13.3.1 控制Flash课件播放的方法 ································· 376
　　13.3.2 制作交互课件的常用函数 ································· 380

13.4 典型单场景交互课件 381
  13.4.1 课件简介 381
  13.4.2 制作步骤 382
13.5 多场景导航课件 386
  13.5.1 典型多场景课件的制作方法 387
  13.5.2 网络型多模块课件的制作方法 392
13.6 本章习题 400
13.7 上机练习 400
  练习 13-1 制作按钮元件 400
  练习 13-2 制作单场景交互课件 401
  练习 13-3 利用多场景跳转技术制作课件 402
  练习 13-4 利用加载外部 swf 文件技术制作课件 402

附录 A 习题参考答案 404

第1章 多媒体 CAI 课件制作基础

随着现代科学技术的发展,计算机在教育领域的应用越来越广泛。多媒体、网络等现代信息技术的快速发展对现代教育产生了极大的影响,推动了计算机辅助教学(CAI)的深化和发展。

在教学过程中,应用多媒体组合教学方式,能将传统的教学媒体与现代教学媒体有机地结合起来,相辅相成,互为补充,以充分发挥各自的功能,提高教学质量和效率,优化教学。

本章主要内容:
- 多媒体课件的概念和类型;
- 多媒体课件开发工具简介;
- 多媒体课件开发的美学基础;
- 课件脚本的编写方法。

1.1 多媒体课件基础

自从 1959 年美国 IBM 公司研制成功第一个计算机辅助教学系统,人类便开始进入计算机应用于教育的时代。随着计算机技术的普及,充分运用计算机进行计算机辅助教学已经成为教育界的共识。本节介绍多媒体课件的概念和类型等。

1.1.1 多媒体课件的概念

课件(courseware)是在一定的学习理论指导下,根据教学目标设计的、反映某种教学策略和教学内容的计算机文档或可运行软件。从广义上讲,凡具备一定教学功能的教学软件都可称为课件。课件可以说是一种课程软件,也就是说其中必须包括具体学科的教学内容。

视频讲解

通常所说的课件一般都是指多媒体课件。多媒体(multimedia)是指信息表示媒体的多样化,它能够同时获取、处理、编辑、存储和展示两种以上不同类型的信息媒体。这些信息表示媒体包括文字、图形、图像、动画、声音与视频等。多媒体课件是指以计算机为核心,交互地综合处理文字、图形、图像、动画、声音和视频等多种信息的一种教学软件,如图 1-1 所示。

通过多媒体课件,可以将一些平时难以表述清楚的教学内容,如实验演示、情境创设、交互练习等,生动形象地展示给学生。学生通过视觉、听觉等多方面参与,更好地理解和掌握教学内容,培养了学习的兴趣,活跃了课堂气氛,同时也扩大了信息获取的渠道。因此,多媒体课件辅助教学,使教师和学生教与学的手段多样化,近年来被广泛应用于教学领域。

有的专家对多媒体课件的概念是这样定义的:多媒体课件是指用于辅助教师的"教"或促进学生自主地"学",以突破课堂教学中的重点、难点,从而提高课堂教学质量与效率的多媒体教学软件。

图 1-1 多媒体课件

1.1.2 多媒体课件的类型

在制作课件之前,有必要认识一下课件的种类。课件按学科可以分为语文、数学、外语等;按学段可以分为幼儿园、小学、初中、高中、大学等;按制作工具可以分为 PowerPoint、Flash、Authorware、几何画板、仿真模拟实验室等;按课件开发与运行环境可以分为单机版和网络版;按使用目的可以分为个别指导型、练习训练型、问答型、模拟游戏型和问题解决型。

视频讲解

根据实现功能,多媒体课件可以划分为以下几种类型。

- 课堂演示型:这种课件就好像是一段单向放映的影片,用户只是在充当观众的角色。这种课件主要用于辅助教师进行课堂讲授,解决教学重点、难点问题,往往经过良好的教学设计,体现具体的教学内容。
- 学生自主学习型:在多媒体 CAI 网络教室环境下,学生利用计算机、智能手机、iPad 等终端设备进行个别化自主学习。目前流行的网络课件多数就是这种类型。
- 检索阅读型:学生在课余时间里,进行资料的检索或浏览,以获取信息,扩大知识面。如各种电子工具书、电子字典及各类图形、动画库等。
- 教学游戏型:这种课件寓教于乐,通过游戏的形式,教会学生掌握学科的知识和能力,并引发学生对学习的兴趣。
- 人工智能型:这种课件的最大特色是具有模拟的人工智能,可以根据用户的答题情况判定用户的当前水平,从而生成适合用户个人的个性化学习内容。

根据课件制作结构,多媒体课件可以划分为以下几种类型。

- 直线型课件:顾名思义,直线型课件的最大特点是结构简单、演示方便,整个课件流程如同一条直线顺序向下运行。
- 分支型课件:此类课件与直线型课件的最大区别在于该类型的课件结构为树状结构,能根据教学内容的变化、学生的差异程度对课件的流程进行有选择的控制执行。
- 模块化课件:模块化课件是一种较为完善的课件结构,根据教学目的将教学内容中的某一部分或某一个知识点制作成一个个课件模块,教师可根据教学内容选择相应的课件模块进行教学。由于是模块化设计,可在课件运行过程中进行重复演示,十分方便教学。

- 积件型课件：所谓积件，简单来说就是将各门学科的知识内容分解成一个个的标准知识点（积件）储存在教学资源库中。一个标准知识点（积件），可以看作是阐述某一个知识内容，同时包含相关练习及呈现方式、相关知识链的一个完整教学单元。积件型课件最大的优势在于它的系统性、开放性和可重复使用。

专家点拨：通常意义下的课件都是面对教师的，目前还有一种面向学生的课件——学件，主要用于学习者的自主学习，如交互式测试、模拟实验、教育游戏、学习专题等。

1.1.3 多媒体课件与微课

视频讲解

随着信息技术的不断更新、发展，现代信息技术服务于教学的方式和手段也发生了巨大变化。其中，以微课技术、慕课、翻转课堂最为热门，成了教育界广泛讨论的话题。尤其是各层次学校掀起的微课热更是引起了教育工作者的广泛关注，并纷纷投入到实践当中。

微课是以阐述某一知识点为目标，以短小精悍的在线视频为表现形式，以学习或教学应用为目的的在线教学视频。微课的制作方式非常多，其中一个比较常用的方式是利用屏幕录制软件进行录制。要想用录屏软件录制出优秀的微课，首先要设计和制作出出色的微课课件。

微课视频一般在10分钟以内，集中讲解一个知识点，具有自身的特点。因此，微课课件不同于传统课堂的课件，在设计和制作中要刻意设置提示性语言、提问式的语句，以更好地促进师生互动；尽量让静态的课本内容动起来，从而激发学生的学习兴趣；设置小结和反思部分，让学生养成勤总结、常反思的习惯。

不管是微课，还是慕课、翻转课堂，对于一般教师而言，用新思维制作好多媒体课件是最低层、最核心的首要任务。

1.2 多媒体课件开发软件

目前，多媒体课件的开发软件有很多类型，即使在同一类型中，不同软件所面向的应用也各不相同。从多媒体课件开发的角度来看，需要根据课件自身的特点，谨慎地选择多媒体开发软件。如果选择的多媒体开发软件能够和课件的需求很好地结合，那么可以顺利地进行创作，同时还可以大大降低课件开发的复杂度，缩短开发周期。

1.2.1 多媒体课件制作工具

视频讲解

目前，国内外许多公司推出了自己的多媒体制作工具，如 PowerPoint、Authorware、Flash 等。这些软件各具特点，都是目前最流行的课件制作工具。

1. PowerPoint

身在一线的教师都希望独立制作多媒体课件，PowerPoint 无疑是最好的入门软件。使用 PowerPoint 制作多媒体课件，教师不用掌握高深的编程技术，只需将展示的教学内容添加到一张张幻灯片上，然后设置好这些内容的动画显示效果以及幻灯片的放映控制等属性，就可以制作包含文字、图片、声音、视频、动画等多种媒体的课件了。

PowerPoint 是 Microsoft Office 的组件之一，是一种用于制作演示文稿的多媒体幻灯片工具，在国外称为"多媒体简报制作工具"。它以页为单位来组织演示，由一个一个页面

（幻灯片）组成一个完整的演示。PowerPoint可以非常方便地编辑文字、绘制图形、播放图像、播放声音、展示动画和视频影像，同时可以根据需要设计各种演示效果。在课件制作过程中，可以充分利用这些功能设计精美的课件内容和幻灯片转场效果。另外，还可以充分利用按钮超链接、文字超链接、图片超链接设计具有强大交互性的PowerPoint课件。

2. Authorware

Authorware是美国Macromedia公司出品的功能强大的多媒体制作软件，广泛应用于多媒体光盘、多媒体课件、教育教学软件及其他多媒体演示系统的制作。

Authorware是一种基于流程图的可视化多媒体创作工具，以其强大的交互功能和简洁明快的流程图开发策略而受到广泛的关注。Authorware通过各种代表功能或流程控制的图标建立流程图，每一个图标都可以激活相应的属性对话框或界面编辑器，从而方便地加入各种媒体内容，整个设计过程具有整体性和结构化的特点。

Authorware本身对素材的处理能力不是很强，主要将其他软件处理的多媒体素材进行整合，并添加交互等功能，使制作出来的多媒体课件不仅具有演示功能，而且具有强大的交互能力。

3. Flash

Flash早期是Macromedia公司的产品，目前被著名的Adobe公司收购，成为Adobe公司的主要产品。最初Flash只是一个单纯的矢量动画制作软件，但是随着软件版本的升级，特别是Flash内置的ActionScript脚本语言的逐步发展，Flash逐渐演变为功能强大的多媒体程序开发工具。

在种类繁多的多媒体课件制作软件中，Flash无疑是最亮眼的一个。无论是从Flash在多媒体性、交互性和网络性等方面的综合设计能力，还是从Flash强大的兼容性和生命力来讲，它都是无可比拟的多媒体课件制作工具，并逐步得到广大教师和教育工作者的认可。

Flash是一款出色的交互式矢量动画开发工具，在网页动画制作领域处于领导地位，正是由于其动画方面的出色功能，很多课件开发者用它来制作网络动画型多媒体课件。

专家点拨：以上介绍的3个多媒体课件制作软件是本书重点介绍的软件。除此之外，还有一些常用的课件开发软件。例如，在制作数学和物理课件方面比较专业的软件——几何画板，制作网页型多媒体课件的软件——Dreamweaver等。

1.2.2 多媒体素材制作工具

多媒体课件的开发是一个系统工程，单一的制作软件一般很难完成开发任务，本书以PowerPoint、Authorware和Flash软件为中心研究多媒体课件制作技术，但是多媒体课件中使用的大量多媒体素材，这些软件却并不是都能够处理，需要借助其他多媒体素材制作工具。

视频讲解

1. 图像素材制作工具

图像素材制作工具主要包括用于获取图像、编辑图像和转换图像格式等方面的软件。

1) 获取图像

获取图像的途径很多：可以利用扫描仪扫描图像，使用数码照相机拍摄图像，使用图像素材光盘中的图像，下载Internet上的图像等，还可以使用专门的计算机屏幕截图软件来获取图像,常用的截图软件有 SnagIt、HyperSnap 等。

2) 编辑图像

对图像的加工处理主要包括图像编辑处理(剪裁、变形等)、特殊效果生成和图像合成等。编辑图像的软件工具最常用的就是 Photoshop。

3) 转换图像格式

所谓转换图像格式,就是以一种图像文件格式输入,再以另外一种图像文件格式保存。常用的图像格式转换软件有 Format Factory(格式工厂)、ACDSee 等。另外,一般的图像处理软件都具有转换图像格式的功能。

2. 动画素材制作工具

动画使得多媒体信息更加生动,富于表现力。在多媒体课件的开发中,计算机动画的应用小到某个对象、物体或字幕的运动,大到一段动画演示、多媒体光盘的片头片尾动画的设计制作等。

根据动画对应的空间范围,动画分为二维动画和三维动画。制作二维动画和三维动画的软件各不相同。

1) 二维动画

二维动画是平面上的活动画面,是对手工传统动画的一个改进。利用计算机技术,通过输入和编辑关键帧、计算和生产中间帧、给对象上色、控制运动序列等进行二维动画的制作。在进行多媒体课件开发时,常用的二维动画制作软件有 Flash、Swish 等。

Flash 是目前最流行的二维动画制作软件,以设计和制作矢量动画见长。它制作的动画体积小、交互性强,并且能够制作和声音同步的流媒体动画效果,声情并茂,表现力强。

Swish 是非常方便的二维文字动画特效制作工具,提供了超过 150 种可选择的预设动画效果,诸如爆炸、旋涡、3D 旋转以及波浪等。它支持中文特效,能直接预览,并可导出 swf 格式的文件,而且其中许多特效可以相互结合,以获得更加丰富的效果。

2) 三维动画

三维动画又称 3D 动画,是随着计算机软硬件技术的发展而产生的新兴技术。三维动画软件在计算机中首先建立一个虚拟的世界,设计师在这个虚拟的三维世界中按照要表现对象的形状尺寸建立模型以及场景,再根据要求设定模型的运动轨迹、虚拟摄影机的运动和其他动画参数,最后按要求为模型加上特定的材质,并打上灯光。常用的三维动画制作软件有 3ds Max、Cool 3D 等。

3ds Max 是著名的三维动画制作软件,由 Autodesk 公司开发。它广泛应用于广告、影视、工业设计、建筑设计、多媒体制作、游戏、辅助教学以及工程可视化等领域。

Cool 3D 是一个三维文字动画制作软件,由友立公司开发。它的特点是功能强大和易于操作。它为使用者提供了丰富的模板和插件,直接套用就可以做出丰富多彩而且非常专业的三维动画效果来。

3. 音频素材制作工具

在多媒体课件开发时,数字音频信息是经常采用的元素。数字音频信息主要的表现形式是讲解、声效和音乐。通过这些媒介,能烘托多媒体课件的主题并营造气氛。音频素材制作工具主要包括获取音频、编辑音频等方面的软件。

1) 获取音频

从 CD 中获取音频素材,是比较常用的方式。能够实现 CD 音频抓轨功能的软件有很多，如 RealPlayer 播放器中就附带 CD 抓轨功能；还有一些是专业的 CD 抓轨工具，能够将 CD 音轨更完美地抓取下来，如 CDex。

2）编辑音频

通过音频编辑软件，可以对数字化音频进行剪辑、编辑、合成和处理，还可以对数字音频进行声道模式变换、调整频率范围、生成各种特殊效果、转换音频文件格式等。常用的音频编辑软件有 Goldwave、Adobe Audition 等。

4. 视频素材制作工具

视频信息是连续变化的影像，是多媒体技术最复杂的处理对象。视频通常是对实际场景的动态演示，如电影、电视、摄像资料等。视频素材制作工具主要包括视频捕获、视频编辑等方面的软件。

1）视频捕获

Camtasia Studio 是一款专门捕捉计算机屏幕音影的工具软件。它能在任何颜色模式下轻松地记录屏幕动作，包括影像、音效、鼠标移动的轨迹、解说声音等，另外，它还具有及时播放和编辑压缩的功能，可对视频片段进行剪接、添加转场效果。

2）视频编辑

通过视频编辑软件可以进行视频剪辑、添加视频特效和视频合成等。常用的视频编辑软件有 Premiere、会声会影等。

1.3 多媒体课件开发的美学基础

多媒体课件的开发不仅要注重技术，还要注重艺术性，从课件的内容、画面构成、内涵等方面综合考虑，根据美学中的审美规律，为多媒体课件的成功设计与创意的实现打好美学基础。

1.3.1 平面构图规则

多媒体课件离不开构图，构图是多媒体课件画面构成的骨架。根据设计艺术与美学规律，需要注意以下规则。

1. 对比与统一

视频讲解

对比与统一是平面构成的基本规则，是平面构成理论的基础之一。对比就是由于平面构成的各元素在形态、颜色、材质上的不同形成了视觉性的差异。这种差异的范围很广，如形的圆与方，点、线的疏密、曲直，颜色的深和浅等。强烈的反差就形成了强烈的对比，一般来说，对比代表了一种张力，能够挑起观看者的情绪反应，带来一定的视觉感受。因此，在平面构成时一定要强调对比，对比越强，越有张力。

为了避免画面的混乱，在对比之余，还要做到画面的统一。统一有两层意思：一层意思是通过整齐的图形，有序的排列，统一的表现技法，和谐的色彩，使画面出现一种美感，可以称之为自身的统一；另一层意思是，将对比通过一些规则，和谐地统一于画面之中，可以称之为相对的统一。

对比是不同或有差异的元素在一起，而统一就是通过一定的规则，使它们和谐地共处于一个画面中。统一不等于没有变化，更不等于完全一样。没有变化的统一是死板的，是没有生命力的。

2. 对称与平衡

对称与平衡是美学原理的基础之一，符合最为朴素也最为古典的审美规范，最能使观看者的心理得到慰藉，感到舒适与安全。有了对称与平衡，就有了美的基础。图 1-2 所示是一个对称与平衡的图案。

图 1-2　对称与平衡

对称是以中心点或中心线为中心，在点的四周或线的两边，出现相等、相同或相似的画面内容。在多媒体课件界面的构图中，对称的设计是很常见的，但并不是说只要对称就必须完全一样。对称分为两种：绝对对称与相对对称。绝对对称是完全一样，古典的对称方式大多如此。绝对对称的方式看起来非常匀称、自然，也会觉得漂亮。相对对称则可以允许有更多的变化，如等形不等量、等量不等形。这些设计在严谨的风格中求得了变化，更符合现代人灵活的审美观点。

平衡是通过各种元素的摆放、组合，使画面通过人们的眼睛，在心理上感受到一种物理的平衡（如空间、重心、力量等），平衡与对称不同，对称是通过形式上的相等、相同与相似给人以"严谨、庄重"的感受，而平衡则是通过适当的组合使画面呈现"稳"的感受。

3. 韵律与节奏

与对称、平衡的原理相比，韵律与节奏更富有浪漫色彩。在平面构图中的韵律与节奏，与音乐中的韵律与节奏，其美学内涵是完全一致的。音乐的韵律与节奏是在不断的重复（节拍）以及重复的变化（调子）中给人以美的感受。同样，平面设计的韵律与节奏也建立在重复的基础之上。节奏可以看成是音乐的拍子，也就是一种重复。重复的对象给人以一种合乎秩序的和谐、统一的感受。而在这一节奏中所产生的韵律变化，则能够使人产生不同的心理感受。

4. 渐变与突变

渐变与突变是在重复中产生的，它与前面的韵律、节奏相似，可以看成是同一个美学原理，不同的理解角度。节奏强调的是重复中的相同，而渐变与突变强调的是重复中的变化。

渐变是指各元素在设计中所呈现出来的形状、体积、色彩的逐渐变化。形状变化通常有趣，可以通过这样的变化将设计意图贯彻进去。体积变化通常可以呈现出空间感、景深感，而且也能够突出最终变化的对象。色彩变化最具有美感，包括明度变化、纯度变化和色相变化 3 种形式。渐变的色彩让人感觉舒缓、放松。渐变的色彩也让人感觉到丰富，能够避免冲突。

突变是指在重复和同类的元素中，突然出现一种异类，或出现很大变化，这些变化和异类与其他重复和同类的内容形成了对比，其目的是：第一，通常会很有趣；第二，使人把目光集中到这个突变的因素上。

在进行多媒体课件制作过程中，合理地利用平面构图规则，可以使设计的多媒体课件更符合美学方面的要求，课件内容也更容易被理解和接受。如图 1-3 所示，这是一个以荷花为背景的多媒体课件界面，整个屏幕表现出一种朦胧的月色下荷花若隐若现的意境。一个弧状的图形横跨整个界面,代表一个月亮的夸张造型,这也蕴含着多媒体软件内容本身和月亮有关系。沿着这个弧状图形,放置着5个导航按钮,从平面构图上可以说十分巧妙。

图1-3 多媒体课件的界面

1.3.2 色彩设计和视觉效果

多媒体课件的设计要用到各种各样的颜色,以形成色彩缤纷的画面,这也是多媒体课件吸引用户的原因之一。色彩可以吸引用户的视觉感官,从而引起注意,如果色彩使用恰当,就能促进对屏幕上各部分的识别,突出差异,使显示更富有趣味性;但如果颜色使用不当,则会分散人的注意力,使人的视觉疲劳。

视频讲解

1. 三原色与三补色

人们眼里的世界是五彩斑斓的,然而产生如此丰富色彩的颜色只有3种,就是常说的三原色——红、绿、蓝。自然界中任何色彩都能由这3种原色按一定比例混合而成。

三补色则是由三原色中的两种原色混合起来的颜色,即红色与绿色相混合得到的补色是黄色,红色与蓝色混合得到的补色是品红,而绿色与蓝色混合得到的补色是青色。如图1-4所示,可以清楚地看到三原色与三补色之间的关系。

在计算机显示器上所用的RGB颜色模式就是以三原色为基础。通过把红、绿、蓝3种颜色按不同比例组合起来,从而在显示器上产生出各种颜色,每种原色的数值越高,色彩就越明亮。当红、绿、蓝都为0时为黑色,都为255时为白色。

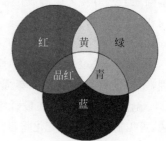

图1-4 三原色与三补色

2. 色彩三要素

视觉所感知的一切色彩形象,都具有色相、明度和饱和度3种性质,这3种性质是色彩最基本的构成元素。

1)色相

顾名思义,色相就是颜色的"相貌",正是由于颜色具有不同的相貌特征,才使人们置身于一个彩色的世界。一般把颜色的基本相貌分为红、橙、黄、绿、青、蓝、紫,在两个色相中间再插入一两个中间色,得到了颜色的12种"相貌",如图1-5所示。

2) 明度

明度表示颜色所具有的亮度和暗度。在无彩色中,最亮的是白色,最暗的是黑色,中间是从亮到暗的灰色系列。在有彩色中,最亮的是黄色,最暗的是紫色。用句通俗的话来说,明度高色彩就较亮,明度低色彩就比较灰暗。

3) 饱和度

饱和度也叫纯度,是指色彩的鲜艳程度。有了饱和度的变化,才使色彩显得极其丰富。例如,绿色,由于纯度的

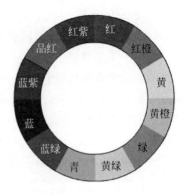

图1-5 十二色相环

不同又可分为浅绿色、深绿色、灰绿色、暗绿色等。纯度体现了色彩内在的品格。同一个色相,即使纯度发生了细微的变化,也会立即带来色彩性格的变化。

3. 色彩感觉

色彩感觉就是人们看到不同的颜色时,情绪会受到不同颜色的影响而发生变化,心理会产生联想或感情等。例如,看到蓝色会联想到蓝天、大海,也可能觉得有些冷;看到红色会联想到火、想到热情,也会产生冲动或者烦躁的情绪;绿色会让人想到生命,想到春天;而黑色可能会让人觉得压抑、悲哀等。

色彩本身是没有灵魂的,它只是一种物理现象。而引起上述情绪变化是由于人们所积累的视觉经验与外来色彩刺激发生呼应的结果。这种变化虽然很多时候会因人而异,但多数情况下也是大体相同的。下面列举一些色彩所带给人的不同心理感受。

红色——是一种让人兴奋的色彩,属暖色。它能使人产生冲动、愤怒、热情与活力。

绿色——是一种和平色,属于中性色,会产生宁静、自然、安全的感觉。

蓝色——属于冷色,它使人产生一种清新、凉爽的感觉,也会使人联想到博大、遥远。

黄色——明度最高的颜色,会使人产生快乐、希望,也使人联想到权力、辉煌。

橙色——具有轻快、热烈、温馨的感觉。

白色——纯洁、明快的感觉,也联想到虚无。

黑色——深沉而神秘,可使人觉得压抑、悲哀,也使人联想到庄严与高贵。

紫色——淡紫色优美活泼,而大面积的紫红色会使人产生恐怖,暗紫则使人联想到灾难。

4. 色彩的冷暖划分

上面提到红色属于暖色,蓝色属于冷色,绿色属于中性色。色彩有冷暖的感觉,冷暖色同样也会给人造成心理和情绪上的影响。红色温暖、蓝色清凉是众所周知的。

在色相环中,一般把橘红色定为"最暖色",称为"暖极",天蓝色定为"最冷色",称为"冷极";靠近"暖极"的颜色称为"暖色",靠近"冷极"的颜色称为"冷色",而与冷暖色距离相等的颜色称为"中性色"。可以在色相环上对冷暖色加以划分,如图1-6所示。

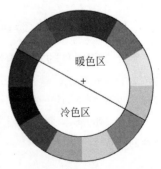

图1-6 冷暖色划分

5. 色彩的作用

1）色彩为组织屏幕提供更好的结构和意义

在组织多媒体课件的屏幕时，色彩是一种很好的格式规范工具，当屏幕上包含大量数据并且不能或很难使用空行对各部分进行区分时，色彩特别有用。例如，不同信息组之间的差异可以通过不同色彩来增强，不同篇幅文字的分离在相关屏幕上也可通过色彩来实现，色彩可用于提醒用户对屏幕某部分注意。由于可用的色彩有很多种，因此色彩比其他技术更具灵活性。

2）色彩本身就可以用作视觉代码

色彩的特征决定各种颜色各有特点，也有各自的含义，当然这种含义是经过长期的历史、文化等因素形成的，如绿色代表安全、红色代表危险、蓝色代表平静等。对于这些传统含义设计者可灵活而合理地应用和变化，将颜色当成一个组成屏幕的元素来用。例如，利用红色的文字来表示热字，提醒读者注意；利用绿色呈现对热字的解释；用蓝底和白字来表示来自教师的信息；用白底黑字表示来自读者的信息等。这样使读者轻松地将注意力集中到类别不同的信息上，减轻认知的负荷。

3）色彩增加屏幕吸引力

由于人们生活的现实世界色彩丰富，人们已经习惯和喜欢各种色彩，彩色的屏幕能使人们感到熟悉、亲切，因此彩色信息对使用者更具吸引力，能激发读者的使用兴趣。

专家点拨：在同一屏幕中不要使用太多的颜色，因为色彩信息对人的注意有极强的吸引力，若色彩种类众多，就会引起注意的无效分散，降低注意的能力。选择不相邻的色彩不超过3种或4种，配合以空间划分、几何形状等就可以增加屏幕视觉效果。

1.4 课件脚本

在制作多媒体课件之前，编写课件脚本是一个十分重要的环节。有的教师不重视课件脚本的编写，决定制作某个课件时直接就在软件中完成，这是不可取的。这种方法往往会使课件的制作带有很多随意性，想到哪里就制作到哪里，出现问题时就重新制作，效率特别低，制作的课件效果也不好。

视频讲解

如果能把课件的制作当作一个系统工程来设计，那么必定可以更高效、更科学地制作需要的课件。在制作课件之前，先系统地设计好课件脚本，然后根据课件脚本再进行课件的制作。

1.4.1 课件脚本的概念

脚本是将课件的教学内容、教学策略进一步细化，具体到课件的每一框画面呈现信息、画面设计、交互方式以及学习的控制，它是课件编制的直接依据。就像电视片的编制不能直接依据文学剧本，而是根据分镜头稿本进行拍摄一样。

这里说的脚本通常是指文字脚本，其目的既是为了体现教学设计的思想，也是为课件的制作打下基础。

1.4.2 编写课件脚本的方法

要编写一个课件脚本,首先要对课件的使用有一些认识和研究,然后写清楚教学目的、要突破的重点和难点、设计过程等。设计过程最好是分模块编写,如可以将课件分为"引入""新授""练习""小结"等几个教学模块,编写各个模块需要什么样的内容。最后绘制一个课件设计的草图,如图片、文字、按钮出现的顺序、位置等。总之,编写出一个设计充分的好脚本才能制作一个好的课件。

下面以一篇语文课文《爱祖国》为例介绍课件脚本的编写方法。通过课件脚本的编写,可以体现设计的思想,也为课件的制作提供直接的依据,如果课件不是设计者亲自制作的,也方便沟通设计者和制作者之间的思路。

(1) 制作一张表格,主要填写课件题目、教学目标、创作平台、创作思路和内容简介等信息,如表 1-1 所示。

表 1-1 课件教学目标等信息的描述

课件题目	爱祖国
教学目标	(略)
创作平台	Authorware 7
创作思路	(略)
内容简介	(略)

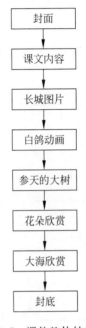

图 1-7 课件整体结构图

(2) 设计好课件整体结构图,如图 1-7 所示。
(3) 逐步完成脚本卡片的编写,如表 1-2 所示。

表 1-2 脚本卡片的编写(共 8 个模块)

模块序号	1	页面内容简要说明	课件的封面
屏幕显示	用天安门前国旗作为封面 出示课题:爱祖国		
说明	1. 爱祖国 3 个字制作成 swf 动画效果,然后插入 2. 设置"运行"按钮,单击后开始上课		

模块序号	2	页面内容简要说明	课文内容
屏幕显示	我爱万里长城, 我爱家乡的小河。 我爱无边的大海, 我爱飞翔的白鸽。 我爱参天的大树, 我爱美丽的花朵。 我爱爸爸妈妈, 我爱同学老师。 你要问我最爱什么? 我最爱伟大的祖国。		

说明	配上背景图			

模块序号	3	页面内容简要说明		长城图片
屏幕显示	出示几幅长城的图片 配上音乐 最后出示"我爱万里长城"			
说明	1. 图片加上特效,每 2 秒钟显示一幅 2. 最后音乐停止,单击鼠标后出示"我爱万里长城"			

模块序号	4	页面内容简要说明		白鸽视频
屏幕显示	白鸽视频			
说明	单击鼠标后擦除视频			

模块序号	5	页面内容简要说明		参天的大树
屏幕显示	参天的大树的图片 参天的大树的文字			
说明	先出现图片,后出现"参天的大树"几个字			

模块序号	6	页面内容简要说明		花朵欣赏
屏幕显示	出示几幅花朵的图片 配上音乐			
说明	1. 图片加上特效,每 2 秒钟显示一幅 2. 最后单击鼠标音乐停止,单击鼠标后擦除			

模块序号	7	页面内容简要说明		大海欣赏
屏幕显示	出示几幅大海的图片 配上音乐			
说明	1. 图片加上特效,每 2 秒钟显示一幅 2. 最后音乐停止,单击鼠标后擦除			

模块序号	8	页面内容简要说明		课件的封底
屏幕显示	同学们再见!			
说明	可以考虑文字的修饰			

1.5 本章习题

1. 选择题

(1) (　　)是基于图标与流程线方式进行多媒体课件制作的软件平台。
　　A. PowerPoint　　B. Flash　　C. Authorware　　D. 几何画板
(2) 文件格式(　　)是视频文件。
　　A. jpg　　B. wav　　C. avi　　D. swf
(3) 文件格式(　　)都是动画文件。
　　A. gif 和 mpg　　B. gif 和 swf　　C. swf 和 jpg　　D. swf 和 wav
(4) 色彩有冷暖的感觉,冷暖色会给人造成心理和情绪上的影响。(　　)是暖色。
　　A. 白色　　B. 红色　　C. 绿色　　D. 蓝色

2. 填空题

(1) 多媒体(multimedia)是指信息表示媒体的多样化,能够同时获取、处理、编辑、存储和展示两种以上不同类型信息媒体的技术。这些信息媒体包括_____、_____、_____、_____、_____、_____和_____等。

(2) 多媒体课件离不开构图,构图是多媒体课件画面构成的骨架。根据设计艺术与美学规律,需要注意以下 4 个规则:_____、_____、_____和_____。

(3) 视觉所感知的一切色彩形象,都具有 3 种性质,这 3 种性质是色彩最基本的构成元素。它们分别是_____、_____和_____。

1.6 上机练习

练习 1-1　采集 Internet 上的图像素材

图像素材是多媒体课件中不可或缺的元素。百度提供了对图片的专门搜索方法,用户可以通过这个功能来获取需要的图片。

主要制作步骤:

(1) 打开百度搜索页面,单击其中的"图片"超链接打开图片搜索页面。在搜索框中输入关键字,单击其下的单选按钮选择搜索范围,如图 1-8 所示。单击"百度一下"按钮即可打开搜索结果页面。

(2) 在结果页面中单击需要图片的链接,可以打开包含该图片的页面。在页面中,右击图片,在弹出的快捷菜单中选择"图片另存为"命令,可以弹出"保存图片"对话框,选择图片保存的位置,单击"确定"按钮即可获得需要的图片。

练习 1-2　用 SnagIt 截取计算机屏幕上的图像

SnagIt 是一款专业的屏幕捕获软件。就图像截取工具而言,SnagIt 凭借着截图功能的完备和众多近似专业的图像后期编辑工具,成为很多用户的首选工具。SnagIt 9.0 的软件界面如图 1-9 所示。

图 1-8 搜索图片

图 1-9 SnagIt 9.0 软件界面

主要制作步骤：

(1) 在配置文件栏中选择一种合适的配置文件，这里以选择"区域"为例来说明。

(2) 单击右下角的"捕获"按钮，此时 SnagIt 软件界面自动隐藏。鼠标形状变成🖐形，同时屏幕的左上角会出现捕获提示框。

(3) 在需要捕捉图像区域的左上角按下鼠标左键，根据需要拖曳鼠标拉出一个矩形选区，同时矩形的右下方还会显示当前矩形框的宽度和高度。放开鼠标左键即跳转到"编辑器"窗口预览截取的图像。

(4) 在"编辑器"窗口中可以对图像进行各种编辑操作。例如，可以改变图像尺寸、对图像进行裁剪、给图像添加文字标注、给图像添加特效等。

(5) 单击"编辑器"窗口左上角的 SnagIt 图标，在弹出的下拉菜单中选择"另存为"→"标准格式"命令，选择合适的文件保存路径和类型，单击"保存"按钮完成操作。

练习 1-3 用 Photoshop 剪裁图像

当搜集到的图像素材不符合设计要求、只需要图像的部分区域时，需要对图像素材加以剪裁和处理。下面运用强大的图形图像处理软件 Photoshop 对图像进行剪裁。

主要制作步骤：

(1) 运行 Photoshop，选择"文件"→"打开"命令，弹出"打开"对话框。在文件路径中选择需要处理的图像素材，单击"打开"按钮，素材就打开在窗口中了。

(2) 选择工具箱中的"裁剪工具"🔲，在图片中选择要保留的区域，如图 1-10 所示。

图 1-10 选择保留部分

(3) 这时，非保留区域呈灰色显示，按 Enter 键即完成裁剪。

(4) 选择"文件"→"存储为 Web 所用格式"命令，弹出"存储为 Web 所用格式"对话框，将图像存储即可。

练习 1-4　将图像背景处理成透明

如果图像素材的背景不透明,那么当将其应用到多媒体作品的设计中时,会出现不协调的情况,下面用 Photoshop 将图像素材的背景处理成透明模式。

主要制作步骤:

(1) 运行 Photoshop,打开需要处理的图像文件。

(2) 选择"窗口"→"图层"命令,打开"图层"面板,双击"背景"图层,弹出"新图层"对话框,单击"好"按钮确认。

(3) 选择"工具箱"中的"魔棒"工具 ,在"属性"面板中设置"容差"为 3,其他设置保持默认,如图 1-11 所示。容差是确定选定像素的相似点差异,数值越小,颜色范围越小。以像素为单位输入一个值,范围为 0～255。如果值较低,则会选择与所单击像素非常相似的少数几种颜色;如果值较高,则会选择范围更广的颜色。

图 1-11　设置容差

(4) 使用选中的"魔棒"工具在图像中的白色区域单击,被选择区域呈虚线状,如图 1-12 所示。按下键盘上的 Del 键,选中的白色区域被删除,如图 1-13 所示。

图 1-12　蚂蚁线状态显示　　　　图 1-13　删除后得到的图像

专家点拨:对于相对较复杂的图像,不能一次性删除不需要的背景部分,可以使用工具箱中的套索工具和橡皮擦工具,逐步地删除。

(5) 选择"文件"→"存储为 Web 所用格式"命令,弹出"存储为 Web 所用格式"对话框,选择"优化的文件格式"为 GIF,单击"存储"按钮即可。

练习 1-5　用 GoldWave 录音

在制作多媒体软件作品时,经常会用到旁白声音、朗诵声音、特效声效等音频信息,下面介绍利用 GoldWave 录音的方法。

主要制作步骤:

(1) 双击计算机桌面右下角"任务栏"上的小喇叭音量图标 ,弹出"音量控制"对话框。选择"选项"→"属性"命令,弹出"属性"对话框。

(2) 单击"调节音量"选项下的"录音"单选按钮,然后在"显示下列音量控制"列表框中选中"麦克风"复选框,如图1-14所示。

图1-14 "属性"面板

(3) 单击"确定"按钮,在弹出的"录音控制"设置窗口,选中"麦克风"选项下的"选择"复选框,然后适当调整音量大小。声音属性设置全部完成,关闭所有窗口。

(4) 运行GoldWave软件。GoldWave是一个功能强大的声音编辑软件,简单易学,容易掌握。

(5) 单击工具栏上的"新建"按钮,弹出"新建声音"对话框。单击"收音机"按钮,设置声音的"声道"为"单声","取样比率"为22 050Hz,"长度"为1分钟。单击"确定"按钮,弹出新建的空白声音文档,如图1-15所示。

(6) 选择"工具"→"设备控制"命令,弹出"设备控制"窗口,如图1-16所示,此窗口可以控制声音文件的录制。

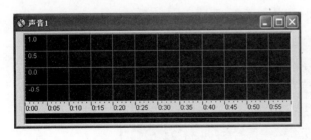

图1-15 新建声音文档

图1-16 "设备控制"窗口

(7) 单击"设备控制"窗口中的录音按钮 ,开始录制声音。声音录制完毕后,单击停止按钮 ,得到录制的声音波形文件,如图1-17所示。

专家点拨:录音时最好能选择优质的麦克风和较安静的环境。在录制时,可以离麦克风稍微远一点,或用手帕将麦克风包一下,这样可以避免噪音的出现。

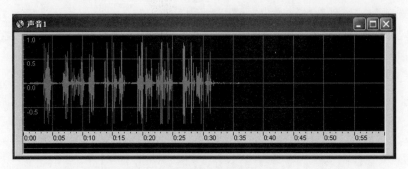

图 1-17　录制的声音波形文件

（8）单击播放按钮，在 GoldWave 中可以试听录制的声音文件。如果试听声音效果后感觉噪音太大，可以通过一些命令来减少噪音。选择"效果"→"滤波器"→"降噪"命令，在弹出的"降噪"对话框中进行参数设置。

（9）选择"文件"→"保存"命令，弹出"另存为"对话框，将录制的声音保存为 WAVE 格式文件。

 专家点拨：WAVE 格式文件的缺点是文件过大，如果想保存成 mp3 格式文件，选择"保存类型"中的"MPEG 音频"（＊.mp3）即可。

练习 1-6　用 GoldWave 剪裁声音

如果只需要声音素材中的一部分，可以利用 GoldWave 对声音素材进行剪裁，以得到需要的声音。

主要制作步骤：

（1）选择"文件"→"打开"命令，弹出"打开"对话框，在其中查找到相应的音乐素材文件，单击"打开"按钮。

（2）在工具栏上单击"播放"按钮，音乐开始播放，在试听过程中选择一段合适的音乐，记下这段音乐的时间段，时间提示标记在打开的音乐窗口最下端。

（3）单击音乐段的起始位置，再右击音乐段的终止位置，在弹出的快捷菜单中选择"设置结束标记"命令，音乐段将在音乐窗口中高亮显示，如图 1-18 所示。

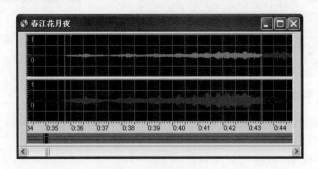

图 1-18　选取音乐段

（4）选择"编辑"→"复制"命令，再选择"编辑"→"粘贴新建"命令，这样就把选择的音乐段复制到了一个新建的声音文档中了。

专家点拨：在"效果"菜单下有很多常见的声音效果命令，利用它们可以很容易地实现一些声音效果，如去掉声音中的噪音、增大或减小声音的音量等。

练习 1-7　用闪客精灵采集 Flash 动画素材

Internet 上有大量的 Flash 动画素材，可以供用户下载和借鉴。本节练习运用硕思闪客精灵软件保存网页上的 Flash 动画（swf 文件）的方法。

主要制作步骤：

（1）安装了硕思闪客精灵以后，"闪客精灵"图标 会自动出现在 IE 浏览器的工具栏上，如图 1-19 所示。

图 1-19　IE 浏览器中的"闪客精灵"图标

（2）当浏览含有 Flash 影片的网页时，如果想捕捉该页面中的 Flash 影片，可单击 IE 浏览器工具栏中的"闪客精灵"图标 ，弹出"保存"对话框，页面中的 Flash 影片都会显示在对话框中，如图 1-20 所示。

图 1-20　"保存"对话框

（3）在"保存"对话框中，列出了该页面中的所有 Flash 影片，先将需要保存的影片选中，然后单击"保存到"文本框右侧的按钮，选择保存路径，单击"确定"按钮，Flash 影片成功地保存在本地磁盘中。同时系统会自动打开闪客精灵程序并显示保存的 Flash 影片。

专家点拨：运行闪客精灵软件还可以对 swf 格式的影片文件进行解析，可以将其中所需要的图像、声音、动画片段等素材解析出来。

第 2 章 PowerPoint 课件制作入门

PowerPoint 是微软 Office 办公软件中的一款多媒体演示文稿制作软件，它具有上手容易、效果直观、结构清晰的特点。它提供的许多便捷、高效的工具可以在短时间内创建专业、美观、实用的演示文稿，并以简明清晰的方式表达文稿内容。

身在一线的教师都希望独立制作多媒体课件，PowerPoint 无疑是最好的入门软件。使用 PowerPoint 制作多媒体课件，教师不用掌握高深的编程技术，只需将展示的教学内容添加到一张张幻灯片上，然后设置这些内容的动画显示效果以及幻灯片的放映控制等属性，就可以制作出包含文字、图片、声音、视频、动画等多种媒体的课件。

本章主要内容：
- PowerPoint 2010 简介；
- 创建 PowerPoint 演示文稿的方法；
- 幻灯片的添加、移动和删除；
- 设计 PowerPoint 课件的外观；
- PowerPoint 课件中的文字；
- PowerPoint 课件的放映和发布。

2.1 PowerPoint 2010 简介

PowerPoint 将成为大家制作多媒体课件（PPT）的亲密伙伴，熟悉 PowerPoint 的工作环境和功能，并根据需要自定义一些操作习惯，对于高效制作 PPT 课件是十分必要的。

2.1.1 PowerPoint 2010 的工作窗口

视频讲解

PowerPoint 2010 简体中文版的软件窗口如图 2-1 所示。

PowerPoint 窗口和大部分的 Windows 应用程序的窗口类似，这里不再赘述。下面介绍 PowerPoint 和制作课件相关的几个术语。

- 演示文稿：PowerPoint 制作的作品保存文件类型通常为.ppt 或.pptx 格式，这里称为 PowerPoint 课件或 PPT 课件。
- 幻灯片：演示文稿是由一张或多张幻灯片组成的，幻灯片是演示文稿存放内容的地方，可以在幻灯片上放置文字、图片、声音、动画、视频等。在放映演示文稿时，一张幻灯片就是一个独立的课件界面。

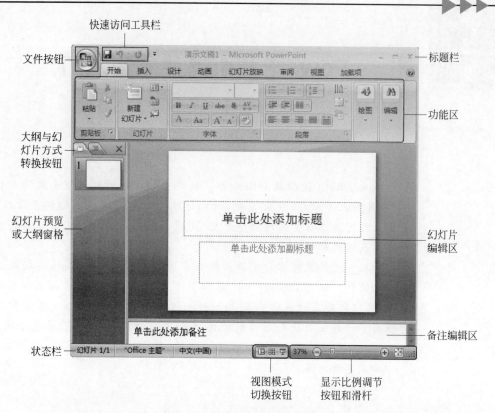

图 2-1　PowerPoint 2010 窗口

- 占位符：用来提示在幻灯片上插入内容的符号，是一种带有虚线或阴影线边缘的框，在这些框内可以放置标题及正文，或者是图表、表格和图片等对象，如图 2-2 所示。

图 2-2　占位符

- 幻灯片版式：将占位符按一定位置组合排列就是幻灯片的版式，通过幻灯片版式的应用可以对文字、图片等元素进行更加合理简洁的布局。PowerPoint 提供了一些默认的版式，如图 2-3 所示。一般一定版式的幻灯片适合做特定的内容，如标题幻灯片适合用作课件标题，但在实际课件制作中，使用默认版式不多，可以自己在空白幻灯片上设计自己的版式。
- 幻灯片主题：从幻灯片设计角度来说，主题提供了演示文稿的外观构建，它将背景设计、占位符版式、颜色和字形等应用于幻灯片。利用幻灯片主题，可以快速美化课

第 2 章　PowerPoint 课件制作入门

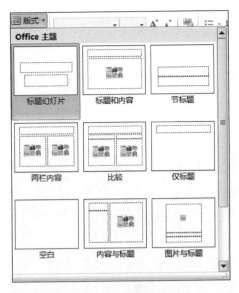

图 2-3　幻灯片默认版式

件的外观。在"设计"功能区的中间是"主题"组，可以看到一个主题列表框，其中提供了若干主题的缩略图，如图 2-4 所示。

图 2-4　幻灯片主题

- 选项卡和功能区：在 PowerPoint 2007 及其以上版本的软件中，常用的菜单和菜单命令不见了，取而代之的是选项卡和功能区。功能区能帮助用户快速找到完成某一任务所需的命令。命令被组织在逻辑组中，逻辑组集中在选项卡下。为了减少混乱，某些选项卡只在需要时才显示。例如，仅当在幻灯片上选择图片后，才显示"图片工具"选项卡。

2.1.2　视图模式

在制作幻灯片演示文稿时，制作者特别希望能在一个人性化的制作环境中工作，以便于演示文稿的开发。PowerPoint 满足这种要求，提供各种工作视图模式，形成集幻灯片的编辑、管理和播放为一体的工作环境。

视频讲解

PowerPoint 2010 主要提供普通视图、幻灯片浏览视图、阅读视图和幻灯片放映视图 4 种工作视图模式。通过单击 PowerPoint 2010 软件窗口右下方的 4 个视图按钮，可以在 4 种视图模式之间进行切换。

专家点拨：在"视图"选项卡的功能区中也有切换视图模式的命令，可以通过选择"视图"功能区中的相应命令来切换视图模式。

1. 普通视图

普通视图是 PowerPoint 默认的视图模式。它由幻灯片编辑工作区、备注编辑区和大纲窗格三部分组成，如图 2-5 所示。

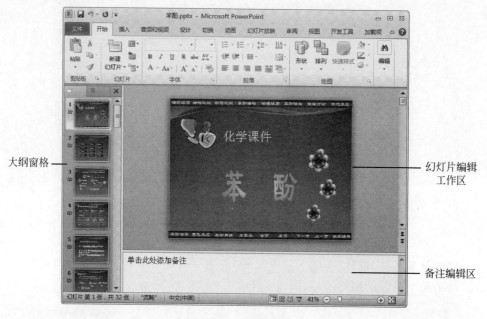

图 2-5　普通视图

幻灯片编辑工作区是用户处理、编辑信息的区域。PowerPoint 2010 的工作区同以前版本一样，默认状态下是一个白色的矩形，将来就要在这个白色区域内制作幻灯片内容。备注编辑区是查看或编辑每张幻灯片的备注信息的。需要注意的是，在放映幻灯片时，备注信息并不显示。另外，在"视图"功能区中，选择"备注页"命令，还可以显示单独的"备注视图"，在这个视图模式下可以更方便地编辑备注页，如图 2-6 所示。

大纲窗格是在普通视图模式下才显示的一个窗格，这个窗格里面有两种表现形式：一种是"幻灯片"模式；另一种是"大纲"模式。大纲窗格的顶端有两个按钮，单击它们可以在"幻灯片"模式和"大纲"模式之间进行切换。"大纲"模式如图 2-7 所示。

在"大纲"模式下，可以看到整个版面中各张幻灯片的主要内容，也可以直接在上面排版和编辑。最主要的是，在"大纲"模式下可以查看整个演示文稿的主要构思，方便地查看和编辑幻灯片的标题和正文。

2. 幻灯片浏览视图

单击"幻灯片浏览"按钮 ▦，则切换到幻灯片浏览视图模式下，在这种视图模式下，同时显示多张幻灯片，因此可以轻松地添加、删除和移动幻灯片，如图 2-8 所示。

3. 阅读视图

如果通过自己的计算机查看 PPT 课件（而不是通过大屏幕向受众放映 PPT 课件），则可以选择阅读视图模式。单击"阅读视图"按钮 ▦，可以切换到阅读视图模式下，在这种视图模式下，可以通过窗口下边的控件方便地查看课件内容，如图 2-9 所示。

4. 幻灯片放映视图

利用幻灯片放映视图，在编辑幻灯片的同时随时欣赏幻灯片的播放效果，如果不满意，

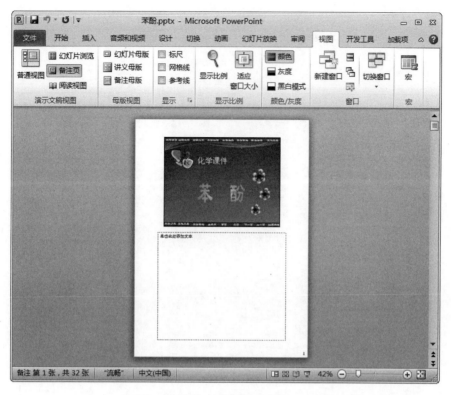

图 2-6　单独的备注视图

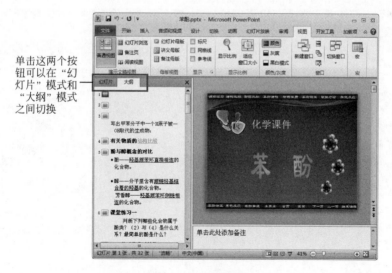

图 2-7　"大纲"模式

还可以随时更改。单击"幻灯片放映"按钮，放映当前编辑的幻灯片，这时整张幻灯片的内容占满整个屏幕。这也是制作的课件的最终播放效果。

在幻灯片放映视图下，在屏幕的任意位置右击，将弹出一个快捷菜单，利用快捷菜单上的命令可以控制幻灯片的播放，如图 2-10 所示。

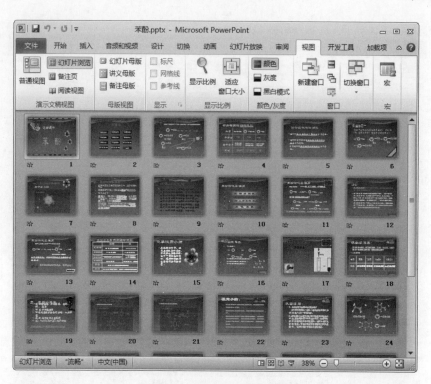

图 2-8　幻灯片浏览视图

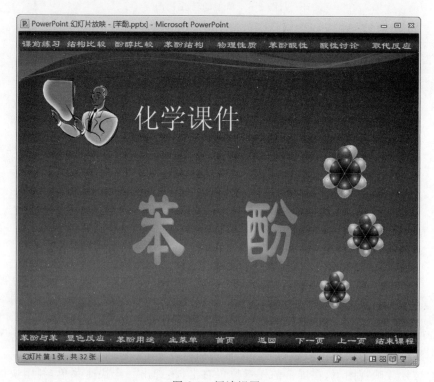

图 2-9　阅读视图

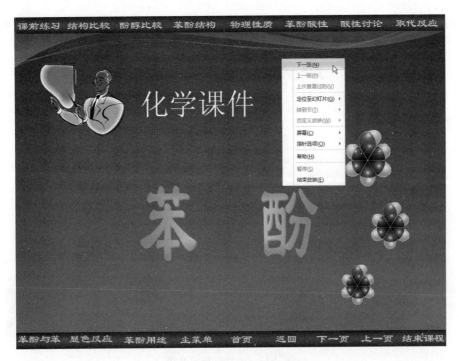

图 2-10　幻灯片放映视图

2.2　创建 PowerPoint 演示文稿的方法

使用 PowerPoint 2010 制作课件时，首先要创建一个 PowerPoint 演示文稿，通常情况下，可以使用 5 种方式来创建一个新演示文稿。

2.2.1　创建空演示文稿

（1）PowerPoint 2010 启动后，单击"文件"按钮，在弹出的菜单中选择"新建"命令，然后在"可用的模板和主题"列表框中，选择"空白演示文稿"，如图 2-11 所示。

视频讲解

（2）单击"创建"按钮，即可创建一个新演示文稿，如图 2-12 所示。

专家点拨：单击"快速访问工具栏"上的"新建"图标也可以创建图 2-12 中的新演示文稿。如果"快速访问工具栏"上没有"新建"图标，可以将"新建"图标添加上。

默认情况下，新建的演示文稿的幻灯片包含两个标题文本框。如果取消这两个标题文本框，那么就可以得到一张彻底空白的幻灯片。在"开始"功能区中，单击"版式"图标，弹出一个"Office 主题"列表框，在其中选择"空白"版式即可，如图 2-13 所示。空白演示文稿中的幻灯片不使用 PowerPoint 提供的模板样式和颜色配置，可以根据自己的需要设计幻灯片的背景颜色、文字格式等效果。这为用户提供了更加广阔的自由创作空间。

专家点拨：幻灯片上标题和副标题文本、列表、图片、表格、图表、形状和视频等元素的排列方式称为幻灯片的版式。

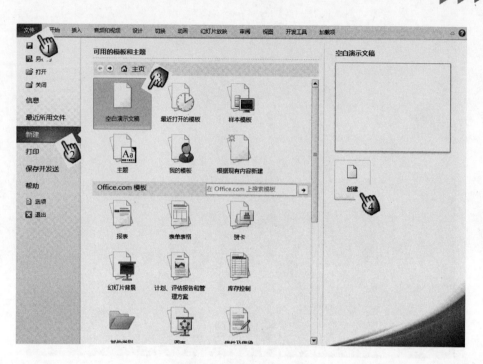

图 2-11 创建空演示文稿

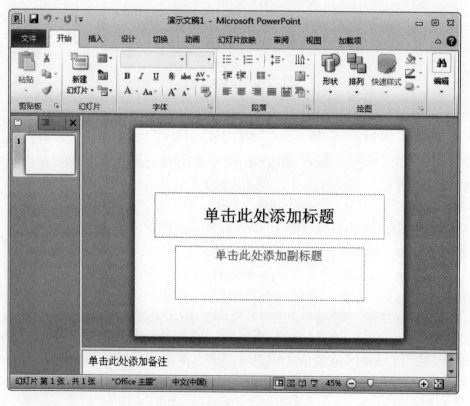

图 2-12 创建一个新演示文稿

第 2 章　PowerPoint 课件制作入门　29

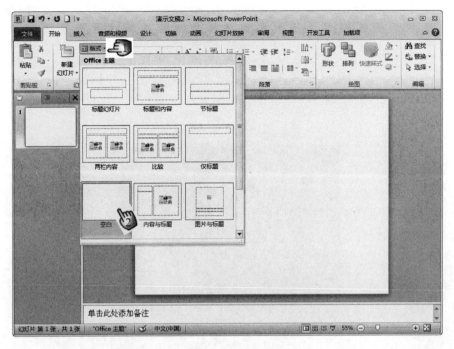

图 2-13　选择"空白"版式

2.2.2　根据样本模板创建演示文稿

（1）在"可用的模板和主题"列表框中，单击"样本模板"，切换到"样本模板"列表框，如图 2-14 所示。

视频讲解

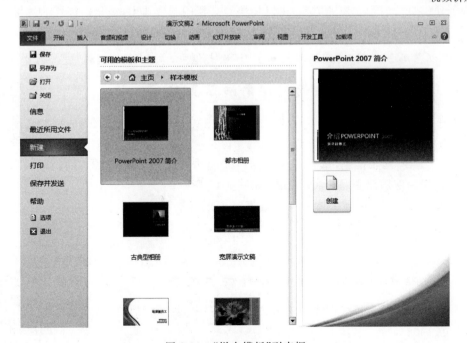

图 2-14　"样本模板"列表框

(2) 在"样本模板"列表框中,选择一种模板(如"古典型相册"),然后单击"创建"按钮,创建应用此模板的演示文稿,如图 2-15 所示。

图 2-15　根据已安装模板创建演示文稿

模板包含已完成演示文稿的主题、版式和其他元素信息的一个或一组文件。按照已安装模板创建幻灯片演示文稿的方法,可以加快幻灯片的制作速度,美化幻灯片的效果。

专家点拨:PowerPoint 可以自定义模板,如果已经自定义了模板,那么在创建演示文稿时,可以在图 2-11 的"可用的模板和主题"列表框中,单击"我的模板"进行创建。

2.2.3　根据已安装的主题创建新演示文稿

(1) 在"可用的模板和主题"列表框中,单击"主题",切换到"主题"列表框,如图 2-16 所示。

(2) 在"主题"列表框中,选择一种主题(如"暗香扑面"),然后单击"创建"按钮,创建出应用此主题的演示文稿,如图 2-17 所示。

视频讲解

主题是主题颜色、主题字体和主题效果三者的组合。主题可以作为一套独立的选择方案应用于文件中。利用已安装的主题创建演示文稿,可以快速得到漂亮的幻灯片创作方案。

2.2.4　根据现有演示文稿创建新演示文稿

利用现成的演示文稿来创建新演示文稿也是一个效率很高的制作演示文稿的方法。

(1) 在"可用的模板和主题"列表框中,单击"根据现有内容新建",弹出

视频讲解

第 2 章　PowerPoint 课件制作入门

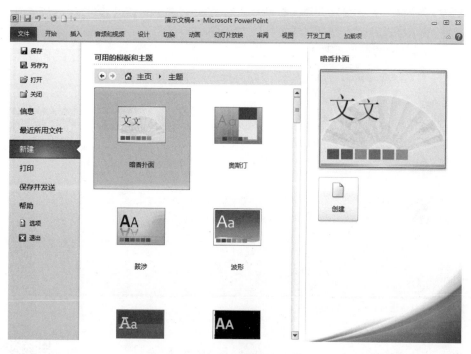

图 2-16　"主题"列表框

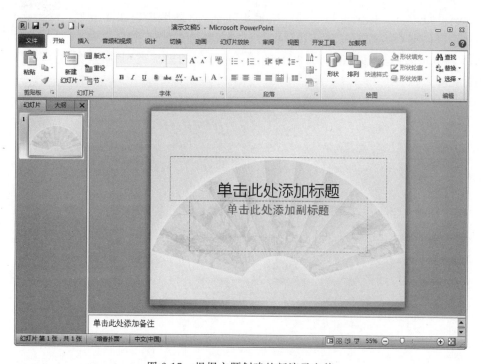

图 2-17　根据主题创建的新演示文稿

"根据现有演示文稿新建"对话框，如图 2-18 所示。

（2）查找到现有的课件幻灯片文档并选中，然后单击"新建"按钮，即可根据现有演示文稿创建一个新演示文稿。

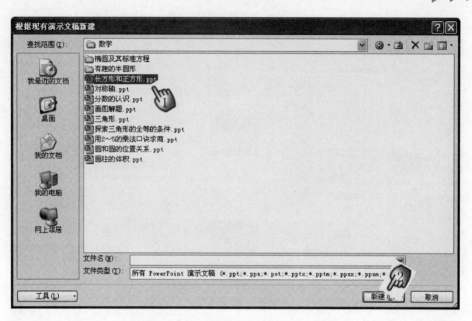

图 2-18 "根据现有演示文稿新建"对话框

2.2.5 根据 Office.com 模板创建新演示文稿

视频讲解

PowerPoint 2010 提供了强大的在线模板功能,如果用户连接了互联网,那么可以根据 Office.com 模板提供的在线模板创建新演示文稿。

(1) 在"Office.com 模板"列表框中显示了所提供的模板类别列表,如图 2-19 所示。

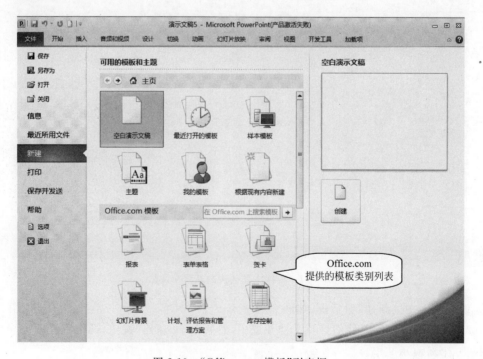

图 2-19 "Office.com 模板"列表框

(2) 在"Office.com 模板"列表框中选择一个在线模板类别,相应的中间窗格将显示"正在搜索"的进度条,如图 2-20 所示。

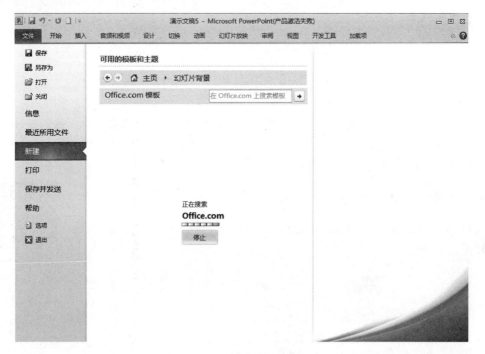

图 2-20　搜索在线模板

(3) 搜索完毕后,对应的中间窗格马上显示搜索到的模板列表,如图 2-21 所示。

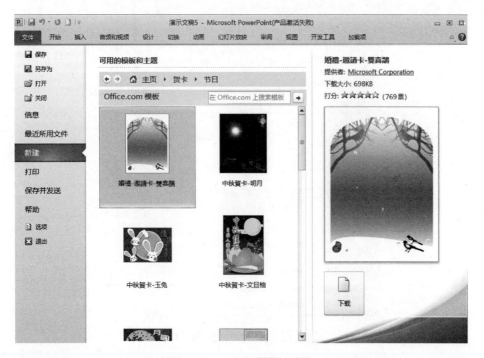

图 2-21　显示在线模板列表

(4) 在中间窗格中选择一个模板,然后单击"下载"按钮,系统会自动下载相应的模板,并且在下载完成后根据这个模板创建一个新演示文稿。

专家点拨:只有用户使用正版的 PowerPoint 软件,才能通过"Office.com 模板"在线下载模板。

2.3 幻灯片的添加、移动和删除

演示文稿一般由一张或多张幻灯片组成。新建演示文稿后,通常只含一张幻灯片,若要展示较多的内容,还需要在演示文稿中添加幻灯片。当演示文稿中包含多张幻灯片时,需要对幻灯片进行复制、移动、删除等操作。

2.3.1 新建幻灯片

(1) 在"开始"功能区,单击"新建幻灯片"图标,弹出"Office 主题"列表框,如图 2-22 所示。

视频讲解

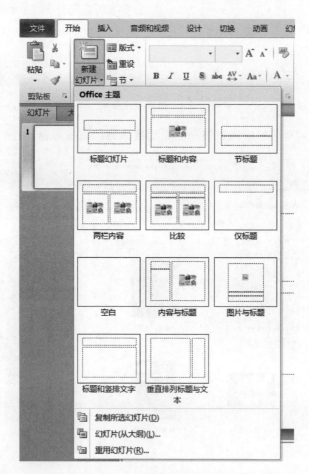

图 2-22 "Office 主题"列表框

(2) 单击其中某个幻灯片版式图标,即可在当前幻灯片的后面插入一张新幻灯片。

专家点拨：在普通视图下，选中"大纲窗格"中的某一个幻灯片缩略图，按一次 Enter 键即可在所选幻灯片后面增加一张幻灯片。另外，在"大纲窗格"中，右击某个幻灯片缩略图，在弹出的快捷菜单中选择"新建幻灯片"命令，也可以插入一张新幻灯片。

2.3.2 重用和复制幻灯片

1. 重用幻灯片

（1）在图 2-22 的"Office 主题"列表框中，选择"重用幻灯片"命令，则打开"重用幻灯片"窗格，如图 2-23 所示。

视频讲解

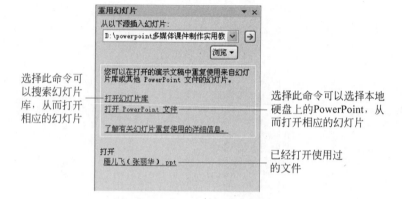

图 2-23　"重用幻灯片"窗格

（2）选择"打开 PowerPoint 文件"命令，弹出"浏览"对话框，如图 2-24 所示。找到所需的演示文稿以后，选中此文件，然后单击"打开"按钮。

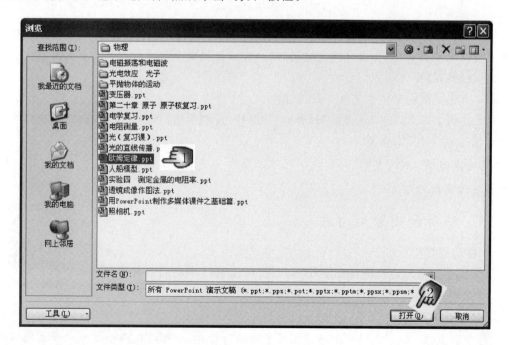

图 2-24　"浏览"对话框

（3）这时，演示文稿中的幻灯片显示在"重用幻灯片"窗格中，如图 2-25 所示。当光标移动到某张幻灯片上时，幻灯片将放大，以便于用户观察清楚。单击幻灯片，即可将其插入到当前幻灯片的后面。

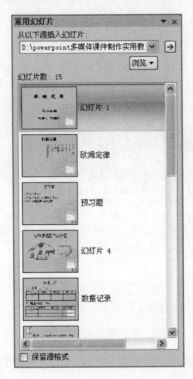

图 2-25　幻灯片显示在"重用幻灯片"窗格中

专家点拨：重用幻灯片时，还可以打开幻灯片库，将幻灯片库中的幻灯片插入到需要的位置。默认情况下，幻灯片库是空的，用户可以根据需要创建幻灯片库中的内容。

2. 复制幻灯片

（1）首先在演示文稿中选择一张幻灯片。

（2）在图 2-22 的"Office 主题"列表框中，选择"复制所选幻灯片"命令，则在所选的幻灯片后面得到一个幻灯片副本。

专家点拨：利用复制、粘贴命令也可以在同一个演示文稿中，以及在不同的演示文稿之间互相复制幻灯片。

2.3.3　移动和删除幻灯片

1. 移动幻灯片

如果觉得原来幻灯片的排列顺序不合理，可以通过移动幻灯片进行调整。在"普通视图"的"幻灯片"模式下和在"幻灯片浏览视图"下，可以通过拖曳幻灯片移动它的位置。

视频讲解

专家点拨：除了在同一个演示文稿中移动幻灯片，还可以在两个演示文稿之间移动幻灯片。同时打开两个演示文稿，将这两个演示文稿并列显示在屏幕上，选中一个窗口中的幻灯片,将其拖曳到另一个窗口中释放即可。

2. 删除幻灯片

在"普通视图"下,右击"大纲窗格"中要删除的幻灯片缩略图,在弹出的快捷菜单中选择"删除幻灯片"命令,即可删除选定的幻灯片。

专家点拨:在"普通视图"的"大纲窗格"中选中某张幻灯片以后,按 Del 键也可以将选定的幻灯片删除。

2.4 设计 PowerPoint 课件的外观

课件能否达到好的教学效果,外观的设计至关重要。在创建了一个新演示文稿后,根据需要对其外观进行设置,是 PowerPoint 课件制作流程中的重要一步。

2.4.1 认识"设计"功能区

PowerPoint 2010 提供了一个"设计"功能区,其中包括幻灯片页面设置、幻灯片主题、幻灯片背景等设置功能,利用这些功能可以制作外观更加专业的多媒体课件。"设计"功能区如图 2-26 所示。

视频讲解

图 2-26 "设计"功能区

2.4.2 应用幻灯片主题

要制作效果精美的 PowerPoint 课件,首先要策划好幻灯片的外观。在 PowerPoint 中,利用幻灯片主题,可以快速美化幻灯片。从幻灯片设计角度而言,主题提供了演示文稿的外观,将背景设计、占位符版式、颜色和字形等应用于幻灯片和幻灯片元素。

视频讲解

(1) 启动 PowerPoint 2010,系统自动新建一个空白演示文稿文档。

(2) 单击"设计"选项卡切换到"设计"功能区。在"设计"功能区的中间是"主题"组,可以看到一个主题列表框,其中提供了若干主题的缩略图,单击上下三角按钮可以看到全部主题的缩略图。当用光标指向某个主题时,可以显示出主题名称,如图 2-27 所示。

(3) 当将光标停留在主题缩略图上时,该主题将在当前幻灯片的临时预览中显示。这样,可以在应用主题之前查看主题的效果,如果不喜欢该主题的效果,就可以直接将光标从缩略图上移走,从而结束预览,撤销操作。

图 2-27　应用主题

(4) 单击某个主题缩略图,就可以将这个主题应用到当前的幻灯片上。

(5) 如果想将某个主题应用到演示文档的所有幻灯片上,在主题缩略图上右击,在弹出的快捷菜单中选择"应用于所有幻灯片"命令即可。

(6) 单击主题列表框右侧最下边的箭头按钮,可以弹出一个下拉列表框,获得更多选项和信息,其中包括在演示文稿中使用了哪些主题(可以同时使用多个主题),指向 Office.com 上的其他主题的链接等,如图 2-28 所示。

图 2-28　更多选项和信息

2.4.3 自定义幻灯片主题

选择的主题都是系统预先内置的完整设计,具有预设的颜色、字体和背景等,可直接应用于幻灯片中,使课件获得具有某种特定风格的视觉效果。在课件制作过程中,由于学科、课件内容和教学目的不同,内置主题往往不能满足需要,此时用户可以对使用的主题进行自定义。

视频讲解

1. 定义主题颜色

(1) 在"设计"选项卡的"主题"组中单击"颜色"按钮,在打开列表中选择需要的主题颜色方案,即可将其应用到课件中,如图 2-29 所示。

图 2-29 设置主题颜色

(2) 在"颜色"列表中选择"新建主题颜色"命令,弹出"新建主题颜色"对话框,使用该对话框对主题颜色进行设置,如图 2-30 所示。单击"保存"按钮,保存自定义主题颜色。在制作其他课件时,单击"颜色"按钮,在打开列表的"自定义"栏中就会出现刚才创建的自定义主题颜色选项,选择该项,即可将其应用到课件中。

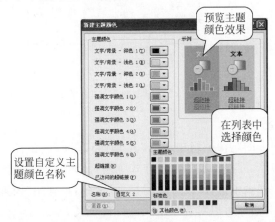

图 2-30 "新建主题颜色"对话框

2. 自定义主题字体

(1) 在"设计"选项卡的"主题"组中单击"字体"按钮,在打开的字体列表中选择相应的选项,即可在课件中应用字体方案,如图 2-31 所示。

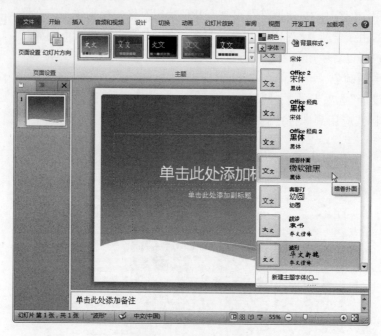

图 2-31　设置主题字体

(2) 在"字体"列表中选择"新建主题字体"命令,弹出"新建主题字体"对话框,在其中对正文和标题的字体进行设置,如图 2-32 所示。单击"保存"按钮,保存自定义字体方案。在制作其他课件时,单击"字体"按钮,在打开列表的"自定义"栏中选择保存的字体方案即可将其应用到课件中。

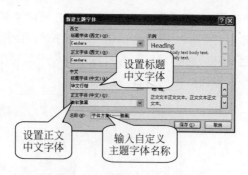

图 2-32　"新建主题字体"对话框

3. 自定义主题背景

(1) 在"设计"选项卡的"背景"组中单击"背景样式"按钮,在打开的列表中单击相应的选项(这里选择"样式 6"),可将预设的背景样式应用到幻灯片中,如图 2-33 所示。

(2) 在"背景样式"列表中选择"设置背景格式"命令,可弹出"设置背景格式"对话框,如图 2-34 所示。使用该对话框可以对背景格式进行自定义。

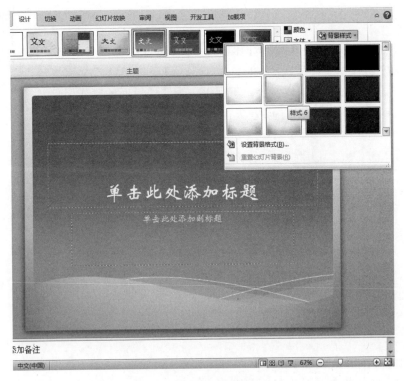

图 2-33　应用预设背景样式

图 2-34　自定义主题背景

2.5　PowerPoint 课件中的文字

　　文字是课件最基本的元素，课件中的大部分内容都需要用文字来表现。在幻灯片中添加文字一般有 3 种方法：使用文本占位符输入文字、插入文本框输入文字、直接将文字复制粘贴到幻灯片上。

2.5.1 文本占位符

如果是利用自动版式创建的幻灯片,幻灯片上通常出现带有一定格式的文本框,其中还有一些文字,称为文本占位符。只要按照这些文字提示,单击此文本框,即可在其中输入文字。下面以一个课件封面的制作为例,讲解一下使用文本占位符输入文字的方法。本范例效果如图 2-35 所示。

视频讲解

图 2-35　课件封面效果

本范例的制作步骤如下所述。

1. 根据已安装的主题新建演示文稿

(1) 选择"文件"→"新建"命令,在"可用的模板和主题"列表框中选择"主题",切换到"主题"列表框,选择其中的"视点"主题,如图 2-36 所示。

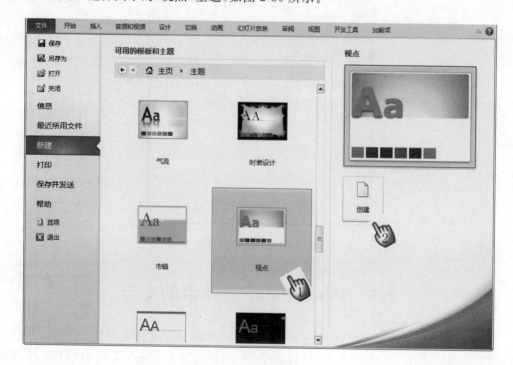

图 2-36　选择已安装的主题

(2) 单击"创建"按钮,这样就应用"视点"主题创建了一个新演示文稿,如图 2-37 所示。

图 2-37　应用"视点"主题创建演示文稿

2. 在文本占位符中输入文字

(1) 单击幻灯片上的"单击此处添加标题"文本占位符,出现一个文本框,并且光标在里面闪动,输入"金属的化学性质"课件名称,并设置合适的文字格式,如图 2-38 所示。

图 2-38　输入课件名称

(2) 单击幻灯片上的"单击此处添加副标题"文本占位符,在文本框中输入如图 2-39 所示的内容,并且稍微移动这个文本占位符的位置。

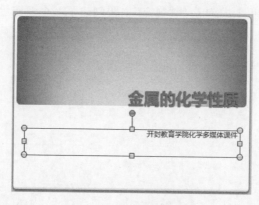

图 2-39　输入课件副标题

（3）将鼠标指针移到文本占位符外，单击，取消其激活状态，完成课件封面的制作。

2.5.2　文本框

在制作 2.5.1 节的范例时，单击文本占位符，出现一个文本框。其实文本占位符本质上就是文本框。文本框，就是一个能放置文本的矩形框。为了便于控制幻灯片的版面，幻灯片上的文字都被放置在文本框中。根据需要，可以将文本框中的文字作整体移动，也可以对文本框中文字的风格进行设置。

视频讲解

1. 插入文本框

可以通过插入文本框，实现添加文本内容的目的。在"插入"功能区中，单击"文本框"图标，弹出下拉列表，其中有"横排文本框"和"垂直文本框"两个命令，如图 2-40 所示。选择其中的"横排文本框"命令，将鼠标指针移入幻灯片，单击或拖曳鼠标，即可插入一个横排文本框。如果想插入一个垂直文本框，可以选择"垂直文本框"命令。

图 2-40　插入文本框命令

在幻灯片中插入文本框以后，就可以直接输入文字了。如果有现成的外部文本，还可以通过复制、粘贴的方法将外部文本直接复制到文本框中。

专家点拨：当选择文本框时，其四周有一些白色手柄（圆形和方形），当鼠标移动到它们上面时，鼠标指针变成↔或↖形状，这时拖曳鼠标就可以调整文本框的大小。当鼠标指向文本框边线时，鼠标指针变成十字形状↔，这时拖曳鼠标可以移动文本框的位置。

2. 设置文本框的外观和文字的格式

在幻灯片中插入文本框时，系统自动切换到"开始"功能区，在这个功能区可以设置文本框的外观以及文字、段落的格式，如图 2-41 所示。

第 2 章 PowerPoint 课件制作入门

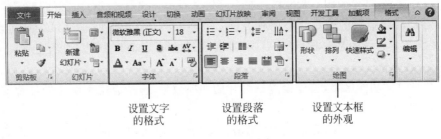

图 2-41 设置文本框

2.6 PowerPoint 课件的放映和发布

用 PowerPoint 制作的多媒体课件，最终要放映和发布。本节介绍 PowerPoint 多媒体课件放映和发布的有关内容。

2.6.1 幻灯片放映

用 PowerPoint 制作的课件，最终要作为展示放映使用，如果在放映之前不对课件进行认真、仔细的调试，课件在放映时就有可能出现这样或那样的错误，因此保证制作的演示文稿正常放映是课件制作和放映过程中的一项重要任务。

视频讲解

1. "幻灯片放映"功能区简介

幻灯片放映的操作一般在"幻灯片放映"功能区进行，如图 2-42 所示。

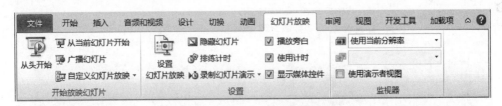

图 2-42 "幻灯片放映"功能区

"幻灯片放映"功能区包含 3 个选项区域，分别是"开始放映幻灯片""设置"和"监视器"。

在"开始放映幻灯片"选项区域，可以让幻灯片从头开始播放、从当前幻灯片开始播放或自定义幻灯片放映。

在"设置"选项区域，可以设置幻灯片放映的方式、隐藏某个幻灯片，还可以录制旁白、进行幻灯片播放排练计时等。

在"监视器"选项区域，可以设置幻灯片播放的分辨率，而且可以使用演示者视图的功能（针对使用两台监视器的情况）。

2. 自动循环放映幻灯片

通常情况下，PowerPoint 演示文稿有两种放映形式：一种是单击切换幻灯片；另一种是自动循环放映幻灯片。

举行讲座、研讨会或上课前为了活跃气氛、突出主题，可以制作一个包括几张幻灯片循环放映的幻灯片文档,这样循环不断地将一些主题信息展示给观众,能取得较好的教学效果。

制作自动循环播放的幻灯片有两种方法：一种方法是在"切换"功能区中通过设置"换片方式"来完成；另一种是在"幻灯片放映"功能区通过"排练计时"的方法来完成。

1) 第一种方法

(1) 在"切换"功能区中,首先设置幻灯片的切换效果,包括应用于所选幻灯片的切换效果、速度、声音等。

(2) 在"计时"选项区域,先取消对"单击鼠标时"复选项的勾选,然后勾选"设置自动换片时间"复选框,并在右边的文本框中输入"00:06.00"(单位是秒,这是自动切换幻灯片的时间间隔),如图 2-43 所示。

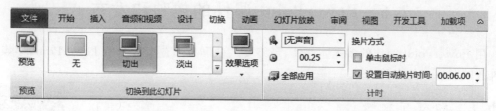

图 2-43　输入自动切换幻灯片的时间间隔

(3) 单击"全部应用"按钮,这样演示文稿中的所有幻灯片都将使用前面设置的幻灯片切换方式。这时切换到"幻灯片浏览"视图,会发现每张幻灯片的下边都显示了一个时间标记,如图 2-44 所示。

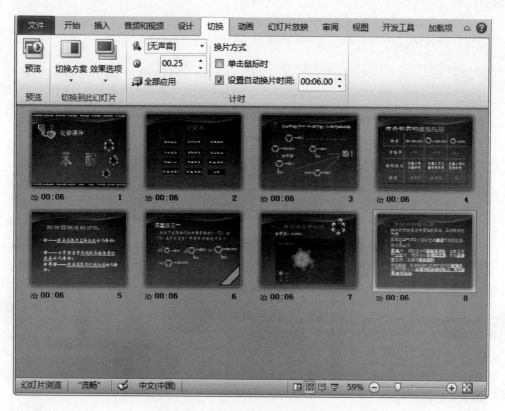

图 2-44　幻灯片下显示时间标记

专家点拨：从图2-44可以看出，所有的幻灯片自动切换的时间间隔都是6秒，如果想更改部分幻灯片的自动切换时间间隔，那么可以选中相应的幻灯片，然后在"设置自动换片时间"右边的文本框中重新输入间隔时间。

2）第二种方法

（1）在"幻灯片放映"功能区中，单击"排练计时"命令，课件进入放映状态，同时弹出"录制"对话框，开始排练计时以及录制工作，如图2-45所示。

图2-45　"录制"对话框

（2）在"录制"对话框的中间显示的是当前幻灯片播放的时间，右边显示的是整个演示文稿播放需要的时间。手动完整地播放演示文稿一次，利用"录制"对话框中的"暂停""重复"等按钮控制排练计时过程，以获取最佳的播放时间。

（3）演示文稿播放结束后，系统会弹出一个提示是否保存计时结果的对话框，如图2-46所示。单击"是"按钮保存排练时间即可。

图2-46　保留排练时间

（4）演示文稿进行了排练计时后，就能自动运行了，如果想改回手动控制播放，可以在"幻灯片放映"功能区中单击"设置幻灯片放映"图标，弹出"设置放映方式"对话框，在"换片方式"选项区域中选择"手动"单选按钮，最后单击"确定"按钮，如图2-47所示。

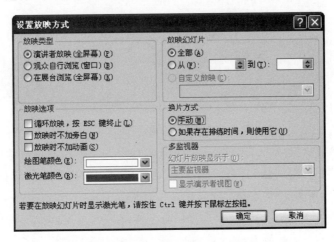

图2-47　设置手动放映方式

专家点拨：在"设置放映方式"对话框中，还可以进行其他相关属性的设置，如放映类型、放映选项、放映幻灯片、换片方式及多监视器设置等，可以根据演示文稿的特点以及放映环境的实际情况来进行相关设置。

2.6.2 将 PowerPoint 课件打包成 CD 数据包

将课件打包成 CD 数据包的形式,具有存储容量大、易于携带、数据存储安全等优势。PowerPoint 2010 能将课件中涉及的演示文稿、媒体文件、放映课件所需的播放器文件(PowerPoint Viewer)及相关的配置文件自动复制到某一个文件夹下,用户可以根据需要将其刻录在 CD 光盘上或复制到 U 盘上。这有效地避免了因支持文件的丢失而造成工作环境改变后课件无法播放的问题,为课件的传播和播放提供了极大的方便。下面介绍将 PowerPoint 课件打包成 CD 数据包的具体操作步骤。

视频讲解

(1) 以任意一个制作完成的演示文稿为例。在"文件"选项卡左侧列表中选择"保存并发送"选项,在中间的"文件类型"栏中选择"将演示文稿打包成 CD"选项,单击右侧出现的"将演示文稿打包成 CD"栏中的"打包成 CD"按钮,如图 2-48 所示。

图 2-48 单击"打包成 CD"按钮

(2) 此时将弹出"打包成 CD"对话框,如图 2-49 所示,在其中添加需要打包的演示文稿。单击"选项"按钮,弹出"选项"对话框,可以对文件包含的内容进行选择,也可以为演示文稿添加密码保护,如图 2-50 所示。

(3) 在完成设置后,单击"复制到 CD"按钮,如果计算机安装了光盘刻录机,则课件相关内容将会自动刻录到 CD 光盘上。

(4) 如果需要将打包文件放置到磁盘的指定文件夹中,可以单击"复制到文件夹"按钮,弹出"复制到文件夹"对话框,如图 2-51 所示。单击"位置"输入框右侧的"浏览"按钮,弹出"选择位置"对话框,在其中选择打包文件复制的位置。

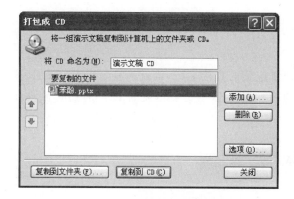

图 2-49 "打包成 CD"对话框 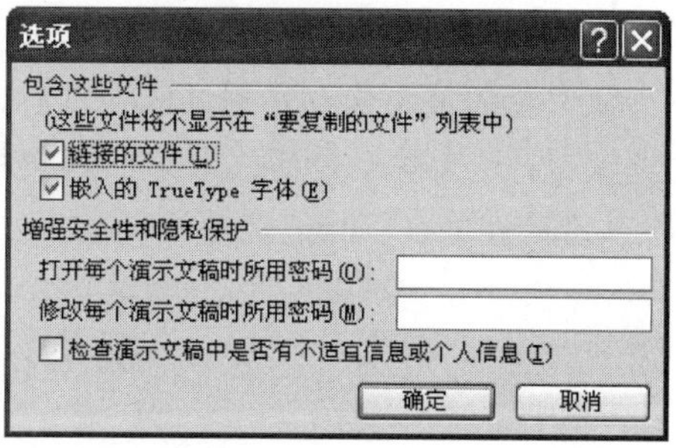　　　　　图 2-50 "选项"对话框

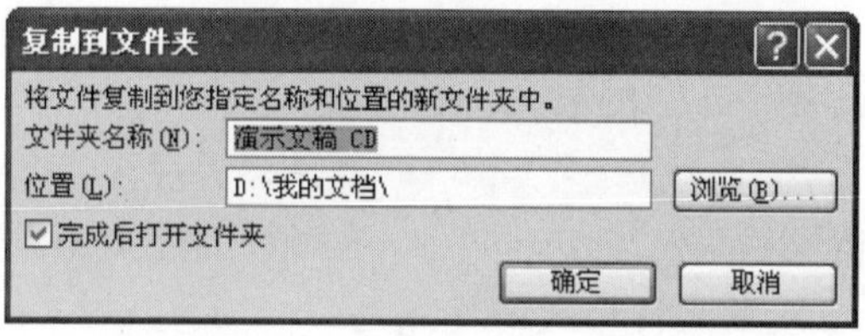

图 2-51 "复制到文件夹"对话框

（5）完成设置后单击"确定"按钮，PowerPoint 给出提示确认要复制的内容，如图 2-52 所示。根据需要单击相应的按钮后，打包后的文件即复制到指定的文件夹中。在上课时，教师只需携带这些文件即可保证课件能够顺利放映。

图 2-52 PowerPoint 提示对话框

2.6.3 直接复制课件

视频讲解

这种方法简单、方便，只要将制作完成的演示文稿整个目录复制到 U 盘上进行携带即可。将文件复制到另一台计算机后，视频文件、背景音乐甚至都不用重新设置就能正常播放，但这种方法也有一个缺点，那就是在运行这个演示文稿的计算机上必须安装相应的 PowerPoint 软件版本才能正常播放课件。

首先建立一个独立的文件夹，把 PowerPoint 演示文稿以及其链接的影视文件和声音文件都放进去，发布时只需复制这个文件夹的全部内容即可。因为在 PowerPoint 放映过程中，播放外部链接的影视文件或声音文件时，会按照插入时的路径去找，如果找不到，则会自动播放演示文稿所在目录中的同名文件；如果在演示文稿所在目录中也找不到文件，就不能播放此外部链接文件了。

此方法适合发布具有以下特点的演示文稿：
- 有外部链接的影视文件或声音文件；
- 不需要嵌入 TrueType 字体。

此方法的最大优点是刻录成光盘后无须解包就可直接运行，也就不需要用 WinRAR 来协助发布；最大缺点是播放这个演示文稿的计算机上必须安装相关的 PowerPoint 软件版本，否则演示文稿不能正常播放。

2.7 本章习题

1. 选择题

(1) PowerPoint 2010 文件的默认扩展名为（　　）。
    A．doc   B．txt   C．xls   D．pptx

(2) PowerPoint 不具备（　　）的能力。
    A．打包成 CD   B．保存为 Web 页
    C．保存为 Flash 文件   D．打包成自动播放的文件

(3) PowerPoint 2010 新的文件格式的优点是（　　）。
    A．提高了系统的安全性
    B．减小了文件大小并增强了文件损坏后的修复能力
    C．更便于集成
    D．以上说法都正确

2. 填空题

(1) PowerPoint 2010 提供了一个_____功能区，其中包括幻灯片页面设置、幻灯片主题、幻灯片背景等设置功能，利用这些功能可以制作出外观更加专业的多媒体课件。

(2) PowerPoint 主要提供了 3 种视图模式，以方便用户的操作，分别是_____、_____和_____。

(3) 可以通过插入文本框，实现添加文本内容的目的。在_____功能区中，单击"文本框"图标，弹出下拉列表，其中有"横排文本框"和"垂直文本框"两个命令供使用。

2.8 上机练习

练习 2-1　制作 PowerPoint 多媒体课件封面

利用 PowerPoint 2010 已经安装的主题，制作一个多媒体课件封面，效果如图 2-53 所示。

主要制作步骤：

(1) 从已安装的主题中选择"凸显"主题，新建一个幻灯片演示文稿，定义幻灯片的背景样式。

(2) 在幻灯片已有的占位符上输入图 2-53 中的文字。

(3) 设置文字格式并且摆放文字到合适的位置。

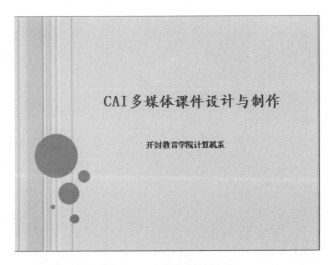

图 2-53　多媒体课件封面

练习 2-2　制作 PowerPoint 课件范例——平方差公式说课

本练习是制作新课标八年级数学"平方差公式"一节的说课课件，效果如图 2-54 所示。说课是当前一种新兴的教学、教研改革手段，说课在提高教研活动实效、提高教师备课质量和提高课堂教学效率方面能够起到重要作用。

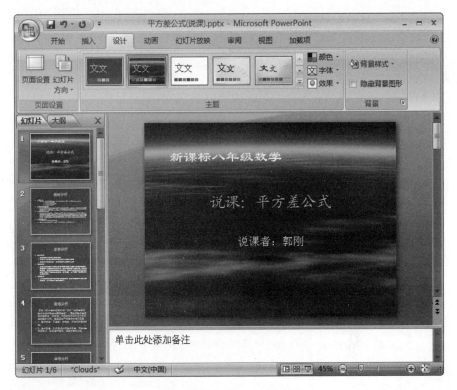

图 2-54　平方差公式说课课件

主要制作步骤：

(1) 说课的内容一般应包括教材分析、教材处理、教学方法、教学手段、教学程序等。因此，本课件按照说课内容的要求由封面、教材分析、目标分析、教法分析、学法分析和教学过程这几张幻灯片构成。

(2) 确定使用的主题，设置幻灯片外观风格。

(3) 添加组成文稿的幻灯片。

(4) 这个课件主要是文字内容，为获得清晰的层次结构，使用大纲视图为各幻灯片输入文字内容。

(5) 设置文字内容的格式。

第 3 章　PowerPoint 课件中的多媒体对象

对于一个多媒体课件来说,仅有文字是不够的。要使 PowerPoint 课件具备较强的吸引力,需要在幻灯片中添加各种各样的多媒体素材,包括文本、图形、图像、音频、视频、动画等。

本章主要内容:
- PowerPoint 课件中的特殊符号;
- PowerPoint 课件中的图形和图像;
- PowerPoint 课件中的表格;
- PowerPoint 课件中的图表和知识结构图;
- PowerPoint 课件中的声音、视频和 Flash 动画。

3.1　PowerPoint 课件中的特殊符号

在制作 PPT 课件时,经常需要输入各种特殊的符号,如汉语拼音、英语音标、数学公式、物理公式和化学方程式等,如图 3-1 所示。下面介绍这些特殊文字的创建方法。

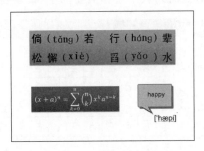

图 3-1　创建特殊符号

3.1.1　汉语拼音

在 PPT 课件中创建汉语拼音的常用方法有两种:第一种方法是在 Word 中添加汉语拼音后复制到 PowerPoint 中;第二种方法是在 PowerPoint 中利用"符号"对话框直接插入汉语拼音。

视频讲解

1. 使用"拼音指南"

启动 Word,在空白文档中输入中文文字,然后将它们全部选中。在"开始"功能区的"字体"组中,单击"拼音指南"按钮 ,弹出"拼音指南"对话框,如图 3-2 所示。在"拼音文字"列表中选中某一个拼音,将其复制粘贴到 PowerPoint 中即可。

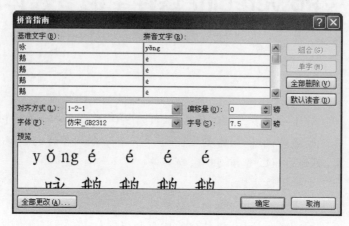

图 3-2 "拼音指南"对话框

专家点拨：在给大篇幅的段落文字自动添加拼音时,可以分段落选择中文文字,然后在"拼音指南"对话框中单击"组合"按钮,这样可以在"拼音文字"列表中显示整段的拼音。如果想分开显示,可以单击"单字"按钮。

2. 使用"符号"

在 PowerPoint 中插入一个文本框,输入需要注音但不带声调的字母,将插入点光标放置到需要输入带音调字母的位置,在"插入"选项卡的"符号"组中单击"符号"按钮,弹出"符号"对话框,在"字体"下拉列表中选择"(普通文本)"选项,在"子集"下拉列表中选择"拉丁语扩充-A"选项。在对话框的列表中选择需要的字符,单击"插入"按钮,如图 3-3 所示。

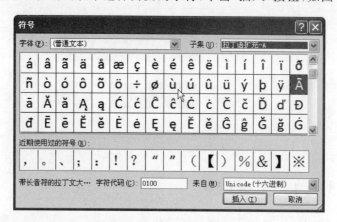

图 3-3 "符号"对话框

3.1.2 英语音标

在制作英语等语言类 PPT 课件时,少不了要输入音标。在 PPT 课件中插入音标,一般还是采用在 PowerPoint 中直接插入符号的方法。要能够正常的插入音标,系统必须拥有包含音标字符的字体。带有英语音标的字

视频讲解

体很多，很多字处理软件都带有这样的字体。例如，金山软件（如 WPS 和金山词霸）所带的 Kingsoft Phonetic Plain 就是这样一个常用的字体，安装金山词霸后，可以在安装目录的 Fonts 文件夹中找到名为 Ksphonet.TTF 字体文件，将该文件复制到 Windows 系统的 Fonts 文件夹中。在"符号"对话框的"字体"下拉列表中找到该字体，即可使用该字体中的音标了。当然，在更为专业的场合，也可以使用更专业的音标字体（如 IpaPanNew.ttf 字体），用户可以自行到网上查询下载。

使用上面介绍的方法有一个缺点，那就是当 PPT 课件在其他没有安装该字体的计算机上使用时，音标将不能显示，会产生空格，有时也会出现乱码。实际上，Windows 自带了 Lucida Sans Unicode 和 Arial Unicode MS 两种字体，它们包含了 1993 年的《国际音标表》上所有音标和附加符号，如图 3-4 所示。由于这两种音标使用的是 Unicode 编码，因此不会造成上面出现的乱码问题。但对普通用户来说，使用这样的字体来输入音标也有不足，那就是由于字体中字符较多，查找到需要的音标不容易。

图 3-4　Arial Unicode MS 字体中的音标

3.1.3　各种公式

视频讲解

公式是理工科课件中常见的内容，如果使用 PowerPoint 2010 以前的软件版本，在 PPT 课件中使用公式一般使用插入对象（Microsoft 公式 3.0）或使用绘图工具绘制公式的方法。这两种方法都存在着操作复杂且获得的公式对象的样式不容易设置等缺点。

PowerPoint 2010 及其以后软件版本的公式功能得以增强，课件制作者可以直接利用功能区中的命令来创建公式，并且创建的公式以文本对象的形式存在，用户可以像操作文本框那样对其进行设置，如改变公式文字大小、颜色以及为公式添加样式效果来美化公式等。

在 PowerPoint 2010 的"插入"选项卡中的"符号"组中单击"公式"按钮，在功能区中将打开"公式工具"的"设计"选项卡，并且幻灯片中将插入一个公式文本框，如图 3-5 所示。

图 3-5　"公式工具"的"设计"选项卡

这样，可以直接像普通文本那样输入公式并且对公式的样式进行设置。这不仅使创建复杂公式更为容易，也使课件制作者能够创建更为符合课件整体风格的公式，获得更好的视觉效果。

3.2　PowerPoint 课件中的图片

在 PowerPoint 课件中，应用图片不但可以美化演示文稿，而且作为一种媒体形式能化抽象为直观，将对象直接呈现在学生面前，获得语言文字无法达到的效果。从某种意义上说，图片是一个多媒体课件不可或缺的元素。

3.2.1　在幻灯片中使用艺术字

在 PowerPoint 课件中的艺术字常用作课件的标题，也可以用作正文文字以起到增强视觉效果、突出文字主题的作用。

在"插入"选项卡的"文本"组中单击"艺术字"按钮，在打开的下拉列表中选择需要使用的艺术字样式，如图 3-6 所示。

视频讲解

此时在幻灯片中将插入一个艺术字文本框，在其中输入需要的文字即可。如果要进一步设置艺术字的样式，可以选中幻灯片上的艺术字，然后在"绘图工具"的"格式"选项卡的"艺术字样式"组中进行相应的设置。例如，要更改艺术字的变形效果，可以按照如图 3-7 所示进行操作。

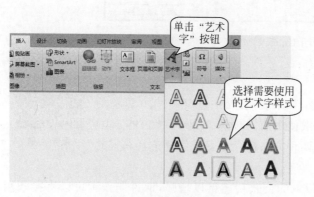

图 3-6　插入艺术字

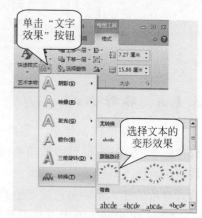

图 3-7　更改艺术字的变形效果

专家点拨：艺术字的风格与普通文字效果差别比较大，使用时容易造成文字效果不统一，因此在正文中要慎用艺术字。

3.2.2　在幻灯片中使用图形图像

在幻灯片中添加图形、图像的方法一般有 4 种途径：插入"剪贴画"中的图片、插入屏幕截图、插入外部图像、插入形状。

1. 插入"剪贴画"中的图片

以在幻灯片中插入一幅"鹅"的图片为例。在"插入"功能区中，单击"剪

视频讲解

贴画"按钮,在右边出现了"剪贴画"任务窗格,在"搜索文字"下的文本框中输入关键词"鹅",在"结果类型"中选择"插图"类型,然后单击"搜索"按钮,下面的列表框中就会出现很多关于"鹅"的图片,如图3-8所示。

图 3-8 搜索关于"鹅"的图片

选择合适的一幅图片,双击它或按住鼠标不放,将它拖曳到编辑工作区中,这时编辑工作区就出现了选择的图片。

2. 插入屏幕截图

在 PowerPoint 2010 版中新增了"插入屏幕截图"功能。这项功能可以迅速地对计算机上已经打开的软件或桌面进行截图,并插入到 PPT 中,如图 3-9 所示。需要注意的是,最小化和关闭的软件界面,无法进行截图。

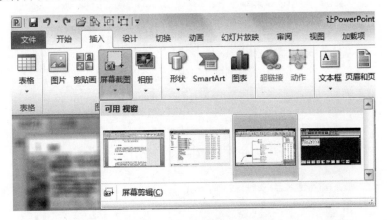

图 3-9 插入屏幕截图

3. 插入外部图像

如果准备了"鹅"的图片素材,可以在"插入"功能区中单击"图片"按钮,在弹出的"插入图片"对话框中,查找相应目录下的"鹅.bmp"文件,如图3-10所示。单击"插入"按钮后,编辑工作区中就多了一张关于鹅的图片。

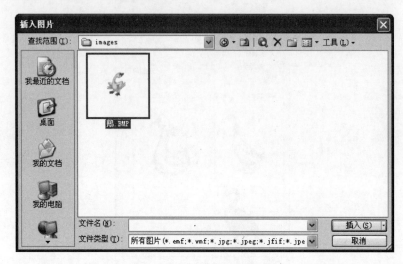

图 3-10　选择"鹅.bmp"文件

4. 插入形状

除了插入一些现成的图片素材以外,很多时候还需要自己绘制需要的图形,PowerPoint提供一个插入现成形状并可以进行编辑的功能。在"插入"功能区中,单击"形状"按钮,会弹出一个下拉列表,里面包含各种类别的现成形状,如图3-11所示。如图3-12所示的图形就是利用插入形状创建的,读者可以自己动手试一试。

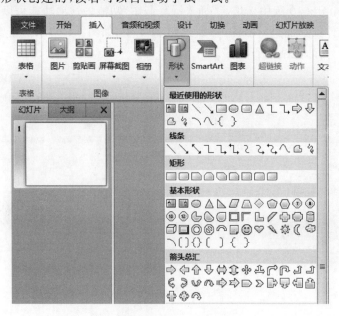

图 3-11　插入形状

第 3 章　PowerPoint 课件中的多媒体对象　59

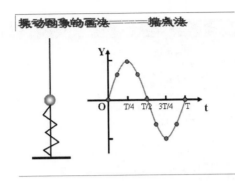

图 3-12　绘制图形

3.2.3　编辑图片

视频讲解

通过上面的途径将图片(包括艺术字、图形和图像)添加到幻灯片中后，大部分情况下，图片并不符合演示文稿的要求，还需要对它的尺寸、位置、颜色等进行设置。

1. 通过拖曳鼠标调整图片

选中图片，图片的四周会出现编辑边框，并且边框上显示若干操作手柄(圆形或方形)，拖曳白色手柄可以调整图片的尺寸，拖曳绿色手柄可以旋转图片，如图 3-13 所示。

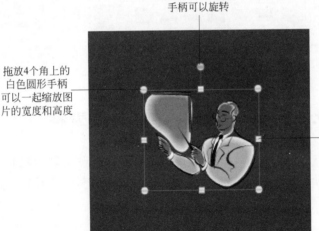

图 3-13　拖放手柄调整图片

2. 通过"设置图片格式"对话框编辑图片

在幻灯片上选中图片，右击，选择快捷菜单中的"设置图片格式"命令(或"大小和位置"命令)，则弹出"设置图片格式"对话框，如图 3-14 所示。在这个对话框中，可以对所选择的图片的亮度、对比度等属性进行设置。

3. 使用"图片工具"功能区编辑图片

在幻灯片上选择图片后，功能区会显示"图片工具"功能区，在"图片工具"功能区的"格式"标签下包括各种对图片进行编辑的命令图标，利用命令图标可以编辑图片的尺寸、颜色、

图 3-14 "设置图片格式"对话框

对比度、亮度,还可以实现剪裁、压缩图片等操作,如图 3-15 所示。

图 3-15 "图片工具"功能区

3.3 PowerPoint 课件中的表格

在课件中使用表格,能够增强对象的对比性,形象而直观地显示数据之间的关系。PowerPoint 拥有自己的表格模块,能够很方便地在幻灯片中绘制所需要的表格。

3.3.1 在幻灯片中插入表格

在幻灯片中插入表格有 3 种方法:自动生成表格、插入表格和绘制表格。下面分别介绍这些方法。

视频讲解

1. 自动生成表格

在"插入"功能区,单击"表格"按钮,弹出"插入表格"下拉菜单,在其中有一个模拟表格,鼠标指针在这个模拟表格上移动,滑过区域的小方块会变色,同时幻灯片上会显示相应的表格。图 3-16 所示是自动生成的一个 4 行 5 列的表格。

2. 插入表格

在"插入"功能区,单击"表格"按钮,弹出"插入表格"下拉菜单,选择其中的"插入表格"命令,弹出"插入表格"对话框,如图 3-17 所示。在其中的"列数"文本框和"行数"文本框中

第 3 章　PowerPoint 课件中的多媒体对象　61

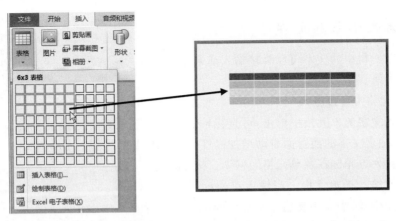

图 3-16　自动生成表格

可以直接输入所要创建的表格的列数和行数。也可以通过单击"列数"文本框和"行数"文本框右侧的微调按钮对列数和行数进行设置。设置完成后，单击"确定"按钮即可在幻灯片中插入相应的表格。

图 3-17　"插入表格"对话框

3. 绘制表格

在"插入"功能区，单击"表格"按钮，弹出"插入表格"下拉菜单，选择其中的"绘制表格"命令，这时鼠标指针变为铅笔形状。将鼠标指针移动到幻灯片上拖曳，即可绘制出一个包含一行一列的表格。

3.3.2　编辑表格

无论以何种方法创建表格，表格创建后马上会显示一个"表格工具"功能区，其中包括两个选项卡，一个是"设计"；另一个是"布局"。默认是处于"设计"功能区，如图 3-18 所示。在"设计"功能区，可以设置表格样式，包括预设的表格样式、表格的边框效果、表格的填充效果、表格的外观效果（单元格凹凸效果、阴影、映像）等。

视频讲解

图 3-18　"设计"功能区

单击"布局"选项卡，可以切换到"布局"功能区，如图 3-19 所示。在其中可以删除、添加、拆分、合并表格的行或列；可以设置单元格的大小；可以设置单元格中文字的对齐方式；可以设置表格的尺寸等。

图 3-19　"布局"功能区

3.3.3 为表格添加文字

表格中单元格中的文字可以直接输入或采用文本框的形式添加。下面介绍这两种方法。

1. 在单元格中直接输入

在需输入文字的单元格中单击,可直接输入文字。输入时,单元格会随着文字的换行而自动增加高度。按键盘上的方向键可使输入点光标在各单元格间移动。按 Tab 键,可按从左向右的顺序选择单元格。当输入点光标在最后一行的最后一个单元格时,按 Tab 键会在表格中自动添加一行。

视频讲解

利用"布局"功能区中的"对齐方式"的相关选项,可以设置单元格中文字的对齐方式以及文字方向,如图 3-20 所示。

图 3-20 对齐方式

2. 以文本框的形式添加文字

在表格中以文本框的形式添加文字有很多的优点。使用文本框,可以灵活地放置文本框,因此可以方便地在添加了斜线的单元格中添加文字,这是用直接输入文字的方法所无法实现的。同时,在课件播放时,往往不希望表格中的文字直接呈现给观众。这时可以在制作中对文本框按出场顺序添加动画效果,从而获得表中文字依次出现的效果。

专家点拨:在 PowerPoint 中,表格工具的功能很强大,其不仅可以用于创建各类表格,同时还可以利用表格为课件添加块状装饰物和进行排版布局等。

3.4 PowerPoint 课件中的图表和知识结构图

在课件中使用图表和知识结构图,相对于单纯的数据表格,能够更直观地反映各种数据信息之间的关系,获得更好的演示效果。

3.4.1 在幻灯片中添加图表

在制作演示文稿时,使用一些图表内容,可以让展示的数据直观明了,更具说服力。本小节以一个图表课件为例,讲解如何在 PowerPoint 演示文稿中添加图表。本范例完成以后的效果如图 3-21 所示。

视频讲解

1. 插入图表

(1) 在"插入"功能区中,单击"图表"按钮 ,弹出"插入图表"对话框,如图 3-22 所示。在这个对话框中分左右两个窗格,左边窗格中显示图表大类列表,右边窗口中显示相应的图表外观。

(2) 在左边窗格选择"柱形图",在右边窗格中选择"簇状圆柱图",单击"确定"按钮,即可插入一个图表,同时会打开一个对应的"数据表"窗口,如图 3-23 所示。

2. 编辑数据表

(1) 单击"数据表"中标号为 5 的单元格,选中该行并右击,在弹出的快捷菜单中选择"删除"命令,将第 5 行删除。使用同样的方法删除不需要的行,本实例只留下一行。在剩下的这行单元格中输入相应的文本和数字,如图 3-24 所示。

第 3 章　PowerPoint 课件中的多媒体对象

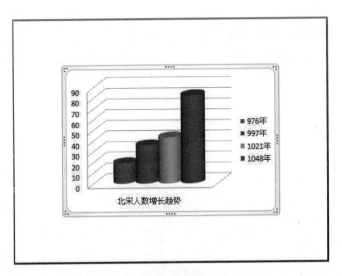

图 3-21　图表课件效果

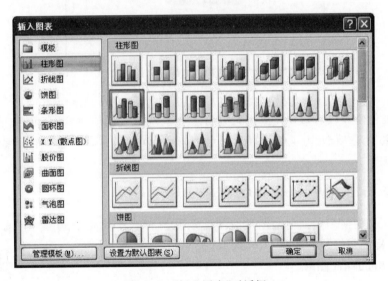

图 3-22　"插入图表"对话框

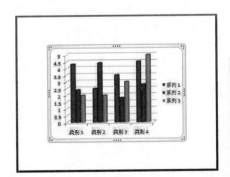

图 3-23　插入一个新图表

	A	B	C	D	E
1		976年	997年	1021年	1048年
2	北宋人数增长趋势	19.3	35.8	43.2	82.6
3					

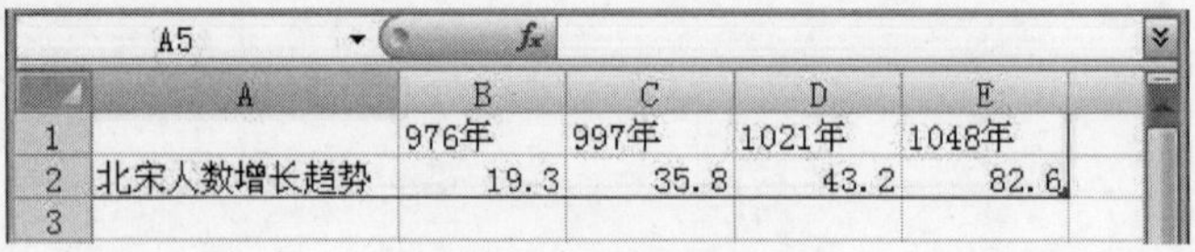

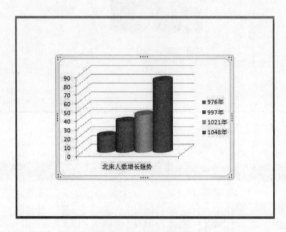

图 3-24 编辑数据表

(2) 输入完毕以后,可以先关闭“数据表”窗口,这时可以看到工作区中显示如 3-25 所示的图表。

图 3-25 创建的图表

(3) 图表创建好以后,PowerPoint 功能区显示“图表工具”项,它下面包括“设计”“布局”和“格式”3 个选项卡,为了使图表更符合要求,可以利用这 3 个选项卡下面的功能命令对图表进行编辑。

3.4.2 在幻灯片中添加知识结构图

在演示文稿中使用知识结构图可以使展示的内容更具逻辑性、从属关系更直观,这样的幻灯片清晰明了,易懂易记。

视频讲解

1. 插入 SmartArt 图形

(1) 在“插入”功能区中,单击 SmartArt 按钮,弹出“选择 SmartArt 图形”对话框,在右侧窗口列表中,选择“层次结构”,然后在中间窗格中选择第一个“组织结构图”,在右侧窗格中会显示组织结构图的预览画面以及文字说明,如图 3-26 所示。

(2) 单击“确定”按钮,这样工作区中就出现一个组织结构图,并同时出现“组织结构图”工作栏,如图 3-27 所示。在“组织结构图”工作栏可以输入相应的文字。

2. 编辑组织结构图

(1) 单击第 2 行的形状,按 Del 键删除,单击第 3 行的一个形状,按 Del 键删除。

(2) 在剩下的形状中输入相应的文字,如图 3-28 所示。

(3) 单击文本内容为“硬件”的形状,在功能区单击“添加形状”图标,在弹出的下拉列表中选择“在下方添加形状”,再重复执行一次这个操作。这样就在“硬件”形状下面插入了两个“下属”形状,如图 3-29 所示。输入相应的文本,结果如图 3-30 所示。

第 3 章　PowerPoint 课件中的多媒体对象　　65

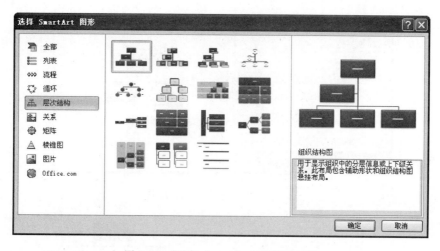

图 3-26　"选择 SmartArt 图形"对话框

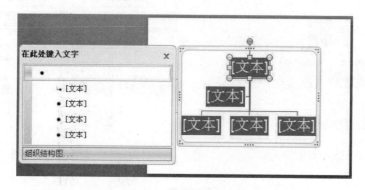

图 3-27　插入组织结构图

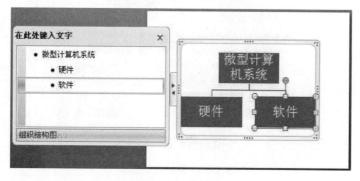

图 3-28　输入文字

（4）按照同样的方法，插入一些"下属"形状和"同事"形状，完善知识结构图，如图 3-31 所示。

3. 设置知识结构图样式

知识结构图创建后，PowerPoint 功能区显示"SmartArt 工具"项，它下面包括"设计""格式"两个选项卡，为了使图表更符合要求，可以利用这两个选项卡下面的功能命令对图表进行编辑。最后的效果如图 3-32 所示。

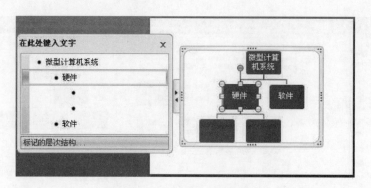

图 3-29　插入两个"下属"形状

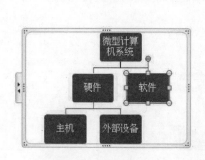

图 3-30　输入文本

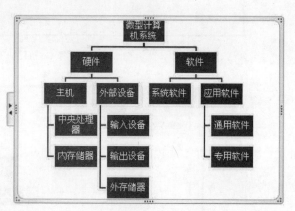

图 3-31　完善知识结构图

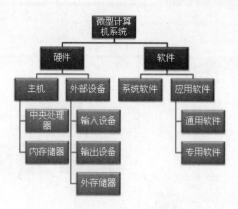

图 3-32　最后的效果

3.5　PowerPoint 课件中的声音、视频和动画

随着多媒体技术的发展,声音、视频和动画等多媒体对象在课件中的应用越来越广。PowerPoint 提供了对常见多媒体文件的支持,能够方便地在课件中使用这些多媒体对象,以增强课件的功能。

3.5.1 在幻灯片中使用声音

PowerPoint 2010 支持 WAV、MID、MP3 等十多种声音类型,使在 PowerPoint 课件中使用声音文件变得十分方便。下面介绍在演示文稿中插入声音的方法。

视频讲解

1. 插入文件中的声音

(1) 选择要添加声音文件的幻灯片,在"插入"功能区的"媒体"项中,单击"声音"按钮 ,弹出下拉列表,在其中选择"文件中的音频"命令,弹出"插入音频"对话框,定位到相关声音文件所在的文件夹,选中相应的声音文件,如图 3-33 所示。

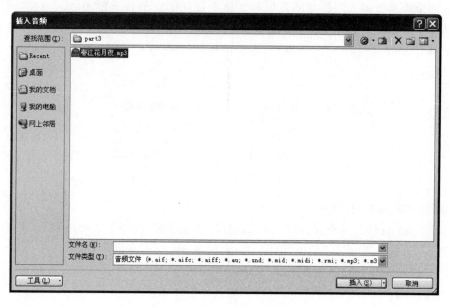

图 3-33 "插入音频"对话框

(2) 单击"插入"按钮后,即可将声音文件插入到幻灯片中。在幻灯片上会出现一个"声音"图标(小喇叭),表示声音文件已经插入到幻灯片中。单击这个"声音"图标,下面会出现一个播放控制条,如图 3-34 所示。

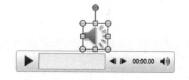

图 3-34 插入到幻灯片中的"声音"图标

(3) 声音插入到幻灯片后,单击"声音"图标,功能区会出现一个"音频工具"选项卡,单击其中的"播放"选项卡切换到对声音进行编辑的功能区,如图 3-35 所示。在其中可以对声音进行设置。例如,如果觉得"声音"图标会影响播放时幻灯片的美观,那么可以勾选"放映时隐藏"复选框,就可以在播放幻灯片时隐藏"声音"图标。

专家点拨:这里要注意的是,当声音文件被设为幻灯片放映时自动播放,才在放映

图 3-35 "音频工具"功能区

时隐藏"声音"图标；否则，当声音文件被设为单击时播放，如果隐藏了"声音"图标，就没有单击的对象了。

（4）如果需要将插入幻灯片的音乐作为整个课件的背景音乐使用，那么仅完成上面的设置是不够的，幻灯片放映时当幻灯片进行切换或有按键动作时，音乐的播放会停止。要使插入的音乐能够持续播放下去，可以在"播放声音"下拉列表中选择"跨幻灯片播放"选项，如图 3-36 所示。

图 3-36 跨幻灯片播放

2. 插入剪贴画中的声音

PowerPoint 自带了一个媒体剪辑库，提供了声音媒体类型。选择要添加声音的幻灯片，在"插入"功能区的"媒体"项中，单击"音频"按钮，弹出下拉列表，在其中选择"剪贴画音频"命令，打开"剪贴画"任务窗格，在其中会列出安装的自带声音文件。也可以在其中搜索声音文件。单击"声音文件"图标，可将其插入幻灯片中。

3. 录制声音

在 PowerPoint 课件中有时需要添加自己录制的声音，如语文课件中对课文的朗读及某些解说等。PowerPoint 提供了这样的录音能力。

（1）在 PowerPoint 课件中选择需添加录音的幻灯片，在"插入"功能区的"媒体"项中，单击"音频"按钮，弹出下拉列表，在其中选择"录制音频"命令，弹出"录音"对话框，如图 3-37 所示。

图 3-37 "录音"对话框

（2）单击"录制"按钮，开始录制声音。录制完成后单击"停止"按钮，停止声音的录制。单击"播放"按钮能够试听录制声音的效果。如果对录制效果不满意，可以单击"取消"按钮关闭对话框，再重复上面过程重新录音。录制完成后，单击"确定"按钮关闭对话框,在幻灯片中出现"声音"图标。

4. 录制和使用旁白

PowerPoint 可以为课件中指定的某张幻灯片或全部幻灯片添加录音旁白,使用旁白可以为课件的内容添加解说,能够起到在放映状态下对某些问题进行额外说明的作用。同时,旁白也能增强基于网络或自动运行课件的放映效果。例如,将课件保存为视频文件上传到网上,为了获得较好的教学效果,同时使课件更加生动,旁白就是必需的。PowerPoint 2010 提供了录制幻灯片演示功能,该功能除了纪录演示的时间,还可以纪录演示时的标注和旁白。

在"幻灯片放映"选项卡的"设置"组中单击"录制幻灯片演示"下三角按钮,在打开的列表中选择录制的方式(包括"从头开始录制"和"从当前幻灯片开始录制"),如图 3-38 所示。将弹出"录制幻灯片演示"对话框,如图 3-39 所示,在其中选择相应的复选框选择录制的内容,单击"开始录制"按钮即可开始录制。

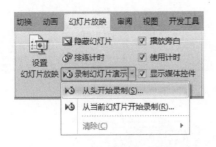

图 3-38　选择"从头开始录制"选项

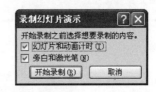

图 3-39　"录制幻灯片演示"对话框

注意:如果要录制旁白,麦克风必须可用。录制成功后在幻灯片上将会显示"声音"图标,通过"声音"图标可以对旁白进行预览或重新录制。

3.5.2　在幻灯片中使用视频

PowerPoint 提供了对视频的支持,能够方便地向幻灯片中添加视频,以丰富多媒体课件的内容。PowerPoint 可支持 AVI、CDA、QT、MPG、MPE、MPEG 和 ML 等常见格式的视频文件。

视频讲解

(1) 选择需添加视频的幻灯片,在"插入"功能区的"媒体"项中,单击"视频"按钮 ,弹出下拉列表,在其中选择"文件中的视频"命令,弹出"插入视频文件"对话框,定位到相关视频文件所在的文件夹,选中相应的视频文件,如图 3-40 所示。

(2) 单击"插入"按钮,将视频插入到当前幻灯片中,如图 3-41 所示。插入幻灯片中的视频文件播放窗口的大小和位置是可调的。通过拖曳边框上的控制柄,可改变视频播放窗口的大小,拖曳整个播放窗口可改变视频播放的位置。单击幻灯片中的视频对象,下边会出现一个播放控制条,可在幻灯片中播放视频文件,预览其播放效果。

专家点拨:在"插入"功能区的"媒体"项中,单击"视频"按钮,弹出下拉列表,在其中选择"剪辑画视频"命令,打开"剪贴画"任务窗格,其中列出了安装的自带视频文件,也可以在其中搜索视频文件。单击"视频文件"图标,可将其插入到幻灯片中。

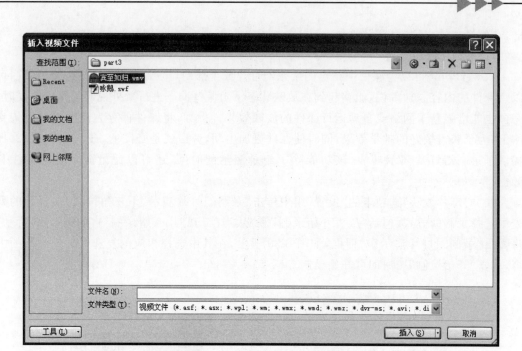

图 3-40 "插入视频文件"对话框

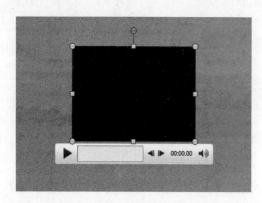

图 3-41 插入幻灯片中的视频

3.5.3 在幻灯片中使用 Flash 动画

视频讲解

许多教师在使用 PowerPoint 制作幻灯片课件时,一方面感到这个软件的简单实用;另一方面也经常感到它在某些功能上的局限性。将 PowerPoint 与 Flash 结合制作多媒体课件,是增强 PowerPoint 功能的一种有效的方法。可以用 Flash 制作一些复杂的动画演示效果,然后将它们插入到 PowerPoint 中。下面介绍利用 Flash 控件将 Flash 动画插入到幻灯片中的方法。

(1) 选中需要添加 Flash 动画的幻灯片。切换到"开发工具"功能区,单击"其他控件"按钮 ,弹出一个"其他控件"对话框,选择 Shockwave Flash Object 项,如图 3-42 所示。

(2) 单击"确定"按钮后,鼠标指针变成"十字"形状,在幻灯片设计区中自左上向右下拖曳鼠标,画出一个矩形,如图 3-43 所示。

第 3 章　PowerPoint 课件中的多媒体对象

图 3-42　"其他控件"对话框

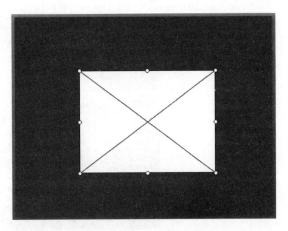

图 3-43　插入 Flash 控件

（3）在"开发工具"功能区，单击"属性"按钮，在弹出的"属性"对话框中，设置 Height 为 480，Width 为 640，Movie 为"咏鹅.swf"，如图 3-44 所示。

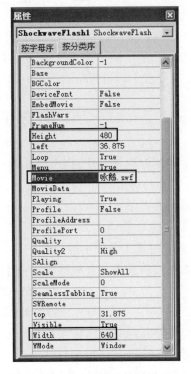

图 3-44　"属性"对话框

专家点拨：制作的演示文稿与插入的 Flash 动画文件在一个文件夹下时，设置 Movie 参数时可以省略路径，直接输入文件名。如果不在同一目录下，要以绝对路径的方式写出，如"D:\素材\ part3\咏鹅.swf"。

（4）设置完成后，关闭"属性"对话框。这时幻灯片上就会显示 Flash 动画效果，如图 3-45 所示。

图 3-45　Flash 动画效果

3.6　本章习题

1. 选择题

（1）PowerPoint 2010 及其以后版本的公式功能得以增强，课件制作者可以直接利用功能区中的命令来创建公式。如果要在 PowerPoint 2010 中插入一个数学公式，可以单击"插入"选项卡中的"符号"组中的（　　）。

　　A. "数学符号"按钮　　　　　　　　B. "公式"按钮
　　C. "符号"选项卡　　　　　　　　　D. "文本框"按钮

（2）在绘制图形时，如果需要同时选择多个对象，可使用（　　）操作方式。

　　A. 按住 Shift 键单击需要的对象
　　B. 按住 Alt 键单击需要的对象
　　C. 按住 Ctrl 键单击需要的对象
　　D. 按住 Shift+Ctrl 组合键单击需要的对象

（3）在表格中输入数据时，不能将输入点光标移到下一个单元格的方法是（　　）。

　　A. 按 Tab 键　　　　　　　　　　　B. 按→键
　　C. 按 Enter 键　　　　　　　　　　D. 单击下一个单元格

（4）下面有关在幻灯片中应用声音的说法，错误的是（　　）。

　　A. 插入到某个幻灯片上的声音可以跨幻灯片播放
　　B. 当将声音插入到某个幻灯片上后，这个幻灯片上会出现一个"声音"图标
　　C. 幻灯片上的"声音"图标，无论何时都没办法将其隐藏
　　D. PowerPoint 提供了录制旁白功能，可以为演示文稿中的每个幻灯片录制旁白

2. 填空题

（1）在 PowerPoint 2010 中，如果想在幻灯片上插入知识结构图，可以在_____功能区中单击_____按钮，然后进行相应的操作。

（2）要使插入到某个幻灯片上的音乐能够在整个演示文稿中持续播放下去，可以在"声

音工具"功能区的"播放声音"下拉列表中选择_____选项。

(3) 在 PowerPoint 2010 中，如果想利用 Flash 控件将 Flash 动画插入到幻灯片中，可以在_____功能区中单击"其他控件"按钮进行操作。

(4) 在利用 Flash 控件将 Flash 动画插入到幻灯片时，所要插入的 Flash 控件的名称为_____。

3.7 上机练习

练习 3-1　绘制物理电路图

利用 PowerPoint 2010 的绘图功能，绘制如图 3-46 所示的物理电路图。

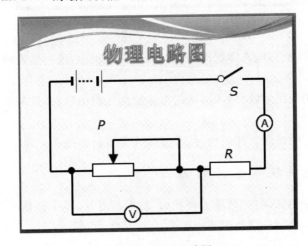

图 3-46　物理电路图

主要制作步骤：
(1) 新建一个幻灯片演示文稿，设置为空白版式。
(2) 在"设计"功能区，选择一个名字为"流畅"的主题。
(3) 插入一个"物理电路图"艺术字效果。
(4) 在"插入"功能区，利用插入形状的方法创建物理电路图，最后将插入的形状组合成一个图形。

练习 3-2　制作 PowerPoint 课件范例——例题解析

本练习是制作一个几何课件中的例题解析幻灯片，效果如图 3-47 所示。此幻灯片在课件中用于展示例题、例题的配图及例题的解答过程。在本幻灯片的制作中，涉及艺术字的创建、数学符号的插入和几何图形的绘制等知识。

主要制作步骤：
(1) 新建一个幻灯片演示文稿，设置为空白版式。在"设计"功能区选择一个合适的主题。
(2) 通过插入艺术字的方法，创建幻灯片的标题"例题解析"。

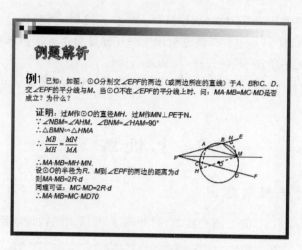

图 3-47 例题解析

(3) 插入一个文本框,输入例题的题目。在输入过程中,通过插入特殊符号的方法创建需要的数学符号。

(4) 在"插入"功能区,利用插入形状的方法绘制几何图形,并且利用文本框制作图形的字母标注。

(5) 制作例题证明过程。在制作时,需要插入文本框和插入公式。

练习 3-3 制作多媒体课件封面

本练习制作一个语文课件"唐雎不辱使命"封面幻灯片,其中包括一个艺术字标题、一个素材图片和一个自动播放的背景音乐。效果如图 3-48 所示。

图 3-48 多媒体课件封面

主要制作步骤:

(1) 新建一个幻灯片演示文稿,设置为空白版式。在"设计"功能区选择一个名字为"暗香扑面"的主题。

(2) 插入一个艺术字标题。

(3) 插入外部的图片文件,并且在"图片工具"的"格式"功能区单击"重新着色"按钮,在弹出的下拉菜单中选择"设置透明色"命令,然后在图片背景上单击,将图片设置成透明色。

(4) 插入外部的声音文件,设置声音自动播放,并且设置幻灯片播放时"声音"图标隐藏。

练习 3-4 在 PowerPoint 课件中插入 Flash 动画

利用插入 Flash 控件的方法在一张幻灯片中插入 Flash 动画——看图识字,效果如图 3-49 所示。

图 3-49 插入 Flash 动画

主要制作步骤:

(1) 新建一个幻灯片演示文稿,设置为空白版式。在"设计"功能区,选择一个名字为"华丽"的主题。

(2) 在"开发工具"功能区单击"其他控件"按钮,弹出一个"其他控件"对话框,在其中选择 Shockwave Flash Object。

(3) 单击"确定"按钮后,鼠标指针变成"十字"形状,在幻灯片设计区中自左上向右下拖曳鼠标,画出一个矩形。

(4) 设置控件属性,将 Movie 属性设置为"看图识字.swf"。

(5) 调整控件的尺寸和位置。

第4章 PowerPoint课件中的动画方案和交互控制

在播放 PowerPoint 课件时,默认情况下,幻灯片中的对象都是直接显示的。如果想丰富幻灯片的播放效果,可以设计对象显示时的动画效果(如飞入效果)。

多媒体课件区别于传统信息交流媒体的一个主要特点,就是它的交互性。是否具有强大的交互性是衡量一个多媒体课件优劣的重要标准。

本章主要内容:
- PowerPoint 课件中的动画方案;
- PowerPoint 课件中的交互导航设计;
- 触发器和 VBA 在 PowerPoint 课件中的应用。

4.1 PowerPoint 课件中的动画方案

在制作 PPT 课件时,动画的设计包括两个方面:一是在幻灯片之间添加动画切换效果;二是为幻灯片上的元素添加动画效果。

4.1.1 在幻灯片之间添加切换效果

视频讲解

幻灯片切换效果是在"幻灯片放映"视图中从一张幻灯片移到下一张幻灯片时出现的类似动画的效果,用来控制每张幻灯片切换效果的速度,还可以添加声音。

向 PPT 课件中的幻灯片添加动画切换效果的步骤如下。

(1) 在包含"大纲"和"幻灯片"选项卡的窗格中,单击"幻灯片"选项卡。
(2) 单击某个幻灯片缩略图。
(3) 在"切换"功能区定义幻灯片之间的切换效果,如图 4-1 所示。

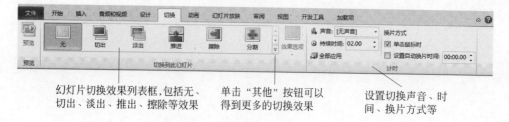

图 4-1 "切换"功能区

4.1.2 为幻灯片上的元素添加动画效果

视频讲解

在 PowerPoint 中,系统支持进入(38 种)、强调(24 种)、退出(38 种)和自定义路径(63 种)4 种类型的动画,共 163 小类,利用这些组合,可以制作多种动画效果。

为幻灯片中的某个元素添加动画效果,一般可以按照以下步骤进行。

1. 定义动画类型

(1) 在幻灯片编辑区选中需要添加动画效果的对象。

(2) 切换到"动画"功能区,为对象添加动画效果,如图 4-2 所示。

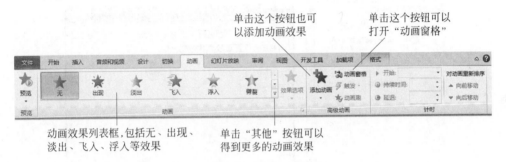

图 4-2 "动画"功能区

PowerPoint 提供的动画效果包括进入、强调、退出和路径四大类。

- 进入动画:设定对象出现的方式。
- 强调动画:设定对象变化的方式,一般包括设置大小、颜色、闪烁等。
- 退出动画:设定对象消失的方式。
- 路径动画:设定动画运动的方向。

2. 设置动画同步方式

在 PowerPoint 中,可以在"动画窗格"中设置动画的同步方式,包括单击开始、从上一项开始和从上一项之后开始三种选项,如图 4-3 所示。

- 单击开始:是指只有在单击鼠标时,动画才开始播放。
- 从上一项开始:是指与上一动画同步,用于动画效果的叠加,也就是实现两个或多个动画同步播放。
- 从上一项之后开始:是指在前一个动画结束后,开始此动画的播放。

图 4-3 设置动画的同步方式

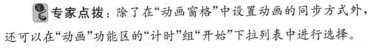**专家点拨**:除了在"动画窗格"中设置动画的同步方式外,还可以在"动画"功能区的"计时"组"开始"下拉列表中进行选择。

3. 设置动画持续时间

在幻灯片上的某个对象添加动画效果后,选中这个对象,可以在"动画"功能区的"计时"组中设置动画持续的时间以及动画的延迟时间,如图 4-4 所示。也可以在"动画窗格"中选择"计时"命令来设置动画的持续时间,如图 4-5 所示。

图 4-4 在"计时"组中设置动画持续时间

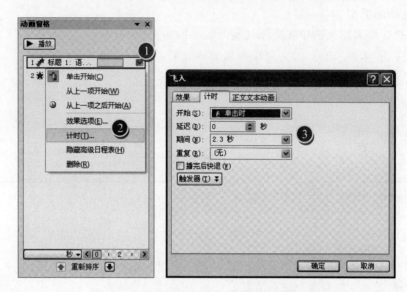

图 4-5 在"动画窗格"中设置动画的持续时间

在"动画窗格"中提供了一个高级日程表,将鼠标放置到动画选项的时间条上将会获得动画开始时间和结束时间的提示,拖曳时间条可以改变动画的持续时间和延迟时间,如图 4-6 所示。

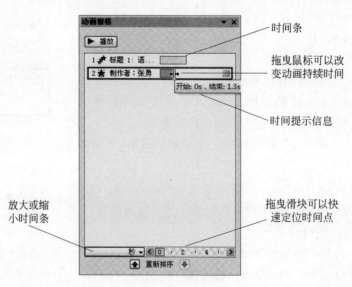

图 4-6 高级日程表

第 4 章　PowerPoint 课件中的动画方案和交互控制

4. 设置动画效果和细节

当为幻灯片中的某个对象添加动画效果以后，可以进一步设置动画效果和细节，如图 4-7 所示。

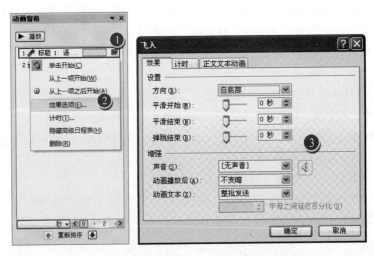

图 4-7　在"动画窗格"中设置动画效果和细节

专家点拨：对于不同的动画类型，在"动画窗格"中选择"效果选项"命令后弹出的对话框中的参数是不同的。

4.1.3　动画应用课件范例——轴对称图形

进入动画是指对象在幻灯片放映过程中进入放映屏幕的动画效果。退出动画是幻灯片中对象退出屏幕时的动画效果。本范例利用退出动画和进入动画制作轴对称图形演示课件，效果如图 4-8 所示。

视频讲解

图 4-8　轴对称图形演示课件

本范例综合使用进入和退出动画效果实现在一张幻灯片中依次显示多张图片的方法。幻灯片在播放时,将依次显示 6 张图片,使用鼠标单击来控制图片的切换,图片以动画形式出现和消失。

由于使用了进入动画效果的对象在幻灯片中从无到有,而使用了退出动画效果的对象在幻灯片中从有到无。因此,对同一个对象依次使用进入和退出动画效果即可实现对象在幻灯片中从无到有然后再消失的过程。

主要制作步骤如下所述。

(1) 在 PowerPoint 中插入 6 张素材图片。设置图片的样式和尺寸。

(2) 将图片分别拖曳到幻灯片的外部,只保留要显示的第一张图片。

(3) 选择放置在幻灯片中的图片,将其适当旋转。为其添加一个"回旋"进入动画效果。将"开始"设置为"单击时",将"持续时间"设置为 1 秒。

(4) 再为其添加一个"螺旋飞出"退出动画效果。

(5) 依次选择放置于幻灯片外的图片,将它们分别旋转不同的角度。使用同样的方法根据图片出现的顺序依次为这些图片添加相同的进入和退出效果,如图 4-9 所示。

图 4-9　依次为图片添加动画效果

(6) 将所有图片同时选中,在"格式"功能区的"排列"组中单击"对齐"按钮,在打开的菜单中选择"左右居中"命令,然后再次打开该菜单选择"上下居中"命令。此时所有的图片将会集中在一起放置,它们的几何中心将重合。将这些图片放置到幻灯片的适当位置,如图 4-10 所示。

图 4-10　放置对齐操作后的图片

专家点拨：在制作课件时，经常需要为多个对象添加相同的动画效果。如果逐个地创建，效率是很低的。实际上，PowerPoint 2010 提供了一个"动画刷"工具，能够快速地实现动画效果的复制。

4.2 PowerPoint 课件中的交互导航设计

超链接和动作按钮是在 PPT 课件中实现交互控制的两个主要手段。本节通过一个 PPT 课件导航结构的实现步骤，讨论超链接和动作按钮的使用方法。

视频讲解

图 4-11 所示是一个课件结构图。通过这个结构图可以看出，课件被设计成导入、新授、练习和小结 4 个功能模块，因此需要制作一个"主界面"控制课件交互导航。它实现的功能是，教师在上课的过程中，通过单击主控导航界面上的模块导航链接，就可以进入相关的教学内容，在相关的教学内容完成之后，单击"返回"按钮，又可以回到课件主控导航界面来，整个功能主要通过 PowerPoint 的超链接功能和动作按钮来实现。

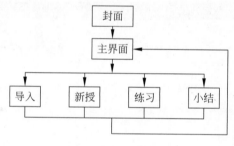

图 4-11 课件结构

下面逐步实现"主界面"的交互导航功能。为了便于读者操作，提供了一个事先制作一部分内容的演示文稿（素材和源文件\part4\课件导航实例（原始）.ppt），下面在这个演示文稿内容的基础上进行操作。

4.2.1 从主界面跳转到相应的课件模块

1. 打开演示文稿

（1）在 Powerpoint 2010 中打开"课件导航实例（原始）.ppt"文档，在已经完成的内容基础上进行操作。

（2）打开这个演示文稿可以看到，其中包括 10 张幻灯片。第 1 张幻灯片是"封面"。第 2 张幻灯片是"主界面"，如图 4-12 所示。

（3）第 3 和第 4 张幻灯片是"导入"模块的内容；第 5 和第 6 张幻灯片是"新授"模块的内容；第 7 和第 8 张幻灯片是"练习"模块的内容；第 9 和第 10 张幻灯片是"小结"模块的内容。

2. 定义第一个超链接

在课件"主界面"幻灯片中，应该分别定义 4 张图片的超链接功能，当播放幻灯片时单击图片可以分别跳转到相关模块的幻灯片，具体操作方法如下。

（1）选中标注文字为"导入"的小狗图片，在"插入"功能区，单击"超链接"图标，弹出

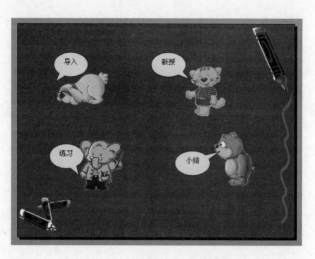

图 4-12 "主界面"幻灯片效果

"插入超链接"对话框,如图 4-13 所示。

图 4-13 "插入超链接"对话框

(2) 单击左边"链接到"选项区域的"本文档中的位置"图标,切换出"请选择文档中的位置"参数列表,在它下面显示了本文档中所有的幻灯片标题,选择"幻灯片 3",如图 4-14 所示。

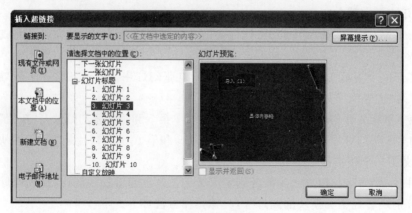

图 4-14 定义超链接

(3) 在"请选择文档中的位置"下面选择某一张幻灯片时,在右边的"幻灯片预览"中会看到所要链接的幻灯片内容,这样还可以确认超链接是否正确。最后单击"确定"按钮即可,这样就实现了标注文字为"导入"的图片的超链接定义。

专家点拨:可以直接单击图 4-13 中的"书签"按钮,弹出"在文档中选择位置"对话框,选择"幻灯片 3",再单击"确定"按钮返回,实现超链接的定义。

3. 测试超链接效果

(1) 返回幻灯片编辑工作区,并没有看到定义了超链接的图片发生了什么变化。如果想测试超链接的效果,必须播放幻灯片。

(2) 按 Shift+F5 键,播放这个幻灯片,当鼠标移动到标注文字为"导入"的小狗图片上时,鼠标指针变成了小手状态。当鼠标移动到其他 3 张图片上时,鼠标指针并不发生改变。

(3) 当单击标注文字为"导入"的图片时,跳转到第 3 张幻灯片进行播放。当然,这时的第 3 张幻灯片还是一张空幻灯片,以后需要在这张幻灯片中添加与"导入"模块相关的课件内容。

4. 定义其他 3 张图片的超链接

依照上述方法,分别给标注文字为"新授""练习""小结"的图片添加超链接,使它们分别链接到第 5、第 7 和第 9 张幻灯片。

专家点拨:如果需要,还可以给标注文字也添加超链接,给文字添加超链接的方法同给图片添加超链接的方法一样,这里不再赘述。

4.2.2 实现返回主控导航界面的功能

通过前面的步骤,实现了主控导航界面上 4 张图片的超链接功能。播放幻灯片时,当单击某张图片时,马上会跳转到相应的课件功能模块。为了更好地控制课件的播放,还要使课件具备返回主控导航界面的功能,也就是在相应的课件功能模块中添加返回主控导航界面的超链接。

下面以"导入"模块为例,实现返回主控导航界面的功能。先看看完成以后的效果,如图 4-15 所示。第 4 张幻灯片("导入"模块的最后一张幻灯片)的右下角有一个动作按钮,当单击这个动作按钮时,将返回主控导航界面(第 2 张幻灯片)。

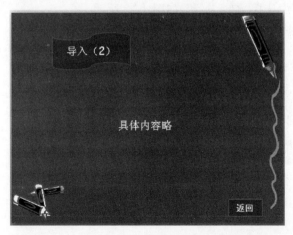

图 4-15 第 3 张幻灯片添加了动作按钮以后的效果

1. 插入动作按钮

(1) 选择第 4 张幻灯片，下面要对这张幻灯片进行编辑。

(2) 在"插入"功能区，单击"形状"图标，在弹出的列表框中，可以看到"动作按钮"类别，选择最后一个"动作按钮：自定义"按钮，如图 4-16 所示。

(3) 当单击了"动作按钮：自定义"按钮以后，将鼠标指针移动到幻灯片编辑工作区，这时会发现，光标变成了"十字"形，拖曳鼠标绘制一个合适大小的动作按钮，同时会弹出一个"动作设置"对话框，如图 4-17 所示。

选择这个按钮

图 4-16　选择"自定义"动作按钮命令

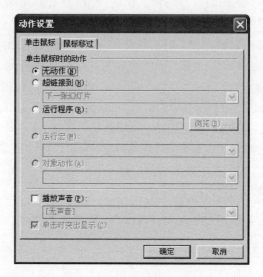

图 4-17　"动作设置"对话框

专家点拨：在图 4-17 所示的对话框中可以看到，动作按钮对鼠标事件的响应方式有两种，一种是单击鼠标时产生动作；另一种是鼠标移过时产生动作。通常情况下都使用第一种方式，不建议使用第二种方式。

(4) 在"单击鼠标时的动作"选项区域中选择"超链接到"单选按钮，然后在"超链接到"下拉列表框中选择"幻灯片…"选项，这样又弹出一个"超链接到幻灯片"对话框，在其中的"幻灯片标题"列表框中选择"幻灯片 2"，如图 4-18 所示。

(5) 单击"确定"按钮，返回"动作设置"对话框，这时，"超链接到"下面显示"幻灯片 2"，如图 4-19 所示。最后单击"确定"按钮即可。这样，自定义的动作按钮的功能是，单击它时跳转到幻灯片 2。

专家点拨：在"动作设置"对话框中的"单击鼠标时的动作"选项区域中有若干单选按钮，下面介绍一下它们的功能。

无动作：选择此项，单击鼠标后将无任何动作。

超链接到：选择此项，将在下拉菜单中出现很多选项，可以链接到幻灯片、其他演示文稿、网页文件等，可以根据需要选择链接到相关的内容。

运行程序：通过这个选项可以运行外部的应用程序。如果想调用外部应用程序，可以使用这个选项进行设置。

运行宏：此单选按钮必须在有宏的情况下才有效，可以先录制一个宏，然后在这里进行调用。

对象动作：这里的对象指的是通过在"插入"功能区单击"对象"图标而添加的内容，只有在演示文稿中有这样的对象此项才有效，并且根据插入对象的不同，在此项的下拉菜单中的内容也不相同。

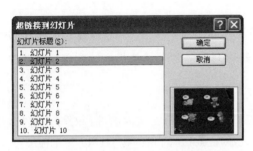

图 4-18 "超链接到幻灯片"对话框

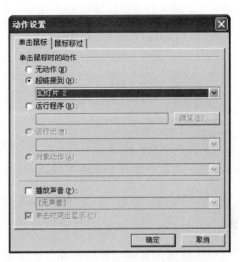

图 4-19 超链接到幻灯片 2

2. 更改动作按钮外观

经过上面的操作，在幻灯片中自定义了一个动作按钮，并且定义了这个动作按钮的超链接动作，把这个按钮移动到幻灯片的右下角合适位置。为了配合课件的整体效果，下面编辑这个动作按钮。

（1）右击动作按钮，在弹出的快捷菜单中选择"设置形状格式"命令，弹出"设置形状格式"对话框，在其中设置填充颜色为蓝色，线条颜色为黑色，如图 4-20 所示。最后单击"关闭"按钮。

图 4-20 设置动作按钮外观

(2) 插入一个自定义动作按钮后,整个动作按钮是空白的,教师上课就会感到茫然、不知所措,所以给动作按钮添加相关的说明文字是非常有必要的。选定需要添加文本的自定义动作按钮,右击,在弹出的快捷菜单中选择"编辑文字"命令,文字输入标志(一个闪动的光标)就会出现在自定义动作按钮的中间,输入"返回"。

3. 制作其他的"返回"动作按钮

其他 3 个课件功能模块中的"返回"动作按钮的制作方法和"导入"模块相同,可以按照前面介绍的方法进行制作。"返回"动作按钮分别添加在第 6 张("新授"模块的最后一张幻灯片)、第 8 张("练习"模块的最后一张幻灯片)、第 10 张幻灯片("小结"模块的最后一张幻灯片)上。

专家点拨:在创建其他 3 个课件功能模块中的"返回"动作按钮时,有一个简便的方法,复制第 3 张幻灯片中的动作按钮,然后分别粘贴到另外 3 个课件模块对应的幻灯片中。

4.2.3 链接到原有文件、网页或电子邮件

在 PowerPoint 中,超链接的功能很丰富,不但可以在演示文稿内部进行幻灯片链接,还可以链接到演示文稿以外的内容。通常情况下,PowerPoint 的超链接分成以下几种类型。

- 根据链接对象来分:动作按钮链接、图片链接、文字链接。
- 根据链接内容来分:链接到原有文件、链接到网页、链接到幻灯片、链接到电子邮件。

前面实现的主控导航界面上图片的超链接是链接到幻灯片,这是常用的一种超链接类型,除此以外,还可以将超链接定义成链接到原有文件或网页、链接到电子邮件。

1. 链接到原有文件或网页

链接到原有文件或网页是指通过给图片或文字添加超链接,使其链接到相关的文件或网页。操作方法如下所述。

(1) 选中某一个需要添加超链接的图片或文字以后,在"插入"功能区单击"超链接"图标,弹出"插入超链接"对话框。

(2) 在"链接到"选项区域中选择"现有文件或网页"图标,在其右边选择需要链接的文件或网页,最后单击"确定"即可,如图 4-21 所示。

图 4-21 链接到原有文件或网页

2. 链接到电子邮件

链接到电子邮件是指将链接指向电子邮件,浏览者可以直接通过单击相关的按钮、文字或图片直接给某人发电子邮件,操作方法如下所述。

(1) 选中某一个需要添加超链接的图片或文字后,在"插入"功能区,单击"超链接"图标,弹出"插入超链接"对话框。

(2) 在"链接到"选项区域中选择"电子邮件地址"图标,会出现相关的设置选项,如图 4-22 所示。

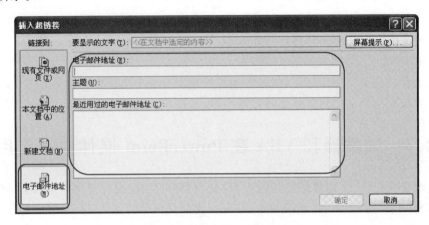

图 4-22　链接到电子邮件地址

(3) 在"电子邮件地址"文本框中输入收信人的邮件地址,在主题中输入邮件的主题,"最近用过的电子邮件地址"列表框中列出的是最近链接过的邮件地址,如果这里显示了一些用过的电子邮件地址,可以从这里直接选择一个。最后单击"确定"按钮,就添加了一个电子邮件的超链接。

4.2.4　常规动作按钮超链接

常规动作按钮超链接是动作按钮链接中的一种,它指的是 PowerPoint 中自带的动作按钮超链接方式,是根据按钮不同的类型(按钮上具有不同的图形进行区分)自动添加相关的超链接,基本不需要制作者的参与。

在 PowerPoint 的动作按钮中共有 11 个定制按钮(最后一个自定义按钮除外),下面分别介绍这些按钮。

(动作按钮：第一张)：在演示文稿中任意位置单击此按钮,将到达演示文稿的第一张幻灯片,不需制作者重新设置。

(动作按钮：帮助)：在演示文稿中链接帮助文件,选择此按钮,将会链接到一张带帮助说明的幻灯片或程序,需要制作者参与设置。

(动作按钮：信息)：在演示文稿中链接说明文件,选择此按钮,将会链接到一张关于本演示文稿的制作信息的幻灯片或程序,需要制作者参与设置。

(动作按钮：后退或前一项)：在演示文稿中单击此按钮,将链接到当前幻灯片的前一张幻灯片。

(动作按钮：前进或下一项)：在演示文稿中单击此按钮,将链接到当前幻灯片的后一张幻灯片。

▷|（动作按钮：开始）：选择此按钮，将链接到演示文稿的第一张幻灯片，功能与"第一张"动作按钮相同，通常与结束按钮配对使用。

▷|（动作按钮：结束）：选择此按钮，将链接到演示文稿的最后一张幻灯片，不需要制作者参与设置，通常与"开始"动作按钮配对使用。

（动作按钮：上一张）：该动作按钮与"后退或前一项"动作按钮不同，选择该按钮，将返回到最近访问的幻灯片，不需要制作者参与设置。

（动作按钮：文档）：选择该动作按钮，将会链接到指定的文档。

（动作按钮：声音）：选择该动作按钮，将会播放指定的声音文件。

（动作按钮：影片）：选择该动作按钮，将会播入指定的影片。

常规动作按钮都有一个特点，就是在动作按钮上有一个与该按钮相关的图形，便于操作者识别。可以根据当前幻灯片将要链接的内容，选择相关的动作按钮插入到当前幻灯片。

4.3 触发器和 VBA 在 PowerPoint 课件中的应用

在实现 PowerPoint 课件的交互性方面，触发器和 VBA 编程是两个重要的技术手段。本节介绍利用触发器和 VBA 实现 PowerPoint 课件交互性的方法。

4.3.1 利用触发器控制背景音乐的播放

视频讲解

在播放课件时，常常需要对声音的播放（如背景音乐）进行控制，即在需要时让它播放，不需要的时候让其停止。这种交互效果，需要通过为声音的播放指定触发器来实现。在 PowerPoint 中，触发器是幻灯片中的一个对象，单击这个对象能够触发相应的动作，如动画的播放和声音的播放等。

图 4-23 所示是《春江花月夜》的 PPT 课件，在幻灯片中插入了音乐，并且创建了 3 个按钮图形。

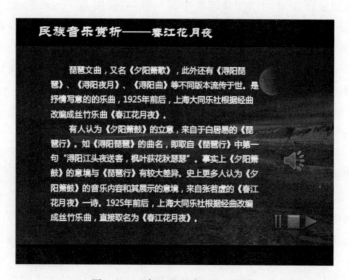

图 4-23 《春江花月夜》PPT 课件

如果想用这 3 个按钮图形控制音乐的播放,可以按照以下方法进行操作。

(1) 选中"声音"图标,在"音频工具"选项卡的"播放"功能区的"音频选项"组中,勾选"放映时隐藏"复选框。

(2) 切换到"动画"功能区,在"动画"组中的列表框中选择"播放",然后单击"触发"按钮,在弹出的菜单中选择"单击",在下拉列表中选择一个触发对象,这里选择"播放按钮",如图 4-24 所示。

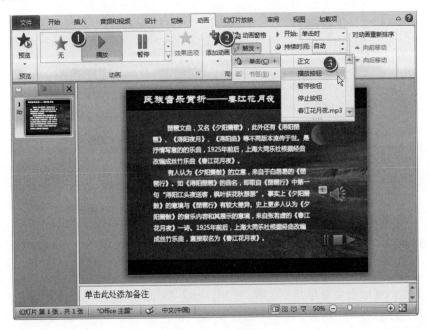

图 4-24　定义触发器

(3) 在"动画"功能区单击"添加动画"按钮,在弹出的下拉菜单中选择"停止"。然后单击"触发"按钮,在弹出的菜单中选择"单击",在下拉列表中选择一个触发对象,这里选择"停止按钮"。

(4) 对声音控制暂停功能与播放功能的制作方法类似,这里不再赘述。

4.3.2　利用触发器制作交互练习题课件

在众多的课件类型中,练习与测验类课件是比较重要的一种类型。练习与测验类课件的安排十分灵活,可以穿插在课堂的讲课过程中,在讲完一个知识点后,出一道相关的测验题,考查学生对知识点的掌握程度;也可以把练习与测验类课件作为一个独立的部分,制作一个完整的课件,专门用作课堂和课后的练习。

视频讲解

练习与测验类课件最重要的特征是交互性,学生在答题的时候,得到反馈信息,可以调动他们的积极性。下面用 PowerPoint 的动画触发器技术制作一个交互练习题课件。

1. 创建练习题内容

(1) 新建一个演示文稿,将其设置为空白版式。在"设计"功能区选择一个合适的主题。

(2) 下面创建练习题内容文本框。为了简便起见,这里以一个单项选择题为例进行介绍。在幻灯片上创建 5 个文本框,分别输入题目和备选答案,选择合适的字体并把它们摆放整齐,参考效果如图4-25所示。这里创建了一个单选练习题的内容,4个备选答案中只有第3个答案(序号是C的)是正确答案,其他3个都是错误答案。下面要实现的课件功能是,当单击某一个答案时,将弹出一个反馈信息,提示答对了还是答错了。

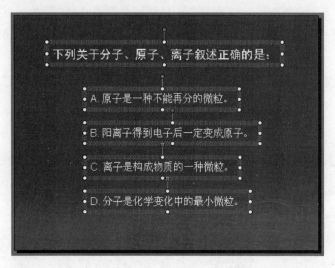

图4-25 创建练习题内容文本框

专家点拨:这里必须创建5个独立的文本框,而不能把练习题内容、答案混在一个文本框中,这是因为将来每个备选答案文本框都是一个独立的触发器对象。

(3)下面创建反馈信息标注框。在"形状"下拉列表框中选择"标注"类别中的"圆角矩形标注",在幻灯片工作区创建一个标注文本框。在这个文本框中输入文字"回答错误!再想一想。"。调整标注文本框的大小、文字格式,并把它摆放在第一个备选答案附近。将这个标注文本框复制两个副本,然后分别摆放在第2个、第4个备选答案附近。用同样的方法,再在第3个备选答案附近创建一个标注文本框,输入文字"回答正确!祝贺你!"。最后的效果如图4-26所示。

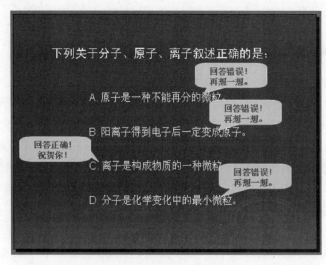

图4-26 创建反馈信息标注框

专家点拨：这里创建的标注文本框就是交互反馈信息。答题时,当单击某一个备选答案时,会弹出答案附近相应的标注文本框,提示答题者是答对了还是答错了。

2. 创建错误答案的触发器

(1) 选中第一个备选答案(序号为 A)旁边的标注文本对象,在"动画"功能区中,单击"添加动画"按钮,在弹出的下拉列表中选择"进入"→"百叶窗"命令,这样工作区的标注文本对象旁边会出现一个"自定义动画"标记。在"动画窗格"中,设置播放"速度"为"非常慢"。这样,第一个备选答案旁边的标注文本对象,就具备了百叶窗效果的进入动画。

(2) 在"动画窗格"中,双击 圆角矩形标注 6: 回答错... 动画标志,弹出"百叶窗"对话框,在"效果"选项卡的"增强"参数项下,设置"播放动画后"参数项为"播放动画后隐藏",如图 4-27 所示。

(3) 切换至"计时"选项卡,单击"触发器"按钮,然后选择"单击下列对象时启动效果"单选按钮,单击其右边的下拉列表,选择"形状 2：A. 原子是一种……"选项,其他参数项保持默认值,如图 4-28 所示。最后单击"确定"按钮返回到"动画窗格"中。

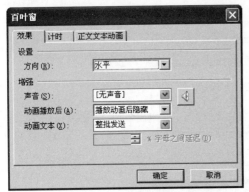
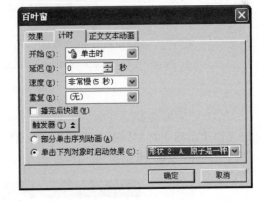

图 4-27　设置动画播放后的效果　　　　图 4-28　定义触发器

(4) 按照同样的方法,再定义其他两个错误答案旁边标注文本对象的触发器。

3. 创建正确答案的触发器

(1) 选中第三个备选答案(序号为 C)旁边的标注文本对象,在"动画"功能区中,单击"添加动画"按钮,在弹出的下拉列表中选择"进入"→"百叶窗"命令。在"动画窗格"中,设置播放"速度"为"中速"。

(2) 在"动画窗格",双击 圆角矩形标注 8: 回答正... 动画标志,弹出"百叶窗"对话框,在"效果"选项卡的"增强"参数项下,设置"播放动画后"参数项为"不变暗",如图 4-29 所示。

(3) 切换至"计时"选项卡,单击"触发器"按钮,然后选择"单击下列对象时启动效果"单选按钮,单击其右边的下拉列表,选择"形状 4：C. 离子是构成……"选项,其他参数项保持默认值,最后单击"确定"按钮返回到"动画窗格"中。

4. 完善放映效果

当放映幻灯片时,为了实现获得更好的课件效果,需要屏蔽一些放映功能,如单击时放映下一张幻灯片的功能、右键快捷菜单功能等。

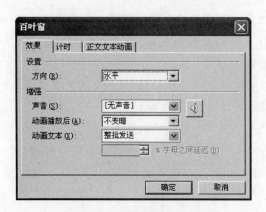

图 4-29 设置动画播放后不变暗

(1) 下面取消换片方式。在"切换"功能区的"换片方式"选项中,取消对"单击鼠标时"复选框的勾选,然后单击"全部应用"按钮,如图 4-30 所示。

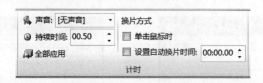

图 4-30 取消换片方式

(2) 下面取消右键菜单。在功能区选项卡的空白处右击,在弹出的快捷菜单中选择"自定义快速访问工具栏"命令,弹出"PowerPoint 选项"对话框。在左侧的列表中单击"高级"项,在右侧的"幻灯片放映"选项中取消对"右键单击快捷菜单"复选项的勾选,如图 4-31 所示。

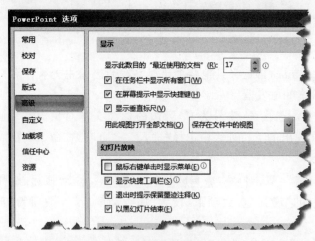

图 4-31 "PowerPoint 选项"对话框

4.3.3 利用 VBA 制作标准测验题课件

4.3.2 小节制作了一个交互练习题课件,这个课件严格来说不能算真正的练习测验类课件,它只是利用 PowerPoint 的触发器功能实现了练习题

视频讲解

答案的简单反馈,这个反馈信息也是提前设置好的。

如果要制作真正的标准测验题课件,那么就要用 PowerPoint 的编程技术了。具体来说就是要用 ActiveX 控件和 VBA 编程技术。

ActiveX 控件包括复选框、文本框、列表框、选项按钮(单选按钮)、命令按钮和其他控件。可以用它们创建自定义窗体和对话框,甚至还可以用它们创建程序。

常用的 ActiveX 控件如表 4-1 所示。

表 4-1 常用的 ActiveX 控件

控 件	名 称	说 明
☑	复选框	一个选项,选中即可将其打开或关闭。一次可选择多个复选框
abl	文本框	一个被框起来的、用户可在其中输入或更改文本的区域
≣	列表框	包含一列预设项的框,用户可从这些项中进行选择
⊙	选项按钮(单选按钮)	一个按钮,当用户从一组选项中选择一个时,即会选中相应的按钮。每次只能选择一个选项
▭	命令按钮	用户单击后可启动某个操作的按钮

可以在"开发工具"功能区上找到这些常用的 ActiveX 控件,如图 4-32 所示。

VBA 是 Microsoft Visual Basic 的宏语言版本,用于编写 Windows 应用程序,是 Visual Basic for Applications 的英文缩写。可以将 ActiveX 控件插入到幻灯片中,然后用 VBA 编写程序控制这些 ActiveX 控件,从而达到需要的交互效果。

图 4-32 控件

下面利用 ActiveX 控件和 VBA 制作一个单项选择题智能课件。

1. 创建测验题目内容

(1)新建一个演示文稿,将其设置为空白版式。在"设计"功能区选择一个合适的主题。

(2)插入一个艺术字标题"单项选择题"。

(3)插入 5 个水平文本框,在一个文本框中输入单选题题目,在另外 4 个文本框中分别输入 4 个备选答案。将它们对齐并摆放在合适的位置,效果如图 4-33 所示。

2. 创建选项按钮

(1)选择"开发工具"功能区中的"选项按钮"控件 ⊙ ,这时鼠标光标变成十字形状,在幻灯片工作区拖曳鼠标创建一个选项按钮。

(2)保持这个选项按钮处于选中状态,单击"开发工具"功能区中的"属性"按钮 ,弹出"属性"对话框,在这个对话框中可以设置选项按钮的各种属性,这里主要设置 Caption、Font 和 Value 这 3 个属性的值。Caption 属性值确定选项按钮旁边的文字信息,这里设置为"A."。Font 属性值确定选项按钮旁边的文字格式,可以根据情况进行设置,使得整体的文字内容协调。Value 属性值确定选项按钮是否是默认的选中状态,它有两个值,一个是

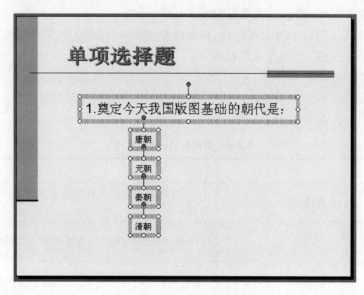

图 4-33 创建单选题题目内容

True(默认处在选中状态);另一个是 False(不是默认的选中状态)。这里将 Value 属性值设置为 False。

(3) 将上面创建的选项按钮再复制 3 个副本,然后分别将这 3 个副本选项按钮的 Caption 属性值更改为"B.""C."和"D."。接着将 4 个选项按钮对齐放置在相应的 4 个备选答案文字左边合适的位置,如图 4-34 所示。

(4) 为了便于下面的 VBA 编程,定义 4 个选项按钮对象的名称。选择第 1 个选项按钮,在"属性"对话框中的"(名称)"属性项后面的文本框中输入 But1,如图 4-35 所示。按照同样的方法,定义其他 3 个选项按钮对象的名称分别为 But2、But3 和 But4。

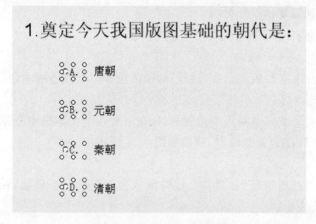

图 4-34 创建 4 个选项按钮

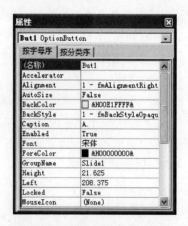

图 4-35 定义选项按钮的名称

3. 编写 VBA 程序

(1) 下面编写正确答案对应的选项按钮的 VBA 程序。本实例的第一个备选答案是正确答案。双击这个备选答案前面的选项按钮,打开 Microsoft Visual Basic 窗口,在代码编辑窗口中找到以下代码：

```
Private Sub But1_Click()

End Sub
```

然后输入：

```
If But1.Value = True Then ex = MsgBox("选择正确!恭喜你!", vbOKOnly)
```

代码输入完成后的结果如图 4-36 所示。

图 4-36　输入代码

（2）下面编写错误答案对应的选项按钮的 VBA 程序。双击第 2 个备选答案前面的选项按钮，弹出 Microsoft Visual Basic 窗口，在代码编辑窗口中找到以下代码：

```
Private Sub But2_Click()

End Sub
```

然后输入：

```
If But2.Value = True Then ex = MsgBox("选择错误!请再想想!", vbOKOnly)
```

其他剩下的两个备选答案按照同样的方法进行设置，最终效果如图 4-37 所示。

图 4-37　最终的代码效果

(3) 代码输入完成以后，关闭 Microsoft Visual Basic 窗口返回幻灯片编辑窗口。

4. 完善课件功能

(1) 选择"开发工具"功能区中的"按钮"控件 ，这时鼠标光标变成十字形状，在幻灯片工作区拖曳鼠标创建一个大小合适的按钮。

(2) 保持按钮的选中状态，单击"开发工具"功能区中的"属性"按钮，弹出"属性"对话框，将 Caption 属性值设置为"重新选择"。

(3) 将这个按钮对象复制一个按钮副本，重新更改它的 Caption 属性值为"下一题"。将幻灯片工作区的这两个按钮对齐放置在右下角的合适位置，如图 4-38 所示。

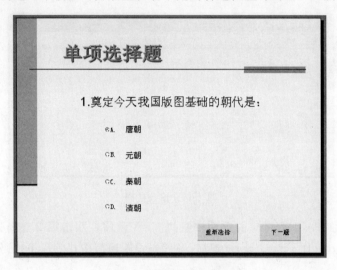

图 4-38　创建两个控制按钮

(4) 双击"重新选择"按钮，在打开的代码编辑窗口中的 Private Sub CommandButton1_Click() 和 End Sub 代码间输入：

```
But1.Value = False
But2.Value = False
But3.Value = False
But4.Value = False
```

以上程序代码可以取消对所有单选按钮的选择。这样就可以重新选择答案了。

(5) 双击"下一题"按钮，在打开的代码编辑窗口中的 Private Sub CommandButton2_Click() 和 End Sub 代码间输入：

```
If MsgBox("是否继续", vbYesNo + vbQuestion,下一题) = vbYes Then
With SlideShowWindows(1).View
.GotoSlide 2
End With
End If
```

以上程序代码实现跳转到第 2 张幻灯片，第 2 张幻灯片就是测验题的第 2 题。可以按照第 1 张幻灯片的制作方法制作第 2 张幻灯片。

(6) 最后保存演示文稿，保存的文件类型设置为"启用宏的 PowerPoint 演示文稿"。

4.4 本章习题

1. 选择题

(1) 在用 PowerPoint 2010 制作课件时,可以在(　　)设置幻灯片的切换效果。
　　A. "插入"功能区　　　　　　　　B. "切换"功能区
　　C. "动画"功能区　　　　　　　　D. "幻灯片放映"功能区

(2) 为某个对象添加了"百叶窗"动画效果后,不能在"动画窗格"中直接修改的是(　　)。
　　A. 动画开始的方式　　　　　　　B. 动画效果的方向
　　C. 动画效果的速度　　　　　　　D. 动画开始的延迟时间

(3) 动作按钮(　　)是控制幻灯片切换的"前进或下一项"按钮。
　　A. ◁　　　　　B. ▷　　　　　C. ◁◁　　　　　D. ▷▷

(4) 使用触发器控制声音播放时,无法在声音播放时实现(　　)功能。
　　A. 开始　　　　B. 暂停　　　　C. 快进　　　　D. 停止

2. 填空题

(1) 在 PowerPoint 的"动画"功能区中,可以为幻灯片上的对象添加的动画效果包括 4 种类型,分别是_____、_____、_____ 和_____。

(2) 当需要删除已建立的超链接时,应在已经添加了超链接的对象上右击,在弹出的快捷菜单中选择_____命令。

(3) ActiveX 控件包括复选框、文本框、列表框、选项按钮(单选按钮)、命令按钮等,可以在_____功能区找到这些常用的 ActiveX 控件。

(4) VBA 是 Microsoft Visual Basic 的宏语言版本,用于编写 Windows 应用程序,是英文_____的缩写。

4.5 上机练习

练习 4-1　PowerPoint 课件综合范例——水乡歌

利用 PowerPoint 2010 制作一个多媒体课件综合范例——水乡歌。这个课件包括 4 个功能模块:课文欣赏、认读生词、课文解读和感受水乡。通过单击主界面上的 4 个超链接对象,可以分别进入相应的功能模块进行播放。功能模块中各幻灯片的播放通过动作按钮进行控制。

本课件的结构如图 4-39 所示。课件封面和主控导航界面如图 4-40 和图 4-41 所示。

主要制作步骤:

(1) 新建一个幻灯片演示文稿,设置为空白版式。设置幻灯片背景为外部的图像文件"背景.jpg"。新添加 12 张空白版式的幻灯片。

(2) 在第 1 张幻灯片上设计和制作课件封面,主要包括一个文本框和一个艺术字。

(3) 在第 2 张幻灯片上设计和制作课件主界面。插入 4 个形状,并输入相应的文字。

(4) 在第 3 张幻灯片上设计和制作"课文欣赏"功能模块,主要包括插入一个 Flash 动

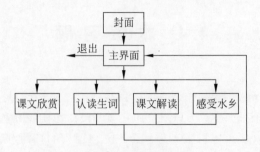

图 4-39　课件结构

图 4-40　课件封面

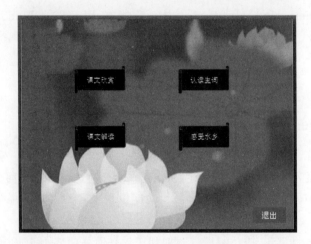

图 4-41　课件主控导航界面

画"课文朗读.swf"。

(5) 在第 4 张幻灯片上设计和制作"认读生词"功能模块，主要包括一些文本框。

(6) 在第 5~7 张幻灯片上设计和制作"课文解读"功能模块，主要包括一些文本内容的制作。

(7) 在第 8~13 张幻灯片上设计和制作"感受水乡"功能模块，主要包括插入一些外部图像(水乡*.jpg)。

(8) 在第 2 张幻灯片上利用插入超链接,定义从主界面跳转到 4 个功能模块的功能。

(9) 利用插入动作按钮,定义从 4 个功能模块返回主界面,以及幻灯片上下翻页的功能。

(10) 在第 2 张幻灯片上利用插入动作按钮,定义退出幻灯片播放的功能。

(11) 在"动画"功能区的"换片方式"选项中,取消对"单击鼠标时"复选框的勾选,然后单击"全部应用"按钮。这样可以取消系统默认的单击鼠标幻灯片上下翻页的功能。

练习 4-2 用触发器控制幻灯片中视频的播放

利用触发器技术制作一个控制视频播放的幻灯片效果,如图 4-42 所示。单击幻灯片上的"播放"按钮、"暂停"按钮、"停止"按钮可以控制视频的播放。

图 4-42 控制视频播放

主要制作步骤:

(1) 新建一个幻灯片演示文稿,设置为空白版式。在"设计"功能区,选择一个合适的主题。

(2) 插入一个外部影片文件"视频教程.mpg",让其自动播放。

(3) 制作控制按钮。主要绘制 3 个矩形并设置形状外观,然后输入相应的文字。

(4) 选中幻灯片上的视频对象,在"动画"功能区中,选"添加动画"→"媒体"→"播放"命令,在"动画窗格"中双击动画标志,弹出"播放影片"对话框,在"效果"选项卡中,选中"开始播放"选项区中的"从上一位置"单选按钮。在"计时"选项卡中,单击"触发器"按钮,然后选中"单击下列对象时启动效果"单选按钮,在其右边的下拉列表中选择"矩形 4:播放"。

(5) 按照上面步骤,利用触发器制作其他两个按钮的控制功能。

第5章 Authorware 课件入门

Authorware 是 Macromedia 公司推出的适合于专业人员和普通用户开发多媒体软件的创作工具,广泛应用于多媒体光盘、多媒体游戏、多媒体课件及其他多媒体演示系统的设计和制作。Authorware 采用面向对象的设计思想,是一种基于图标和流程线的多媒体开发工具。它把众多的多媒体素材交给其他软件处理,主要承担多媒体素材的集成和组织工作。

本章主要内容:
- Authorware 工作环境;
- Authorware 多媒体课件制作流程;
- 认识 Authorware 中的变量和函数;
- 打包和发布 Authorware 课件。

5.1 Authorware 工作环境

在 Windows 操作系统环境下,选择"开始"→"所有程序"→Macromedia→"Macromedia Authorware 7.02 中文版"命令,启动 Authorware,首次启动会出现一个欢迎画面,稍等片刻进入程序,弹出"新建"对话框,如图 5-1 所示。

视频讲解

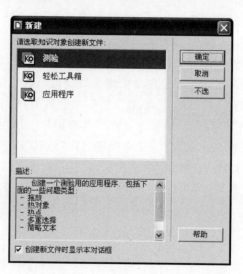

图 5-1 "新建"对话框

专家点拨：Authorware 每次运行或新建文件时都会弹出"新建"对话框，在其中取消对"创建新文件时显示本对话框"复选框的勾选，单击"不选"按钮，下次运行 Authorware 或新建文件时就不再出现这个对话框了。如果想下次运行 Authorware 或新建文件时显示"新建"对话框，可以选择"文件"→"新建"→"方案"命令，进行相应的设置。

单击对话框右侧的"不选"或"取消"按钮，建立一个空白的新程序。打开常用面板后的 Authorware 主界面窗口，如图 5-2 所示。

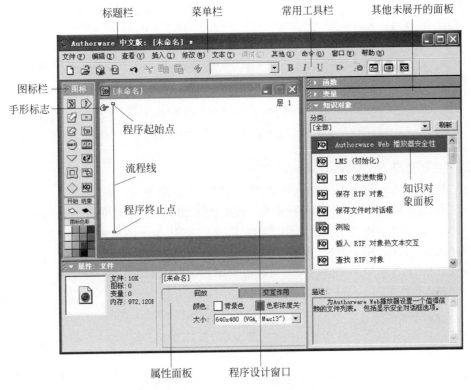

图 5-2 Authorware 的工作环境

5.1.1 标题栏

作为 Windows 应用程序，Authorware 具有和其他 Windows 应用程序相同的标题栏。在操作区的最上方是标题栏，它由 3 部分组成：左边是 Authorware 的控制图标；中间是软件的名称和程序名称；右边是窗口控制按钮。

单击左边的 Authorware 的控制图标，可以弹出如图 5-3 所示的窗口控制菜单。

各选项的含义如下。

- 还原：选择该选项，可以恢复 Authorware 默认的窗口大小。
- 移动：选择该选项，可以使用键盘上的方向键（上、下、左、右）移动操作窗口。当然此时也可以直接通过移动鼠标来移动操作窗口的位置。
- 大小：选择该选项，同样可以使用键盘上的方向键或移动鼠标来改变操作窗口的大小。

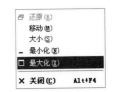

图 5-3 窗口控制菜单

- 最小化：选择该选项，可以使操作窗口变成最小。
- 最大化：选择该选项，可以使操作窗口变成最大。
- 关闭：选择该选项，可以退出 Authorware 并关闭应用程序，其快捷键是 Alt+F4 组合键。

在标题栏的最右边是3个窗口控制按钮，其操作方法和 Windows 操作系统的操作方法相同。分别单击3个按钮，可以达到使操作窗口最小化、最大化(或在最大化的情况下还原)和关闭退出 Authorware 的目的。

5.1.2 菜单栏

Authorware 的菜单栏如图5-4所示，其中文件菜单、编辑菜单、查看菜单和其他的常用软件类似。

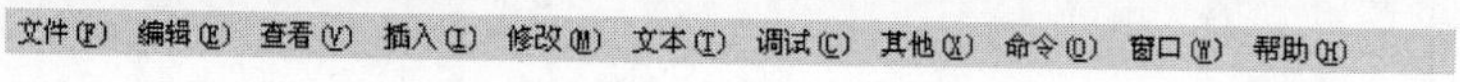

文件(F) 编辑(E) 查看(V) 插入(I) 修改(M) 文本(T) 调试(C) 其他(X) 命令(O) 窗口(W) 帮助(H)

图5-4 Authorware 的菜单栏

这里主要介绍 Authorware 特有的菜单。

- “插入”菜单：用于引入知识对象、图像和 OLE 对象等。
- “修改”菜单：用于修改图标、图像和文件的属性，组合对象及改变前景和后景的设置等。
- “文本”菜单：提供丰富的文字处理功能，用于设定文字的字体、大小、颜色、风格等。
- “调试”菜单：用于调试程序。
- “其他”菜单：用于库的链接及查找显示图标中文本的拼写错误等。
- “命令”菜单：用于与 Authorware.com 的相关内容，以及 RTF 编辑器和查找 Xtras 等内容。
- “窗口”菜单：用于打开演示窗口、库窗口、计算窗口、变量窗口、函数窗口及知识对象等窗口。
- “帮助”菜单：从中可获得更多有关 Authorware 的信息。

5.1.3 常用工具栏

常用工具栏是 Authorware 窗口的重要组成部分，如图5-5所示。其中，每个按钮实质上是菜单栏中的某一个命令，因为使用频率较高，所以放在常用工具栏中，这也是常用工具栏的由来。熟练使用常用工具栏中的按钮，可以事半功倍。

保存
搜索
控制面板
变量
(默认风格)
导入
文本样式
运行
函数
知识对象

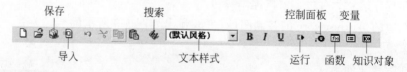

图5-5 常用工具栏

5.1.4 图标栏

图标栏在 Authorware 窗口中的左侧，如图5-6所示，包括14个图标、开始旗、结束旗和图标调色板，是 Authorware 最特殊也是最核心的部分。

- "显示"图标：Authorware中最重要、最基本的图标，用来制作多媒体程序中的静态画面、文字，用来显示变量、函数值的即时变化。
- "移动"图标：与显示图标相配合，可制作出简单的二维动画效果。
- "擦除"图标：用来清除显示画面和对象。
- "等待"图标：其作用是暂停程序的运行，直到用户按键、单击或经过一段时间的等待之后，程序再继续运行。
- "导航"图标：其作用是控制程序从一个图标跳转到另一个图标去执行，常与"框架"图标配合使用。
- "框架"图标：用于建立页面系统、超文本和超媒体。
- "决策"图标：其作用是控制程序流程的走向，完成程序的条件设置、判断处理和循环操作等功能。
- "交互"图标：用于设置交互作用的结构，以达到实现人机交互的目的。
- "计算"图标：用于计算函数、变量和表达式的值以及编写Authorware的命令程序，以辅助程序的运行。
- "群组"图标：一个特殊的逻辑功能图标，其作用是将一部分程序图标组合起来，实现模块化子程序的设计。
- "电影"图标：用于加载和播放外部各种不同格式的动画和影片，如用3ds Max、QuickTime、Microsoft Video for Windows、Animator、MPEG以及Director制作的文件。
- "声音"图标：用于加载和播放音乐及录制的各种外部声音文件。
- DVD图标：可以在应用程序中整合播放DVD视频文件，普通用户很少用该图标。
- "知识对象"图标：实质就是程序设计的向导，它引导用户建立起具有某项功能的程序段。一开始进入Authorware出现的"新建"对话框提供的可选取知识对象也属于此范围。
- 开始旗：用于设置调试程序的开始位置。
- 结束旗：用于设置调试程序的结束位置。
- 图标调色板：赋予设计的图标不同颜色，以利于识别。

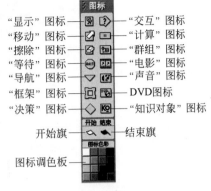

图 5-6　图标栏

5.1.5　程序设计窗口

程序设计窗口是Authorware的设计中心，Authorware具有对流程可视化编程功能，主要体现在程序设计窗口的风格上。程序设计窗口如图5-7所示。

程序设计窗口主要包括以下部分。
- 标题栏：显示被编辑的程序文件名，在未保存之前显示为"未命名"。
- 主流程线：一条被两个小矩形框封闭的直线，用来放置设计图标，程序执行时，沿主流程线依次执行各个设计图标。两个小矩形分别是程序的开始点和结束点，表示程序的开始和结束。

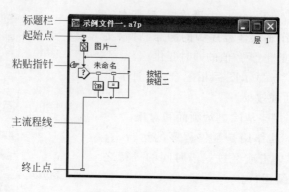

图 5-7　程序设计窗口

- 粘贴指针(手形标志)：形状为一只小手，指示下一步设计图标在流程线上的位置。单击程序设计窗口的任意空白处，粘贴指针就会跳至相应的位置。

可以看出，这种流程图式的程序结构直观生动地反映了程序的执行过程，可以较好地体现设计思想，也比较容易学习和掌握。

专家点拨：在使用 Authorware 过程中，可能会出现函数、变量、知识对象面板过大的问题，导致 Authorware 软件无法正常使用。解决方法是下载"Authorware7 面板补丁"软件(下载网址为 http://www.cai8.net)。关闭 Authorware，然后运行该补丁程序，面板就会正常显示。

5.2　Authorware 多媒体程序制作流程

Authorware 多媒体课件的制作实际上就是一个 Authorware 多媒体程序的制作。本节将介绍使用 Authorware 创建多媒体程序的基础知识，其中包括新建文件、打开文件、设置文件属性、流程线的编辑方法、保存文件等。

5.2.1　新建和打开文件

视频讲解

1. 新建文件

Authorware 新建一个文件是很简单的。当运行 Authorware 时，弹出"新建"对话框，提供了可选取知识对象来新建文件，单击"不选"按钮后就自动新建了一个文件。

另外，选择"文件"→"新建"→"文件"命令，或单击"常用工具栏"上的"新建"按钮 ，都可以新建一个文件。

2. 打开文件

如果要打开以前的文件，可以单击"常用工具栏"上的"打开"按钮 ，弹出"选择文件"对话框，如图 5-8 所示。选择要打开的文件后，单击"打开"按钮，就可以打开该文件进行编辑和修改操作了。

专家点拨：也可以选择"文件"→"打开"→"文件"命令，这时可以看到最近打开过的几个文件，直接选择想打开的文件即可。

第 5 章　Authorware 课件入门　　105

图 5-8　"选择文件"对话框

5.2.2　设置文件属性

第一次启动 Authorware 时，打开程序的同时会打开文件的属性面板，位于操作区的正下方，如图 5-9 所示。在以后的操作中如果属性面板没有在操作区的下方出现，可以选择"修改"→"文件"→"属性"命令，调出"属性：文件"面板。在进行具体的多媒体程序制作以前，一般要先设置好文件的属性。

视频讲解

图 5-9　"属性：文件"面板

　　📷 **专家点拨**：对于一个新建立的 Authorware 文件，首先要做的就是对它的文件属性进行设置。一开始打开文件的默认属性设置并不能满足每一个程序的要求，如果这时文件的属性设置不好，在将来的程序设计中会遇到许多麻烦，甚至会导致整个多媒体程序制作失败。

　　在面板的左边是文件的基本信息，右边最上方的文本框中可以输入文件名称，文件默认的名称是"未命名"，如果想改变文件的标题名称，可以在这里输入文件标题。

　　每当打开文件的属性面板时，默认打开的选项卡就是"回放"选项卡，它提供的是在程序播放时的一些基本设置，这些设置对于一个程序设计的成功与否非常重要，一般在没有开始设计具体程序之前就应该设置好，"回放"选项卡的面板见图 5-9。

　　"颜色"选项后面有两个颜色方框，前面一个"背景色"颜色框用来设置整个文件的背景颜色，后面一个"色彩浓度"颜色框很少用到，计算机中已经安装有一块视频卡，并且支持某种浓度键颜色,则可使视频图像在有浓度键颜色物体的地方播放。

单击"大小"后面的下拉列表框右侧的箭头,可以在下拉列表中选择演示窗口的大小。在设计一个程序前,一定要设置好演示窗口的大小,不然在程序设计完成后,如果发现演示窗口的大小不合适,要进行修改,那么整个程序中所有内容的位置几乎都要调整。

在对话框的右边是一些其他的选项,这里只对其中的几个重要选项进行讲解。

- 显示标题栏:此选项是默认选项,可以决定是否在演示窗口中显示标题栏。
- 显示菜单栏:此选项也是被默认选中的,可以决定是否在演示窗口中显示菜单栏,在关闭该选项时,利用交互方法建立的菜单也不会显示。
- 显示任务栏:此选项决定当 Windows 系统的任务栏在能够遮盖住演示窗口时是否显示该任务栏。
- 屏幕居中:选择此选项可以使演示窗口定位在屏幕中心,否则演示窗口出现的位置不固定。

5.2.3　图标和流程线操作

视频讲解

Authorware 的制作理念是以构建程序的结构和流程线上的图标来实现各项功能,因此在程序设计时,常常在流程线上对图标进行添加、删除等操作,下面介绍具体的操作方法。

1. 图标的添加和删除

在流程线上添加一个图标,可直接从"图标"栏中将图标拖曳到流程线上所需的位置。例如,要在流程线上添加一个"交互"图标,只需从"图标"栏中将"交互"图标拖曳到流程线上即可,如图 5-10 所示。

图 5-10　在流程线上添加一个图标

专家点拨:Authorware 允许将外部的素材(如图片、声音、视频等)文件直接拖曳到流程线上。具体方法是,打开 Windows 资源管理器,然后拖曳 Windows 资源管理器和 Authorware 两个程序窗口使它们变小。在 Windows 资源管理器中找到需添加的媒体文件,将其拖曳到 Authorware 流程线上,Authorware 会自动生成相应的图标。

要想删除一个流程线上已有的图标,可选择该图标,按 Del 键删除。

2. 图标的命名

图标添加后,会在右侧出现一个默认的名称。为了使多媒体程序中同类图标容易辨认,增强程序的可读性,需要为图标重新命名。在流程线上需重命名的图标上单击,使该图标被选中,此时图标右侧的图标名也被选中,直接输入新的名称即可。这里也可直接由鼠标选择右侧的图标名后再修改。例如,将上面添加的"交互"图标改名为"交互",如图 5-11 所示。

图 5-11　更改"交互"图标的名称

3. 改变图标颜色

对于一个大型多媒体程序来说,流程线上的图标往往很多,为了便于区别,除了给它们命名外,还可给图标添上不同的颜色。在流程线上选择需改变颜色的图标,在"图标"栏下面的"图标颜色"栏中选择需要的颜色单击,即可改变图标的颜色,如图 5-12 所示。

图 5-12　改变流程线上图标的颜色

专家点拨：在流程线上选择连续的多个图标时，也可直接由鼠标拖曳出一个虚线框将需选择的图标框住来实现选择。选择"编辑"→"选择全部"命令，可以选择流程线上的所有图标。

4. 改变图标的位置

要改变图标的位置，可直接用鼠标将图标拖曳到流程线上所需的位置，这种拖曳方式也可实现将图标从一个程序窗口拖曳到另一个程序窗口的流程线上。

当需要改变多个图标的位置时，可按 Shift 键依次选择所需的图标，按 Ctrl+X 组合键剪切这些图标，然后在流程线所需位置单击，按 Ctrl+V 组合键粘贴这些图标即可，这种方法也适用于将一个程序中的图标移动到另一个程序中。

5.2.4 保存文件

多媒体程序制作完成后，当然要将文件保存起来。选择"文件"→"保存"命令，或单击"常用工具栏"上的"保存"按钮，弹出"保存文件为"对话框，如图 5-13 所示。首先定位文件保存的路径，然后在"文件名"文本框中输入要保存的文件名，最后单击"保存"按钮即可。

图 5-13 "保存文件为"对话框

要关闭当前编辑的文件，只要选择"文件"→"关闭"命令即可，或单击程序设计窗口右上方的"关闭"按钮，同样可以关闭当前文件。

5.3 认识 Authorware 中的变量和函数

Authorware 是一个流程式多媒体制作软件。它的程序制作基本上都是使用图标的拖曳来完成的，但只依靠简单的图标拖放制作，很难完成复杂的工作。为此，在 Authorware 中加入了变量和函数的内容，利用变量、函数及编程，可以制作功能更加强大的多媒体程序。本节先简单介绍 Authorware 中的变量和函数。

视频讲解

5.3.1 变量

所谓的变量,顾名思义指的是程序运行时其值可以改变的量。在 Authorware 中,变量包括自定义变量和系统变量。

1. 自定义变量

自定义变量是用户自己定义的变量。相对于其他编程语言,在 Authorware 中使用自定义变量比较简单,用户无须考虑变量是全局变量还是局部变量,也无须考虑变量的数据类型是整数型还是浮点型等。当为一个变量赋值时,变量的类型由所赋予的值的类型决定。自定义变量可以在"计算"图标以及各种属性面板的文本输入框中使用,还可插入到文本对象中使用。下面介绍在"计算"图标中使用自定义变量时变量的定义过程。

(1) 拖曳一个"计算"图标到流程线上,双击流程线上的"计算"图标,打开"计算"图标的代码编辑窗口,在窗口中为自定义变量赋值,其格式如图 5-14 所示。

图 5-14 在"计算"图标的代码编辑窗口中为变量赋值

(2) 关闭"计算"图标编辑窗口完成对变量的定义,此时会弹出一个对话框,提示保存对"计算"图标的修改,如图 5-15 所示。

(3) 单击"确定"按钮关闭对话框,弹出"新建变量"对话框,分别在对话框中的文本框中输入变量名、变量初值和变量说明,如图 5-16 所示,单击"确定"按钮关闭对话框,完成变量的定义。

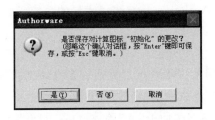 

图 5-15 提示保存对"计算"图标的修改　　图 5-16 在"新建变量"对话框中完成变量的定义

专家点拨:在 Authorware 中根据变量存储的数据类型,可分为以下 4 种类型。

- 数值型变量:用于存储具体的数字。
- 字符型变量:用于存储字符串。
- 逻辑型变量:用于存储 True 和 False 这两个逻辑值。

- 列表型变量：用于存储一组数据或变量。

2. 系统变量

系统变量是指 Authorware 已定义的变量，常用来记录系统内部图标、对象、响应关系和状态，在程序中可以被直接调用。系统变量和自定义变量一样，可在"计算"图标和各种属性对话框的文本输入框中使用，还可插入到文本对象中使用。下面以在"计算"图标中使用为例介绍系统变量的使用。

(1) 在流程线上双击"计算"图标，打开代码编辑窗口，单击工具栏中的 （即"变量"按钮）(或选择"窗口"→"面板"→"变量"命令)，打开"变量"面板，如图 5-17 所示。

在"变量"面板的"分类"列表中列出了 12 种系统变量，选择一种系统变量在其下方的列表框中会显示该类的所有系统变量。"初始值"和"变量"文本框显示变量的初值和当前值。"参考"框中显示当前使用该变量图标的名称。"描述"框中显示对该变量的说明。

(2) 选择需要的系统变量双击(或选择后单击"粘贴"按钮)，即可将系统变量复制到代码需要的地方。例如，这里的"计算"图标的代码编辑窗口，如图 5-18 所示。

图 5-17　"变量"面板

图 5-18　在"计算"图标的代码编辑窗口中添加系统变量

5.3.2 函数

函数一般指的是提供某种特殊功能的子程序。Authorware 自带了大量的系统函数，能够直接调用。当系统函数无法满足要求时，Authorware 也允许自定义函数并使用它。

1. 系统函数

在 Authorware 中提供了丰富的系统函数，使用系统函数可以完成许多高级的扩展功能。系统函数可以使用键盘输入到任何需要的地方，也可使用"函数"面板来进行输入。

单击工具栏中的 （即"函数"按钮)或选择"窗口"→"面板"→"函数"命令，打开"函数"面板，如图 5-19 所示。

专家点拨：Authorware 中的系统函数按其用途被分为不同类型。其中，"字符"类用于对字符和字符串的操作；"绘图"类用于演示窗口中绘制图形；"跳转"类用于实现图标间的跳转和跳转到外部文件；"数学"类用于复杂的数学运算；"时间"类可处理与时间有关的操作。

面板中各选项栏的用途与"变量"面板类似。选择需要的函数后双击(或单击"粘贴"按钮)可将函数添加到需要的位置(如"计算"图标中),如图 5-20 所示。

图 5-19 "函数"面板

图 5-20 在"计算"图标的代码编辑窗口中添加系统函数

2. 自定义函数

Authorware 中自定义函数有两种文件格式,其一为 DLL(dynamic link file)文件格式。熟悉 Windows 编程的朋友都知道,DLL 文件即为动态链接库文件,它是 Windows 的重要组成部分,使用 Windows 的开发工具,如 Visual Basic、Visual C 等均能开发出功能强大的 DLL 文件。

DLL 文件功能虽然强大,但要正确地使用它必须对 Windows 的程序设计有深入的了解,这显然不是一般用户所能做到的。为此,Authorware 提供了自定义函数的第二种文件格式,即 UCD(user code file)文件格式。UCD 格式的文件是按照 Authorware 函数格式开发的自定义函数库,加载后会增加一个函数类,该类中有多个自定义函数供使用。

5.4 打包和发布 Authorware 课件

完成一个 Authorware 多媒体课件的制作,并对程序进行较为安全的测试,通过之后,应当将多媒体课件打包交付给用户。Authorware 能将多媒体课件打包成能够脱离 Authorware 编辑环境,且独立运行的可执行程序。

5.4.1 一键发布

将可编辑的源文件变为能直接运行的可执行文件,使它能够完全脱离 Authorware 独立运行,这个过程就是程序的发布。由于在课件的制作中经常使用特效和视频文件、音频文件等,因此发布时必须携带相应的支持文件。在 Authorware 早期版本中,支持文件的携带全靠用户来选择,往往会出现由于遗漏了某些支持文件而造成课件无法顺利播放的情况。从 Authorware 6 开始,Authorware 提供了一键发布功能,源程序的发布和支持文件的携带完全由系统自动完成,从而使程序的发布变得十分便捷。下面介绍 Authorware 一键发布功能的使用方法。

视频讲解

在使用一键发布时,需先进行发布的设置。选择"文件"→"发布"→"发布设置"命令,弹出"一键发布"对话框,使用该对话框进行一键发布的各项设置。

1. "格式"选项的设置

打开"一键发布"对话框,如图5-21所示。对话框中默认打开的是"格式"选项卡,该选项卡用于指定课件发布的格式和存放的位置。在该选项卡中可通过勾选相应的复选框将课件源文件发布为a7r(或exe)文件,适用于网络播放的AAM文件或HTML文件,并指定打包发布文件的存放位置和打包后的文件名。

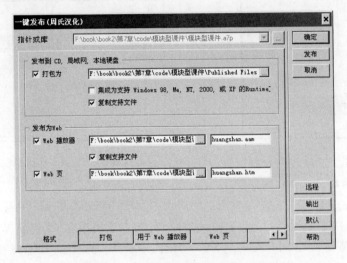

图5-21 "一键发布(周氏汉化)"对话框

1) "发布到CD,局域网,本地硬盘"选项组

- "打包为"复选框:选中该复选框,将会在一键发布时进行CD、局域网和本地硬盘的打包。右侧文本框中输入打包文件的存放路径,也可以单击右侧的 按钮,弹出"打包文件为"对话框,选择一个存放路径。
- "集成为支持Windows 98,Me,NT,2000,或XP的Runtime文件"复选框:选中该复选框,则打包的文件扩展名是exe;否则将打包成扩展名为a7r的文件,必须将Authorware目录下的runa7w32.exe(播放器)一同发布,才可以播放。
- "复制支持文件"复选框:选中该复选框,则Authorware在打包时会自动将各种支持文件、扩展插件文件等复制到与多媒体程序同一目录中。

2) "发布为Web"选项组

- "Web播放器"复选框:选中该复选框,则会在一键发布时进行网络发布的打包。网络发布将会产生可由Authorware网络播放器运行的扩展名为AAM的映射文件及扩展名为AAS的程序分段文件。要播放网络打包的多媒体程序,必须安装Authorware网络器,该插件可到http://www.adobe.com/support/authorware/download.html下载。打包后将文件上传至网络服务器,然后就可以通过网络浏览器进行播放。
- "Web页"复选框:选中该复选框,则在网络打包时会产生标准的HTML网页文件。以上两个选项右侧的文本框用于输入打包文件的存放路径,也可单击 按钮,弹出"浏览文件夹"对话框,设置一个存放文件夹,最右侧文本框输入打包之后的文件名。

2. "打包"选项的设置

单击"一键发布"对话框上的"打包"选项卡,在选项卡中可设置源文件打包的属性,如图 5-22 所示。

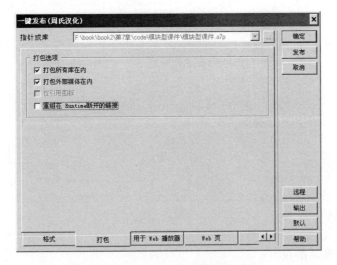

图 5-22 "打包"选项卡

- "打包所有库在内"复选框:选中该复选框,则会将库文件打包到程序文件内部。
- "打包外部媒体在内"复选框:选中该复选框,则会将程序中引用的所有外部媒体文件打包到程序文件内部。
- "仅引用图标"复选框:选中该复选框,与程序关联的库文件中的设计图标被引用,将其打包到扩展名为 a7e 的库文件打包文件中,否则库文件中的设计图标全部会被打包。该复选框只针对库文件有效。
- "重组在 Runtime 断开的链接"复选框:选中该复选框,当程序运行时会检查断开的链接并自动修复。

3. "用于 Web 播放器"选项的设置

单击"一键发布"对话框上的"用于 Web 播放器"选项卡,如图 5-23 所示,该选项卡用于网络打包的设置。

1)"映射文件"选项组

- "片段前缀名"文本框:用于输入片段文件的前缀名。"片段大小"下拉列表框用于设置适于用何种网络设置连接的播放速率,这样产生的片段文件将为适应相应设备下载的速度进行分割,也可以自定义每个片段文件的大小。右侧文本框可以显示当前片段文件的大小,如果在"片段大小"下拉列表框中选择了 Custom 选项,则可以通过右侧文本框中的微调按钮进行手动设置。
- "安全:显示安全对话"复选框:选中该复选框,用户可在信任模式下运行,当产生危险时将弹出安全警告对话框。

2)"高级横幅"选项组

- "使用高级横幅框"复选框:选中该复选框,则将使用该项改善下载性能的技术。
- CGI-BIN URL 文本框:用于输入本地服务器 CGI 运行目录地址。

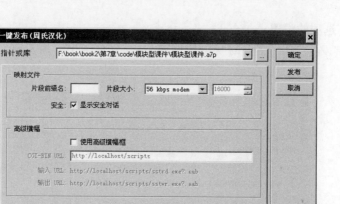

图 5-23 "用于 Web 播放器"选项卡

4. "Web 页"选项的设置

单击"一键发布"对话框上的"Web 页"选项卡，如图 5-24 所示，该选项卡仅当选中了"格式"选项卡中的"Web 页"复选框才能被显示，其作用是对网络打包中产生的标准 HTML 网页文件进行设置。

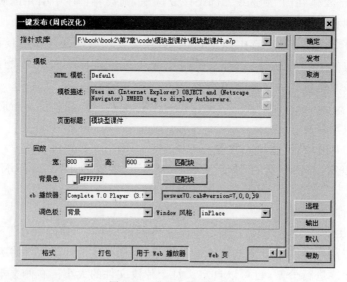

图 5-24 "Web 页"选项卡

5. "文件"选项的设置

单击"一键发布"对话框上的"文件"选项卡，如图 5-25 所示，该选项卡将对程序发布时的支持文件进行管理。

这里列出了当前源文件全部的将被打包发布的文件。选择列表中的一个文件，在下方的"本地"及"Web"选项卡中将会显示出该文件的详细信息。在完成课件发布的设置时，这里一般不需要修改。

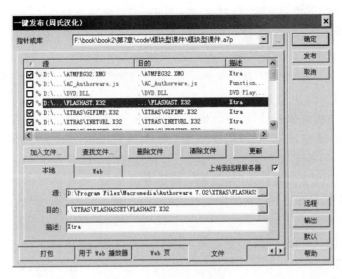

图 5-25 "文件"选项卡

6. 打包发布

完成对一键发布的设置后,单击对话框右侧的"发布"按钮,即可开始对文件的打包发布。完成打包后,出现发布完毕提示对话框,如图 5-26 所示。单击 OK 按钮关闭对话框完成发布。若单击 Preview 按钮可预览发布的程序。单击 Details 按钮可显示程序发布的详细信息。

图 5-26 发布完毕提示对话框

如果完成设置后不立刻进行程序发布,可在"一键发布"对话框中单击"确定"按钮关闭"一键发布"对话框,以后再打包发布程序时,只需按 F12 键即可根据设置直接完成程序的发布。

5.4.2 课件的打包

将 Authorware 源程序变为 a7r 格式的播放文件或者可直接运行的 .exe 文件可以使用 Authorware 提供的直接打包功能。

视频讲解

1. 直接打包课件

打开需打包的源程序,选择"文件"→"发布"→"打包"命令,弹出"打包文件"对话框,如图 5-27 所示。使用该对话框可对源文件的打包进行设置,这里的设置比一键发布的设置简单得多。

图 5-27 "打包文件"对话框

(1)"打包文件"下拉列表框,设置打包文件的类型,共两个选项。
- 无须 Runtime:文件将被发布成扩展名为 a7r 的程序,要运行该程序,需要将 runa7w32.exe 文件一并发布。
- 应用平台 Windows XP,NT 和 98 不同:打包文件包含播放器,发布成扩展名为 exe 的可执行程序。

(2)"运行时重组无效的连接"复选框:选中该复选框,当用户运行程序时 Authorware 将自动修复断开的链接,这些断开的链接是由于对流程上的图标进行剪切、粘贴操作造成的。尽管处理这一过程要花费额外时间,但一般在打包时应将其选中以免出现错误。

(3)"打包时包含全部内部库"复选框:选中该复选框,则将链接的库文件中的图标打包到程序内部,避免为每一个单独的库文件进行打包,减少发布文件的数量,但将增大程序文件的长度。

(4)"打包时包含外部之媒体"复选框:选中该复选框,则在程序打包时将原本以链接方式引用到设计图标中的外部媒体文件转变成直接插入到程序内部的方式,这将增加程序文件的长度。

(5)"打包时使用默认文件名"复选框:选中该复选框,Authorware 在打包时将自动建立一个与程序文件名同名的应用程序文件名,如果不勾选该复选框,则在单击"保存文件并打包"按钮后会弹出如图 5-28 所示的"打包文件为"对话框,用于重新命名应用程序名称。

图 5-28 "打包文件为"对话框

(6)"保存文件并打包"按钮:单击该按钮将根据设置对当前的文件进行打包。如果当前文件关联库文件,而未选中"打包时包含全部内部库"复选框,则会弹出如图 5-29 所示的"打包库"对话框。

- "合并打包"单选按钮:选中该单选按钮,与选中"打开文件"对话框中的"打包时包含全部内部库"复选框作用相同,将该库文件打包到应用程序内部。

图 5-29 "打包库"对话框

- "分开打包"单选按钮：选中该单选按钮，在打包程序文件时并不对库文件进行打包，需先对关联的库文件进行打包。

2．整理文件

将课件打包为 exe 文件后，如果只将打包后获得的 exe 文件刻录到光盘上或转移到其他计算机中，并不能保证程序的正常运行，这是因为 Authorware 程序的运行需要一些相关文件的支持。

视频讲解

首先建立一个多媒体课件的目录，然后在目录中建立多个子目录，分门别类地对各类文件进行存放，如图 5-30 所示。

图 5-30　多媒体课件的目录结构

- Lib 目录：一般用于存放库文件。
- Movie 目录：用于存放动画、视频等文件。
- Pic 目录：用于存放各类图片文件。
- Sound 目录：用于存放各类声音文件。
- Text 目录：用于存放各类文本文件和 Word 文件，如果使用到了网页，也可以存放在该目录内部。
- Xtras 目录：用于存放支持文件。

这样做的目的在于，可以很好地管理多媒体课件中使用到的素材，并且不会因为找不到素材而使多媒体课件的播放受到影响。

3．复制文件

除了扩展媒体文件应当在制作之前或制作过程中就放到相应的子目录中之外，其他文件可以在多媒体程序制作完成之后再复制。例如，对于支持文件，应当在多媒体程序制作完成后复制到相应的目录中。Authorware 应用程序会按以下所述对其所用到的文件进行搜索。

视频讲解

- 设计期间会搜索 Authorware 源程序所在的文件夹。这一步将不会应用于已经打包后的文件中。
- 由 SearchPath 系统变量指定的文件夹。要设置 SearchPath 系统变量，可以选择"修改"→"文件"→"属性"命令，调出"属性：文件"面板，单击"交互作用"选项卡，其中"搜索路径"文本框中输入需要搜索的路径，路径之间用分号"；"分隔，如图 5-31 所示。
- 当前 Authorware 应用程序所在的文件夹。
- Authorware 应用程序文件夹。

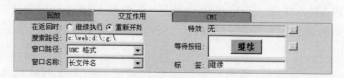

图 5-31 "属性：文件"面板"交互作用"选项卡

- Windows 系统文件夹和 Windows 中的 System（Windows 98 操作系统）或 System32（Windows 2000/XP 操作系统）文件夹。

如果 Authorware 应用程序未在以上搜索的路径中发现需要的文件，就会报错。如果是外部媒体文件（如视频或数字电影文件），还会弹出一个对话框，让最终用户进行重新定位。一般不希望出现此问题，因此最好将所需文件事先复制到相应的文件夹。

需要复制的支持文件一般包括以下几种类型。

1) UCD 文件

程序中使用了外部扩展 UCD，则应将其复制到多媒体程序目录。

2) Xtras 扩展插件

一种最傻瓜化的复制方法是将 Authorware 安装文件夹下的 Xtras 子目录全部复制到多媒体程序所在的文件夹中，但这样会增大发布文件的容量，也可以通过"命令"→"查找 Xtras"命令，弹出 Find Xtras 对话框，单击"查找"按钮，Authorware 将当前程序所用到的 Xtras 查找出来，如图 5-32 所示。

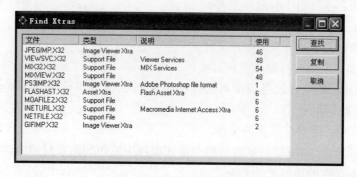

图 5-32 Find Xtras 对话框

然后单击"复制"按钮，弹出"浏览文件夹"对话框，如图 5-33 所示，只要在该对话框中选择需要复制的文件夹，一般为多媒体程序目录。

其实如果使用一键发布，则可以省去这一步，因为 Authorware 在发布时会自动搜索并复制 Xtras 文件到多媒体程序目录里。

3) runa7w32.exe 播放器

如果将程序文件打包成 a7r 这类不包括播放器的文件，则需要在发布时带上播放器。该播放器位于 Authorware 安装目录里。

图 5-33 "浏览文件夹"对话框

4）其他支持文件

除了以上这些支持文件是播放多媒体程序必不可少的文件之外，一些经常要带上的支持文件如表 5-1 所示。

表 5-1　常用的支持文件

文 件 名	说　　明
a7mpeg32.xmo	播放 MPEG 视频的支持文件
a7vfw32.xmo	播放 AVI 视频的支持文件
VCT32161.dll	播放声音的支持文件
AWIML32.dll	播放 GIF 图片的支持文件
js32.dll	Authorware 7.x 支持 JavaScript 语言，该文件是此语言的支持文件

5）控件

控件一般是扩展名为 OCX 的文件，如果程序中使用了第三方控件，则也应将其提供给最终用户，使用控件之前要先注册控件，因此最好能写明注册控件的方法。注册控件一般可单击 Windows 操作的"开始"按钮，然后选择"运行"命令，在弹出的对话框中输入"regsvr32.exe 控件文件名"，如图 5-34 所示。

图 5-34　"运行"对话框用于注册控件

6）视频类播放插件

例如，多媒体课件中使用了 MPEG-4 格式的视频，考虑到最终用户的计算机不一定装有该插件，那么应当将该插件一并提供给用户，以便安装。这些插件一般包括视频插件、PDF 文本阅读器、QuickTime 动画插件等。

5.5　本章习题

1．选择题

（1）同时选择流程线上多个图标，可执行（　　）操作。

　　A．按住 Shift 键单击需选择的图标

　　B．按住 Ctrl 键单击需选择的图标

　　C．按住 Alt 键单击需选择的图标

　　D．依次单击需选择的图标进行选择

（2）在代码编辑窗口中进行程序编写时，需添加注释文字，则（　　）。

　　A．在作为注释的文字前添加"//"

　　B．在作为注释的文字前添加"；"

C. 在注释文字前添加"——"

D. 将注释文字放在" "中

(3)( )包括14个图标、开始旗、结束旗和图标调色板,是Authorware最特殊也是最核心的部分。

A. 常用工具栏　　　B. 菜单栏　　　C. 图标栏　　　D. 属性面板

(4)对文件打包时,如果选择Without Runtime,则生成一个扩展名为( )的文件。

A. a7r　　　　　B. a7l　　　　C. a7p　　　　D. a7e

2. 填空题

(1)要想删除一个流程线上已有的图标,可选择该图标,按_____键删除。

(2)将系统变量添加到代码编辑窗口中,除了可直接输入外,还可以在"变量"面板中选择该变量后_____将其添加到代码编辑窗口。

(3)欲使程序运行时演示窗口的大小为640像素×400像素,可选择_____命令打开文件"属性"面板,在_____选项卡的_____下拉列表中进行选择设置。

(4)Authorware的一键发布功能,可一次发布为_____(或a7r)文件、_____文件(适用于网络播放)以及_____文件等。

5.6　上机练习

练习5-1　图标的基本操作

根据5.2.3节介绍的操作方法进行流程线上图标的添加、删除、上色、分组等基本操作练习。

主要制作步骤:

(1)添加和删除图标。

(2)对图标进行命名。

(3)改变图标颜色。

(4)改变图标位置。

练习5-2　Authorware文件的基本操作

根据5.2节介绍的操作方法进行Authorware文件的基本操作练习。具体内容是,用"显示"图标尝试插入一个图片素材,练习新建、打开、保存Authorware文件的操作。

主要制作步骤:

(1)新建一个Authorware文件。

(2)在"属性"面板中设置文件的属性,这里设置演示窗口的大小为640像素×400像素。

(3)将"显示"图标拖曳到流程线上。然后双击"显示"图标打开演示窗口,单击工具栏中的"导入"按钮 ,将外部图片文件导入到显示窗口中。

(4)保存Authorware文件。

第 6 章 Authorware 课件中的多媒体对象

作为一个优秀的多媒体创作平台，Authorware 可以把文字、图形、图像、声音、视频(数字电影)和 Flash 动画等完美地组合在一起，这样制作的 Authorware 课件，多种媒体交织在一起，为学习者建构一个真正的学习情景。

本章主要内容：
- 在 Authorware 课件中应用文字；
- 在 Authorware 课件中应用图形和图像；
- 在 Authorware 课件中应用音频；
- 在 Authorware 课件中应用视频；
- 在 Authorware 课件中应用 Flash 动画。

6.1 在 Authorware 课件中应用文字

文字是多媒体课件中不可或缺的元素，Authorware 提供了多种创建文字对象的方法，其自带的文字工具同时具有对创建文字对象进行编辑的能力，同时 Authorware 还支持 RTF 文件格式、OLE 技术，从而使 Authorware 能够方便地使用包含多媒体信息的文档。

6.1.1 利用 Authorware 的文字工具创建文本

Authorware 的绘图工具箱中提供了文字工具，使用这个工具可以方便地在 Authorware 程序中创建文字对象。

视频讲解

1. 创建文本对象

(1) 新建一个 Authorware 文档，在流程线上放置一个"显示"图标，双击该"显示"图标，打开演示窗口和绘图工具箱。在绘图工具箱中选择"文字"工具 A，在演示窗口中需要创建的文本对象处单击，得到一个水平的缩排线，其结构如图 6-1 所示。在演示窗口中拖曳缩排线上的控制块，可改变它们的位置，从而控制输入文本的宽度以及每一个段落的左右缩进和段落的首行缩进。

🐾 **专家点拨**：在缩排线上拖曳左右边界调整控制块可控制输入文本的宽度。拖曳首行缩进标志可以控制第一行的缩进量。拖曳段落左右缩进标志可以控制整个段落的左右缩进。

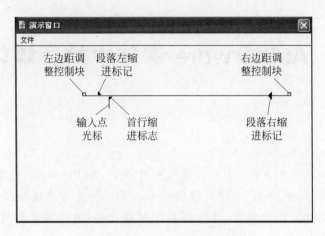

图 6-1　演示窗口中的水平缩排线

(2) 输入文字，创建一个多段落的文本对象，通过设置缩进量和左右边距设置段落的样式，如图 6-2 所示。

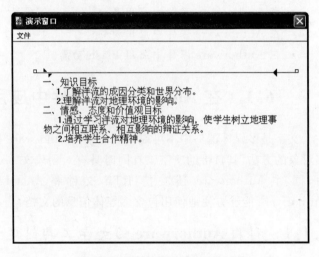

图 6-2　创建的多段落的文本对象

2. 制表符的使用

在水平缩排线上单击，会出现字符制表符，在输入文字时，按 Tab 键，光标会自动跳到下一个制表符。若在字符制表符上再次单击则字符制表符会变为小数点制表符，输入数字时，小数点会自动对齐。使用制表符，可以用"文字"工具在演示窗口中制作简单的表格，如图 6-3 所示。

专家点拨：当需要取消一个制表符时，可以用鼠标将其向两端拖出，制表符即会被取消。

3. 文本对象的移动和删除

在绘图工具箱中选择"选择/移动"工具 ，演示窗口中创建的文本对象周围出现 6 个控制块，如图 6-4 所示。此时，用鼠标可以拖曳整个文本对象改变其在演示窗口中的位置，拖曳控制块可改变文本框的大小，但不能改变其中文字的大小。

第 6 章 Authorware 课件中的多媒体对象

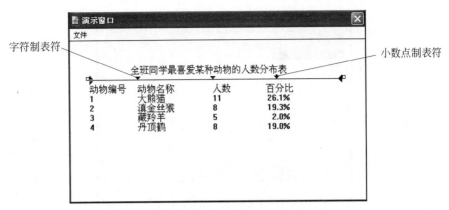

图 6-3 使用制表符制作简单表格

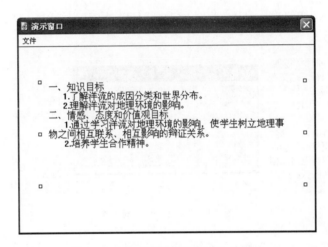

图 6-4 文本对象周围出现 6 个控制块

使用"选择/移动"工具在已经创建的文本对象上单击,选择此文本对象,按 Del 键可将该文本对象删除。

6.1.2 引用外部文本

在 Authorware 中使用外部文本可以采用直接导入、从软件中将对象粘贴到"显示"图标中和使用插入 OLE 对象 3 种方法,下面就来逐一介绍。

1. 外部文本的导入

在 Authorware 程序中是可以使用外部文本的,Authorware 提供了对 txt 和 RTF 这两种文件格式的支持,下面介绍导入 txt 文件的方法。

(1) 打开需导入外部文本的 Authorware 文档,选择"文件"→"导入和导出"→"导入媒体"命令,弹出"导入哪个文件?"对话框,使用该对话框找到需导入的文本文件,如图 6-5 所示。

专家点拨:导入外部文本文件,可以直接从资源管理器窗口将文件拖曳到 Authorware 的流程线上,Authorware 会自动创建以文本文件的文件名为名字的"显示"图标。

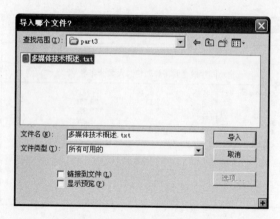

图 6-5 "导入哪个文件?"对话框

(2) 单击"导入"按钮导入文本,此时会得到"RTF 导入"对话框,对话框中各设置项的含义如图 6-6 所示。

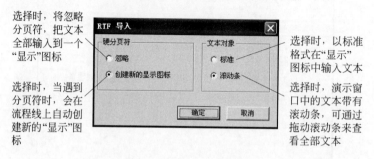

图 6-6 "RTF 导入"对话框

(3) 完成设置后,单击"确定"按钮,将选定的 txt 文件按设定的方式导入。此时 Authorware 会自动在流程线上创建一个"显示"图标,并且文本带有滚动条,如图 6-7 所示。

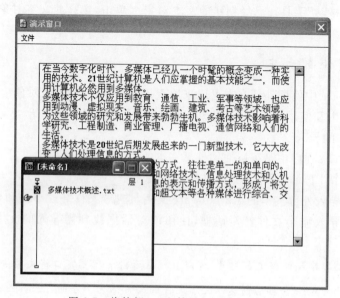

图 6-7 将外部 txt 文件导入 Authorware

2. 外部文本对象的粘贴

通过 Windows 的剪贴板,可以将其他文字编辑软件(如 Word、WPS 等)中被编辑的文本对象直接粘贴到 Authorware 的"显示"图标中,具体的操作步骤如下。

(1) 在 Word 中打开文档,选择需要部分,如图 6-8 所示。

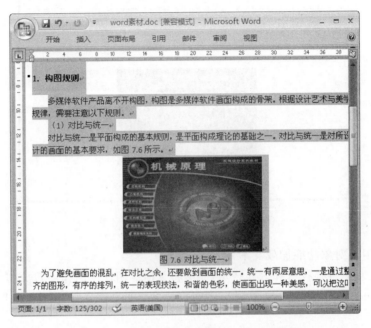

图 6-8　在 Word 中选择需要的文字和图像

(2) 按 Ctrl+C 组合键复制选择的对象后,切换到 Authorware,打开"显示"图标的演示窗口。选择"编辑"→"选择粘贴"命令,弹出"选择性粘贴"对话框。在对话框的"作为"列表框中选择"Microsoft Office Word 文档",如图 6-9 所示。

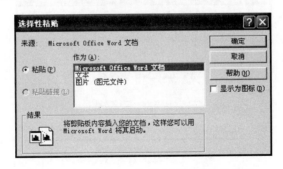

图 6-9　在"作为"列表框中选择粘贴的内容

单击"确定"按钮,完成对象的粘贴,此时 Word 文档中选择的文字和图形都被粘贴到演示窗口中,如图 6-10 所示。

专家点拨:复制文本对象后,在演示窗口中按 Ctrl+V 组合键,此时会自动弹出"RTF 导入"对话框,根据需要进行设置后,关闭对话框,文字会被粘贴到演示窗口中。但此时粘贴的只是文档中的文字,其他对象(如图形)将被丢掉。

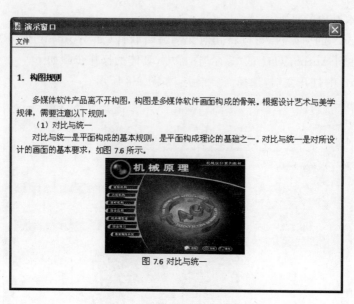

图 6-10　粘贴到演示窗口中的对象

3. 利用 OLE 对象功能加载文本

OLE 就是对象链接技术和嵌入技术，能够将其他应用程序制作的对象作为自己的对象使用，这是 Windows 提供的一种不同程序间资源共享的方式，Authorware 提供了对 OLE 的支持。

（1）打开"显示"图标的演示窗口，选择"插入"→"OLE 对象"命令，弹出"插入对象"对话框，单击"新建"单选按钮，在"对象类型"列表框中选择"Microsoft Word 文档"选项，如图 6-11 所示。

图 6-11　"插入对象"对话框

专家点拨： 从"插入对象"对话框的"对象类型"列表中可以看到，使用 OLE 对象插入的方法不仅可以插入 Word 文档，还可以插入公式、Excel 工作表、Photoshop 图像等多种对象。当 Authorware 程序中需要插入这些对象时，可使用 OLE 技术来实现。

（2）单击"确定"按钮关闭对话框，Authorware 启动 Word，如图 6-12 所示。此时即可进行文字的输入或将外部文档调入进行编辑。完成编辑后，单击文字以外的部分，即可退出 Word 文字处理状态，回到 Authorware 演示窗口，同时被编辑的文档也会在"显示"图标中显示。

第 6 章 Authorware 课件中的多媒体对象

图 6-12 Word 文档的编辑处理

当需要对"显示"图标中用 OLE 方式创建的文档进行修改时，可在演示窗口中双击文本对象，即可调出链接的处理程序，进行编辑处理。

6.1.3 设置文字格式

在 Authorware 中，可以通过选择"文本"菜单中的命令设置文本的字体、大小、风格、对齐方式、消除锯齿、滚动文字等格式内容。

1. 文字字体

选择"文字"工具，在创建的文本对象中选择需要改变字体的文字。选择"文本"→"字体"→"其他"命令，弹出"字体"对话框。在"字体"下拉列表框中为文字选择一种字体，如图 6-13 所示。单击"确定"按钮关闭对话框，完成字体的设置。

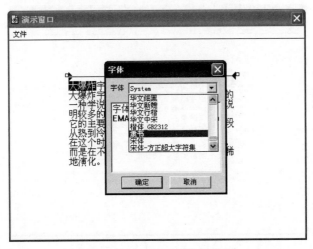

图 6-13 设置所选文字的字体

2. 文字大小

选择需要改变大小的文字，选择"文本"→"大小"→"其他"命令，弹出"字体大小"对话框。在"字体大小"文本框中输入字体大小值（以磅为单位），在预览框中可输入文字以便预览改变字体大小后的效果，如图 6-14 所示。单击"确定"按钮关闭对话框，完成文字大小的设置。

图 6-14 设置所选文字的大小

专家点拨：Authorware 支持当前字体所提供的所有字号，同时用户也可以创建新的字号。在"文本"→"字号"菜单中，首先列出的数字即为当前字体所提供的字号，可以直接用鼠标单击，以应用这些字号。如果需要将文本对象升高或降低一个单位级字号可按 Ctrl＋↑组合键或 Ctrl＋↓组合键。

3. 字体风格

选择"文本"→"风格"命令，在打开的子菜单中可以选择文字的风格效果。图 6-15 所示是选择了"加粗"和"倾斜"命令后的文字效果。

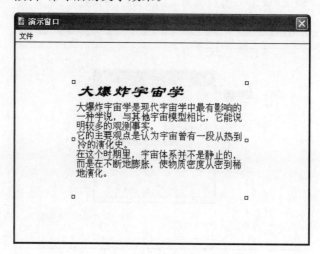

图 6-15 改变文字风格后效果

4. 文字对齐

选择"文本"→"对齐"命令，在打开的子菜单中可以选择文字的对齐方式，这里各种对齐方式是以水平缩排线的段落左、右缩进标志的位置为标准的。

5. 文字颜色

选择需要更改颜色的文字，单击"工具"面板中的 ，打开"调色板"窗口。在"调色板"中选择所需的颜色，单击即可更改文字的颜色，效果如图 6-16 所示。

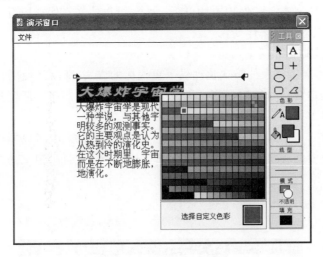

图 6-16　更改文字的颜色

6. 滚动文本

当输入的文本内容很多时，文本往往超出了演示窗口的范围，从而造成文本不能完全显示。有时多媒体程序的布局需要文本框不能设置过大，这时也会遇到文字不能完全显示的问题。解决此类问题的方法是将文本对象设置为滚动文本。

选择文本对象，选择"文本"→"滚动文本"命令，则文本转换为滚动文本，在文本框右侧出现垂直滚动条，如图 6-17 所示。程序运行时，可通过拖曳滚动条来实现所有文本的显示。

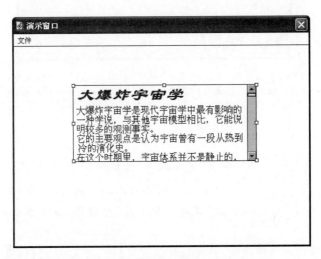

图 6-17　将文本对象设置为"滚动文本"

7. 消除锯齿

选中文本内容,选择"文本"→"消除锯齿"命令,可以看到文本已经变得平滑了很多,并且字号也显得比原来小了一些。

如果不使用文字的消除锯齿功能,文字上不免有一些毛刺。平滑后的文字给人的感觉好很多,但在有些字体中如果使用了消除锯齿功能,字体会变小很多。

8. 保护原始分行

选中文本,选择"文本"→"保护原始分行"命令,可以使文本保持原有的状态不被重新定义长度,并且忽略文本中的字体变化。

9. 自定义文本风格

Authorware 为文本对象的格式化提供了更快捷的方法,那就是使用自定义风格。通过自定义风格可将文本对象的字体、颜色、风格等设置好后直接用于其后创建的文本对象。下面介绍自定义风格的方法。

(1) 选择"文本"→"定义样式"命令,弹出"定义风格"对话框,其各设置项的含义如图 6-18 所示。完成对话框中的各项设置后,单击"完成"按钮关闭对话框,定义的文本样式即可用于其他的文本对象。

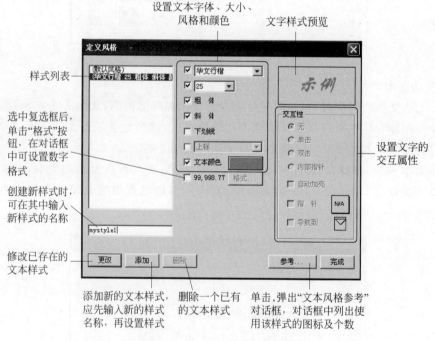

图 6-18 "定义风格"对话框

专家点拨:定义的风格可以在"定义风格"面板中删除,但该风格必须没有被应用,否则"删除"按钮不可用。如果希望了解某种风格被应用于何处,可在"定义风格"对话框中选择该风格,单击"参考"按钮,会打开"文本风格参考"对话框,该对话框中将列出所有使用该样式的图标。

(2) 在使用一种自定义样式时,首先选择要定义样式的文本,选择"文本"→"应用样式"

命令,打开"应用样式"面板,选中面板中的文本样式,即可将已经定义的样式应用到选择的文本,如图 6-19 所示。

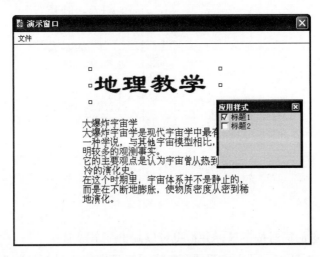

图 6-19　对文字应用样式

6.2　在 Authorware 课件中应用图形和图像

Authorware 提供了绘图工具,可以绘制一些简单的图形。对于一些效果复杂的图形,可以使用其他专业图像处理软件(如 Photoshop)制作,然后导入到 Authorware 中。一般情况下,在"显示"图标和"交互"图标中应用图形和图像。

视频讲解

6.2.1　创建图形

Authorware 提供的绘图工具可绘制直线、斜线、椭圆、矩形、圆角矩形和多边形等图形。使用这些绘图工具能够在"显示"图标和"交互"图标中绘制简单的图形对象。

1. 绘图工具箱简介

(1) 从"图标"栏中拖曳一个"显示"图标到流程线上。

(2) 双击"显示"图标打开演示窗口,此时会同时打开绘图工具箱。绘图工具箱中各栏的作用如图 6-20 所示。

绘图工具箱共由 5 个区域组成,由上到下分别是工具区、色彩区、线型区、模式区和填充区。

2. 工具区

在工具区内与绘制图形、输入文字有关的工具共有 8 种。

- "选择/移动"工具 :选择演示窗口中的对象,被选中的对象的四周会出现 8 个矩形小方框,拖曳这些小方框可以改变图形或图像的大小。但如果选中的是文字对象,它的周围只会出现 6 个矩形小方框。
- "矩形"工具 □:选择该工具,在演示窗口中按下鼠标并拖曳可以画出一个矩形,在按住 Shift 键的同时按下鼠标并拖曳可以画出一个正方形。
- "椭圆"工具 ○:选择该工具,在演示窗口中按下鼠标并拖曳可以画出一个椭圆,在

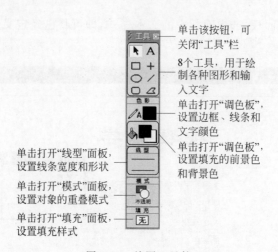

图 6-20　绘图工具箱

按住 Shift 键的同时按下鼠标并拖曳可以画出一个圆形。

- "圆角矩形"工具 ○：选择该工具,在演示窗口中按下鼠标并拖曳可以画出一个圆角矩形,在按住 Shift 键的同时按下鼠标并拖曳可以画出一个正圆角矩形。在画出的圆角矩形的右上方有一个矩形小方框,在这个小方框上拖曳鼠标,可以改变圆角矩形的圆角大小,向外拖曳最多能变成矩形,向内拖曳最多能变成圆形。
- "文本输入"工具 A：用来在演示窗口中输入文字,它的相关内容在 6.1 节中有详细讲解。
- "直线"工具 ＋：选择该工具,在演示窗口中拖曳鼠标,可以绘制水平、垂直或倾斜 45°的直线。
- "斜线"工具 ╱：选择该工具,在演示窗口中拖曳鼠标,可以绘制任意方向的直线。在按住 Shift 键的同时拖曳鼠标,可以实现直线工具的功能。
- "多边形"工具 ⬠：选择该工具,在演示窗口中连续单击,可以绘制任意形状的多边形,在终点处双击可以停止多边形的绘制。这个多边形可以是起点和终点相连的,也可以是不相连的,但最终给多边形填充颜色时可以将多边形内部完全填满。如果想要修改多边形,使用选择工具选中多边形后,只能改变其整个图形的大小;而保持多边形的选中状态,再选择多边形工具,则可以调节各个小方框的位置达到修改多边形形状的目的。

🔔 **专家点拨**：不管使用什么工具绘制的图形,都可以在刚刚绘制出来的时候,直接拖曳它周围或两端的矩形小方框来调整其大小或长度。如果图形已经取消选择,可以使用"选择/移动"工具 ▶ 将其选中,再进行调节。

3. 色彩区

在色彩区里面共有两个选项,分别是文本颜色工具 A□ 和颜色填充工具 ▰□。

文本颜色工具可以改变文字的颜色和图形框的颜色。颜色填充工具可以给图形内部填色。这两个工具是重叠放置的,所以要注意单击的位置,如果在前面一个方框单击,可以设置前景色,在后面的方框中单击可以设置背景色。

设置颜色时要注意,首先选中要调整颜色的对象,再设置颜色。选择颜色时,可以在对

第 6 章 Authorware 课件中的多媒体对象

应工具的方框上单击,打开颜色选择框,如图 6-21 所示。在任意一个小方框中单击就可以选中一种颜色,赋予选中的图形或文字。

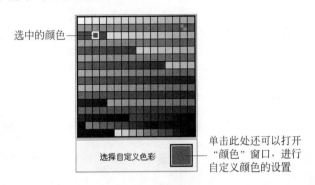

图 6-21 颜色选择框

单击"选择自定义色彩"后面的颜色框,可以弹出"颜色"对话框,如图 6-22 所示。在右侧的"拾色窗格"中可以选择颜色,在下面可以看到颜色预览效果,也可以在"数值调节区"通过调整色调、饱和度、亮度的值或调整红、绿、蓝的值来调整颜色。颜色设置完成后,单击"确定"按钮即可。

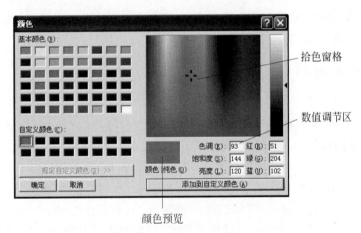

图 6-22 "颜色"对话框

4. 线型区

在线型区的任意位置单击都可以打开"线型"面板,如图 6-23 所示。在上半区可以选择线的粗细,下半区可以选择线的类型,选择后的结果在线型区里用方框体现出来。

专家点拨:在 Authorware 中虽然提供了"线型"面板,但它的种类很少,在实际绘图工作中很难达到要求。线型的粗细如果不能达到要求,可以利用实心的填充矩形来弥补,箭头可以用多边形工具来绘制。

5. 模式区

模式区指的就是透明模式选项,单击该区域的任何位置,都可以打开"透明模式"面板,如图 6-24 所示。可以在其中选择一种透明模式,在默认情况下选择的是"不透明"选项。它们的具体设置将在后面章节详细讲解。

6. 填充区

在填充区内的任何位置单击,可以打开"填充样式"面板,如图 6-25 所示。在默认情况下,图形是没有填充的,也就是默认最上方的"无"样式。如果想填充其他样式,可以先将图形选中,然后选择填充样式。需要注意的是,这时前景色和背景色的设置显得很重要,可以通过使用颜色填充工具进行设置。

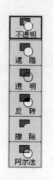
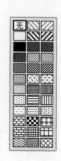

图 6-23 "线型"面板　　图 6-24 "透明模式"面板　　图 6-25 "填充样式"面板

专家点拨:在设置填充样式时,要注意选择"无"样式和选择"白色"样式是不相同的。如果选中"无"样式,其实是没有进行填充,图形中间部分是透明的;如果选中"白色"样式,图形将被填上白色,是不透明的。

6.2.2　导入外部图像

Authorware 所带绘图工具的功能有限,为了获得更好的效果,使用经过其他专业图像处理软件处理后的图像不失为一种好的选择。

1. 单个外部图像的导入

在 Authorware 中,外部图像可以导入到"显示"图标或"交互"图标。

(1) 新建一个 Authorware 文档,从"图标"栏中放置一个"显示"图标到流程线上。

(2) 在流程线上双击"显示"图标打开演示窗口,单击工具栏中的"导入"按钮 ,弹出"导入哪个文件?"对话框。使用该对话框找到需要的文件,并选择该文件,如图 6-26 所示。单击"导入"按钮,即可将选定的文件导入到演示窗口中。

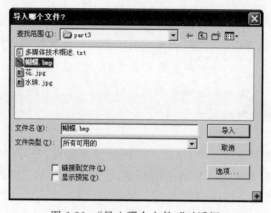

图 6-26 "导入哪个文件?"对话框

专家点拨：如果选中"链接到文件"复选框,则选择的文件不会导入到文件中,只是作为链接文件的形式存在。如果选中"显示预览"复选框,则对话框右侧会出现一个预览窗格,显示所选图像的缩略图。

2. 多个外部图像的导入

（1）新建一个 Authorware 文档,从"图标"栏中放置一个"显示"图标到流程线上。

（2）打开"显示"图标的演示窗口。单击工具栏中的"导入"按钮,弹出"导入哪个文件?"对话框。单击对话框下方的 按钮,将对话框展开,此时可以导入多个图片文件,如图 6-27 所示。

图 6-27　展开的"导入哪个文件?"对话框

（3）在左侧的文件列表中选择需导入的文件,单击右侧的"添加"按钮,将需添加的文件逐个添加到"导入文件列表"框中。单击"添加全部"按钮,可将当前文件夹中的所有 Authorware 支持的图像文件全部添加到"导入文件列表"框中。

（4）在"导入文件列表"框中,选择文件名后,单击"删除"按钮,可将选择的文件从列表中删除。

（5）完成文件的选择后,单击"导入"按钮,可将列表框中的文件一次导入到当前的"显示"图标中。

专家点拨：将多张图片导入同一"显示"图标的演示窗口内,所有的图片都是同时被选中的,如果这些图片都比较小,可以在任意没有显示对象的位置单击或单击绘图工具箱中的文本工具,取消所有的选择,然后重新选择对象进行调整,这样的调整显得方便快捷。

3. 将多个图像直接导入流程线

将多张图片导入同一"显示"图标的演示窗口内,所有的图片都是同时被选中的,如果这些图片中有的尺寸较大,它将会充满整个演示窗口,这时候将找不到非选择区,也就无法取消对所有图片的选择。可以拖曳所有图片将它们平移,使演示窗口露出非选择区,然后单击取消对所有图片的选择,这样就可以对这些图片进行单个操作,但是这种操作方法不仅麻烦,还可能使一些图片移出演示窗口无法选择。

避免这种情况的方法就是将图像分别导入到不同"显示"图标的演示窗口中,使得每个"显示"图标中都只有一幅图像,操作方法如下：

(1) 在流程线上想要加入图片处单击,在该位置出现一个手形指针,如图6-28所示。

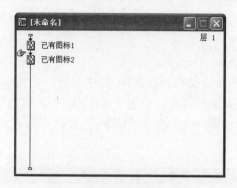

图6-28　确定手形指针位置

(2) 单击工具栏上的"导入"按钮,弹出"导入哪个文件?"对话框。选择一个图像文件,单击"导入"按钮将它导入流程线上,此时在流程线上会自动加上一个"显示"图标,图标的名称和图像文件的名称相同,并带有图像文件的后缀名,如图6-29所示。

(3) 如果想同时导入多张图片或多个其他多媒体文件,可以在"导入哪个文件?"对话框单击加号按钮,打开扩展面板,使用前面讲解的方法选择多个图像文件,单击"导入"按钮,将选中的图像文件全部导入流程线上,如图6-30所示。

图6-29　导入一张图片到流程线

图6-30　导入多张图片到流程线

专家点拨:使用"导入"按钮直接导入多张图片到流程线的方法非常实用,避免了来自同一个"显示"图标中多个图片难以选择和调整的弊端,使工作效率大大提高。

6.2.3　设置外部图像的属性

双击流程线上的"显示"图标,打开演示窗口,不管用哪一种方法导入的图像,图像都已经出现在演示窗口中了。在图像上双击,弹出"属性:图像"对话框,如图6-31所示。

在"属性:图像"对话框的左侧有一个预览窗口,可以看到引入图像的格式对应的图标,下面是一个"导入"按钮,单击该按钮,可以再次弹出"导入哪个文件?"对话框,重新选择导入的图像。

在"属性:图像"对话框的中间部分的最上方是一个文本框,显示的是图片所在的"显示"图标的名称。在文本框的下面有两个选项卡,分别是"图像"选项卡和"版面布局"选项卡。

第 6 章 Authorware 课件中的多媒体对象　　137

图 6-31　"属性：图像"对话框

1. "图像"选项卡

在"图像"选项卡里主要是一些图像的基本信息。
- 文件：它后面的文本框中显示的是导入的图像文件的原始位置。
- 存储：表示文件存储的方式。如果在导入图片时选中了"链接到文件"复选框，则这时文本框里面显示的是"外部"，如果没有选中"链接到文件"复选框，则文本框中显示的是"内部"。
- 模式：图像文件的透明模式选项。在它后面的下拉列表框中一共列出了 6 种透明模式。
- 颜色：后面的两个小方框分别用来设置图片的前景色和背景色。
- 文件大小：表示图像占用空间的大小。
- 文件格式：表示文件的存储格式。
- 颜色深度：表示位图的颜色位数。

2. "版面布局"选项卡

该选项卡主要包括一些图像的位置信息，可以通过对该选项卡中内容的调整，精确调整图像的位置，如图 6-32 所示。

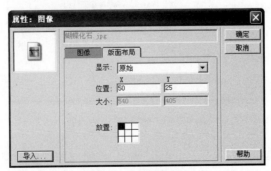

图 6-32　"版面布局"选项卡

专家点拨：可以在演示窗口中直接选中图片,拖曳图片四周的8个矩形小方框来调整图片的大小。如果想更精确地给图片定位,最好还是使用"版面布局"选项卡里的选项对它的位置进行调整。

"显示"下拉列表框中包含了选择图片显示大小的3个选项,分别是"原始""比例"和"裁切"。

- 原始：在默认情况下选择的是"原始"选项,此时下面的"位置"选项显示的是图片左上角的点在演示窗口中的位置,可以在这里设置它的位置,但它下面"大小"选项是灰色的,说明不能调整图片的大小,如图6-32所示。
- 比例：这个选项是最常用的一个选项,用来调整图片的位置、大小或比例,使用非常灵活。在以后的制作中,主要是使用这个选项来设置图片的大小和位置。它包括的内容如图6-33所示。

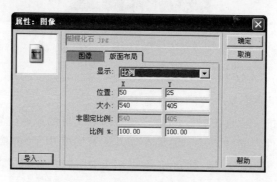

图6-33 "比例"选项的内容

- 裁切：使用这个选项的各种设置可以达到裁剪图像的目的,它包括的内容如图6-34所示。在这个选项的设置中,"位置"仍然表示裁剪后的图片左上角点的位置,"大小"表示裁剪后图像的大小,"非固定比例"表示图片的原始大小。在这个选项中,最重要的一个内容就是"放置"设置项,它表示把整个原始图像分割成9部分,选取不同的部分获得的图像内容不相同。

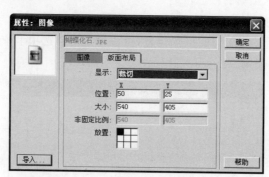

图6-34 "裁切"选项的内容

在设置完"裁切"选项的内容以后,单击"确定"按钮回到演示窗口,再调整图片四周的8个矩形小方框仍然可以达到调整裁切图像位置的目的。

6.3 编辑对象

在一个"显示"图标里面经常会加入多幅图像、图形或多个文字,它们重叠放在一起,有时会影响整个演示窗口的效果,这时就需要对它们进行编辑,调整它们的位置、叠放次序、对齐方式和透明模式等。

视频讲解

6.3.1 对象的叠放、对齐和透明

本节通过范例讲解如何调整对象的位置和尺寸、叠放次序、对齐方式和透明模式等。

1. 位置和尺寸的调整

(1) 新建一个 Authorware 文档,在一个"显示"图标中任意导入 3 幅图像。

(2) 在演示窗口中的空白区域单击,取消对图像的选择。再次在图像上单击,选中最上面的图像,这时图像上面出现 8 个白色调节控制块,如图 6-35 所示。

图 6-35 图像上的调节控制块

(3) 拖曳控制块可以调整图像的尺寸。不过,在拖曳选中的图像四周的矩形小方框时,会弹出一个警示对话框,询问是否真的要改变比例,如图 6-36 所示。单击"确定"按钮,就可以自由地调整图片的大小了。

图 6-36 警示对话框

专家点拨：对于在 Authorware 中创建的图形，在选中图形后直接调整四周的矩形小方框就可以调整图形的大小了，不会出现如图 6-36 所示的警示对话框。

（4）对于对象位置的改变，直接在它们上面拖曳就可以了。对 3 幅图像分别进行调整，调整后的位置和大小如图 6-37 所示。

图 6-37　调整图像的尺寸和位置

2. 叠放次序的调整

（1）在图 6-37 中，如果想把中间一幅图像显示在最前面，可以在中间的图像上单击，将其选中，然后选择"修改"→"置于上层"命令，就可以把图像移动到演示窗口最上方的位置，如图 6-38 所示。

图 6-38　将图像调整到最上层

（2）如果想把这幅图像调整到最下层，同样要先选中该图像，不过选择的是"修改"→"置于下层"命令，图像就被移动到了演示窗口的最下层，如图 6-39 所示。

图 6-39　将图像调整到最下层

专家点拨：在"显示"图标和"交互"图标中，如果要把选择对象移动到最上层，可以按键盘上的 Ctrl＋Shift＋↑组合键，如果要移动到最下层，可以按 Ctrl＋Shift＋↓组合键。

3. 对齐方式的调整

要想将图像对齐，可以使用手动调整和工具调整两种方法，这两种方法配合可以取得更好的效果。

选择"查看"→"显示网格"命令，可以在演示窗口显示网格线，如图 6-40 所示。选择"查看"→"对齐网格"命令，可以在拖曳图像到新位置后使其被网格捕捉，也就是就近停靠在网格线上。

图 6-40　打开网格线的演示窗口

🔔 **专家点拨**：网格线是用来对照调整图像、图形和文字的位置的，是在程序设计过程中的一个参照物，在程序运行和打包后网格线不会出现在演示窗口中。

有了网格线的辅助，可以使对象的位置调整方便精确，但由于眼睛的缘故，仍然存在一定的偏差。如果再辅以排列工具的调整，那就更加精确了。选择"修改"→"排列"命令，打开"排列"面板，如图 6-41 所示。

"排列"面板是用来调整一个图标里的多个对象的位置的。它不仅可以调整"显示"图标里的对象，还可以调整"交互"图标里的按钮、热区等的位置，以下是各种排列工具的功能。

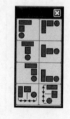

图 6-41 "排列"面板

- 左对齐：在垂直方向，各选中对象以各自左边缘为准对齐。
- 垂直居中对齐：在垂直方向，各选中对象以各自的竖直中心线为准对齐。
- 右对齐：在垂直方向，各选中对象以各自右边缘为准对齐。
- 垂直等间距对齐：各选中对象在垂直方向上等间距排列。
- 顶部对齐：在水平方向上，各选中对象以各自上边缘为准对齐。
- 水平居中对齐：在水平方向上，各选中对象以各自水平中心线为准对齐。
- 底部对齐：在水平方向上，各选中对象以各自下边缘为准对齐。
- 水平等间距对齐：各选中对象在水平方向上等间距排列。

🔔 **专家点拨**：在使用各种排列工具的时候，必须先选中多个需要对齐的对象。

4. 透明模式的调整

在 Authorware 中使用外部图像时，经常需要演示窗口中的图像背景透明。另外，输入的文字也希望以透明方式显示，这时就需要调整对象的透明模式。

选中需要调整透明模式的对象，在绘图工具箱的"模式"栏中单击，弹出"模式"面板，在其中选择需要的模式类型即可。Authorware 提供了 6 种透明模式，如图 6-42 所示。

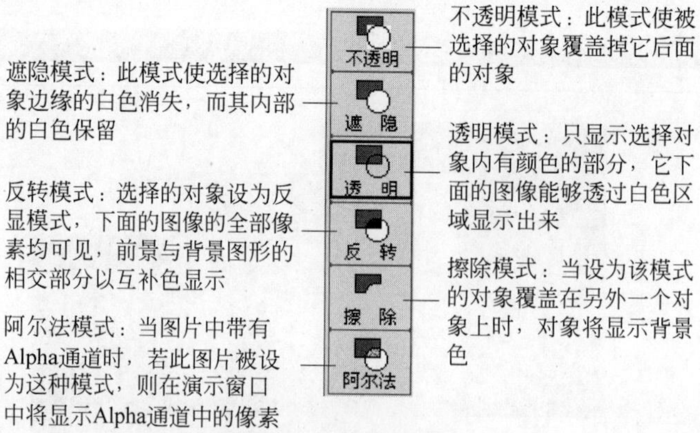

遮隐模式：此模式使选择的对象边缘的白色消失，而其内部的白色保留

反转模式：选择的对象设为反显模式，下面的图像的全部像素均可见，前景与背景图形的相交部分以互补色显示

阿尔法模式：当图片中带有 Alpha 通道时，若此图片被设为这种模式，则在演示窗口中将显示 Alpha 通道中的像素

不透明模式：此模式使被选择的对象覆盖掉它后面的对象

透明模式：只显示选择对象内有颜色的部分，它下面的图像能够透过白色区域显示出来

擦除模式：当设为该模式的对象覆盖在另外一个对象上时，对象将显示背景色

图 6-42 透明模式

图片是多媒体程序制作中使用最为频繁的元素，在图片的使用上，许多设计者精挑细选，可谓用心良苦。但在背景图片与前景图片重叠时，前景图片周围经常会出现许多锯齿。如何解决这种情况，并使用较好效果的边缘透明呢？一般情况有以下两种处理方法。

(1) 利用 Photoshop 等图像处理软件将图片制作成透明背景的 GIF 格式文件,把这个图片导入到 Authorware 中后,设置图片的"模式"为透明。

(2) 利用 Photoshop 等图像处理软件将图片制作成包含 Alpha 通道的文件(可以包含 Alpha 通道的图像文件格式有 PNG、TIFF 等),把这个图片导入到 Authorware 后,设置图片的"模式"为阿尔法。

6.3.2 多个显示对象的编辑

在本节前面的内容中主要介绍了在同一个"显示"图标中导入、调整图片的方法。在同一个"显示"图标里面,如果导入多幅图像或绘制多个图形的话,后导入或绘制的对象总在上面,它们的重合部分将是互相遮挡的。对于它们上下位置的调整,可以通过"修改"菜单中的"置于上层"命令和"置于下层"命令来进行。如果内容比较多,调整起来会比较麻烦,并且在将来的显示和擦除效果的设置中都不是很好设置,所以在实际的程序制作过程中,一般都采用一个"显示"图标放置一个显示对象的方法。

不管是一个"显示"图标也好,多个"显示"图标也好,都可以把"显示"图标的演示窗口想象成是透明的玻璃纸,这些玻璃纸都放在一个设置好颜色的背景上,这个背景的颜色就是文件的背景色。

如果是在一个"显示"图标的演示窗口中放置多个对象,就像在一张透明的玻璃纸上放置多幅图片或多个图形、文字等。如果是在多个"显示"图标内放置对象,就可以认为在多张透明的玻璃纸上分别放置一些内容。从纸的正上方往下看,将对象放置在一张玻璃纸或多张玻璃纸上并没有多大的区别,因为这些玻璃纸都是透明的。

显然,如果将对象分别放置在不同的"显示"图标里,很容易调整单个对象的位置,而且还不会影响到其他的"显示"图标里的内容。默认情况下,在流程线下方的"显示"图标的内容总是会显示在其上方"显示"图标内容的上面,尽管它们默认的层都是 0。

下面应用一个例子来说明各"显示"图标中对象位置的变化。

(1) 新建一个 Authorware 文档。将 Authorware 的演示窗口适当缩小,把存有图像的文件夹窗口也适当缩小,在文件夹中选择 3 个图像文件,将它们拖曳到流程线上,如图 6-43 所示。

(2) 释放鼠标后可以看到在流程线上多了 3 个"显示"图标,名称分别是"蝴蝶.bmp""花.jpg"和"水珠.jpg",它们默认的图层都是 0,但显示时流程线后面的图像覆盖了前面的图像。

(3) 分别单击 3 个"显示"图标,打开它们对应的演示窗口,适当调整各自的位置。然后单击工具栏上的"运行"按钮 运行程序,演示窗口中各对象的覆盖关系如图 6-44 所示。

(4) 在流程设计窗口中的流程线上拖曳"显示"图标,改变它们的上下位置,可以改变各图标中对象的前后次序。

将名称为"蝴蝶.bmp"的"显示"图标拖曳到流程线的最下方,其他设置保持不变,再次单击工具栏上的"运行"按钮运行程序,演示窗口中各对象间新的覆盖关系如图 6-45 所示。

专家点拨:在将流程线上方的一个图标移动到下方时,其他图标的位置会依次上移,如果都是采用默认的图层设置,也就是不设置图层的数值,它们之间的覆盖关系和图标在流程线上的先后次序有直接联系。

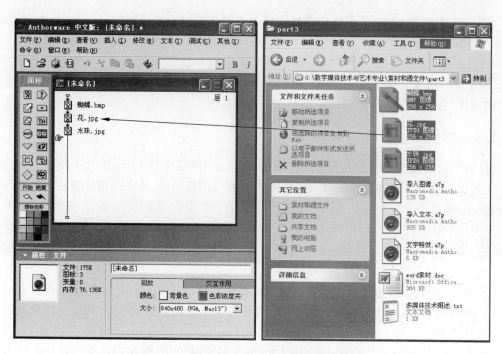

图 6-43 将选中的图像文件拖曳到流程线上

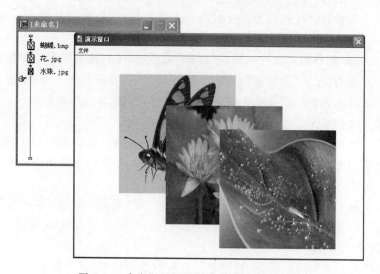

图 6-44 多个"显示"图标中对象的层级关系

(5) 如果希望不管 3 个"显示"图标在流程线上的次序如何调整,都能够使名称为"水珠.jpg"的"显示"图标中的内容显示在演示窗口的最上层,可以在该"显示"图标上单击,位于操作区下方的属性面板变为该"显示"图标的属性面板,在"层"后面的文本框中输入 3,就可以把这个图标的对象所在的图层设置为图层 3,如图 6-46 所示。

专家点拨:打开"显示"图标的属性面板,在"层"后面的文本框中输入数值可以改变不同"显示"图标中对象的先后顺序,此数值可以为正值,也可以为负值。但不是非常复杂的程序,其数值不用设置得很大。

第 6 章　Authorware 课件中的多媒体对象　　145

图 6-45　演示窗口中各对象的位置发生改变

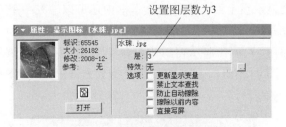

图 6-46　设置"显示"图标的图层

（6）再次单击工具栏上的"运行"按钮运行程序，演示窗口中各对象间出现新的覆盖关系。任意调整 3 个"显示"图标在流程线上的位置，可以看到，不管怎样调整，水珠图片始终出现在演示窗口的最上层。

6.3.3　"显示"图标的属性设置

前面讲解了在"显示"图标中创建文字、图形、图像等对象的方法。本节详细介绍"显示"图标属性的设置。

"显示"图标的属性是在其属性面板中设置的。在"显示"图标上单击，操作区下方的属性面板就变为该"显示"图标的属性面板，如图 6-47 所示。

图 6-47　"显示"图标的属性面板

🔔 **专家点拨**：在"显示"图标的属性面板的标题栏中标题信息的最后部分是图标的名称，这和属性面板中标题输入框中的标题、流程线上图标的名称三者是一致的。

在属性面板标题栏的最前面有一个向下的小三角箭头，说明这时候属性面板处于展开状态。在标题栏上单击，可以将属性面板缩小到操作区的最下方以最小化方式显示，小三角箭头的方向变成了向右。再次在该标题栏上单击，可以将属性面板恢复为展开方式。

1. 基本信息

在属性面板的左侧有一个预览窗口以及关于"显示"图标的一些基本信息，包括软件赋予的标识 ID、"显示"图标的大小、最后的修改时间和是否使用函数等内容，最下面是一个"打开"按钮，单击该按钮，可以打开该"显示"图标的演示窗口。

2. 显示设置

在属性面板的中部是一些比较重要的关于图标内容的显示设置。

(1) 文本框：用来输入"显示"图标的名称，它的内容和应用设计窗口中"显示"图标的名称是对应的，一个改变了另一个也会跟着改变。

(2) 层：用来设置"显示"图标中对象的层次，在后面的文本框中可以输入一个数值，数值越大，显示对象越会显示在上面。此外在文本框中还可以输入一个变量或表达式。

(3) 特效：默认情况下，在它后面的文本框中显示的是"无"，表示没有任何显示效果，"显示"图标的内容会直接显示在演示窗口中。单击文本框右侧的展开按钮 ，可以弹出"特效方式"对话框，如图 6-48 所示。选择需要的特效方式，"显示"图标的内容就会按照选定的特效方式进行显示。

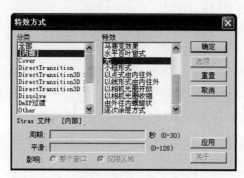

图 6-48 "特效方式"对话框

(4) 选项：它后面的复选项内容主要是一些关于显示方面的设置。

- 更新显示变量。图标中不仅可以显示文字和图片，还可以显示一些变量的值，选中此项，在运行程序时，可以使显示窗口中的内容随时显示变量值的变化。

🔔 **专家点拨**：例如，在显示窗口中利用文本输入工具输入一个时间函数 FullTime，并将它用大括号括起来，在程序运行时，就会显示完整的系统时间；但如果不选中"更新显示变量"复选框，时间的数值是不变的，只是显示程序运行到该处一刹那的时间，如果要显示变化的时间，则必须选中"更新显示变量"复选框。

- 禁止文本查找：这项功能的用处不大，选中此复选框，在利用查找工具对文字进行查找和替换时对该图标的内容不起作用。

- 防止自动擦除：在 Authorware 中有许多图标具有自动擦除以前图标内容的功能，选中此复选框，可以使图标内容不被自动擦除，除非遇到"擦除"图标将其选中擦除。
- 擦除以前内容：这个复选框和上面"防止自动擦除"的功能是相反的，选中此复选框后，在显示该"显示"图标内容的时候，会把以前没有选中"防止自动擦除"复选框的图标中的内容擦除。
- 直接写屏：选中此复选框，图标的内容将总是显示在屏幕的最前面，并且在"特效"中设置的显示效果自动失效。

3. 版面布局

在"显示"图标属性面板的右侧是关于版面布局的设置选项，这部分内容往往被大多数人忽略，即使有人使用过，恐怕使用的频次也非常有限。但使用这部分内容的确可以设计出类似于"移动"图标的程序，从某种程度上来看，这方面的设置将使"显示"图标具有更大的灵活性。

(1) 位置：用来设置"显示"图标中的对象在演示窗口中的位置。在该选项中，默认选中的是"不能改变"，选择该项，在程序打包或发布后，"显示"图标中对象的位置是不能改变的。单击它后面的下拉按钮，打开下拉列表框，可以看到它包含的各项内容，如图 6-49 所示。

- 在屏幕上：表示显示对象在演示窗口中的任意位置。
- 在路径上：表示显示对象可以在固定的线路上的某点。
- 在区域内：表示显示对象可以在某一个固定的区域里的某点。

在"位置"中进行显示对象位置的设置是很有意义的，在程序设计的过程中很难看出该设置的作用。因为在程序设计过程中，显示窗口中的内容即使不设置各种位置的变化，它也是可以移动的，但在打包发布后这种区别就很明显地表现出来。

(2) 活动：表示在程序打包后"显示"图标里的对象是否可以移动。在该选项中，默认选中的是"不能改变"，表示在程序打包或发布后"显示"图标中对象的位置是不可移动的。单击"活动"后面的下拉按钮，打开下拉列表框，可以看到它包含的各项内容，如图 6-50 所示。

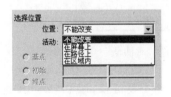 

图 6-49　"位置"下拉列表框　　　　图 6-50　"活动"下拉列表框

根据"位置"和"活动"两者组合的不同，"显示"图标内对象的移动有多种选择，读者可以在学习了"移动"图标后再返回来仔细领悟。

6.4　在 Authorware 课件中应用声音

声音是多媒体课件不可缺少的元素，课件中优美的背景音乐、课文的朗读、交互的提示音等都离不开声音的使用。Authorware 提供了对多种声音文件的支持，其能够支持的声音文件格式包括 WAVE、SWA、MP3、AIFF 和 PCM 等。

6.4.1 导入声音和设置声音属性

在 Authorware 中通过"声音"图标 将外部声音文件导入,然后通过设置"声音"图标的属性进一步对声音进行控制。

1. 导入声音

(1) 从"图标"栏中拖曳一个"声音"图标 到流程线上,将图标名称更改为 WAV。单击"声音"图标,然后打开"属性:声音图标"面板,如图 6-51 所示。

视频讲解

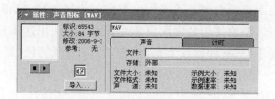

图 6-51 "属性:声音图标"面板

(2) 单击其中的"导入"按钮,弹出"导入哪个文件?"对话框。使用该对话框找到所需的声音文件,如图 6-52 所示。单击"导入"按钮,即可将选择的声音文件导入到 Authorware 中。

图 6-52 "导入哪个文件?"对话框

专家点拨:在"导入哪个文件?"对话框中有两个复选框,选中"显示预览"复选框,对话框的右侧就多出了一个预览窗格。在对话框的列表中选择一个声音文件,在预览窗格中并没有预览对象出现,说明对于"声音"图标该复选框是无效的。如果选中"链接到文件"复选框,则可以使声音文件不嵌入到图标内,而是采用外部链接的方式将它链接到"声音"图标上。

(3) 单击"导入"按钮,可以将声音文件导入到"声音"图标里。在这期间,会出现一个处理声音数据的进度框。

2. 设置"声音"图标的属性

"属性:声音图标"面板中"声音"选项卡的各项含义如图 6-53 所示。

声音在多媒体程序中的播放一般通过对"属性:声音图标"面板的"计时"选项卡进行设置来实现,如图 6-54 所示。

视频讲解

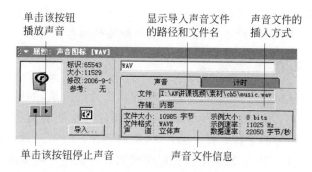

图 6-53 导入声音后的"声音"选项卡

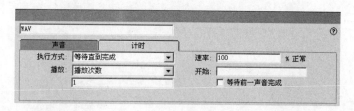

图 6-54 "计时"选项卡

(1) 在"执行方式"下拉列表框中包含"等待直到完成""同时"和"永久"3 个选项,它们的含义如下。

- 等待直到完成:选择此项时,Authorware 将等待声音文件播放完后,再执行流程线上的下一个图标。
- 同时:选择此项时,Authorware 将在播放声音文件的同时执行流程线上的下一个图标。
- 永久:选择该项时,Authorware 将保持"声音"图标永远处于被激活状态,同时监视"开始"文本输入框中变量的值,一旦为 True 即开始播放。

(2) 在"播放"列表中包含"播放次数"和"直到为真"两个选项,它们的含义如下。

- 播放次数:选择该项时,Authorware 将按照其下面文本框中输入数字或表达式的值确定声音播放的次数,其默认值为 1。
- 直到为真:选择该项时,若"执行方式"中设置为"永久",Authorware 将在下面文本框中变量或表达式值为 True 时停止播放。

(3) 在"速率"文本框中设置声音播放的速度,100% 表示按声音文件原来的速度播放,低于此值表示比原速度慢,否则表示比原速度快。此文本框可输入变量或表达式。

(4) 在"开始"文本框中设置开始播放声音文件的条件,可以输入变量或表达式,当值为 True 时,开始声音的播放。

(5) 选中"等待前一声音完成"复选框时,将等待前一声音文件播放完后再开始本声音文件的播放,否则将中断前面声音文件播放直接开始本文件播放。

专家点拨:WAV 文件往往过大,如果导入时没有选择"链接到文件"复选框,导入后,声音成为程序自带的内容,程序文件就比较大。SWA 格式的声音存储容量相对较小,并且具有较好的声音品质。可以使用 Authorware 自带的压缩功能将 WAV 格式的文件转化为 SWA 文件。具体方法是,选择"其他"→"其他"→"转换 WAV 为 SWA"命令,弹出"转换.WAV 文件到.SWA 文件"对话框,在其中进行相关的操作即可。

6.4.2 声音和图像同步效果

视频讲解

在制作多媒体课件时,往往需要声音和图像同步播放的效果,如解说声音和解说对象同步播放。本节利用 Authorware 的媒体同步功能制作一个多媒体课件范例——可爱的动物。程序运行时,随着解说声音的播放,动物图片逐张出现在演示窗口中,它们都是在特定时间随着解说声音同步出现在演示窗口中,如图 6-55 所示。

图 6-55　范例效果

以下是本范例的详细制作步骤。

1. 新建文件并设置背景

(1) 新建一个 Authorware 文件,单击工具栏上的"保存"按钮,将文件保存为"声音和图像同步"。

(2) 从图标栏拖曳一个"显示"图标到流程线上,将其命名为"背景图片",在图标上双击打开演示窗口,单击工具栏上的"导入"按钮,弹出"导入哪个文件?"对话框。找到存放图片的文件夹,双击名称为"声音同步背景图.jpg"的图片,将其导入到演示窗口,这个背景图尺寸较大,这里不用调节其大小,如图 6-56 所示。

🎓 **专家点拨**:在这个实例中,制作的是一个以动物为主题的多媒体演示程序,因此采用了一个绿叶的画面作为背景,从而体现环保意识。

(3) 从图标栏拖曳一个"显示"图标到流程线上,将其命名为"标题",在图标上双击打开演示窗口,用文本工具输入"可爱的动物"文字,并把文字设置成合适的格式。

2. 插入声音文件并加入同步内容

(1) 从图标栏拖曳一个"声音"图标到流程线上,将其命名为"主声音",再从图标栏拖曳

图 6-56　导入背景图片

几个"显示"图标到"声音"图标的右下方，并为它们分别命名，如图 6-57 所示。

专家点拨：要想使声音文件与其他内容同步，必须将同步的内容放在"声音"图标的右下方，此时在同步内容对应的图标上方出现一个时钟样式的设置标志。

（2）单击名称为"主声音"的"声音"图标，展开"属性：声音图标"面板，单击"导入"按钮，弹出"导入哪个文件？"对话框，找到存放声音文件的文件夹，双击名称为"动物解说配音.wav"的声音文件，将其导入到"声音"图标内。

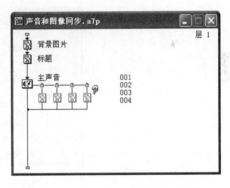

图 6-57　设置声音文件的同步图标

（3）双击名称为 001 的"显示"图标，打开演示窗口。单击工具栏上的"导入"按钮，弹出"导入哪个文件？"对话框，导入一张狮子图片。

（4）在演示窗口显示的图片上双击，打开图片的"属性：图像"对话框。单击"版面布局"选项卡，在"显示"下拉列表框中选择"比例"选项，在"位置"后面的两个文本框中分别输入 100 和 60，在"大小"后面的两个文本框中分别输入 460 和 320，单击"确定"按钮，完成图片位置和大小的设置，如图 6-58 所示。

专家点拨：在制作依次展示多个图像的效果时，对各个"显示"图标中图像的位置进行设置，目的是防止它们在显示过程中位置不同而令人产生不适的感觉。

（5）在"显示"图标的属性面板中单击"特效"后面的展开按钮，打开"特效方式"对话

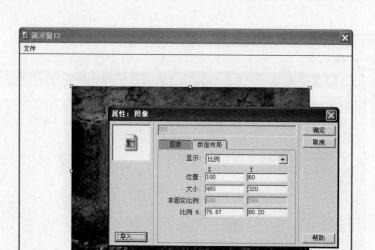

图 6-58　设置图片的属性

框。在"分类"列表框中选择"[内部]",在"特效"列表框中选择"马赛克效果"。在"周期"文本框中输入 2,表示显示效果持续时间为 2s。在"平滑"文本框中输入 24,使平滑度加强,如图 6-59 所示,单击"确定"按钮完成设置。

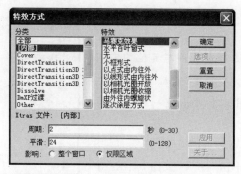

图 6-59　"特效方式"对话框

使用同样的方法完成其余 3 个"显示"图标内容的设置,并可以设置不同的显示效果。

3. 设置同步属性

(1) 单击名称为 001 的"显示"图标上面的小时钟,操作区下方的属性面板变为"属性:媒体同步"面板。在"同步于"下拉列表中选择"秒",表示同步单位为秒。在下面的文本框中输入 0,表示同步时间为 0s。在"擦除条件"下拉列表中选择"在下一事件后"选项,表示在下一个事件响应之后擦除,如图 6-60 所示。

👓 **专家点拨**：在"属性:媒体同步"面板的相关设置中,"同步于"下拉列表中有秒和位置两个选项。一般在设置声音同步时使用"秒"为单位,而在电影同步时使用"位置"为单位。

(2) 使用同样的方法设置其他 3 个"显示"图标的媒体同步属性,分别设置它们开始显示时间是 12、23 和 35,也就是设置同步单位为秒,并在"同步于"下面的文本框中分别输入这 3 个数。

第 6 章　Authorware 课件中的多媒体对象　153

图 6-60　"属性：媒体同步"面板

6.5　在 Authorware 课件中应用视频

视频（数字电影）实际上是快速播放的一系列静态图像，并且大多还伴随音效。数字电影一般来源于动画软件（如 3ds Max、Animator 等）、视频编辑软件（如会声会影、Premiere 等）制作或处理的数字电影文件。

视频讲解

在 Authorware 中利用"数字电影"图标 进行数字电影的使用。Authorware 支持的数字电影文件格式包括 DIR、DXR（Director）、AVI（Video for Windows）、MOV（QuickTime for Windows）、Autodesk Animator、Animator Pro、FLC、FLI、CEL（3ds Max）、MPEG（MPG）、BMP/DIB（位图序列）。在这些数字电影类型中，有些必须直接插入 Authorware 中，有些必须以外部链接文件的形式进行应用。数字电影存储在 Authorware 程序的内部还是外部，是由它所加载的数字电影文件类型决定的。

6.5.1　数字电影的导入和预览

1. 数字电影的导入

（1）在 Authorware 中导入数字电影文件的方法和导入声音文件的方法类似。从"图标"栏中拖曳一个"数字电影"图标 到流程线上。同时操作区下方的属性面板变为"属性：电影图标"面板。

（2）此时可以在属性面板的标题栏输入图标名称，或直接在流程线上给图标命名，将它命名为"数字电影"。

（3）单击"属性：电影图标"面板左侧的"导入"按钮，弹出"导入哪个文件？"对话框，在其中选择"片头.mpg"文件，如图 6-61 所示。

图 6-61　"导入哪个文件？"对话框

(4) 选中"显示预览"复选框,可以预览电影效果。确认是要导入的文件后,单击"导入"按钮,导入电影文件。

2. 预览电影

"属性:电影图标"面板的左侧是预览窗口、预览控制按钮和一些关于电影的基本信息,如图 6-62 所示。

预览窗口中显示的是电影文件使用的"播放器"图标。

在预览窗口的下方有一排按钮,这些是对电影文件进行预览时的控制按钮。"播放"按钮 用于播放电影文件,"停止"按钮 ■ 用于停止正在播放的电影文件,"单步前进"按钮 ▶| 用于单帧向前跳进预览电影文件,"单步后退"按钮 |◀ 用于单帧向后跳进预览电影文件。

图 6-62 "属性:电影图标"面板的左侧部分

在这排按钮的下面是一个关于电影长度的信息,既可以看到电影的总长度,又可以在预览时监视电影运行的位置。

专家点拨:在制作 Authorware 多媒体课件时,会遇到插入的数字电影不能正常播放的情况,这是计算机系统缺少相应的数字电影播放插件或数字电影解码软件的原因。要解决数字电影文件在 Authorware 中不能播放的问题,首先要判断该数字电影文件是何种压缩算法和编码方式制作而成的,然后安装相应的数字电影播放插件或解码软件进行播放。例如,要在 Authorware 中播放 MPEG-4 格式的数字电影文件,就需要安装 DivX 解码软件,发布的多媒体程序也需要将这个插件一同发布,这样就能在没有安装该插件的计算机上顺利播放。

6.5.2 设置"电影"图标的属性

"属性:电影图标"面板的中间是"电影"图标一些主要的属性设置,主要包括 3 个选项卡,分别是"电影""计时"和"版面布局"。

1. "电影"选项卡

"电影"选项卡主要是一些关于电影的基本信息及其设置,如图 6-63 所示。

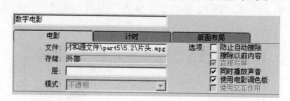

图 6-63 "电影"选项卡

- **"文件"文本框**:在这个文本框中可以输入数字电影文件的路径和名称,如果文件是通过"导入"按钮导入的,则会在这里显示导入文件的路径和名称。
- **"存储"文本框**:这个文本框中显示的是电影文件的保存方式,可以看到文本框中的内容是灰色显示的,这说明它是只读的。如果显示"外部",说明电影文件是外部存储的;如果显示"内部",则表示电影文件是内部存储的。数字电影文件存储在 Authorware 程序的内部还是外部,是由它所加载的数字电影文件类型决定的。

- "层"文本框：显示当前数字电影所在的层，默认情况下不填入数字，表示层数为 0。也可以通过输入一个数字或一个变量来调整当前数字电影所在的层。对于外部链接的数字电影，它总是显示在演示窗口的最上方，设置层是没有意义的；但对于内部嵌入的数字电影是可以设置它的层的。
- "模式"下拉列表框：设置如同"显示"图标对象一样的电影对象显示模式。对于外部链接文件来说，这一项都是灰色显示的，选择的都是"不透明"模式，说明文件是不透明的。对于内部嵌入的文件，则有不透明、透明、覆盖和反相 4 种模式供选择。
- "选项"选项：提供了一些关于数字电影显示的内容，和"显示"图标中的属性内容相似，请参阅"显示"图标的属性。

2．"计时"选项卡

"计时"选项卡提供了一些关于数字电影时间控制的选项，如图 6-64 所示。这些属性和"声音"图标的"计时"选项卡类似。

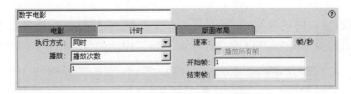

图 6-64 "计时"选项卡

- "执行方式"下拉列表框：用来设置电影文件播放的同步问题，共有 3 种选项，分别是等待直到完成、同时和永久。
- "播放"下拉列表框：用户可以设置电影文件播放的次数。它包括重复、播放次数和直到为真 3 个选项。
- "速率"文本框：可以输入数字电影播放的速率。在一般情况下，如果在文本框中不输入数值，将按 Authorware 默认的速率(25 帧/秒)进行播放，也可以输入一个数值作为设定的速率，输入的数值越小，播放速度越慢；数值越大，播放速度越快。
- "播放所有帧"复选框：选中此复选框时，Authorware 将以尽可能快的速度播放电影文件的每一帧，不过播放速度不会超过在"速率"文本框中设置的速度。该选项可以使数字电影在不同的系统中以不同的速度播放。它只对以内部文件存储方式的电影文件有效。
- "开始帧"文本框：默认情况下，此文本框中有一个数字 1，表示电影将从第一帧开始播放；也可以在该文本框中输入一个数字或表达式，自定义电影播放的开始位置。
- "结束帧"文本框：在默认情况下，此文本框中没有数值，但如果需要对电影的结束加入控制条件，可以在这里输入一个数字或表达式。

3．"版面布局"选项卡

在这个选项卡里主要提供了一些版面布局方面的选项，它们主要用来确定数字电影的位置，其操作面板如图 6-65 所示。此选项卡与"显示"图标的"版面布局"选项卡设置相同，这里不再赘述。

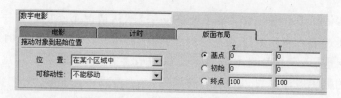

图 6-65 "版面布局"选项卡

6.5.3 更改电影的尺寸和位置

在前面的步骤中,利用"数字电影"图标导入了一个数字电影文件。下面介绍如何更改电影的尺寸和位置。

(1) 单击工具栏上的"控制面板"按钮,打开控制面板。

(2) 单击"运行"按钮播放程序,当程序运行到电影出现后,单击"暂停"按钮,使程序暂停运行。

(3) 单击演示窗口中的电影,在周围出现 8 个控制块,拖曳控制块可以改变电影在演示窗口中的尺寸,直接拖曳电影可以改变其在演示窗口中的位置,如图 6-66 所示。

图 6-66 改变影片的尺寸和位置

6.6 在 Authorware 中应用 Flash 动画

视频讲解

Flash 动画是当前流行的动画类型,它是一种矢量动画,具有体积小、传输速度快和可以任意缩放不失真等特点。在 Authorware 课件中应用 Flash 动画能够使 Authorware 课件拥有专业级动画效果,有效地弥补 Authorware 在动画制作上的某些不足。

6.6.1 导入 Flash 动画

Authorware 提供了对 SWF 格式的 Flash 动画文件的支持,并能够方便地对动画在演示窗口中的样式进行设置。

1. Flash 动画的导入

(1) 在 Authorware 中,将手形标志移到流程线上需要插入 Flash 动画的位置,选择"插入"→"媒体"→Flash Movie 命令,弹出 Flash Asset Properties(Flash 动画属性)对话框。单击 Browser(浏览)按钮,弹出 Open Shockwave Flash Movie(打开 Flash 动画文件)对话框,使用该对话框找到需要插入的 Flash 文件,如图 6-67 所示。

图 6-67　Open Shockwave Flash Movie 对话框

(2) 单击"打开"按钮,弹出对话框,在 Flash Asset Properties 对话框的 Link File 文本框中显示该文件的路径和文件名,如图 6-68 所示。

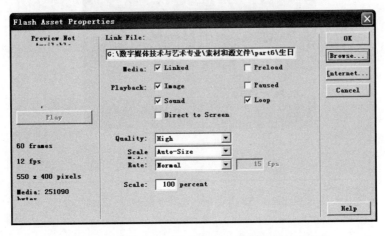

图 6-68　Link File 文本框中显示文件的路径和文件名

(3) 单击 OK 按钮,即可插入 Flash 文件。此时,程序的流程线和运行效果如图 6-69 所示。

2. 设置 Flash 动画在演示窗口中的位置和尺寸

如果想改变 Flash 动画在演示窗口中的位置和尺寸,可以先运行程序,然后按 Ctrl+P 组合键暂停程序的运行。在演示窗口中的 Flash 动画上单击,动画周围会出现带有 8 个控制块的边框,如图 6-70 所示。此时,拖曳动画可改变其在演示窗口中的位置,拖曳控制块能改变动画在演示窗口中显示的大小。

图 6-69　程序的流程线和运行效果

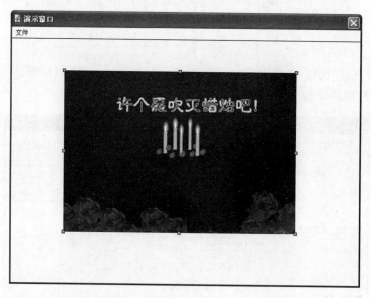

图 6-70　设置 Flash 动画在演示窗口中的位置和尺寸

6.6.2　设置 Flash 动画的属性

Flash 动画的属性可以在 Flash Asset Properties 对话框中设置,或在"属性:功能图标"面板中设置。

1. Flash Asset Properties 对话框

Flash Asset Properties 对话框见图 6-68。左上方的浏览区用于演示所打开的 Flash 动画。如果所打开的动画不能预览,则出现提示信息,并且"播放"按钮不可用。左下方显示所打开的动画的总帧数、播放速度、幅面大小和存储容量大小。

(1) Link File 文本框中显示所打开的动画文件的路径和文件名,可以在这里输入新的路径和文件名,选择不同的 Flash 动画文件。

Media(媒体)选项包括两个复选框,分别介绍如下。

- Linked(链接)复选框:选中该复选框可以将所打开的 Flash 动画作为外部文件和 Authorware 链接;如果不选中该复选框,则将动画引入到 Authorware 文件内容。
- Preload(预载)复选框:当 Flash 动画作为外部文件时,此复选框可用。选中该复选框,可以在播放 Flash 动画前,预先将动画载入内存。

(2) Playback(回放)选项包括 5 个复选框,分别介绍如下。

- Image(图像)复选框:用于确定是否显示 Flash 动画中的画面,默认是选中状态。
- Sound(声音)复选框:用于确定是否播放 Flash 动画中的声音,默认是选中状态。
- Paused(暂停)复选框:用于确定是否在 Flash 动画开头暂停动画的播放。
- Loop(循环)复选框:用于确定 Flash 动画是否循环播放。
- Direct to Screen(直接写屏)复选框:用于确定是否将 Flash 动画显示在所有对象的最上层。

(3) Quality(品质)下拉列表框包括 4 个选项,这些选项可以确定播放 Flash 动画时,抗锯齿特性、显示质量高低以及执行速度快慢。

(4) Scale(比例模式)下拉列表框包括 5 个选项,这些选项用于控制 Flash 动画在演示窗口中的显示方法。当选中 Flash 动画,并拖曳控制块改变其尺寸后,才能看出这些选项的含义和区别。

- Show All(显示全部):指改变 Flash 动画的尺寸后,保证显示动画的全部内容并保持长宽比,多出的空间用动画的背景色填充。
- No Border(无边界):指改变 Flash 动画的尺寸后,保证不出现多余的空间并保持长宽比,但不保证显示动画的全部内容。
- Exact Fit(精确匹配):指改变 Flash 动画的尺寸后,保证不出现多余的空间并不保持长宽比。
- Auto-Size(自动大小):指改变 Flash 动画的尺寸后,保证不出现多余的空间,不保持长宽比,自动保持该选项为默认值 100%。
- No Scale(无比例):指改变 Flash 动画的尺寸后,保持动画的比例大小,不保证显示动画的全部内容。

(5) Rate(速率)下拉列表框包括 3 个选项,用于设置播放速率。

2. "属性:功能图标"面板

双击流程线上的"Flash 动画"图标,可以打开"属性:功能图标"面板,如图 6-71 所示。在此面板中可以对 Flash 动画的属性进行设置,具体情况这里不再赘述。

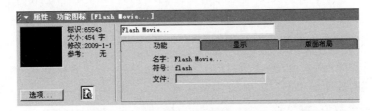

图 6-71 "属性:功能图标"面板

6.7 本章习题

1. 选择题

(1) 在流程线上双击图标(　　)能够在打开演示窗口的同时打开绘图工具箱。

　　A. 　　　　B. 　　　　C. 　　　　D.

(2) 在"填充"面板中单击▢按钮(第1列第2行的按钮),则会获得(　　)图形填充效果。

　　A. 取消对象的底纹填充　　　　B. 将对象填充为白色
　　C. 以设置的前景色填充　　　　D. 以设定的背景色填充

(3) 在"模式"面板中将一个图像对象设置为"透明",则其下面对象可以通过此图像的(　　)区域显现出来。

　　A. 黑色　　　B. 白色　　　C. 蓝色　　　D. 绿色

(4) 使用Authorware开发多媒体课件,要实现播放WAV音乐功能,需要使用(　　)。

　　A. "视频"图标　B. "动画"图标　C. "显示"图标　D. "声音"图标

(5) (　　)格式的文件不属于数字化电影。

　　A. MOV　　　B. SWA　　　C. FLC　　　D. AVI

(6) 外部存储类型的数字化电影能设置的覆盖显示模式为(　　)。

　　A. 透明　　　B. 不透明　　　C. 遮隐　　　D. 反转

(7) 在Authorware中,暂停/继续运行程序的快捷键是(　　)。

　　A. Ctrl+R　　B. Ctrl+G　　C. Ctrl+P　　D. Ctrl+V

(8) Authorware提供了对SWF格式的Flash动画文件的支持,在Authorware中插入Flash动画的方法是(　　)。

　　A. 通过"电影"图标导入
　　B. 通过DVD图标导入
　　C. 选择"插入"→"媒体"→Flash Movie命令
　　D. 选择"插入"→"媒体"→Animated GIF命令

2. 填空题

(1) 在演示窗口中,在同一个"显示"图标中绘制的图形A盖住了图形B,若需要使B盖住A,则应该选择图形A后,选择_____命令。

(2) 当需要在演示窗口中插入一段带有图片的文档时,可先用Word打开文档,将文档复制,在Authorware中选择_____命令,弹出"选择性粘贴"对话框,选择"作为"列表中的_____选项将其复制到演示窗口中。

(3) 在Authorware中,当程序运行时,按_____组合键可暂停程序的运行。

(4) "显示"图标面板中的"层"参数用来设置"显示"图标中对象的层次,在后面的文本框中可以输入一个数值,数值越_____,显示对象越会显示在上面。

(5) 在Authorware中,要想使声音文件与其他内容同步,必须将同步的内容放在"声音"图标的＿＿＿＿,此时在同步内容对应的图标上方出现一个＿＿＿＿的设置标志。

(6) Authorware 提供了对多种声音文件的支持,其能够支持的声音文件格式包括 AIF、PCM、SWA、VOX、＿＿＿＿及＿＿＿＿等。

(7) 在制作 Authorware 程序时,会遇到插入的视频不能正常播放的情况,这是计算机系统缺少＿＿＿＿的原因。

6.8　上机练习

练习 6-1　特效文字

利用覆盖模式、填充模式等制作立体文字、黑白效果文字、空心文字和填充特效文字,效果如图 6-72 所示。

视频讲解

图 6-72　文字特效

主要制作步骤:

(1) 新建 Authorware 文档,拖曳一个"显示"图标到流程线上,命名为"特效文字"。

(2) 双击"特效文字"显示图标打开演示窗口,用文本工具添加相应的文字内容。

(3) 制作立体字时,需将文字复制,然后粘贴两次,得到两组相同的文字,将这两组文字分别设置为红色和黄色。最后,将三组文字叠加在一起,注意每一组文字都向下偏离一点。

(4) 制作黑白特效文字时,注意将文字的覆盖模式改为"反转模式",然后将文字移到绘制好的黑色矩形上即可。

(5) 制作空心文字时,先将文字复制一份,并将复制得到文字的覆盖模式改为"反转模式",再将它移到原文字上即可。

(6) 制作填充特效文字时,先绘制填充色为黑色、线条色为白色、覆盖模式为"透明",填充模式为第 10 行第 1 列模式的矩形,再输入红色的文字,然后将矩形移到文字上方,最后将矩形的填充颜色改为白色即可。

(7) 每一种特效文字制作完成后都要选中这一组文字的所有内容,按 Ctrl+G 组合键组成群组。

练习 6-2　绘制实验装置图

用绘图工具绘制一个实验装置图,效果如图 6-73 所示。

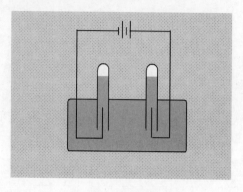

图 6-73　实验装置图

主要制作步骤:

(1) 新建 Authorware 文档,拖曳一个显示图标到流程线上。
(2) 双击"显示"图标打开演示窗口。
(3) 选择"查看"→"显示网格"命令,在演示窗口中显示网格,以便于绘图时定位。
(4) 绘制一个圆角矩形和一个矩形,分别设置需要的填充颜色和边框线型,然后将它们组合成一个包含水的试管图形。
(5) 复制出第二个包含水的试管图形,并且排列这两个试管图形。
(6) 用圆角矩形工具绘制一个水槽图形,并调整它和试管图形之间的位置和层次。
(7) 用直线工具绘制电源和电路。
(8) 绘制一个矩形并且填充需要的底纹,作为课件的背景。

练习 6-3　图文混排课件——古诗欣赏

利用"文本"工具输入一首古诗并格式化文字效果,然后导入一个外部图像,形成图文混排的课件效果,如图 6-74 所示。

主要制作步骤:

(1) 新建 Authorware 文档,拖曳一个"显示"图标到流程线上,命名为"古诗"。
(2) 双击"古诗"显示图标打开演示窗口。
(3) 用文字工具输入古诗内容。
(4) 将古诗标题字体设置为华文行楷,文字大小设置为 24 磅;将古诗作者姓名字体设置为华文行楷,文字大小设置为 12 磅;将古诗内容字体设置为隶书,文字大小设置为 14 磅。
(5) 再拖曳一个"显示"图标到流程线上,命名为"图片",导入一个外部图片素材。
(6) 分别设置两个"显示"图标的显示特效。

第 6 章 Authorware 课件中的多媒体对象　　163

图 6-74　古诗欣赏

练习 6-4　制作数字电影和解说词的同步效果

制作一个图文并茂的多媒体课件。程序运行时，随着电影文件的播放，解说文字同时出现在演示窗口中，它们都是在精确的时间随着电影文件出现在演示窗口中，如图 6-75 所示。

视频讲解

图 6-75　数字电影和解说词的同步效果

主要制作步骤：

（1）新建一个 Authorware 文件，将其文件名保存为"电影和文字同步.a7p"。设置背景色为灰色，文件大小为 800 像素×600 像素。

（2）从图标栏拖曳两个"显示"图标到流程线上，分别命名为"标题"和"文本框"。双击打开"标题"图标对应的演示窗口，在其中输入"如何收藏网页地址"文本信息，并设置它们的格式。双击打开"文本框"图标对应的演示窗口，在其中绘制一个蓝色的长方形。

（3）从图标栏拖曳一个"电影"图标到流程线的下方，将其命名为"视频教程"。导入一个名称为"视频教程.avi"的电影文件。

（4）对电影文件进行预览，并调整电影文件到演示窗口左上角的位置。

（5）从图标栏拖曳一个"计算"图标到流程线最上方，将其命名为"初始文字"，双击打开输入窗口，在其中输入以下程序代码：

```
wenzi:= "这是一个教你如何收藏网址的视频教程"
```

（6）单击输入窗口右上角的关闭按钮，弹出一个提示保存的警告对话框，单击"是"按钮，保存输入内容。保存后弹出一个设置自定义变量的对话框，单击"确定"按钮保存自定义变量。

（7）从图标栏拖曳一个"显示"图标到流程线的"文本框"图标下方，将其命名为"文字"。双击该图标打开演示窗口，选择绘图工具箱中的"文本"工具，在演示窗口中输入文字{wenzi}。单击绘图工具箱中的"选择"工具，文本自动处于被选中状态，设置字体为宋体，字号为 18 磅，使文字居中显示，设置文本的颜色为白色，设置文本为透明模式。将文字调整到蓝色长方形上。

（8）单击该"显示"图标，在对应的属性面板，选中"更新显示变量"复选框，保证文字的动态更新。

（9）从图标栏拖曳 5 个"群组"图标到"电影"图标的右下方，分别命名为 110、230、350、638 和 800，如图 6-76 所示。

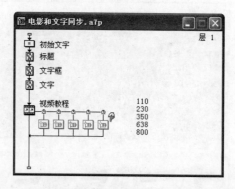

图 6-76　拖动"群组"图标到"电影"图标的右下方并命名

专家点拨：这里给 5 个"群组"图标命名的数字实际上就是要同步显示解说文字的关键帧点，如 110 就是电影播放的第 110 帧。这些帧数字可以在"电影"图标的属性面板中通过播放电影而得到。可以预览电影，把同步显示文字的关键帧的帧数记下来。

(10) 双击名称为 110 的"群组"图标,打开二级流程操作窗口。从图标栏拖曳一个"计算"图标到该级流程线上,将其命名为"解说文字 1"。双击打开输入窗口,在其中输入以下程序代码:

wenzi:= "下面教你如何收藏一个网址"

单击窗口右上角的"关闭"按钮,弹出一个"保存"对话框,单击"是"按钮保存设置内容。

(11) 使用同样的方法在名称为 230、350、638 和 800 的"群组"图标里输入类似的内容,详细内容可以参考源文件。

(12) 单击一级流程设计窗口中名称为 110 的"群组"图标上面的小闹钟,打开"属性:媒体同步"面板。在"同步于"下拉列表框中选择"位置",它的意思是图标的内容和"电影"图标播放的帧同步。在下面的文本框中输入 IconTitle,意思是同步的位置将与图标的名称相同。例如这里小闹钟下面的"群组"图标的名称是 110,当"电影"图标中的影片播放到第 110 帧时,将显示该"群组"图标里面的内容。在"擦除条件"下拉列表框中选择"在下一事件后",意思是在下一个事件响应之后将擦除本图标的所有内容。

(13) 使用相同的方法对其他 4 个"群组"图标的媒体同步属性进行设置。

练习 6-5　应用 Flash 课件

Flash 课件是利用 Flash 制作的多媒体教学软件,目前应用十分广泛。下面练习在 Authorware 中插入一个 Flash 课件——看图识字,效果如图 6-77 所示。

图 6-77　在 Authorware 中应用 Flash 课件

主要制作步骤:

(1) 新建一个 Authorware 文档。

(2) 选择"插入"→"媒体"→Flash Movie 命令,将"看图识字.swf"文件导入。

(3) 运行程序,然后按 Ctrl+P 组合键暂停程序的运行。在演示窗口中的 Flash 动画上单击,动画周围会出现带有 8 个控制块的边框。此时,拖曳动画改变其在演示窗口中的位置,拖曳控制块改变 Flash 动画的尺寸。

练习 6-6　插入 PowerPoint 幻灯片

制作一个插入 PowerPoint 幻灯片的课件实例,效果如图 6-78 所示。

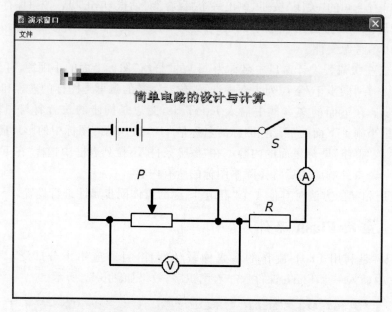

图 6-78　插入 PowerPoint 幻灯片

主要制作步骤:

(1) 新建 Authorware 文档,拖曳一个"显示"图标到流程线上,命名为"PowerPoint 幻灯片",双击"显示"图标打开演示窗口。

(2) 选择"插入"→"OLE 对象"命令,在弹出的对话框中选择"由文件创建"单选按钮,单击"浏览"按钮,选择 PowerPoint 文件,如"物理电路图.ppt",单击"确定"按钮,幻灯片即被插入。

(3) 通过幻灯片周围的 8 个控制块调整其大小和位置。

(4) 选择"编辑"→"演示文稿 OLE 对象"→"属性"命令,在弹出的"对象属性"对话框中将"激活触发条件"选项设置为"单击",将"触发值"选项设置为"显示",最后单击"确定"按钮。

(5) 运行程序,在演示窗口中单击幻灯片即可演示,其播放方式与在 PowerPoint 中的播放方式一样。

第7章 "等待"图标、"擦除"图标和"移动"图标

在多个"显示"图标中分别加入对象,可以层次地显示画面。如果想要使画面一幅幅出现并且中间有一定的时间间隔,可以使用"等待"图标。如果需要在下一幅画面出现时前面显示的内容不对新画面产生影响,或只需要显示前面画面的部分内容,则需要使用"擦除"图标。如果需要演示窗口中的对象产生移动动画效果,则需要使用"移动"图标。

本章主要内容:
- "等待"图标;
- "擦除"图标;
- 利用 Quit 函数自动退出程序的方法;
- 演示型多媒体程序的制作方法;
- "移动"图标。

7.1 "等待"图标

作为一个以交互性见长的多媒体课件制作软件,Authorware 时时考虑到交互问题,让用户参与到多媒体程序的进程中,使用"等待"图标能实现这种最基本的交互。在 Authorware 程序运行过程中,可以利用"等待"图标让程序暂停运行,然后通过用户单击或按任意键,或等待一定的时间,再继续程序的运行。

视频讲解

7.1.1 "等待"图标的属性

新建一个 Authorware 文档,从工具栏中拖曳一个"等待"图标到流程线上,位于操作区下方的属性面板变为"属性:等待图标"面板,如图 7-1 所示。

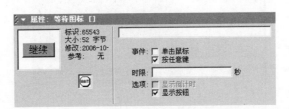

图 7-1 "属性:等待图标"面板

属性面板的左边是一些关于"等待"图标的基本信息,包括计算机赋予的 ID、图标的大小、时间、是否应用变量等。在预览窗口中是"等待"图标的按钮样式。

属性面板的右边是一些关于"等待"图标的设置。具体情况如下:

在最上面的文本框中可以设置图标的标题,默认情况下为空。在文本框中输入标题后,流程线上图标的标题也会跟着改变。

在"事件"后面有两个复选框。如果选中"单击鼠标"复选框,表示当用户单击时程序会自动向下运行。"按任意键"复选框是被默认选中的,表示当用户在按下键盘上的任意键时程序自动向下运行。

在"时限"文本框中可以输入一个暂停时间,如果不输入时间,则时间响应不起作用。这个时间值是以秒为计数单位的,表示等待时间到达此数值后,不管用户是否单击,或是否按过任意键,程序都会自动向下运行。

在"选项"后面有两个复选框。当"时限"文本框中没有输入时间值的时候,"显示倒计时"复选框不可选,只有输入了时间值时,"显示倒计时"复选框才可选。如果选中该项,在预览窗口会出现一个"小闹钟"图标 。程序运行时,在演示窗口中也会出现一个闹钟,从上面可以看到等待剩余的时间比例。"显示按钮"复选框默认是选中的,如果不取消对该复选框的勾选,程序运行到暂停时,演示窗口中会出现一个 继续 按钮,单击该按钮,程序会继续向下运行。

专家点拨:如果在"等待"图标中设置了小闹钟(选中"显示倒计时"复选框),在运行程序进行调试时,可以直接拖曳小闹钟改变其位置。要想调整 继续 按钮的位置,则必须单击"控制"面板上的"暂停"按钮停止程序运行后,才可以拖曳 继续 按钮改变其位置。

7.1.2 "等待"图标的应用范例——桂林山水演示课件

本节应用"等待"图标和"显示"图标制作一个展示桂林山水的多媒体演示课件。在课件运行出现暂停的时候,屏幕上会出现小闹钟或等待按钮,等待一段时间或单击等待按钮可以使程序继续向下运行,如图 7-2 和图 7-3 所示。

图 7-2 使用闹钟辅助控制程序的等待时间

图 7-3　改变外观和位置的等待按钮

以下是详细制作步骤。

1. 新建一个 Authorware 文档

（1）新建一个文件，在文件属性面板中单击"背景色"前面的颜色方框，出现"颜色"对话框，选择一种颜色作为背景色，单击"确定"按钮，如图 7-4 所示。

 专家点拨：在选择多媒体课件的背景色时，要根据将要展示的图片颜色进行设置，这样才能使图片和背景更好地融合，制作更漂亮的展示效果。

（2）单击工具栏上的"保存"按钮 ，弹出"保存文件为"对话框，选择适当文件夹，在"文件名"文本框中输入"桂林山水演示课件"，单击"保存"按钮，保存文件。

（3）从图标栏拖曳 5 个"显示"图标到流程线上，分别命名为"标题文字""图片 1""图片 2""图片 3"和"图片 4"，如图 7-5 所示。

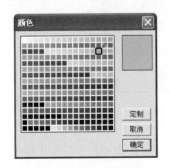

图 7-4　选择文件背景色

图 7-5　在流程线上加入 5 个"显示"图标并命名

 专家点拨：这个多媒体课件采用先设置程序框架的方法进行设计，可以充分体现对程序总体运行过程的把握。在本课件设计开始时，就加入了 5 个"显示"图标，但并没有加入实际内容。

2. 输入标题文字并导入图片

（1）双击名称为"标题文字"的"显示"图标，打开演示窗口。单击绘图工具箱中的"文本"工具 A ，在演示窗口中单击，输入"桂林山水"。选择绘图工具箱中的"选择"工具，文本被自动选中，设置文本的字体为隶书，字号为 36 磅。同时选中"文本"菜单下的"消除锯齿"命令，打开文字的防锯齿功能。调整文字四周的矩形小方框，将文字排成一列，放置到演示窗口的右侧，并将文字设置成"透明"方式。

（2）双击名称为"图片 1"的"显示"图标，打开演示窗口。单击工具栏上的"导入"按钮，弹出"导入哪个文件？"对话框，选中"显示预览"复选框，选择名称为 image1.jpg 的图片，单击"导入"按钮，将图片导入到演示窗口中，如图 7-6 所示。

图 7-6 导入图片

（3）在图片上双击，弹出"属性：图像"对话框。打开"版面布局"选项卡，设置图片的位置，如图 7-7 所示，单击"确定"按钮完成设置。

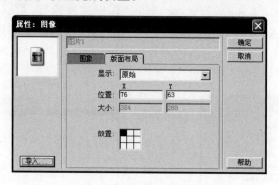

图 7-7 确定图片的位置

专家点拨：在图片位置的设计上采用了精确定位的方法，将所有图片的左上角顶点的位置分别设置为 76 和 63。这样在课件演示时不会出现图片变化突然的感觉。

（4）用同样的方法将 image2.jpg、image3.jpg 和 image4.jpg 图片分别导入到另外 3 个"显示"图标中，并对图片的位置进行设置。

（5）单击工具栏上的"运行"按钮 ▶ 播放程序。程序运行后马上停止在最后一张图片上，根本看不到中间过程，其结果如图 7-8 所示。

第 7 章 "等待"图标、"擦除"图标和"移动"图标

图 7-8 没有使用"等待"图标的运行结果

3. 使用闹钟辅助控制等待时间

（1）从图标栏拖曳一个"等待"图标 到流程线上，把它放置在名称为"图片 1"和"图片 2"的两个"显示"图标中间。

（2）位于操作区下方的属性面板变为"属性：等待图标"面板。在图标名称文本框中输入"出现闹钟"，然后取消对"按任意键"和"显示按钮"复选框的勾选。在"时限"文本框中输入 5，此时"显示倒计时"复选框变为可选，选中此复选框，在左边的预览框中出现一个小闹钟，如图 7-9 所示。

图 7-9 使用闹钟辅助控制等待时间

专家点拨：有时，"等待"图标属性面板中的"时限"文本框中无法输入数字，这是怎么回事呢？在输入数字之前请确认输入法是否为英文输入法状态，否则会出现无法输入的情况。该情况可能出现在 Authorware 软件的所有对话框、面板的文本框和"计算"图标编辑窗口中。

（3）单击工具栏上的"运行"按钮播放程序，在左下角出现闹钟的时候程序会出现暂停，同时闹钟指针开始转动。使用鼠标拖曳闹钟可以改变它的位置。

4. 使用按钮控制等待时间

（1）从图标栏拖曳一个"等待"图标到流程线上，把它放置在名称为"图片 2"和"图片 3"的

两个"显示"图标中间。

（2）位于操作区下方的属性面板变为"属性：等待图标"面板。在图标名称文本框中输入"出现按钮"，然后取消对"按任意键"复选框中的勾选，如图 7-10 所示。

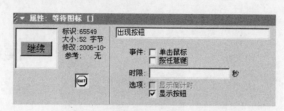

图 7-10　使用按钮控制等待时间

（3）单击工具栏上的"运行"按钮播放程序，播放到名称为"图片 2"的图片时程序会出现暂停，并且在演示窗口左上角出现一个名称为"继续"的按钮。

（4）单击工具栏中的"控制面板"按钮 ，打开控制面板，如图 7-11 所示。单击其中的"暂停"按钮，然后在演示窗口中单击"继续"按钮，该按钮变为选中状态，拖曳它到图片的正下方。

图 7-11　控制面板

专家点拨：在 Authorware 中，必须在程序运行中才能改变按钮的位置，并且前提是程序必须处于暂停状态才可以。使程序处于暂停状态的方法是在程序运行中按下控制面板上的暂停按钮。

（5）按钮的外观过于单一，需要做些改变。选择"修改"→"文件"→"属性"命令，打开文件属性面板。打开"交互作用"选项卡。单击"等待按钮"后面的展开按钮，弹出"按钮"对话框，如图 7-12 所示。

图 7-12　"按钮"对话框

在对话框中选择一种按钮形式，单击"确定"按钮，即可完成按钮形状设置。本例采用了一种平面化的按钮，它是一种在苹果计算机的操作系统中默认的按钮样式，如图 7-13 所示。在"标签"后面的文本框中可以输入文字，以改变按钮的标签文字。

第 7 章 "等待"图标、"擦除"图标和"移动"图标

图 7-13 等待按钮的外观设置

5．使用鼠标、键盘控制等待时间

（1）从图标栏拖曳一个"等待"图标到流程线上，把它放置在名称为"图片 3"和"图片 4"的两个"显示"图标中间。

（2）位于操作区下方的属性面板变为"属性：等待图标"面板。在图标名称文本框中输入"鼠标键盘控制"，然后取消对"显示按钮"复选框中的勾选，选中"单击鼠标"复选框，并在"时限"文本框中输入 10，如图 7-14 所示。

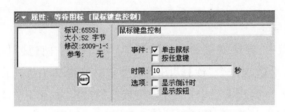

图 7-14 使用鼠标、键盘控制等待时间

（3）单击工具栏上的"运行"按钮播放程序，对程序进行调试。最后，按下 Ctrl＋S 组合键对程序进行再次保存，完成整个程序的设计，程序的流程结构图如图 7-15 所示。

专家点拨：在本例中，3 个"等待"图标分别应用了不同的控制方法，这是为了对"等待"图标的各种属性设置进行全面实践。在实际制作多媒体展示程序时，用户可以根据具体需要灵活应用"等待"图标。

图 7-15 程序的流程结构图

7.1.3 用变量控制"等待"图标

在制作 Authorware 多媒体课件时，如果程序中使用了多个"等待"图标，并且都是用时限来控制"等待"图标，使用复制、粘贴的方法当然可以节约大量制作时间，可一旦要改变多个"等待"图标的属性设置，工作量也是挺大的。何况对于大型程序来说，仅寻找"等待"图标就是比较麻烦的事情。在这种情况下，可以通过使用自定义变量的方法来对等待时间进行控制。

下面接着 7.1.2 节的程序实例进行操作。

1．修改"等待"图标的属性

（1）选择"文件"→"另存为"命令，将文件另存为"桂林山水演示课件（用变量控制"等待"图标）。

(2) 选择第一个"等待"图标,将它的图标名称改为"变量控制"。在对应的"属性:等待图标"面板中取消对所有复选框的勾选,在"时限"文本框中输入 dengdai。然后在流程控制窗口中的任意位置单击,此时会弹出一个"新建变量"对话框,要求设置变量的初值,变量的名称就是刚才在文本框中输入的 dengdai。在"初始值"文本框中输入 10,在"描述"文本框中输入如图 7-16 所示的注释语句,单击"确定"按钮完成变量的设置。

图 7-16 "新建变量"对话框

专家点拨:在系统变量中,都有变量的注释语句,一般是说明变量的使用方法。在定义变量中一般也应该给变量加入注释语句,便于以后查询。

(3) 对其他两个"等待"图标的属性也用这种方法来修改,使它们与第一个"等待"图标的设置相同。单击工具栏上的"运行"按钮播放程序,程序运行过程中每两幅画面间的等待时间都变为了 10s。

2. 修改变量初值

(1) 在上面的步骤中,等待变量的初始值设为 10s,无法再直接对变量初值进行重新设定,不过可以在流程线上插入一个"计算"图标 ▣ 来对变量初值进行设定。

(2) 从图标栏拖曳一个"计算"图标 ▣ 到流程线的最上方,将其命名为"等待初值设定"。

(3) 双击图标打开输入窗口,在里面输入如图 7-17 所示的语句。

(4) 单击输入窗口右上方的关闭按钮,会弹出一个对话框提示是否保存设置,如图 7-18 所示。单击"是"按钮保存设置,这样就可以重新设定"等待"图标的等待时间为 5s 了。

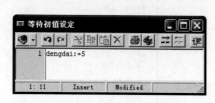

图 7-17 等待时间的初值设定

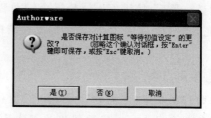

图 7-18 保存变量设置的提示对话框

(5) 再次运行程序,观看设置结果,可以看到每隔 5s 切换展示一幅图片。整个程序的流程结构如图 7-19 所示。

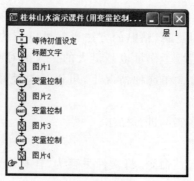

图 7-19 程序流程结构图

7.2 "擦除"图标

Authorware 提供了多种显示和擦除效果,并且有许多外部擦除效果插件可以安装使用,使它的显示和擦除效果更加丰富多彩。当然,在 Authorware 中并不是只有使用"擦除"图标才能达到擦除的目的,还可以使用"交互"图标的擦除选项或擦除函数等。有了显示和擦除效果的多媒体课件无疑比单调、枯燥的演示更具有生命力。

7.2.1 使用"擦除"图标的两种方法

打开"桂林山水演示课件(用变量控制"等待"图标).a7p",将其另存为"桂林山水演示课件(使用"擦除"图标)"。从图标栏拖曳 4 个"擦除"图标到流程线的相应位置,并分别命名,如图 7-20 所示。下面在这个程序的基础上介绍"擦除"图标的两种使用方法。

视频讲解

图 7-20 在流程线上插入"擦除"图标

1. 使用"擦除"图标的第一种方法

(1) 双击名称为"图片 1"的"显示"图标,打开演示窗口。

(2) 单击名称为"擦除图片 1"的"擦除"图标,属性面板变为"属性:擦除图标"面板。在演示窗口中单击图片 1,在"擦除"图标的属性面板右边的"列"后面的列表框中就出现了名称为"图片 1"的"显示"图标。

(3) 按照同样方法设置其他"擦除"图标的属性。

2. 使用"擦除"图标的第二种方法

单击工具栏中的"运行"按钮运行程序,因为"擦除"图标的擦除内容并没有进行选择,所以当程序运行到"擦除"图标的时候就会自动停止,这时候再单击演示窗口中的相关内容,一样可以起到擦除的效果。

相对来讲,第二种方法在实际操作中的应用更多一些,因为在程序的播放过程中出现停止时,可以同时选择多个对象进行擦除。当然第一种方法并不是不能同时选择多个图标的内容,按住 Shift 键的同时,双击要擦除的图标也可以同时打开多个窗口的内容,但这显然比较麻烦。

7.2.2 "擦除"图标的属性设置

单击"擦除"图标,属性面板变为"属性:擦除图标"面板,如图 7-21 所示。

视频讲解

1. 基本信息

"属性:擦除图标"面板的左侧是一些关于该"擦除"图标的基本信息,包括被自动赋予的图标 ID、图标的大小、创建时间、是否使用变量等,还有一个预览窗口和一个"预览"按钮。选择了擦除内容和擦除方式以后,可以单击"预览"按钮在演示窗口中对擦除效果进行预览。

图 7-21 "属性:擦除图标"面板

2. 擦除特效

"属性:擦除图标"面板的中间部分的最上方是图标名称文本框,这里输入的名称和在流程线上的图标名称相同。在文本框的下方是一个"特效"选项,默认情况下选择的是"无",表示没有使用任何擦除效果,单击后面的 按钮,可以弹出"擦除模式"对话框,如图 7-22 所示。

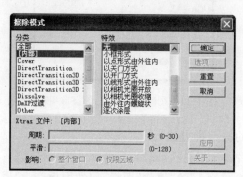

图 7-22 "擦除模式"对话框

专家点拨:图标的擦除效果和图标的显示效果的设置方法相同,只是使用的场合不同。在这些特效中,程序自带的效果很多,并且每一种都可以设置它们的具体显示值。

各选项的含义分别如下。

- 分类:在"分类"列表框中显示了各种过渡方式的分类。若选择"全部",可以看到所有的过渡方式;若选择其他分类,在后面的列表框中会显示本类别的过渡方式。
- 特效:在这个列表框中可以选择具体的过渡方式。如果要清除当前选择的过渡方式,在"[内部]"类中选择"无"就可以了。
- Xtras 文件:这是一个只读选项,它显示的是当前选择的过渡方式所在的类别。
- 周期:可以在后面的文本框中输入擦除效果延续的时间,单位是秒。

- 平滑：在该文本框中输入 0~128 之间的数值，用来设置过渡的平滑度，其中 0 表示最平滑，数值越大过渡效果越粗糙。
- 影响：有两个单选按钮，选择"整个窗口"，表示过渡效果将会影响整个演示窗口；选择"仅限区域"，表示过渡效果只影响被选择的区域。

在打开演示窗口的情况下，单击"应用"按钮可以预览擦除的效果，如果满意可以单击"确定"按钮，关闭"擦除模式"对话框。

"属性：擦除图标"面板的"特效"选项下面有一个"防止重叠部分消失"复选框，一般情况下会选择这个复选框，以保证显示效果。

3. 其他选项

在"属性：擦除图标"面板的右边是"列"选项，后面有两个单选按钮。在这里的选择直接影响擦除的内容，虽然只有两项，但应用好了，可以大大提高设置"擦除"图标的效率。

- 选择"被擦除的图标"选项，可以在后面的列表框中列出要擦除的图标。
- 选择"不擦除的图标"选项，可以在后面的列表框中列出要保留的图标。如果擦除后没有要保留的内容，在这里可以不选任何图标。
- 如果在选择要擦除或保留的图标时，出现了误选，可以在列表框中的图标上单击使它呈选中状态，然后单击"删除"按钮将它从列表中删除。

专家点拨：如果把不同的显示内容放在同一个"显示"图标中，在实现擦除功能时，只要单击其中一个内容，就会把全部内容擦除，为了防止这种情况的发生，一般把不同的显示内容尽量放在不同的图标中。

7.2.3 退出程序的方法

视频讲解

在前面的程序设计中，都是当程序运行到最后一个图标时，就会自动停止。如果想退出程序，需要单击"关闭"按钮退出程序。当然，设计的每个程序还都有菜单栏，不过在菜单栏上只有一个"文件"菜单。打开"文件"菜单，其中只有一个"退出"菜单项，它的快捷键是 Ctrl+Q。在程序运行过程中，也可以通过选择"文件"→"退出"命令或按下 Ctrl+Q 组合键退出程序。

通常，程序在设计时是不使用标题栏和菜单栏的，这样在程序运行过程中或程序运行结束时，只能按 Ctrl+Q 组合键强行退出程序。解决这个问题的好方法是使用退出函数 Quit，它的使用方法如下。

(1) 打开一个 Authorware 程序，从图标栏拖曳一个"计算"图标 到流程线的最下端。

(2) 双击"计算"图标打开输入窗口，在窗口中输入 Quit()，如图 7-23 所示。然后关闭输入窗口，在弹出的对话框中单击"是"按钮即可。

使用 Quit 函数时，在 Quit 后面的括号中可以输入 0~3 之间的数值作为参数，分别表示不同的退出方法。

- Quit(0)：这是一种默认的设置，和在括号中不输入数值没有不同。它表示执行该函数可以退出到桌面（Windows 95 以上）或苹果机的探测器，如果程序是从别的 Authorware 程序中跳转来的将返回原程序。
- Quit(1)：表示退出程序回到桌面。

图 7-23 设置退出函数

- Quit(2):表示退出程序并重新启动计算机。
- Quit(3):表示关闭计算机。

专家点拨:在多媒体程序设计中,通常在"计算"图标的文本输入窗口中输入 Quit() 来代替 Quit(0) 的输入。另外,与 Quit 函数具有相似功能的还有 QuitRestart 函数,使用该函数时,Authorware 退出程序后从头开始。重启动后,Authorware 把所有的变量都置为初值。QuitRestart 和 Quit 函数都只能在"计算"图标中使用。

7.3 演示型多媒体课件制作范例——守株待兔

视频讲解

学习了前面的内容以后,已经可以制作简单的演示型多媒体课件了,为了更好地掌握前面介绍的内容,下面完整地制作一个演示型多媒体课件范例。

7.3.1 范例简介

所谓的演示型多媒体课件,类似于一张张翻动的图书或广告演示等。每当夜幕降临,在繁华街道的两侧许多不断变换显示内容的显示屏,它们和演示型多媒体课件就有很多相似之处,但使用 Authorware 制作出来的演示程序更专业一些,并具有一定的交互功能。

本范例是根据"守株待兔"这个成语故事制作的一个演示型多媒体课件。在程序运行时,每到一幅画面都会暂停程序的运行,只有在使用者做出响应之后,程序才会按照顺序继续向下运行。本范例的效果如图 7-24 所示。

图 7-24 范例效果

7.3.2 制作步骤

1. 新建文件并设置文件的属性

（1）启动 Authorware，单击工具栏中的"新建"按钮，建立一个新文件。

（2）单击工具栏中的"保存"按钮，弹出"保存文件"对话框。在"保存在"下拉列表框中选择文件要保存的文件夹，在"文件名"文本框中输入文件名称"演示型多媒体课件——守株待兔"，单击"保存"按钮，对文件进行保存。保存完毕，Authorware 的标题栏和流程设计窗口的标题栏的文件名称都发生了变化。

（3）在"属性：文件"面板中的"回放"选项卡中取消对"显示标题栏"复选框和"显示菜单栏"复选框的勾选，选中"屏幕居中"复选框，其他选项使用默认设置，如图7-25所示。

图 7-25　文件属性设置

专家点拨：由于运行 Authorware 程序的计算机不同，屏幕的分辨率设置也不相同，但在 Authorware 程序的设计中设计的窗口大小是一定的，所以需要选中"屏幕居中"复选框，这样可以使程序在不同计算机上运行时都处于屏幕的中间位置。

2. 设计程序框架并导入图片

（1）从图标栏中拖曳 5 个"群组"图标 和 1 个"计算"图标 到流程线上，并对它们分别命名，图标名称如图 7-26 所示。

专家点拨：因为这是一个演示型多媒体课件，它的内容是一个成语故事，所以程序也是按照事件发展的步骤进行设计的。另外，因为这个实例要展示的内容比较多，所以采用了结构化、模块化的程序设计思路，利用"群组"图标把应用程序划为若干个模块，每个模块都完成一定的功能，而且每个模块都只有一个入口和一个出口。

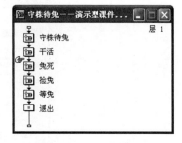

图 7-26　设计程序框架

（2）双击名为"守株待兔"的"群组"图标，打开"层 2"（第二级）流程设计窗口。对 Authorware 软件窗口大小进行适当调整，打开"我的电脑"，找到存放图片的文件夹，也将窗口进行适当调整，要能够露出待编辑的流程线。选中需要插入流程线的图像文件1.bmp，将其拖曳到流程线的相应位置，在流程线上出现一个"显示"图标，图标名称与原文件的名称相同，但被加上了图像格式后缀名，如图 7-27 所示。

（3）双击该"显示"图标，打开它的演示窗口，拖曳图片四周的 8 个矩形小方框，将图片调整到和窗口一样的大小。

图 7-27 将图像文件拖曳到流程线上

3. 设置图片的显示效果

（1）由于没有设置标题栏和菜单栏，只能单击绘图工具箱右上方的关闭按钮或单击控制面板上的"停止"按钮关闭演示窗口。

（2）在标题为 1.bmp 的"显示"图标上单击，操作区下方的属性面板变为"属性：显示图标"面板。单击"特效"右边的展开按钮 ，弹出"特效方式"对话框。在"分类"列表框中选择"[内部]"；在"特效"列表框中选择"以线形式由内往外"；在"周期"文本框中输入 2，表示显示效果持续 2s，如图 7-28 所示。单击"确定"按钮，完成显示效果的设置。

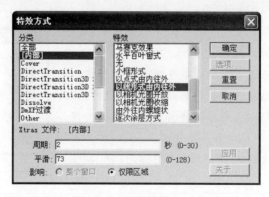

图 7-28 设置特效方式

专家点拨：在通常情况下采用"内部"类型的效果，这样有两个优点：一是可以减小程序打包发布后的体积；二是不会在程序发布后出现因打包时未能把特效文件加入到打包文件中而造成的错误。

4. "等待"图标的设置

（1）从图标栏拖曳一个"等待"图标到该层流程线上，同时操作区下方的属性面板变为

"属性：等待图标"面板。

（2）因为只是为了方便使用者控制程序运行节奏，所以只选择"单击鼠标"复选框和"按任意键"复选框，表示单击鼠标或按下键盘上的任意键程序会继续向下运行，如图 7-29 所示。

图 7-29 "等待"图标的设置

5．"擦除"图标的设置

（1）从图标栏拖曳一个"擦除"图标到该层流程线上，单击工具栏中的"运行"按钮运行程序，当程序运行到"擦除"图标时就会自动停止，同时操作区下方的属性面板变为"属性：擦除图标"面板。

（2）在演示窗口中要擦除的内容上单击，相应的图标就出现在"属性：擦除图标"面板右边的列表框中，同时演示窗口中相应的内容也消失了。

（3）单击"特效"右边的 图标，弹出"擦除模式"对话框，如图 7-30 所示。在"分类"列表框中选择"[内部]"；"特效"列表框中选择"马赛克效果"；"周期"文本框中输入 2，意思是设置擦除内容的时间是 2s。"平滑"文本框中输入 4，使擦除效果显得更加平滑。如果此时演示窗口是打开的，"应用"按钮变为可选，单击"应用"按钮可以预览擦除效果；反之，"应用"按钮以灰色显示，则不可选。如果对擦除效果满意，可以单击"确定"按钮回到属性面板。

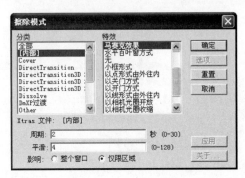

图 7-30 "擦除模式"对话框

专家点拨：在"擦除"图标中要按照想要擦除内容的多少来确定擦除的方式，因为如果已经选中了一些要擦除的内容后再选择擦除方式是比较麻烦的。一般情况下，如果要擦除的对象多，就用 Icons to Preserve(要保留的图标)，选择要保留的图标就可以了；反之，则用默认的选项，选择要擦除的图标。

（4）此时，在属性面板中"特效"文本框中的文字已经变为"马赛克效果"，选中文本框下面的"防止重叠部分消失"复选框，如图 7-31 所示。如果想再次预览擦除效果，可以单击属性面板左边的"预览"按钮,打开演示窗口对擦除效果进行预览。

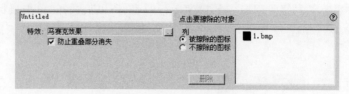

图 7-31　选择要擦除的图标内容

6. 输入文字并设置显示效果

(1) 双击名称为"干活"的"群组"图标,打开二级流程设计窗口,将名称为 2.bmp 的图像拖曳到流程线上并确定其位置。

(2) 从图标栏拖曳一个"显示"图标到流程线上,将其命名为"干活文字",双击打开该图标,在演示窗口中输入两段文字,分别是"古时候的宋国"和"有个人在田里干活"。

(3) 在绘图工具箱中选中"选择"工具,使文字处于选中状态,设置文字的字体为隶书,字号为 24 磅。

(4) 单击工具栏上的"运行"按钮运行程序,当程序运行到有文字的图标会暂停运行。在演示窗口单击文字使其处于被选中状态,调整文字位置。为了和图片配合,把文字拖曳到窗口的下端,分两行排列。然后单击控制面板上的"停止"按钮结束程序的运行。

(5) 单击名称为"干活文字"的"显示"图标,在属性面板中,单击"特效"右边的展开按钮,弹出"显示方式"对话框。选择"逐次涂层方式"特效,设定显示周期为 2s,单击"确定"按钮完成显示效果的设置。该部分文字显示效果完成一半时的效果如图 7-32 所示。

图 7-32　文字显示效果

(6) 使用同样的方法设计"图片—文字—等待—擦除"的过程,直到所有的演示内容全部设置完毕,其中部分流程结构图如图 7-33 所示。

专家点拨:在程序设计当中,经常要打开不同的流程设计窗口进行操作,但它们之间经常会发生相互遮挡现象,为了防止这种情况的发生,可以将它们进行合理的排列。

第 7 章 "等待"图标、"擦除"图标和"移动"图标　183

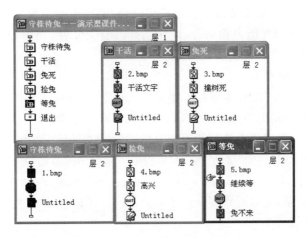

图 7-33　程序流程结构图演示部分

7. 退出程序

（1）双击一级流程线上最后的"计算"图标将其打开，将输入法调整到英文半角状态，在文本输入窗口输入 Quit()，如图 7-34 所示。

（2）单击"计算"图标窗口右上角的关闭按钮，弹出一个提示是否保存函数的警告对话框，单击"是"按钮保存。

到此为止，就完成了整个程序的制作。可以运行整个程序观看效果，如果觉得满意，按 Ctrl＋S 组合键可以再次保存文件。

图 7-34　退出的设置

7.4　"移动"图标

在第 6 章中介绍了将各种多媒体素材（如文字、图形、图像、视频和动画）导入到 Authorware 中并进行应用的知识。下面介绍使用"移动"图标，使这些多媒体元素的位置发生变化，即所谓动画设计。

7.4.1　认识"移动"图标

在 Authorware 中制作移动效果，需使用工具栏中的"移动"图标，以"移动"图标来控制对象在演示窗口中的位置移动。

视频讲解

1. "移动"图标的特点

Authorware 使用"移动"图标获得的移动效果只是二维的动画效果，即通过使对象位置的改变来获得移动效果。"移动"图标可以控制对象移动的时间、速度、起点、终点、路径，但没有办法改变对象的大小、形状、方向、颜色等。如果 Authorware 课件中需要更加复杂的动画效果，只有使用专业的动画制作软件（如 Flash、3ds Max 等）制作后，再插入到 Authorware 中使用。

虽然 Authorware 在动画制作方面有局限性，但如果能够灵活使用也能制作极好的动画效果。将"移动"图标与系统变量和表达式相结合,能够准确地表现运动的规律。将动画与 Authorware 强大的交互能力相结合,能使动画具有交互性,用户控制运动的过程,获得其他单纯的动画制作软件所无法实现的效果。

2. "移动"图标的使用

Authorware 的"移动"图标本身并不能够加入对象,它的作用是控制流程线上对象的移动。"移动"图标能够驱动的对象包括文字、图形、图像、数字电影、Flash 动画、GIF 动画等。换而言之,"移动"图标可以驱动流程线上的"显示"图标、"交互"图标、"数字电影"图标等。

在使用"移动"图标时,一个"移动"图标只能控制一个图标的运动,并且会使这个图标中的所有对象发生移动。因此,"移动"图标必须放在流程线上需要"移动"图标的后面,如图 7-35 所示。

要想移动多个对象,则需要将多个对象放到不同的图标中,并且使用多个"移动"图标来控制它们,如图 7-36 所示。

图7-35 "移动"图标放于需要移动的对象后面　　图 7-36 多个"移动"图标控制多个图标中的对象

7.4.2 设置"移动"图标的属性

和其他 Authorware 图标一样,通过拖曳操作可将图标栏中的"移动"图标放置到流程线上所需位置。双击流程线上的"移动"图标可打开"属性:移运图标"面板,如图 7-37 所示。

视频讲解

图 7-37 "属性:移运图标"面板

专家点拨:在流程线上放置了"移动"图标后,直接单击"运行"按钮 ▶ 使程序运行。当遇到没有指定移动对象的"移动"图标时,程序会自动打开"属性:移运图标"面板供用户指定移动对象,在"移动"图标前的对象也都会出现在演示窗口中,此时可以很方便地选择需要移动的对象。

1. 指定移动对象

打开"属性:移运图标"面板后,在演示窗口中选择需要移动的对象,即可为该"移动"图标指定移动对象。此时"属性:移运图标"面板中显示选择的图标名称和对象的缩略图,如图 7-38 所示。

第7章 "等待"图标、"擦除"图标和"移动"图标   185

移动对象的缩略图   移动对象的图标名

图 7-38 显示出图标名称和对象的缩略图

2. 移动类型

"移动"图标可以产生 5 种类型的移动效果，它们分别是指向固定点、指向固定直线上的某点、指向固定区域内的某点、指向固定路径的终点和指向固定路径上的任意点。移动类型在"属性：移运图标"面板的"类型"下拉列表中进行选择，如图 7-39 所示。

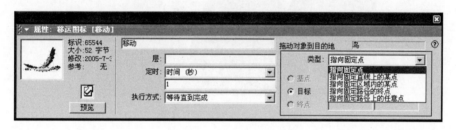

图 7-39 选择移动类型

"类型"下拉列表下方的文本框用于对移动的起点和终点坐标进行设置，不同的移动类型，会有不同设置项。

1) "指向固定点"

"指向固定点"是最常用的一种移动类型。此移动类型设置的结果是使选择的对象从原来的位置沿一条直线移动到终点。在这种移动类型的属性设置里，大部分内容都和"移动"图标共用的属性相同，不同的只是属性对话框右侧的内容。

2) "指向固定直线上的某点"

所谓"指向固定直线上的某点"移动类型，指的是让对象从出发点运动到有起点和终点的一条线段间的某一位置的运动方式，这条线段并非运动的路径而只是作为对象运动的起止点范围。

3) "指向固定区域内的某点"

所谓"指向固定区域内的某点"移动类型，指的是向固定区域内某点的移动方式，固定区域是由起始位置和终止位置所定义的矩形区域。

4) "指向固定路径的终点"

所谓"指向固定路径的终点"移动类型，指的是让对象沿着定义的路径从起始位置运动到终点位置，这里的路径可以是直线、折线或圆滑的曲线。

5) "指向固定路径上的任意点"

"指向固定路径上的任意点"移动类型指的是使对象沿定义好的路径移动到路径起点和

终点间的某个目标点,这里的路径可以是折线或曲线。

3. 移动中的"层"

在"属性:移运图标"面板的"层"文本框中输入数字(可输入正数、负数和0),用于设置移动时对象所处的层数。在移动时,层数高的对象将在层数低的对象的上面。

这里设置的层级关系,只在移动时起作用。当移动停止时,演示窗口的静止对象按照各个图标属性面板中设置的层级关系或流程线上的放置顺序来显示。在下面这个范例中,流程线上3个"显示"图标中的对象在静止时的显示效果,如图7-40所示。

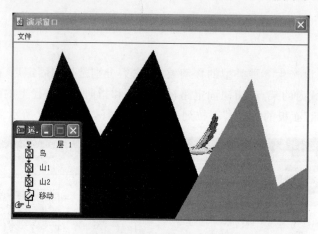

图7-40 静止时的层次关系

流程线上的"移动"图标作用于"鸟"显示图标,使鸟图像运动。打开"移动"图标的"属性:移运图标"面板,在"层"文本框中输入3时,运动开始后鸟图像将位于演示窗口的最上层,如图7-41所示。

图7-41 运动时鸟位于最上层

专家点拨:在设置"移动"图标的层级关系时,当移动对象所在图标的属性面板中的"直接写屏"复选框被勾选时,这里的移动层数无论设置为多少,对象都将被显示在最上面。

4. 移动的控制

在"属性:移运图标"面板中,"定时"下拉列表框下方的文本框中可以输入数字、系统变量和表达式,用于指定对象移动的速度。这一速度有两种衡量方式:时间和移动速率。例如,在文本框中输入数字5,当"定时"下拉列表框中选择"时间(秒)"时,则将在5s完成整个移动过程。若在"定时"下拉列表框中选择"速率(sec/in)"时,则对象将以每5s移动1英寸的速率完成整个移动过程。

"属性:移运图标"面板中的"执行方式"下拉列表框用于设置"移动"图标后续图标的执行情况。除"指向固定点运动"方式外,该下拉列表有3个选项。选择"等待直到完成"选项时,Authorware会在"移动"图标执行完后再执行后续图标;若选择"同时",则Authorware会在"移动"图标执行的同时执行后续图标;选择"永久",Authorware会持续移动指定对象,除非其被擦除。

7.4.3 指向固定点应用范例——移动字幕

本范例是一个文字移动动画,常用于课件结尾显示作者信息。程序运行时,文字从背景图片的下方移入,缓慢通过整个演示屏幕,从背景图片的上方移出消失,就像电影中常见的片尾字幕一样。本范例运行时的效果如图7-42所示。

视频讲解

图7-42 字幕效果

1. 准备素材

(1) 以"背景.jpg"文件作为本范例的背景。使用Photoshop打开该图片,创建一个Alpha通道,如图7-43所示。

专家点拨:在Alpha通道中,白色的像素表示不透明,而黑色像素表示透明,介于黑白之间的灰度像素则根据灰度的不同具有不同的透明度。在Authorware中支持Alpha通道作为图片的透明方式。利用图片的Alpha通道信息可精确地将相应画面的每一个部分进行设置,产生十分完美的透明或半透明效果。

(2) 将该文件另外保存为"遮盖图.psd"后退出Photoshop。该图片将在Authorware程序中起到对背景的遮盖作用。

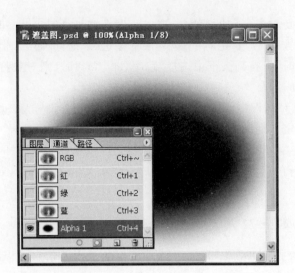

图 7-43 创建一个 Alpha 通道

2. 导入图片

(1) 启动 Authorware,在流程线上放置两个"显示"图标,将作为背景的图片和遮盖图片依次导入到这两个"显示"图标中,并分别命名为"背景"和"遮盖图"。

(2) 将"遮盖图"的透明模式设置为"阿尔法"模式,并调整两个"显示"图标中图片的大小和位置使它们完全重合。此时的演示窗口的显示效果如图 7-44 所示。

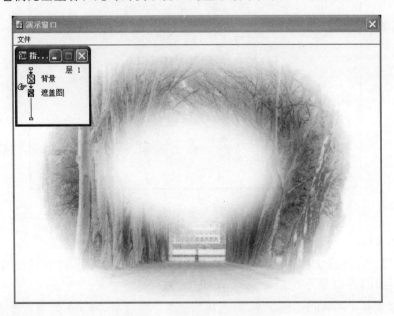

图 7-44 两张图片的叠加效果

3. 创建文字

(1) 在流程线的"背景"和"遮盖图"显示图标之间再放置一个"显示"图标,将其重新命名为"字幕"。使用"文本"工具创建文字,并设置文字的样式,并将其透明模式设为"透明",这些文字将作为字幕使用,此时的效果如图 7-45 所示。

图 7-45　创建字幕文字

专家点拨：这里文字需要的颜色是白色（与程序的背景色一致），为了方便文字的编辑和选取，先将其颜色设置为其他易于辨认的颜色。在设置动画效果时，文字没有被直接放置在窗口外，也是为了设置动画时方便对其进行选择。文字的颜色和初始位置可以在制作完成后再调整。

(2) 打开"遮盖图"图标的"属性"面板，在"层"文本框中输入数字 2。

4. 运动的实现

(1) 拖曳一个"移动"图标到流程线的最下端，将其命名为"运动"。在"字幕"显示图标中，将文字拖曳到演示窗口的最下方，如图 7-46 所示。

图 7-46　将文字拖曳到演示窗口的最下方

(2) 先在流程线上双击"字幕"显示图标，打开演示窗口，让文字显示出来。然后单击"运动"移动图标，并打开"属性"面板。接着单击演示窗口中的文字将其设置为移动对象。最后将文字拖曳于演示窗口的最上端，完成运动的起点和终点的设置，如图 7-47 所示。

图 7-47　将文字拖曳到移动的终点

专家点拨：在上面的操作步骤中，当完成将文字拖曳于演示窗口的最上端操作时，"属性"面板中的"目标"文本框中的两个数字发生了变化，显示的是文字移动终点的坐标。

(3) 单击"运动"图标，在"属性"面板中设置运动层号为 2，在"定时"下拉列表框中输入 20，设置运动时间为 20s，如图 7-48 所示。

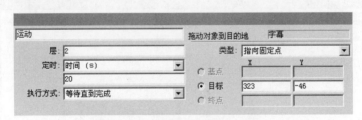

图 7-48　"属性"面板中的设置

专家点拨：在"属性"面板中，选择"定时"下拉列表框中的"时间(s)"时，可设置对象完成整个过程的时间。将时间设置为 0 时，可以获得对象从起点跳到终点的效果。当需要精确控制对象移动的速度而不管其移动距离时，可选择"速率(sec/in)"选项。此时，可以通过速度的设定来实现对象移动的同步。

(4) 再次双击打开"字幕"显示图标，此时文字处于被选择状态，将文字的颜色改为最终需要的白色，按 ↓ 键将文字向下移出演示窗口，使它完全看不见。

7.4.4　指向固定路径的终点应用范例——弹跳的小球

本范例是一个小球弹跳的动画效果。程序运行时，小球从演示窗口的左边高处弹下，弹跳几次后到演示窗口的右边结束。本程序的流程图如图 7-49 所示。

视频讲解

本范例的详细制作步骤如下:

(1) 新建一个 Authorware 文件。

(2) 在流程线上放置一个"显示"图标,将其命名为"小球"。双击该"显示"图标打开演示窗口,在演示窗口中绘制一个小球图形。将小球图形放于演示窗口的左上方。

(3) 在流程线上放置一个"移动"图标,将其命名为"移动小球"。双击这个"移动"图标,打开"属性:移运图标"面板,单击演示窗口中的小球图形,将其指定为移动对象。

图 7-49　弹跳的小球程序流程图

(4) 在"类型"下拉列表中将移动类型设置为"指向固定路径的终点",在移动对象小球图形上单击,此时在小球图形的中心会出现一个黑色的三角,它表示移动对象的起始点。

(5) 拖曳小球图形(不能拖曳黑色的三角,否则移动的是对象的起始位置),到某一个点放开鼠标左键,此时会出现一个路径的关键点,这样连续拖曳小球图形若干次,得到一个移动路径,如图 7-50 所示。

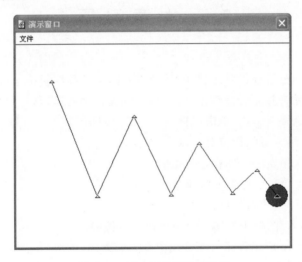

图 7-50　创建小球弹跳的路径

专家点拨:创建的路径上有若干空心的三角形拐点,可以拖曳这些拐点修改路径。

(6) 刚开始创建的路径是折线,任意两个拐点之间是一条直线。双击任意一个三角形拐点,三角形拐点将会变成圆形拐点,表示它两侧的路径是圆滑的曲线,再次双击圆形,拐点将会重新变为三角形。编辑图 7-50 中的拐点,得到如图 7-51 所示的路径。

专家点拨:在编辑路径的过程中,如果出现错误,可以打开"属性:移运图标"面板,选择"删除"或"撤销"按钮进行修改。另外,还可以拖曳圆形拐点改变曲线的形状。

(7) 打开"属性:移运图标"面板,在"定时"下拉列表框下面的文本框中输入 2,改变移动速度。

(8) 运行程序,即可看到小球的弹跳动画效果。

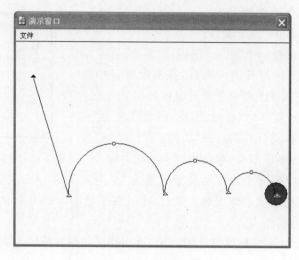

图 7-51　编辑路径

7.5　本章习题

1. 选择题

（1）在 Authorware 程序设计中使用"等待"图标，可使程序暂停运行，等待到指定时间、用户按下继续按钮、用户按下任意键或（　　），再继续程序的运行。

　　A. 次数限制　　　B. 单击鼠标　　　C. 时间限制　　　D. 按鼠标右键

（2）"擦除"图标用于清除指定对象，（　　）。

　　A. 只能一次指定一个图标进行擦除

　　B. 可以一次同时指定多个图标进行擦除

　　C. 不可以擦除"动画"图标中的内容

　　D. 一个"显示"图标中的多个对象可以分别擦除

（3）设 Authorware 应用程序的流程线中有 3 个图标，依次命名为 a、b、c，图标 a 和 c 是"显示"图标，图标 b 是"移动"图标，如果在图标 b 属性面板中的"执行方式"下拉列表框中选择"同时"，则（　　）。

　　A. 图标 a 的运动完成后，再执行"显示"图标 c

　　B. 图标 c 的运动完成后，再执行"显示"图标 a

　　C. 图标 a 和图标 c 同时执行

　　D. 图标 a、b、c 同时执行

（4）利用"移动"图标不能创建（　　）的动画效果。

　　A. 沿路径移动到终点的动画　　　　B. 沿三维路径定位的动画

　　C. 终点沿直线定位的动画　　　　　D. 沿平面定位的动画

（5）在流程线上，"移动"图标必须放在移动对象的（　　）。

　　A. 前面　　　　B. 前邻　　　　C. 后面　　　　D. 后邻

2．填空题

（1）在"等待"图标中设置的小闹钟在运行程序进行调试时，可以直接在上面按下鼠标并拖曳变换位置，但是要想调整"继续"按钮的位置，则必须按下控制面板上的_____按钮停止程序运行后，才可以在该按钮上按下鼠标拖曳改变位置。

（2）如果在选择要擦除或保留的图标时出现了误选，可以在属性面板"被擦除的图标"列表框中的图标上单击使它呈选中状态，然后单击_____按钮将它从列表中删掉。

（3）有时，"等待"图标属性面板中的"时限"文本框中无法输入数字，如果想正确输入数字，必须将输入法切换到_____输入法状态。

（4）退出程序的最好方法是使用退出函数_____。

（5）"移动"图标属性中的"层"文本框，用于设置_____时对象所处的层数。

（6）Authorware 中对象的移动类型有_____、_____、_____、_____和_____ 5 种。

7.6 上机练习

练习 7-1　课件范例——世界景观欣赏

利用"显示"图标、"等待"图标、"擦除"图标制作一个演示型课件范例——世界景观欣赏，效果如图 7-52 所示。

图 7-52　世界景观欣赏

主要制作步骤：

（1）新建 Authorware 文档，设置文档属性。

（2）拖曳两个"显示"图标到流程线上，在第 1 个"显示"图标中插入一个背景图片，在第 2 个"显示"图标中输入标题文字。

(3) 将"显示"图标、"等待"图标、"擦除"图标依次拖曳到流程线上并重新命名,共 5 组。

(4) 将外部图片插入到 5 个"显示"图标中,分别设置"显示"图标、"等待"图标、"擦除"图标的属性,实现演示型课件的效果。

(5) 最后利用 Quit()函数实现程序的退出。

练习 7-2　课件范例——认识植物

本范例是一个以动画效果展示植物图片的演示型课件。课件运行时,演示窗口由中间向四周展开显示一幅植物图片,然后移动到屏幕左上角,接着 3 幅植物图片依次由中间向四周展开,然后再移动到演示窗口的不同位置。第 5 幅植物图片由中间向四周展开后,停留在原位置。本范例运行后的最后效果如图 7-53 所示。

图 7-53　认识植物

主要制作步骤:

(1) 新建一个 Authorware 文件,将文件大小设置为"根据变量"。

(2) 从图标工具栏拖曳 5 个"显示"图标到流程线上,并分别命名为"图像 1""图像 2""图像 3""图像 4"和"图像 5"。

(3) 在"图像 1"~"图像 5"这 5 个"显示"图标中分别导入一幅植物图片。"图像 5"图标中的图像是最后展示的中间位置的植物图片,其他 4 个图标中的图像分别是将要移动到演示窗口 4 个角位置的植物图片。

(4) 将"图像 5"图标内的图像调整为矩形,并放置在演示窗口的中央,将前 4 个图像调整为大小和位置相同,均位于"图像 5"图标内图像的正中间,如图 7-54 所示。

(5) 选中"图像 1"显示图标,展开其对应的"属性:显示图标"面板,单击"特效"选项右侧的按钮,弹出"特效方式"对话框,选择其中的"以点式由内往外"选项。其他 4 个"显示"图标的特效方式也按照同样的方法进行设置。

(6) 在"图像 1"~"图像 4"各个图标的下边放入一个"移动"图标,分别命名为"移动 1""移动 2""移动 3"和"移动 4"。

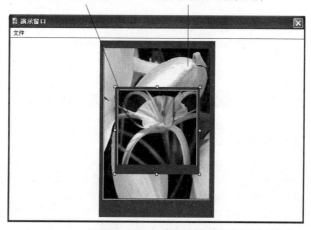

图 7-54 调整 5 幅植物图片的大小和位置

（7）为了精确调整各个图像移动的终止位置，可以先双击"图像 5"图标，显示该图像。然后按住 Shift 键的同时双击"图像 1"图标，这样两个图像同时显示在演示窗口中。

（8）双击"移动 1"移动图标，打开"属性：移运图标"面板，在"类型"下拉列表框中选择"指向固定点"移动类型。单击演示窗口中的植物图片（"图像 1"图标）作为移动对象，选定移动对象之后，接着拖曳图像到演示窗口的左上角，如图 7-55 所示。

图 7-55 设置"移动 1"移动图标

（9）按照相同的步骤设置其他 3 个"移动"图标。

（10）运行程序，观察效果。如果对图像的终止位置不满意，可以进行调整。调整时，可以展开对应的"属性：移动图标"面板，在"目标"文本框中重新输入移动对象的目标位置坐标。

练习 7-3 课件范例——有序数对

本范例是新课标人教版七年级下学期数学 6.1 节"有序数对"教学课件中课堂练习部分的一个演示程序。程序运行时,圆点按照题目指定的路径运动到终点处,程序运行效果如图 7-56 所示。

视频讲解

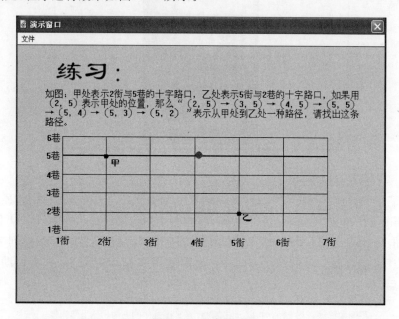

图 7-56 有序数对

主要制作步骤:

(1) 新建一个 Authorware 文件,设置文件的属性。

(2) 在流程线上放置两个"显示"图标,将它们分别命名为"点"和"题和表"。在"点"显示图标中绘制一个蓝色圆点,该圆点将作为移动对象。在"题和表"显示图标中创建文字对象和所需的表格。

(3) 在流程线上放置一个"移动"图标,设置其移动类型为"指向固定路径的终点"。在演示窗口中单击蓝色圆点,将其设置为移动对象。

(4) 在演示窗口中拖曳蓝色圆点到乙点所在的位置,此时会出现一条线段将这两点连接起来,这条线段就是创建的运动路径。

(5) 在路径上任意位置单击创建一个折线点,拖曳它到坐标(3,5)处,此时整个路径出现了转折。按相同的方法沿题目中的坐标对路径进行修改。

(6) 在"属性"面板中的"移动当"文本框中输入 MouseDown 作为动画开始的条件,使程序运行时,单击开始动画。这里,MouseDown 是一个系统变量,当单击时其值为 True。

第8章 Authorware 课件中的交互设计

交互性的好坏是衡量多媒体课件设计优劣的一个重要的标准。所谓交互,实际上就是一种人机的对话,通过键盘、鼠标等输入设备与多媒体程序进行信息交流,控制程序的运行,对程序做出各种回应。作为辅助学习用的多媒体课件,具有灵活的交互性是课件能够取得好的学习效果、提高学生积极性的保证。Authorware 支持多达11种类型的交互方式,能够满足课件制作对交互的所有要求。

本章主要内容:
- 交互控制的基础知识;
- 按钮交互响应及课件范例;
- 热区域交互响应及课件范例;
- 热对象交互响应及课件范例;
- 目标区交互响应及课件范例;
- 文本输入交互响应及课件范例;
- 按键交互响应及课件范例;
- 条件交互响应及课件范例;
- 下拉菜单交互响应及课件范例;
- 重试限制交互响应及课件范例;
- 时间限制交互响应及课件范例;
- 事件交互响应及课件范例。

8.1 Authorware 交互的基础知识

本节介绍 Authorware 交互的创建、交互属性的设置和交互响应设置的基础知识,使读者对 Authorware 交互的有关知识有一个初步的认识。

8.1.1 "交互"图标的结构特点

Authorware 中的交互功能是通过"交互"图标 来实现的。"交互"图标和"交互"图标右侧的交互分支构成了整个交互结构。

视频讲解

1. 交互结构的创建

将图标栏中的"交互"图标 拖曳到流程线上,再将一个图标(如"群组"图标)放置在这个"交互"图标的右侧,此时系统会弹出"交互类型"对话框,如图8-1所示。

该对话框给出了11种交互类型供选择,单击其中的任意一个单选按钮都可以选择交互方式。单击"确定"按钮关闭对话框,完成交互方式的选择。此时,在流程线上就会创建一个交互结构,如图8-2所示。这个交互结构只有一个分支,在右侧再次放置其他图标,可以创建具有多个分支的交互结构。

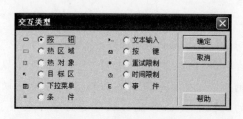
图8-1 "交互类型"对话框

图8-2 流程线上创建的一个交互结构

2. "交互"图标的结构

在Authorware中,一个完整的交互结构分为4个部分,它们是"交互"图标、"响应类型"图标、"响应结果"图标和响应结果路径。同时,在流程线上完整的交互结构还包括各个"响应"图标的名称和交互名称,如图8-3所示。

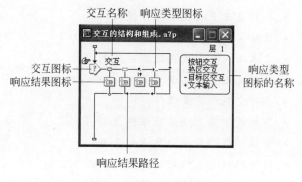
图8-3 交互分支结构

"交互"图标实现交互的功能,还具有"显示"图标的功能。在"交互"图标中可以显示某些交互的元素,包括按钮、热区域、目标区和文本输入响应的文本输入框等。同时,还可以在"交互"图标中显示图片、文本等对象,能和"显示"图标一样设置切换效果。

不同的交互响应类型具有不同的"响应类型"图标。响应类型可以在创建交互时设定,也可在属性面板中进行修改设定。双击该"响应类型"图标可打开属性面板,对交互响应进行设置。

"响应结果"图标为挂在响应类型下的图标,是交互分支所要执行的图标。

响应结果路径标示出响应完成后程序流程的走向,Authorware提供4种结果路径,可以在"属性"面板中进行设置。

专家点拨:"交互"图标左侧添加的"响应结果"图标不能是"框架"图标、"决策"图标、"交互"图标或"数字电影"图标和"声音"图标。要想在交互的分支中使用这些图标,可以先使用"群组"图标,再将这些图标放置在"群组"图标中。

8.1.2 "交互"图标的属性

在流程线上右击"交互"图标,选择"属性"命令,或选择"交互"图标后选择"修改"→"图标"→"属性"命令,均可打开"交互"图标的属性面板。下面分别介绍面板中各个选项卡设置项的作用。

视频讲解

1. "交互作用"选项卡

单击"交互作用"标签,打开"交互作用"选项卡,其中各设置项的作用如图 8-4 所示。

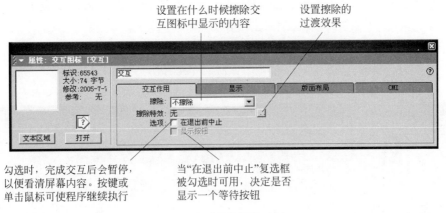

图 8-4 "交互作用"选项卡

2. "显示"选项卡

单击"显示"标签,打开"显示"选项卡,该选项卡中各设置项的作用与"显示"图标的设置一致,如图 8-5 所示。

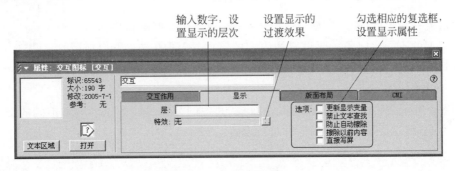

图 8-5 "显示"选项卡

3. "版面布局"选项卡

单击"版面布局"标签,打开"版面布局"选项卡,该选项卡可设置显示对象的位置和移动属性,各设置项的含义与"显示"图标一致,如图 8-6 所示。

4. CMI 选项卡

单击 CMI 标签,打开 CMI 选项卡,选项卡中的各设置项用于计算机管理教学方面的属性设置,如图 8-7 所示。

图 8-6 "版面布局"选项卡

图 8-7 CMI 选项卡

8.1.3 "响应类型"图标的属性设置

双击流程线上的"响应类型"图标可打开此种交互类型的属性面板。对于响应类型的不同决定了所要设置的内容的不同,不同的响应类型在属性面板中具有不同的设置项。

视频讲解

1. 交互的设置

图 8-8 所示是热区交互方式的属性面板,其中的"热区域"选项卡对于不同的交互类型会有所不同,但主要用于对交互本身进行设置。

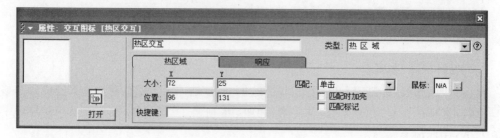

图 8-8 "热区域"选项卡

2. 响应的设置

所有的交互类型的属性面板中"响应"选项卡中的设置基本相同。选项卡用于对交互时

第 8 章　Authorware 课件中的交互设计　201

产生的响应进行设置，其各项的作用如图 8-9 所示。

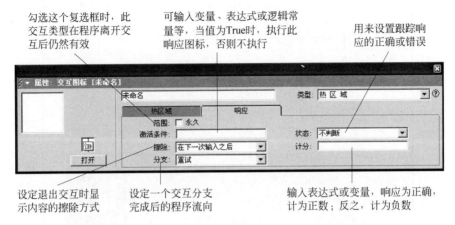

图 8-9　"响应"选项卡

当"永久"复选框被勾选时，"分支"下拉列表框中会有 4 个选项，否则只有 3 个选项，增加的是"返回"选项。这里要注意，文本输入响应、按键响应、时间限制响应和尝试限制响应的属性面板中的"永久"复选框不可用。

当在"状态"下拉列表框中选择"正确"或"错误"时，在响应名称旁会显示出"＋"或"－"。此时设定了响应的状态，即"＋"表示该响应被定义为正确响应，"－"表示该响应被定义为错误响应。

"响应"选项卡中的不同分支结构和响应状态的设置所对应的流程线结构，如图 8-10 所示。

图 8-10　4 种交互分支结构和响应状态

8.2　按钮交互

视频讲解

在多媒体课件中，使用按钮来进行交互是一种常用的方法，本节以一个单选题课件的制作为例来介绍按钮交互在课件中的应用。

8.2.1　范例简介

这是一个单页面的测试题课件，课件运行时，单击每题下面给出的单选按钮来进行答题。每题只有一次选择机会，一旦选择，该题的单选按钮均不可用。单击演示窗口下方的"查看分数"按钮，可看到答对的题数和得到的分数；单击"退出测试"按钮，可退出程序。

通过此范例的制作，学习按钮交互的创建方法、响应路径的设置、按钮样式的设置和自定义按钮的方法。同时介绍按钮的激活方法、鼠标光标的改变和利用系统变量来简单计分的方法。本课件范例运行的效果如图 8-11 所示。

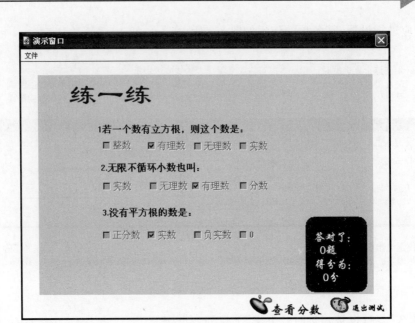

图 8-11　课件运行的效果

8.2.2　制作步骤

1. 背景和题目制作

（1）在流程线上放置一个"显示"图标，将其命名为"背景"，绘制一个灰色的矩形作为答题区。使用"文本"工具制作标题，并调整标题的文字样式。

（2）在流程线上再放置一个"显示"图标，将其命名为"题目"，在其中用"文本"工具输入需要的题目，并调整它们的位置和样式。演示窗口和流程线如图 8-12 所示。

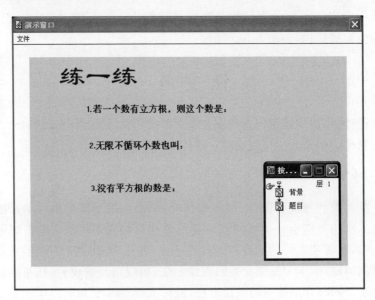

图 8-12　演示窗口和流程线

2. 为第一个选择题创建交互

（1）从图标栏中拖曳一个"交互"图标到流程线上，将其命名为"选择题1"。拖曳一个"计算"图标到"交互"图标的右侧，在弹出的"交互类型"对话框中单击"按钮"单选按钮。关闭对话框，建立一个按钮交互方式。此时在演示窗口中出现一个名为"未命名"的按钮，如图 8-13 所示。

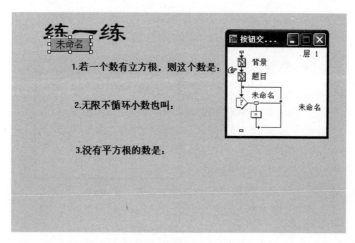

图 8-13　创建一个按钮交互

（2）下面改变按钮的样式。双击流程线上的"响应类型"图标，打开属性面板，单击"按钮"按钮，弹出"按钮"对话框，该对话框用于对按钮的样式进行修改。在"预览"列表框中列出了系统自带的按钮样式，选择一款按钮，单击"确定"按钮，即可改变程序中按钮的样式。这里选择其中的"标准 Windows 收音机按钮系统"选项，如图 8-14 所示。

图 8-14　选择按钮样式

专家点拨：使用"按钮"对话框，还可以修改按钮标题文字的样式。在"系统按钮"右侧有两个下拉列表框：一个可以选择按钮标题文字的字体；另一个可以设置按钮标题文字的大小。

(3) 再拖曳 3 个"计算"图标到"交互"图标的右侧,此时系统会按照第一个交互类型来依次创建后面的交互。分别双击流程线上的"响应类型"图标,在演示窗口中拖曳按钮适当调整它们的位置,如图 8-15 所示。

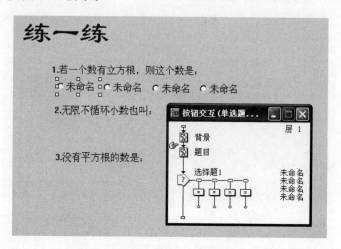

图 8-15　创建其他按钮并调整它们的位置

(4) 下面设置第一个按钮的属性。在属性面板中打开"响应"选项卡,在最上面的文本输入框中输入"整数"作为按钮显示的标签。勾选"永久"复选框,使按钮一直显示。在"激活条件"文本框中输入 p=0,以变量 p 是否等于 0 作为按钮是否可用的条件。在"状态"下拉列表框中选择"错误响应"选项,指定这第一个按钮的答案是错误答案。在"分支"下拉列表框中选择"返回"。此时,"属性"面板中的设置如图 8-16 所示。

图 8-16　"属性"面板

(5) 按照上面相同的方法对其他 3 个按钮进行设置,只是注意要将最后一个作为正确答案按钮的"状态"设置为"正确响应",并在"计分"文本框中输入 10,作为答题正确的得分。完成全部设置后演示窗口的布局和流程线结构如图 8-17 所示。

　　专家点拨:改变交互的响应状态,除了可以在"状态"下拉列表框中选择外,还可以直接按住 Ctrl 键,单击流程线上的代表响应状态的"+"或"-",Authorware 将顺序改变其状态。另外,按住 Ctrl 键单击流程线上代表分支方式的符号,可顺序改变分支方式。

(6) 下面为交互分支下挂的"计算"图标添加代码。依次为各个"计算"图标添加如下相同的程序代码:

　　　p:=1

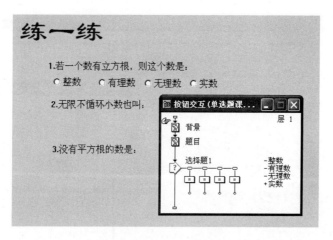

图 8-17　完成所有按钮设置后的演示窗口和流程线

该语句作为按钮交互的响应,当单击任意一个按钮时,变量 p 均被赋值为 1,使所有的按钮都不可用,从而使做题者只有一次选择机会。程序运行时,单击某个按钮后的效果如图 8-18 所示。

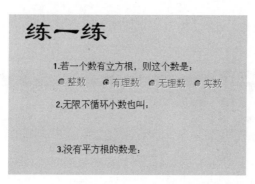

图 8-18　程序运行时单击某个按钮时的效果

3. 其他两个选择题的交互的制作

采用和上面一样的方法制作其他选择题的交互结构,注意在设置"激活条件"时,每一个选择题使用一个新的变量。此时的程序结构和显示效果如图 8-19 所示。

4. "显示分数"和"退出"按钮的制作

(1) 在流程线上再添加一个"交互"图标,在"交互"图标右侧挂接一个"显示"图标和"计算"图标,将交互类型设置为按钮交互类型。

(2) 下面自定义按钮的外观。打开属性面板,单击"按钮"按钮,弹出"按钮"对话框,单击其中的"添加"按钮,弹出"按钮编辑"对话框。在"状态"栏中可以看到,一个常规按钮通常有 4 种状态,它们分别是按钮正常的显示形态(即"未按")、按钮被鼠标单击的显示形态(即"按下")、当鼠标移动到按钮上时的显示形态(即"在上")和按钮不可用时的显示形态(即"不允")。

自定义按钮时,选择"状态"栏中的某种状态,单击"图案"下拉列表框右侧的"导入"按钮,在弹出的对话框中选择需要导入的图像文件将其导入即可。一般来说,制作精致的按钮

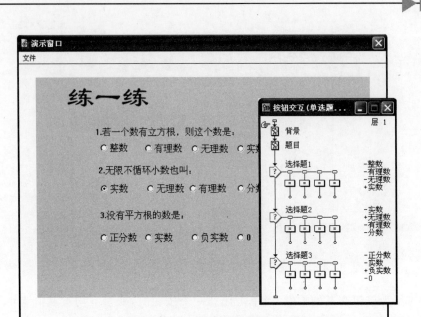

图 8-19　程序结构和显示效果

时，应该分别制作 4 张图片，以对应按钮的 4 种状态。本范例在"按钮编辑"对话框中导入自定义按钮，如图 8-20 所示。

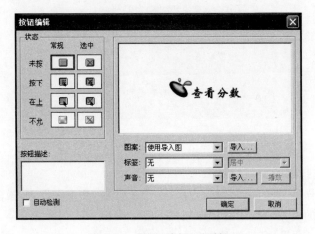

图 8-20　"按钮编辑"对话框

如果自定义按钮没有文字标签，可在"标签"下拉列表框中选择"使用卷标"，则其右侧的列表框变为可用，可以设置标签文字的对齐方式。如果需要给按钮的某种状态添加音效，可单击"声音"列表框右侧的"导入"按钮导入需要的声音效果。

（3）设置完成后，单击"确定"按钮关闭此对话框，此时在"按钮"对话框中可以看到添加的按钮。再次单击"添加"按钮，在"按钮编辑"对话框中导入图像文件，创建一个用于控制程序退出的自定义按钮，添加的两个按钮的样式如图 8-21 所示。

（4）选择创建的按钮，单击"确定"按钮，将它们分别添加到刚才的两个按钮交互中。在属性面板中分别为这两个按钮交互命名，将这两个按钮的响应路径均设置为"返回"选项，其

第 8 章 Authorware 课件中的交互设计　　207

图 8-21　"按钮"对话框中新添加的按钮

他可采用默认值。在演示窗口中调整这两个自定义按钮的大小和位置。此时，流程线结构和自定义按钮在演示窗口中的布局如图 8-22 所示。

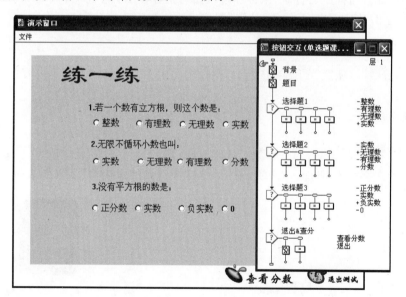

图 8-22　流程线结构和自定义按钮在演示窗口中的布局

（5）下面设置经过按钮时的鼠标形状。打开属性面板的"按钮"选项卡，如图 8-23 所示。

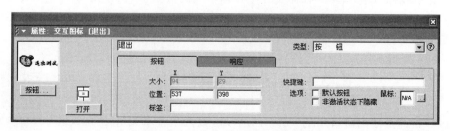

图 8-23　属性面板的"按钮"选项卡

单击"鼠标"右侧的 按钮,弹出"鼠标指针"对话框,在该对话框中可以选择鼠标光标的样式,如图 8-24 所示。

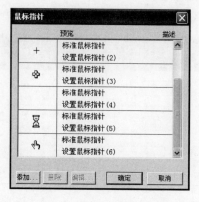

图 8-24 "鼠标指针"对话框

这里将"查看分数"和"退出"按钮鼠标指针均设为"鼠标指针"对话框中列表框的最后一个——手形指针。当程序运行时,鼠标经过按钮时指针显示为手形,如图 8-25 所示。

(6) 在"退出"按钮交互下挂的"计算"图标中输入如下程序代码:

Quit(0)

在"显示分数"按钮交互下挂的"显示"图标中使用文字工具输入如下内容:

答对了:
{TotalCorrect}
得分为:
{TotalScore}

最后设置文字样式,调整文字的位置,绘制作为背景的面板,显示效果如图 8-26 所示。

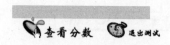

图 8-25 鼠标经过按钮时显示为手形光标   图 8-26 添加分数显示

这里系统变量 TotalScore 存储交互中正确响应的分数值,由于对每一个正确按钮响应在"响应"选项卡中的"计分"文本框中设置的计分值为 10,因此 3 题全对在这里显示的分值就应该是 30。

8.3 热区域交互

热区域指的是演示窗口中的一个矩形区域,该区域能够对用户在该区域中的动作做出响应。热区域交互响应与按钮响应类似,不过是将按钮换

视频讲解

成了演示窗口中的一个矩形区域,同按钮一样能够对鼠标的单击、双击或移过该区域的动作做出响应,下面以一个英语课件中的句型朗读示范效果为例来介绍热区域交互在课件中的使用。

8.3.1 范例简介

本范例运行时,单击画面中的句型,程序播放该句型的朗读声音文件。本课件制作时将图片上句型所在位置设置为热区域,通过对热区域内鼠标单击的响应来控制声音的播放。

通过本范例的制作,主要介绍热区域交互的创建方法、热区域的设定和区域中鼠标动作响应的设置。本课件范例运行时的效果如图 8-27 所示。

图 8-27　课件范例的运行效果

8.3.2 制作步骤

1. 导入背景图片

在流程线上放置一个"显示"图标,将其命名为"背景"。在该图标中导入背景图片,如图 8-28 所示。

图 8-28　导入背景图片

2. 创建热区域交互

在流程线上"背景"显示图标下放置一个"交互"图标,将其命名为"控制"。在"交互"图标的右侧挂接一个"声音"图标,在弹出的"交互类型"对话框中选择"热区域"。此时Authorware 会自动将这个"声音"图标放置在"群组"图标中。接着再挂接 3 个"声音"图标,并分别对它们命名,此时的流程线结构如图 8-29 所示。

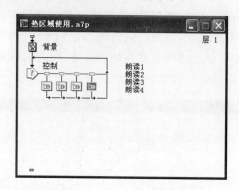

图 8-29　创建 4 个热区域交互

3. 热区域属性的设置

(1) 双击"背景"显示图标打开背景图,双击"朗读1"热区域交互的"响应类型"图标打开相应的属性面板。此时在演示窗口中会出现一个带有控制块的方框,这个方框框出的区域即为热区域,同时在方框中显示的是此热区域交互的名称。拖曳控制块可以改变热区域的大小,拖曳方框可以改变其位置。这里将热区域定义为背景图中的第一段对话,如图 8-30 所示。

图 8-30　定义第一个热区域

(2) 在属性面板的"热区域"选项卡中选择"匹配"下拉列表框中的"单击"选项,使交互对鼠标的单击动作产生响应。然后为热区域设置经过时的鼠标指针,如图 8-31 所示。

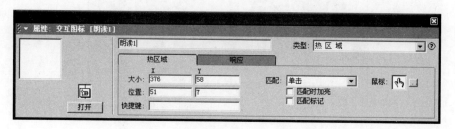

图 8-31　"热区域"选项卡中的设置

4. 添加匹配动作

双击下挂的"群组"图标，打开下一层的流程线窗口。选择其中的"声音"图标，在属性面板中单击"导入"按钮，导入需要的朗读文件，如图 8-32 所示。此声音文件的播放即为单击此热区域时的匹配动作。

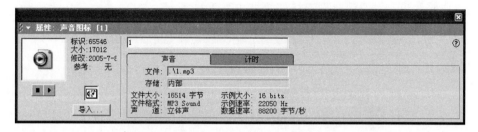

图 8-32　使用属性面板导入声音文件

5. 其他热区域的设置

采用和上面一样的方法完成其他 3 个热区域的设置，演示窗口中定义的热区域如图 8-33 所示。

图 8-33　演示窗口中创建的 4 个热区域

8.4　热对象交互

热对象交互方式也称为热件交互方式，单击演示窗口中被设置为热对象的物件后，程序会执行相应的"响应"图标。热对象交互的使用与热区域交互的使用相似，下面以一个英语看图识字课件的制作为例来介绍这种交互的使用方法。

视频讲解

8.4.1 范例简介

本范例是一个英语单词识读课件,程序运行时会显示4张图片,单击演示窗口中的图片会朗读图片对应的单词,并显示出该单词。通过本范例的制作,介绍热对象的指定、热对象匹配的响应等知识。本课件范例运行的效果如图8-34所示。

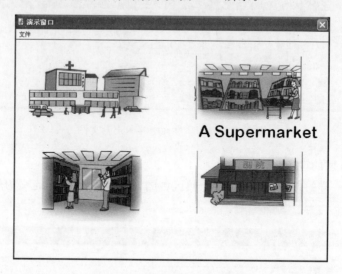

图 8-34　课件范例运行的效果

8.4.2 制作步骤

1. 导入对象

在流程线上放置一个"群组"图标,将其命名为"对象"。双击该图标,打开下一级流程设计窗口,在流程线上放置4个"显示"图标并分别命名为"对象1""对象2""对象3"和"对象4",分别导入4张图片到这些"显示"图标中,并调整它们的大小和位置,如图8-35所示。

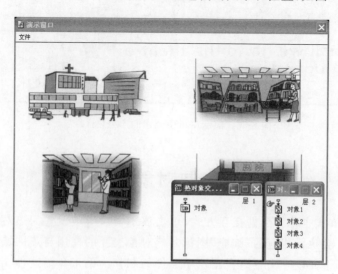

图 8-35　导入4张图片到4个"显示"图标中

专家点拨：在热对象交互中，不同的对象必须单独放在不同的"显示"图标中。

2. 创建热对象交互

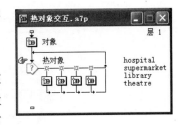

图 8-36　创建 4 个热对象交互

在主流程线上放置一个"交互"图标，并为其命名。在"交互"图标的右侧放置一个"群组"图标，将交互类型设置为热对象交互，并将其命名为"热对象"。在"交互"图标右侧再添加 3 个"群组"图标，并分别为这里添加的 4 个交互方式命名，此时的流程线如图 8-36 所示。

3. 热对象交互的属性设置

（1）单击"运行"按钮 使程序运行，由于没有对交互进行必要的设置，程序运行到交互时会自动打开属性面板，这时可在所有图片都在演示窗口中出现的情况下进行热对象的设置。

（2）单击演示窗口中的图片，为交互指定热对象，在属性面板左侧的图片框中会显示指定的热对象。在"热对象"选项卡的"匹配"下拉列表框中选择"单击"选项，将相匹配的响应事件设置为鼠标单击。然后为对象指定一个鼠标光标。此时"热对象"选项卡的设置如图 8-37 所示。

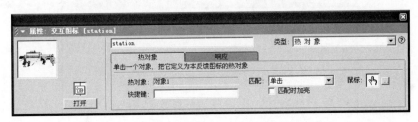

图 8-37　"热对象"选项卡的设置

（3）继续使程序运行，程序每遇到一个没有设置交互对象的交互分支时都会弹出属性面板，按照和上面一样的方式对另外 3 个热对象交互方式进行设置。

4. 制作与交互匹配的响应程序

（1）在交互分支中的 station"群组"图标的流程线上放置一个"声音"图标，使用属性面板导入单词朗读的声音文件，在"计时"选项卡中选择"执行方式"下拉列表框中的"同时"选项，如图 8-38 所示。

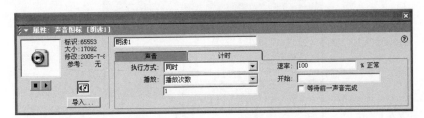

图 8-38　"属性：声音图标"面板

（2）在流程线上再放置一个"显示"图标，在该图标的演示窗口中输入与朗读相一致的文字 A Hospital。调整文字的样式和位置，并为其添加过渡效果，此时的显示效果如图 8-39 所示。

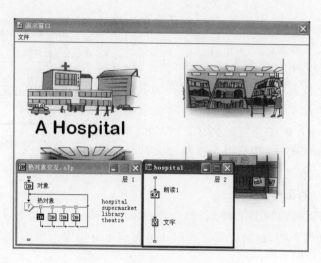

图 8-39　演示窗口中的演示效果

（3）采用相同的方法制作其他交互的响应程序，完成后演示窗口中文字的布局如图 8-40 所示，此时程序各部分的流程线结构如图 8-41 所示。

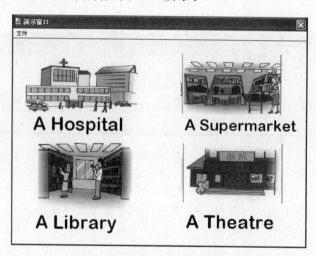

图 8-40　文字在演示窗口中的布局

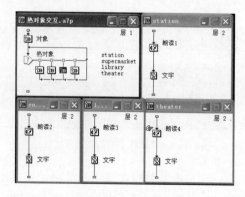

图 8-41　程序各部分的流程线结构

第 8 章　Authorware 课件中的交互设计

8.5　目标区交互

视频讲解

目标区交互在程序运行时要求用户将指定的对象移动到指定的区域，若移到了指定的区域则发生响应。目标区交互是 Authorware 中一个很有特色的交互方式。在多媒体课件制作中，使用该交互方式能够在课件中创建有趣的交互游戏，如常见的实验仪器的拼装，将对象归入所属于的类属的练习等。下面以一个数字分类练习的课件制作为例来介绍目标区交互的实现方法。

8.5.1　范例简介

本范例是人教版新课标七年级数学"正数和负数"课件中的一道练习题。程序运行时，给出题目和数字，拖曳数字使其分类。放置正确的数字留在分类框中，不正确的回到原来的位置。显示窗口中动态显示尝试次数、正确次数和错误次数。

通过本范例的制作，将介绍目标区交互创建的方法、目标区域的设置技巧、错误区域的创建和交互中判分的方法。本课件范例的运行效果如图 8-42 所示。

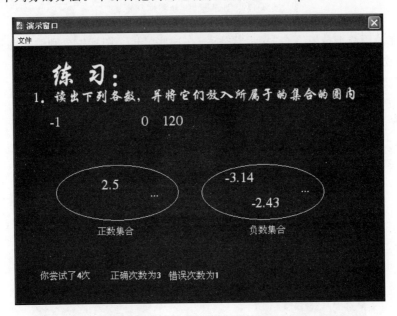

图 8-42　课件范例运行的效果

8.5.2　制作步骤

1. 创建所需的题目和分类框

在流程线上放置一个"显示"图标，并为其命名为"标题 & 题目 & 框"。在该图标中创建标题、题目和两个用于放置数字的分类框，如图 8-43 所示。

2. 创建交互所需的拖动对象

在流程线上放置一个"群组"图标，将其命名为"数字"。双击该图标，打开其下一级的流

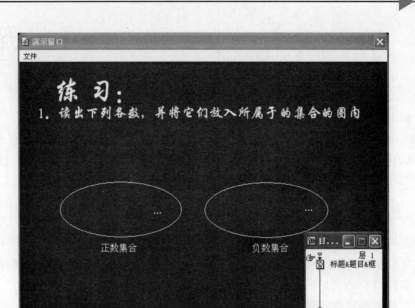

图 8-43　创建题目、分类框和标题

程线窗口,在流程线上放置 6 个"显示"图标。在这些"显示"图标中分别输入题目中的数字,并设置这些文字的样式和大小,调整它们的位置,得到效果如图 8-44 所示。这些"显示"图标中的数字将在目标区交互中被设置为可移动的对象。

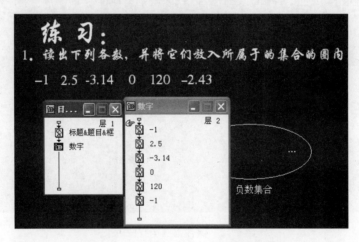

图 8-44　在"显示"图标中创建数字对象

3. 创建第一个目标区交互

(1) 在流程线上放置一个"交互"图标,将其命名为"交互"。在"交互"图标的右侧放置一个"群组"图标,将交互类型设置为"目标区"。在"交互"图标的右侧再放置 5 个"群组"图标,如图 8-45 所示。

(2) 运行程序,当程序遇到没有设置的交互响应时,会自动弹出属性面板,要求进行设置,同时在演示窗口中出现一个虚线框,这个虚线框就是目标区域框。在属性面板中输入交互名称,此时虚线框中也会显示出交互名称。在演示窗口中的目标对象上单击,虚线框会自

第 8 章　Authorware 课件中的交互设计

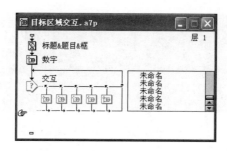

图 8-45　创建 6 个目标区交互

动地套住该对象，如图 8-46 所示。

（3）拖曳目标区域虚线框到"负数"椭圆的位置，调整其大小，使目标区域包括整个椭圆，如图 8-47 所示。这个区域就是设定的目标区域。

图 8-46　指定目标对象

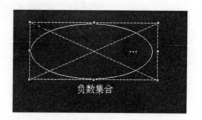

图 8-47　设定交互的目标区域

（4）在属性面板的"目标区"选项卡的"放下"下拉列表框中选择"在目标点放下"选项，其他设置如图 8-48 所示。

图 8-48　"目标区"选项卡中的设置

专家点拨：在"目标区"选项卡的"放下"下拉列表框中有 3 个选项，用于指定拖曳对象结束后目标对象在区域中的放置位置。"在目标点放下"的功能是将对象留在目标区域；"返回"的功能是将对象返回到初始位置；"在中心定位"的功能是定位在区域的中心。

（5）在"响应"选项卡的"状态"下拉列表框中选择"正确响应"选项，设置将对象放在此区域的响应为正确响应。至此，第一个目标区交互创建完成。

4．创建数字 0 的目标区交互

（1）按照前面类似的方法，设置该对象的目标区域如图 8-49 所示。

（2）在属性面板的"目标区"选项卡中将"放下"设置为"返回"选项，在"响应"选项卡的"状态"列表框中选择"错误响应"选项。这样程序运行时，将 0 拖曳到任何一个分类框中，数

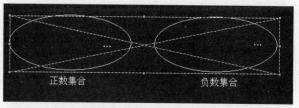

图 8-49　数字 0 的目标区域

字都会返回初始位置,并被视为一次错误响应。

5. 创建其他数字的目标区交互

按照步骤 3 中介绍的方法为其他数字创建目标区交互,此时的流程线结构和在演示窗口中创建的目标区如图 8-50 所示。

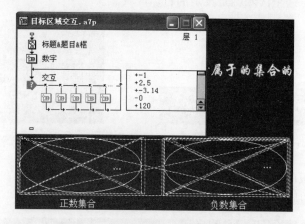

图 8-50　流程线结构和创建的目标区

6. 创建出错目标区

(1) 在"交互"图标右侧增加一个"目标区"交互方式,将其目标区设为整个演示窗口,如图 8-51 所示。

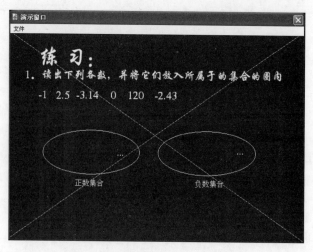

图 8-51　目标区域设为整个演示窗口

(2) 在属性面板的"目标区"选项卡中勾选"允许任何对象"复选框,将该区域的目标对象设置为所有的对象。在"放下"下拉列表框中选择"返回"选项,使停止拖曳后在该区域的对象返回到初始位置。选项卡中的其他设置如图8-52所示。

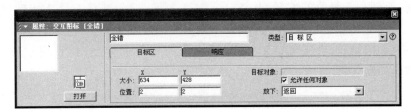

图 8-52 "目标区"选项卡的设置

(3) 在"响应"选项卡中,将"状态"设置为"错误响应"选项,完成此交互方式的设置。

7. 成绩的显示

(1) 双击打开名为"标题 & 题目 & 框"的"显示"图标,使用"文本"工具在演示窗口下方适当位置分别输入如下文本:

你尝试了{TotalCorrect + TotalWrong}次
正确次数为{TotalCorrect}
错误次数为{TotalWrong}

(2) 在该图标的属性面板中,勾选"更新显示变量"复选框,使显示的变量能够随时更新。

至此,本程序制作完成。这里将"交互"图标下挂的所有"群组"图标均留空。程序完整的流程线结构如图8-53所示。

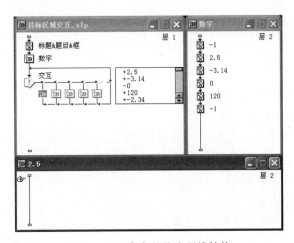

图 8-53 程序完整的流程线结构

8.6 文本输入交互

视频讲解

文本输入交互方式可以接受用户从键盘上输入的文字、数字和符号,若输入的内容与设定的响应相匹配,则进入相应的分支执行。下面以一个填空题课件的制作为例来介绍其具体的使用方法。

8.6.1 范例简介

本范例是一个填空题课件。程序运行时,演示窗口中显示3道填空题,在横线上通过键盘输入答案。输入每题的答案后,按 Enter 键进入下一题,题目全部完成后显示做题的结果。

通过本范例的制作,主要介绍在填空题课件中的文本输入交互的使用方法。本课件范例的运行效果如图8-54所示。

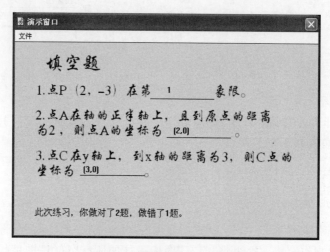

图 8-54 课件范例运行的效果

8.6.2 制作步骤

1. 制作题目

在流程线上放置一个"显示"图标,将其命名为"标题&题目"。在其中输入题目、标题等,并分别设置文字的样式,如图8-55所示。

2. 创建第一个文本输入交互

(1) 在流程线上放置一个"交互"图标,将其命名为"填空题1"。在其右侧放置两个"群组"图标,交互类型选择"文本交互"选项,得到如图8-56所示的交互结构。

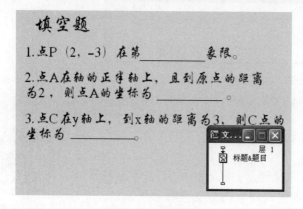

图 8-55 制作题目　　　　　　　　图 8-56 创建交互结构

（2）运行程序，按住 Shift 键双击流程线上的"交互"图标，此时会出现一个带有三角形标识的文本输入框。单击此文本输入框，文本框被有 8 个控制块的虚线框包围。此时拖曳文本框可以改变它的位置和大小。调整它的大小和位置，如图 8-57 所示。

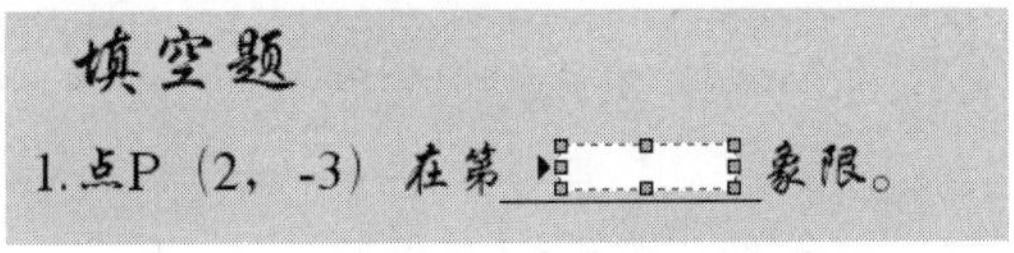

填空题
1.点P（2，-3）在第▶□□□□□象限。

图 8-57　调整文本输入框的大小和位置

（3）下面设置第一个文本输入交互的文本框样式。双击演示窗口中的文本框，弹出"属性：交互作用文本字段"对话框，如图 8-58 所示。

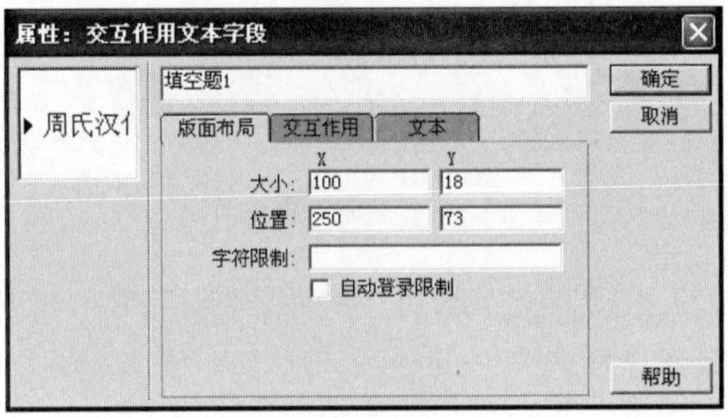

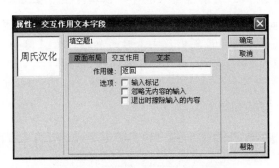

图 8-58　"属性：交互作用文本字段"对话框

专家点拨：在"版面布局"选项卡的"字符限制"文本框中输入数字，可设置最多可以输入的字符数。如果为空时，则程序中的文本输入框可以任意输入直到填满。当输入字符数达到了"字符限制"文本框中设置的值时，Authorware 将自动结束输入。

打开"交互作用"选项卡，取消对"输入标记"的选择，使文本输入框前的三角形箭头消失。取消对"退出时擦除输入的内容"复选框的选择，以使输入的内容能够保留在演示窗口中。同时，取消对"忽略无内容的输入"复选框的选择。该选项卡的设置如图 8-59 所示。

图 8-59　"交互作用"选项卡的设置

打开"文本"选项卡，该选项卡可对输入的文字样式进行设置。使用"模式"下拉列表框可设置文本框在演示窗口中的显示模式，这里选择"透明"选项，使文本框的背景透明。"文本"选项卡的设置如图 8-60 所示。单击"确定"按钮关闭对话框,此时文本输入框的样式如图 8-61 所示。

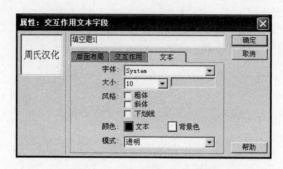

图 8-60 "文本"选项卡的设置

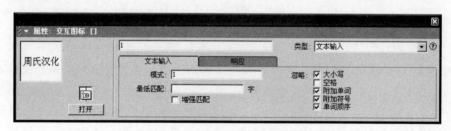

图 8-61 文本输入框的样式

(4)下面设置第一个文本输入交互的交互属性。双击"交互类型"图标,打开属性面板,在上方的文本输入框中输入 1 作为交互的标题,在"文本输入"选项卡的"模式"文本框中输入 1,如图 8-62 所示。

图 8-62 "文本输入"选项卡的设置

专家点拨:"最低匹配"文本框输入数字可以指定最少必须输入的字符数。勾选下方的"增强匹配"复选框时,则当匹配文本多于一个时,用户的输入可有多次重试的机会。"忽略"选项中的各个复选框用于设置输入文本时的忽略因素。例如,勾选"空格"复选框会忽略空格,勾选"单词顺序"复选框时,将忽略字符的排列顺序。

打开"响应"选项卡,将"擦除"设置为"不擦除"选项,"分支"设置为"退出交互"选项,"状态"设置为"正确响应"选项,如图 8-63 所示。

图 8-63 "响应"选项卡的设置

（5）下面创建错误响应。文本输入响应必须对错误的文本输入做出反应，在第二个分支结构的交互响应属性面板中，将该交互响应命名为一个通配符＊，表示匹配对象是所有文字。在"响应"选项卡中将"状态"设为"错误响应"选项，"分支"设为"退出交互"选项，其他设置采用默认值，此时的流程线结构如图 8-64 所示。这样，当输入的是非正确答案时，将被标定为错误响应退出交互。

3. 创建其他的文本交互

对于文本交互，在一个交互结构中无论创建多少个文本输入响应，演示窗口中均只能显示一个，因此要想创建多个输入框的话，需要创建多个交互结构。按照上面介绍的步骤为另外两个填空题创建交互方式，程序的流程线如图 8-65 所示。

图 8-64　流程线结构

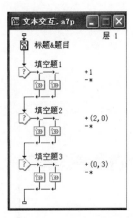

图 8-65　流程线结构

4. 创建分数反馈

在流程线的最后放置一个"显示"图标，在该图标的演示窗口下方适当位置输入如下文字：

此次练习,你做对了{TotalCorrect}题,做错了{TotalWrong}题。

输入后的效果如图 8-66 所示。

至此，程序设计完成，完整的流程线结构如图 8-67 所示。

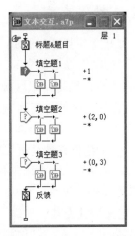

此次练习,你做对了 {TotalCorrect}题, 做错了 {TotalWrong}题。

图 8-66　输入反馈信息

图 8-67　程序的完整结构

8.7 按键交互

视频讲解

按键交互可以认为是按钮交互的键盘形式,即将按下按钮产生交互效果变为按下键盘上特定键而产生交互效果。

8.7.1 范例简介

本范例是一个使用按键来控制象棋在棋盘上移动的程序。本程序的流程图如图 8-68 所示。程序运行时,用户通过按下键盘上的↑、↓、←、→方向键让棋子在棋盘上移动,如图 8-69 所示。

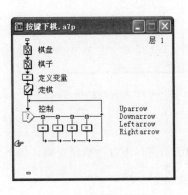

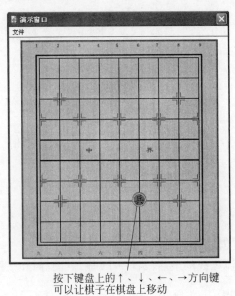

图 8-68 程序流程图   　　　　　图 8-69 程序运行效果

8.7.2 制作步骤

1. 打开文件并进行编辑

(1) 打开"自动下象棋.a7p"程序文件,这是一个自动下象棋的范例。运行程序,象棋可以自动在指定的固定矩形区域中不停地移动。

(2) 将程序文件另存为"按键下棋.a7p"。删除流程线上的最后两个图标,并且更改"定义变量"计算图标的内容,如图 8-70 所示。

(3) 这里象棋移动是按照"指向固定区域内的某点"的移动类型设计的,定义的固定区域如图 8-71 所示。这个固定区域是一个 8×4 的矩形网格,在对应的"移动"图标属性面板中,终点的 x 坐标为 8,y 坐标为 4,目标点的坐标由变量 x 和 y 决定,如图 8-72 所示。

2. 定义按键交互

(1) 拖曳一个"交互"图标到流程线上,命名为"控制"。拖曳一个"计算"图标到该"交互"图标右侧,弹出"交互类型"对话框,选择"按键"单选按钮,并单击"确定"按钮,建立一个

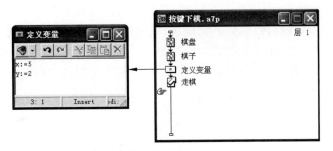

图 8-70 修改程序

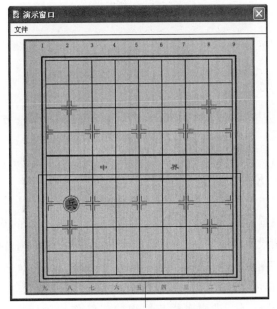

定义的棋子移动的固定区域

图 8-71 定义的固定区域

图 8-72 "移动"图标的属性面板

按键交互分支,命名该"计算"图标为 Uparrow。默认情况下,"按键分支"图标的名称就是需要用户按下的键,这里设置用户按下向上方向键↑来匹配这个分支。

(2) 双击 Uparrow"计算"图标,在打开的代码输入窗口中输入:

y:= y + 1
GoTo(@"走棋")

这两行代码的功能是，当按一下↑键时，变量 y 的值自动加上 1，也就是让棋子向上移动一个单位；同时让程序跳转到名称为"走棋"的图标处执行，也就是实现循环走棋。

（3）按照同样的方法，在交互结构中再添加 3 个响应分支。3 个分支的"计算"图标名称分别为 Downarrow、Leftarrow 和 Rightarrow。对应这 3 个"计算"图标中的代码如下：

Downarrow"计算"图标：

y:= y - 1
GoTo(@"走棋")

Leftarrow"计算"图标：

x:= x - 1
GoTo(@"走棋")

Rightarrow"计算"图标：

x:= x + 1
GoTo(@"走棋")

至此，本范例制作完毕。运行程序，按下键盘上的↑、↓、←、→方向键控制棋子在棋盘上移动。

8.8 条件交互

视频讲解

条件交互是一种根据用户为该交互设置的条件进行自动匹配的交互类型。条件交互随时检测设置的条件是否成立。条件成立（True），则执行该条件交互分支下"响应"图标内的流程；条件不成立（False），则不执行该条件交互分支。例如，用系统变量 MouseDown 检测用户是否进行了鼠标的单击或拖曳操作；或判断用户取得的成绩是否已经大于 60 分，进而对用户取得的成绩作出阶段性评价（如及格或不及格等）。这些都可以通过条件交互来实现。

8.8.1 范例简介

8.7 节制作了一个按键下棋的程序范例，这个程序存在一个问题，那就是当棋子运动到固定区域的边界时，虽然再按键时不会使它移出区域，但坐标值却随着按键而改变，当多次按键后，若想将棋子移离边界，则需要多次按反方向键才行。这个问题可以通过添加条件交互，判断棋子的运动是否超过边界来解决。

8.8.2 制作步骤

1. 打开文件并进行编辑

（1）打开"按键下棋.a7p"程序文件，将其另存为"按键下棋增强版.a7p"。

（2）为了能够使用条件交互加强这个程序的功能，先对程序结构进行调整。将按键交互下挂的"计算"图标改为"群组"图标，将这些"计算"图标分别放到这些"群组"图标中，如图 8-73 所示。

第 8 章 Authorware 课件中的交互设计   227

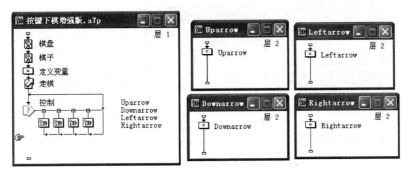

图 8-73 调整后的程序流程图

2. 定义条件交互

（1）在 Uparrow"群组"图标的流程线窗口中放置一个"交互"图标，命名为"判断"，在该"交互"图标的右侧放置两个"计算"图标，将交互类型设置为条件交互，流程线结构如图 8-74 所示。

（2）打开这里第一个交互响应分支对应的属性面板，在"条件"选项卡的"条件"文本框中输入作为条件的表达式"y<5"，在"启动"下拉列表框中选择"为真"选项，如图 8-75 所示。在"响应"选项卡中将"分支"设置为"退出交互"选项，如图 8-76 所示。

图 8-74 Uparrow"群组"图标中的流程线结构

图 8-75 "条件"选项卡的设置

图 8-76 "响应"选项卡的设置

（3）下面设计 Uparrow"群组"图标中的程序代码。剪切 Uparrow"计算"图标中"Goto(@"走棋")"语句，将其复制到"y<5"交互响应分支的"计算"图标中。在"y=5"交互响应分支下的"计算"图标中输入如下程序代码：

y:= 4

当坐标值 y 为 5 时，对象已移出了边界，此时将坐标值 y 保持为 4。

完成以后，Uparrow"群组"图标中的流程图如图 8-77 所示。

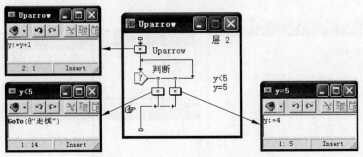

图 8-77　Uparrow"群组"图标中的流程图

(4) 按照同样的方法创建其他条件交互,这里不再赘述。其他 3 个"群组"图标中的流程图如图 8-78 所示。

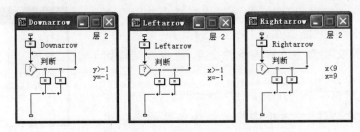

图 8-78　其他 3 个"群组"图标中的流程图

8.9　下拉菜单交互

视频讲解

下拉菜单是标准 Windows 应用程序的用户接口,其优势是使用广泛、占用屏幕小。多媒体课件制作中既可以将下拉菜单交互作为主要交互的方式,也可以作为按钮交互等其他交互的辅助方式。

8.9.1　范例简介

本范例通过下拉菜单交互来制作多媒体课件的模块化程序结构。程序流程如图 8-79 所示,运行效果如图 8-80 所示。

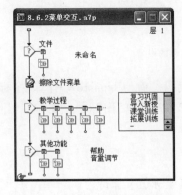

图 8-79　菜单导航程序的流程图

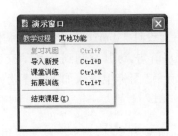

图 8-80　菜单导航程序的运行效果

8.9.2 制作步骤

1. 定义下拉菜单交互

(1) 新建一个文件,选择"文件"→"保存"命令,将新建的文档进行保存。

(2) 拖曳一个"交互"图标到流程线上,重命名为"文件"。

(3) 拖曳一个"群组"图标到"文件"交互图标右侧,弹出"交互类型"对话框,单击"下拉菜单"单选按钮建立一个下拉菜单交互。

(4) 单击"未命名"交互分支上的交互标志,调出交互属性面板,单击"响应"选项卡,勾选"范围:永久"复选框,从"分支"下拉列表框中选择"返回"选项。

(5) 拖曳一个"擦除"图标到"文件"交互结构后面的流程线上,重命名为"擦除文件菜单"。运行程序,单击演示窗口中菜单栏上的"文件"菜单项将其擦除。

专家点拨:建立一个"文件"下拉菜单交互,覆盖系统默认的"文件"菜单,然后就可以使用"擦除"图标将其擦除。

(6) 拖曳一个"交互"图标到流程线上,重命名为"教学过程"。

(7) 拖曳一个"群组"图标到"教学过程"交互图标右侧建立一个下拉菜单交互分支,将分支下的"设计"图标重命名为"复习巩固"。

(8) 单击"复习巩固"交互分支的交互标志,调出交互属性面板。单击"菜单"选项卡,在"快捷键"文本框中输入 Ctrl+F,为其设置一个响应快捷键。

(9) 单击"响应"选项卡,按照如图 8-81 所示设置选项卡上的各个选项,勾选"范围:永久"复选框,"激活条件"文本框中输入"menu_1=0",从"分支"下拉列表框中选择"返回"选项。单击流程线上空白处,弹出"新建变量"对话框,如图 8-82 所示,直接单击"确定"按钮即可。

图 8-81 "复习巩固"交互属性面板的"响应"选项卡

图 8-82 "新建变量"对话框

专家点拨:"激活条件"文本框中输入的自定义变量用于控制菜单的状态。当等号右边表达式的值与自定义变量的值相等时,该菜单交互可用。因此可以改变自定义变量的值来控制该菜单交互是否被激活。在"导入新授""课堂训练"和"拓展训练" 3 个交互分支中,"激活条件"文本框中分别输入"menu_2=0""menu_3=0"和"menu_4=0"。

2. 编写程序

(1) 单击"复习巩固"群组图标,按 Ctrl+=组合键为该"群组"图标附加一个"计算"图标,弹出"计算"图标编辑窗口,在其中输入如下程序代码:

```
menu_1:= 1
menu_2:= 0
menu_3:= 0
menu_4:= 0
```

(2) 与创建"复习巩固"交互分支方法相同,在"教学过程"交互结构中分别创建"导入新授""课堂训练"和"拓展训练"3个交互分支。各个交互分支下"群组"图标上附加的"计算"图标内代码如下:

"导入新授"群组图标:

menu_1 := 0
menu_2 := 1
menu_3 := 0
menu_4 := 0

"课堂训练"群组图标:

menu_1 := 0
menu_2 := 0
menu_3 := 1
menu_4 := 0

"拓展训练"群组图标:

menu_1 := 0
menu_2 := 0
menu_3 := 0
menu_4 := 1

(3) 拖曳两个"群组"图标到"教学过程"交互图标右侧建立"下拉菜单"交互分支。将"群组"图标分别重命名为"—"和"结束课程(&X)"。"—"交互分支在"教学过程"菜单组中创建一个菜单项分隔条。按 Ctrl+=组合键为"结束课程(&X)"群组图标附加一个"计算"图标,在弹出的"结束课程(&X)"计算图标编辑窗口中输入 Quit(0)。

3. 定义第 2 个下拉菜单交互

(1) 创建"其他功能"交互结构,制作第 2 个菜单组。该交互结构下有两个交互分支,分别是"帮助"和"音量调节"。读者可根据需要对以"其他功能"交互结构中的交互分支进行增删,使程序更加完善和专业。

(2) 运行程序进行测试。当选择了"教学过程"→"复习巩固"命令将会进入"复习巩固"教学部分,这时可以看到"复习巩固"命令已经变为不可用状态,当选择了另外几个教学部分,"复习巩固"命令又变为可用。这种效果是由附加在该项交互分支下"设计"图标上的"计算"图标实现的,起到了一种提示作用。

8.10 时间限制交互和重试限制交互

时间限制交互常用于限制用户在交互中所花费的时间,而重试限制交互常用来限制交互被重复执行的次数,这两种方式是 Authorware 中使用起来较为简单的交互方式,但在课件中是十分实用的。它们在使用上十分相似,这里对它们进行集中介绍。下面以给 8.5 节的范例添加限制时间和限制重试次数为例来说明这两种交互的用法。

视频讲解

8.10.1 范例简介

本范例将为 8.5 节的程序添加时间限制功能和拖曳次数限制功能。程序运行时,限制拖曳答题时间为 20s,显示一个倒计时的小闹钟,超过时间程序给出提示并重新开始。同时限制拖曳次数,超过拖曳次数,程序给出提示并重新开始。

通过本课件范例的制作,主要介绍时间限制交互和重试限制交互的创建和响应的设置,了解它们与其他交互方式配合使用的方法。本课件范例运行的效果如图 8-83 所示。

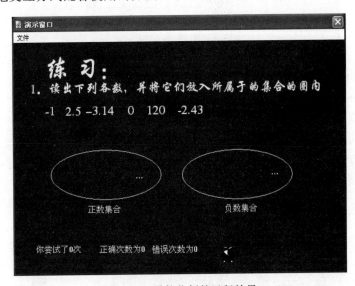

图 8-83　课件范例的运行效果

8.10.2 制作步骤

1. 添加时间限制交互

(1) 打开 8.5 节的范例程序文件,在"交互"图标右侧放置一个"群组"图标,将交互方式设置为"时间限制"。双击"交互响应类型"图标打开属性面板。在属性面板中将交互命名为"时间交互",在"时间限制"选项卡中对交互进行设置,如图 8-84 所示。

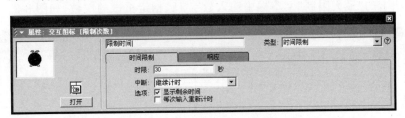

图 8-84　"时间限制"选项卡的设置

专家点拨:在"时限"文本框中可以输入时间限制值。"中断"下拉列表框中有 4 个选项,用于设定交互过程中被打断时程序采取的措施。当勾选"显示剩余时间"复选框时,屏幕上会显示一个小闹钟,在程序运行时能显示剩余时间。若希望限制每次交互的时间,可勾选"每次输入重新计时"复选框。若希望对整个交互过程进行限制,不要勾选此复选框。

(2) 在"响应"选项卡中将"分支"设置为"退出交互"。完成响应属性设置后的流程线如图 8-85 所示。

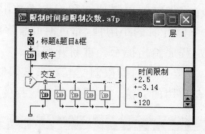

图 8-85　完成交互响应属性设置后的流程线

2. 制作时间限制交互产生的响应

(1) 双击"时间限制"交互下挂的"群组"图标。在流程线上依次放置"显示"图标、"等待"图标和"计算"图标。

(2) 在"显示"图标中创建达到规定时间时显示的提示信息,将"等待"图标设置 2s 的等待时间,在"计算"图标中添加"GoTo(@"标题 & 题目 & 框")"语句使程序从头开始。"显示"图标的内容和"群组"图标中的流程线结构如图 8-86 所示。

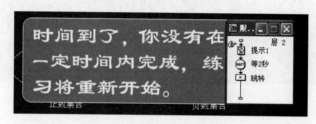

图 8-86　提示信息和"群组"图标中的流程线结构

3. 添加重试交互响应

(1) 在刚才添加的时间限制交互响应分支的右侧再放置一个"群组"图标,建立一个新的交互响应分支。

(2) 打开属性面板,将交互类型更改为"重试限制",将交互命名为"限制次数"。在"重试限制"选项卡的"最大限制"文本框中输入数字 12,指定重试的次数,如图 8-87 所示。

图 8-87　重试限制交互的设置

4. 制作重试交互产生的响应

(1) 打开"限制次数"交互下挂的"群组"图标,创建和"时间限制"群组图标中一样的流程线结构。

(2) 在"显示"图标中创建提示信息,其他两个图标与时间限制交互中的设计一样。"显示"图标的内容和"群组"图标中的流程线结构如图 8-88 所示。

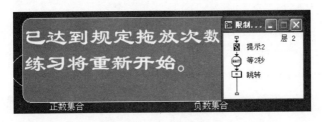

图 8-88　提示信息和"群组"图标中的流程线结构

8.11　事件交互

视频讲解

事件交互响应是指对流程中的事件进行响应,而这些控制事件主要是由 Xtra 对象(如 ActiveX 控件)产生和发送出来的。Xtra 程序是对 Authorware 功能的扩展,很多功能强大的 Xtra 程序都是有专业的第三方厂商生产的。

8.11.1　范例简介

本范例选择的 ActiveX 控件是 Microsoft Forms ComboBox(下拉列表框)控件。程序流程如图 8-89 所示。程序运行时,在演示窗口中显示一个下拉列表框,选择列表框中的选项,可以显示相应的动物图片,执行效果如图 8-90 所示。

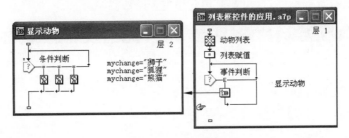

图 8-89　程序流程图

图 8-90　程序执行效果

8.11.2 制作步骤

1. 插入 ActiveX 控件

（1）新建一个文件，选择"文件"→"保存"命令将新建的文档进行保存。

（2）选择"插入"→"控件"→ActiveX 命令，弹出 Select ActiveX Control 对话框，通过拖曳垂直滚动条找到 Microsoft Forms ComboBox 控件，如图 8-91 所示。

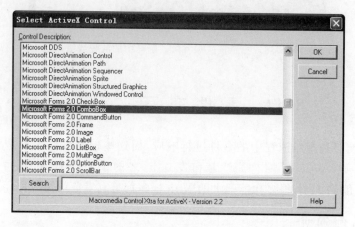

图 8-91　Select ActiveX Control 对话框

（3）单击 OK 按钮弹出 ActiveX Control Properties 对话框，在 Properties 选项卡中设置 Text 的属性值为"选择动物"，如图 8-92 所示。在这个对话框的 Events 选项卡中可以看到当前控件可用的所有事件，这里要使用其中的 Click 事件。

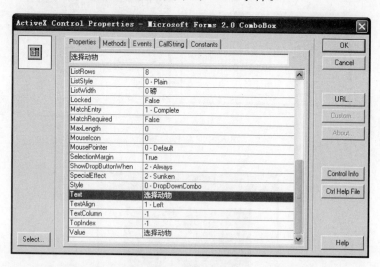

图 8-92　ActiveX Control Properties 对话框

（4）单击 OK 按钮，关闭 ActiveX Control Properties 对话框，流程线上出现一个名为 ActiveX 的 Sprite"设计"图标，重命名为"动物列表"。

（5）拖曳一个"计算"图标到"动物列表"图标下面的流程线上，重命名为"列表赋值"。

"列表赋值"计算图标用于为下拉列表框赋初始选项,其内部代码为:

```
listtext:= "狮子 狐狸 熊猫"
repeat with i:=1 to 3
CallSprite(@"动物列表", #additem, GetWord(i, listtext))
end repeat
```

在上段代码中,自定义变量 listtext 存储 3 个词,将作为下拉列表框中的选项,通过一个循环语句添加到下拉列表框中。

2. 创建事件交互

(1) 拖曳一个"交互"图标到流程线上,重命名为"事件判断"。拖曳一个"群组"图标到"事件判断"交互图标右侧,弹出"交互类型"对话框,选择"事件"单选按钮,单击"确定"按钮建立一个事件交互分支,并将"群组"图标重命名为"显示动物"。

(2) 单击事件交互标志 ,调出事件交互属性面板,单击"事件"标签,双击"发送"列表框中的"图标 动物列表"选项,然后双击"事件"列表框中的 Click 选项,如图 8-93 所示。

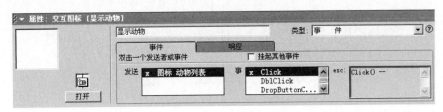

图 8-93 事件交互属性面板

专家点拨:经过上面的制作,用户单击列表框中的选项时,触发 Click 事件,就会进入"显示动物"群组图标执行。接下来的任务就是要设计"显示动物"群组图标内的程序,通过条件判断用户选择了列表框中的某个选项,然后显示相应的动物图片。

(3) 双击"显示动物"群组图标,在流程线上拖放一个"交互"图标,命名为"条件判断"。在该"交互"图标右侧拖放一个"显示"图标,在弹出的"交互类型"对话框中选择"条件"单选按钮,单击"确定"按钮建立一个事件交互分支。

(4) 单击"条件判断"交互图标,按 Ctrl+=组合键为"交互"图标添加一个"计算"图标,其中的代码输入为:

```
mychange:= GetSpriteProperty(@"动物列表", #value)
```

这行代码的功能是,获得用户选择列表框中的选项值,并赋值给变量 mychange。

(5) 单击条件交互标志,调出第一个条件分支对应的属性面板,在"条件"文本框中输入"mychange="狮子"",在"自动"列表框中选择"为真",如图 8-94 所示。这样设置后,当用户在列表框中选择了名称为"狮子"的选项,就执行这个条件分支。单击"响应"标签,选择"擦除"下拉列表框中的"不擦除",选择"分支"下拉列表框中的"退出交互"选项,如图 8-95 所示。

(6) 按照前面同样的方法,制作"条件判断"交互结构中的另外两个交互分支。交互条件分别是"mychange="狐狸""和"mychange="熊猫"",其他属性设置都和第一个交互分支一样。

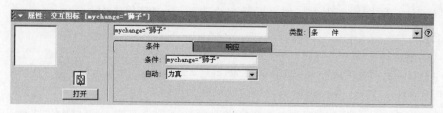

图 8-94　第一个条件分支属性面板的"条件"选项卡设置

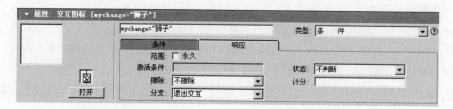

图 8-95　第一个条件分支属性面板的"响应"选项卡设置

（7）将 3 个动物图片分别导入到 3 个条件交互分支路径的"显示"图标中。

8.12　本章习题

1. 选择题

（1）在 Authorware 多媒体课件设计中使用"交互"图标实现与用户的交互活动，每个交互响应分支可以是（　　）。

　　A. 一个"群组"图标和一个"显示"图标　　B. 多个"导航"图标
　　C. 多个图标　　D. 一个"群组"图标或一个"框架"图标

（2）使用 Authorware 开发多媒体课件，程序运行时用户单击菜单条上的某个菜单选项，则执行相应的交互响应，要实现上述功能需要使用（　　）。

　　A."显示"图标　　B."移动"图标
　　C."交互"图标　　D."分支"图标

（3）使用 Authorware 开发应用程序，要实现检查用户口令，只允许用户输入 3 次密码，需要使用"交互"图标的（　　）。

　　A. 限时交互　　B. 限次交互
　　C. 菜单交互　　D. 目标区交互

（4）使用 Authorware 的"交互"图标建立由一个"交互"图标和下挂在它右下方的几个图标组成的交互结构，下挂在"交互"图标右下方的图标叫作（　　）。

　　A."判定"图标　　B."计算"图标
　　C."响应"图标　　D."等待"图标

2. 填空题

（1）Authorware 中的交互功能是通过_____来实现的。"交互"图标和它右侧的_____构成了整个交互结构。

（2）"交互"图标右侧的下挂图标可以为_____、"移动"图标、"擦除"图标、_____、

"导航"图标、_____和"群组"图标等。

(3) "属性：交互作用图标"面板中有_____、_____、版面布局和 CMI(计算机管理教学)4 种选项卡。

(4) 在显示类"设计"图标中输入包含变量的文本，只要将变量放在_____即可。

(5) 文本输入响应、_____、重试限制响应和_____都不能设置成"永久"响应。

8.13 上机练习

练习 8-1　用按钮交互制作模块化课件结构

模块化课件结构是制作多媒体课件时经常采用的一种课件结构，其最大特点是教师可以随意选择课件中的教学环节进行演示。本练习是制作一个自定义按钮的模块化课件导航结构，课件范例效果如图 8-96 所示。

视频讲解

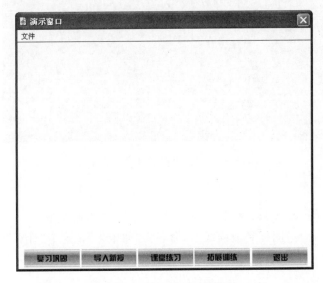

图 8-96　自定义课件导航按钮

主要制作步骤：

(1) 新建一个 Authorware 文件，将文件大小设置为"根据变量"。

(2) 拖曳一个"交互"图标到流程线上，命名为"教学过程"。

(3) 拖曳一个"群组"图标到"交互"图标右侧，建立一个按钮交互分支，并将分支下的"群组"图标重命名为"复习巩固"。

(4) 单击"复习巩固"交互分支的交互标志，调出交互属性面板，切换至"响应"选项卡，选中"范围:永久"复选框，选择"分支"下拉列表框中的"返回"选项。

(5) 继续拖曳 4 个"群组"图标到"交互"图标的右侧，并分别命名为"导入新课""课堂练习""拓展训练"和"退出"。

(6) 将所有按钮都设置成自定义按钮，并将它们放置在演示窗口下边并排列整齐。这样,一个简单的模块化课件结构就制作完成了,以后只需在每个交互分支下的"群组"图标中添加相应的教学内容即可完成整个课件的创作。

练习 8-2　用按钮控制课件背景音乐

利用按钮交互制作一个控制课件中背景音乐播放的课件实例,效果如图 8-97 所示。课件运行后,开始播放背景音乐,单击右下角的"停止"按钮,可以关闭音乐,这时按钮变成播放;单击播放按钮,则会重新播放音乐,按钮变成停止。

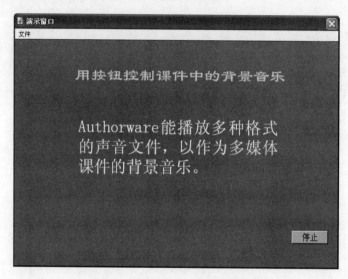

图 8-97　用按钮控制课件背景音乐

主要制作步骤:

(1) 新建一个 Authorware 文件,将文件大小设置为"根据变量"。

(2) 拖曳一个"计算"图标到流程线上,命名为"初始化"。这个"计算"图标的程序为:

```
music:= 0
```

制作本范例时,利用一个 music 变量实现背景音乐的开和关显示不同的按钮效果。

(3) 拖放一个"声音"图标,然后导入一个声音文件。

(4) 拖放一个"交互"图标,然后拖曳两个"计算"图标到"交互"图标中,交互类型都是按钮。在设置按钮分支的属性时,要勾选"非激活状态下隐藏"复选框。

(5) 在设置"停止"按钮交互分支的属性时,在"响应"选项卡下勾选"永久"复选框。在"激活条件"文本框中输入 music:=0。

(6) 在设置"播放"按钮交互分支的属性时,在"响应"选项卡下勾选"永久"复选框。在"激活条件"文本框中输入 music:=1。

(7) "停止"按钮交互分支下的"计算"图标的程序为:

```
music:= 1
```

(8) "停止"按钮交互分支下的"计算"图标的程序为:

```
music:= 0
GoTo(IconID@"背景音乐")
```

练习 8-3　热区域交互范例——多媒体计算机的组成

本练习制作一个热区域交互应用的课件范例。该范例的程序流程线如图 8-98 所示。程序运行时，演示窗口中显示一套多媒体计算机图片，用户单击图片上的任何一个位置，都会显示相应的文字提示框，效果如图 8-99 所示。

视频讲解

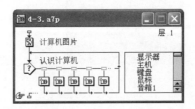

图 8-98　程序流程线

图 8-99　范例效果

主要制作步骤：

(1) 新建一个 Authorware 文件，将文件大小设置为"根据变量"。

(2) 拖曳一个"显示"图标到流程线上，命名为"计算机图片"，导入一张计算机图片。

(3) 在流程线上建立一个交互结构，共包括 8 个交互分支，每个交互分支下包括一个"群组"图标，前 7 个交互分支的响应类型为热区域，最后一个交互分支的响应类型为按钮，这个按钮实现退出交互的功能。

(4) 设置热区域响应的鼠标指针为手形。

(5) 按住 Shift 键并双击"交互"图标，在演示窗口中对热区域响应范围的大小和位置进行相应的调整，并在窗口左上角输入"用鼠标单击计算机的各部分查看其名称。"文本内容，如图 8-100 所示。如果未显示计算机图片，可先双击"计算机图片"显示图标，然后再按住

Shift 键并双击"交互"图标。

图 8-100　"交互"图标的演示窗口

（6）在交互分支的"群组"图标中拖放一个"显示"图标，并且在"显示"图标中绘制提示框以及相应的文字说明。

练习 8-4　热对象交互范例——认识蝗虫

本练习制作一个热对象交互应用的课件范例，该范例的程序流程线如图 8-101 所示。程序运行时，演示窗口中显示一个蝗虫的图片，用户将鼠标指针移动到蝗虫身体各部分时，可以显示相应的文字说明，如图 8-102 所示。

视频讲解

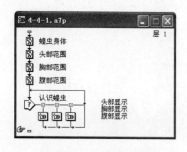

图 8-101　程序流程线

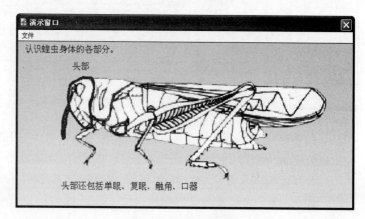

图 8-102　范例效果

主要制作步骤：

（1）新建一个 Authorware 文件，将文件大小设置为"根据变量"。

（2）拖曳一个"显示"图标到流程线上，命名为"蝗虫身体"，然后导入准备好的蝗虫身体图像。

(3) 拖曳 3 个"显示"图标到"蝗虫身体"显示图标后的流程线上,分别重命名为"头部范围""胸部范围"和"腹部范围",这 3 个"显示"图标将作为后面交互的热对象。

(4) "头部范围""胸部范围"和"腹部范围"这 3 个"显示"图标中不需要显示具体可见内容,只要制作出一个与头部轮廓重合且透明的图形作为下面交互的热对象即可。这里使用绘图工具箱中的多边形绘制工具,沿蝗虫的头部勾出其轮廓。设置勾出部分图形的背景填充色为白色,线型宽度为 0,透明模式,填充方式为无。

(5) 在流程线上建立一个交互结构,共包括 3 个交互分支,交互响应类型都为热对象,每个交互分支下都包括一个"群组"图标。

(6) 设置"头部范围""胸部范围"和"腹部范围"这 3 个"显示"图标中的图形对象为对应每个交互分支的热对象。

(7) 在每个交互分支的"群组"图标中拖曳一个"显示"图标,在这个"显示"图标中创建蝗虫各部分的红色轮廓线和说明文字。

(8) 在各个交互分支对应的属性面板的"热对象"选项卡中设置"匹配"为"指针在对象上"选项,设置响应的鼠标指针为手形。在"响应"选项卡中设置"擦除"为"在下一次交互之前"选项。

练习 8-5　目标区域交互范例——组装化学实验装置

视频讲解

本练习制作一个目标区交互应用课件范例,该范例的程序流程线如图 8-103 所示。程序运行时,演示窗口中显示一个实验台和一些实验仪器,拖曳某个实验仪器到实验台的相应位置,如果仪器被安放正确,就能顺利完成实验装置的组装。如果仪器安放到错误位置,则自动移动到原处,效果如图 8-104 所示。

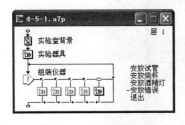

图 8-103　程序流程线

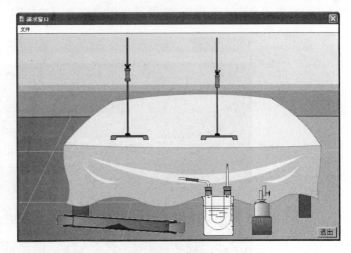

图 8-104　范例效果

主要制作步骤:

(1) 新建一个 Authorware 文件,将文件大小设置为"根据变量"。

(2) 拖曳一个"显示"图标到流程线上,命名为"实验室背景"。导入一张实验室背景图片和两个铁架台图片,并将其放在合适位置。在制作过程中很难将两个铁架台正确定位,这时可以事先导入一个参考图"组装效果.tif",然后将导入的两个铁架台根据参照的位置进行放置,完成以后再将辅助定位的参考图删除即可。在定位其他3个实验仪器时也可以使用这种方法。

(3) 创建3个目标对象,每个对象由包含一个实验仪器的"显示"图标组成。将3个"显示"图标放到一个"群组"图标中,重命名为"实验器具"。

(4) 创建"组装仪器"交互结构。先在交互结构中创建3个交互分支,交互类型为目标区,每个交互分支下包括一个"群组"图标。为每个交互分支指定相应的目标对象,并调整目标区域的大小和位置。

(5) 再创建一个交互分支,交互类型为目标区。这个交互分支下挂一个"群组"图标,用来实现仪器组装错误时的目标区域。这个交互分支的目标区域可以通过拖曳鼠标进行大小和位置的调整,但当演示窗口的尺寸小于屏幕尺寸时,用户可能会将图片拖曳到演示窗口之外,图片不能再返回,出现无法再次拖曳的问题。因此在"目标区"选项卡中的"大小"和"位置"文本框中输入一个足够大的数值,可有效地避免发生以上的错误。

(6) 可以在实验仪器被移动到正确位置后设置成不可被移动,这样最终用户就不能再次将它从正确位置上拖离。设置对象是否能移动要使用到系统变量"Movable@"图标名称"",其值可取 True(可移动)或 False(不可移动)。

练习 8-6　限时和限次的密码输入测验系统

利用重试限制交互响应、时间限制交互响应、文本输入交互响应制作一个限时和限次的密码输入测验系统,课件运行时先出现系统登录画面,要求用户输入密码,程序为输入密码设置了次数和时间限制,如图 8-105 所示。如果用户输入密码超过限制,则会作出提示并退出程序,如果用户输入密码正确,则进入到测验页面进行测验,如图 8-106 所示。

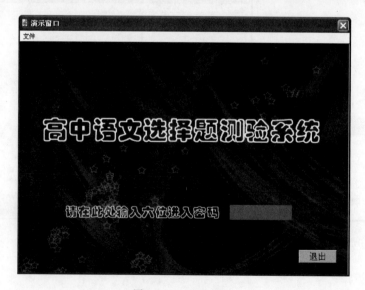

图 8-105　登录页面

第 8 章 Authorware 课件中的交互设计

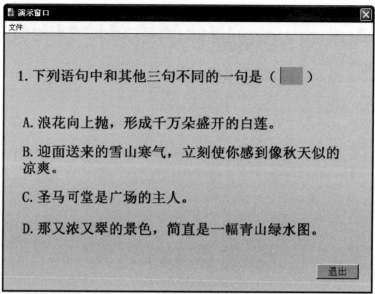

图 8-106 测验页面

主要制作步骤：

(1) 本课件的交互结构共设计 5 个交互分支，前 3 个交互分支分别是重试限制交互响应、时间限制交互响应和文本输入交互响应（密码正确进入测验系统），它们的"分支"属性都设置成"退出"。后面两个交互分支分别是文本输入交互响应（密码输入错误响应）和按钮交互（单击退出程序），它们的"分支"属性都设置成"重试"。

(2) 在第 3 个交互分支中设计了测验程序，这里通过文本输入交互响应来实现测验功能，每个测验题使用一个文本输入交互结构。

第9章 Authorware 课件的流程控制和知识对象

Authorware 的程序流程是按照流程线的路径由上往下依次顺序执行各个图标。随着程序功能的增强，这种单一的顺序流程已经不能够满足要求了。要在 Authorware 中改变程序的流向，除了使用"交互"图标外，还可使用"判断"图标、"框架"图标和"导航"图标。

知识对象是对一些常用功能经过封装处理后的模板，该模板具有向导功能，设计人员根据向导提示能轻松实现某一功能的程序编制，因而大大提高了工作效率。

本章主要内容：

- "决策"图标、"框架"图标和"导航"图标；
- 决策判断分支控制；
- 导航结构；
- 超文本；
- 知识对象。

9.1 决策判断分支控制

决策判断分支结构主要用于选择分支流程以及进行自动循环控制。"决策"图标以及附属于该"设计"图标的"分支"图标共同构成了决策判断分支结构。"决策"图标和"交互"图标都是用来建立 Authorware 的分支程序的，但它们之间有明显的不同。"交互"图标注重的是根据使用者的响应决定执行哪个分支，而"决策"图标不需要使用者给出响应，只是根据程序本身参数设置的不同做出判断，从而决定执行哪个分支。

9.1.1 决策判断分支结构的组成

从图标栏拖曳一个"决策"图标到流程线的相应位置，再拖曳几个其他图标到"决策"图标的右侧，对它们分别命名，就可以建立一个决策判断分支结构，如图 9-1 所示。一个决策判断分支结构主要由"决策"图标、分支标记、分支路径和"分支"图标等组成。

视频讲解

在一个决策判断分支结构中，"决策"图标是程序核心。当程序运行到"决策"图标时，将根据已经对"决策"图标设置好的条件，沿一定的分支路径执行。

第 9 章 Authorware 课件的流程控制和知识对象　　245

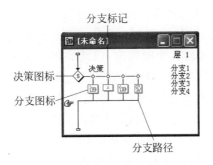

图 9-1　决策判断分支结构

9.1.2　决策判断分支结构的设置

一个决策判断分支结构的设置主要包括"决策"图标的属性面板和决策分支的属性面板这两个方面的设置。

1. "决策"图标的属性设置

双击流程线上的"决策"图标就可以打开"决策"图标的属性面板，如图 9-2 所示。

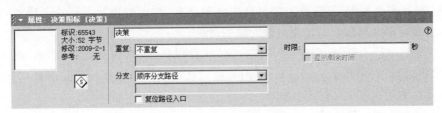

图 9-2　"决策"图标的属性面板

（1）"重复"下拉列表框。用于设置决策判断分支结构中各分支执行的次数，有以下 5 个选项。

- 不重复：只在决策判断分支结构中执行一次，然后就退出决策判断分支结构返回到主流程线上继续向下执行。
- 固定的循环次数：即执行固定的次数。根据下面文本框中输入的数值、变量和表达式的值，Authorware 将在决策判断分支结构中循环执行固定的次数。每次沿哪条路径执行，由决策分支的属性指定。如果设置的数小于 1，Authorware 退出判断分支结构，不执行任何"分支"图标。
- 所有路径：在决策判断分支结构中的每一个"分支"图标至少被执行一次后，退出判断分支结构。
- 直到单击鼠标或按任意键：Authorware 将在决策判断分支结构中的各个分支不停地循环执行，当用户单击鼠标或按下任意键时，结束执行。
- 直到判断值为真：每一次运行决策分支 Authorware 都要判断下边文本框中的条件，根据条件控制各分支的运行，条件为真（True）退出决策判断分支结构，条件为假（False）运行分支。

（2）"分支"下拉列表框。该列表框中的各个选项与"重复"列表框配合使用，用于设置各个决策分支的执行路径。这里的设置可以从决策图标的外观上显示出来。

- 顺序分支路径：选择此选项后，"决策"图标显示为 ◇。设置成顺序分支路径后，第1次执行到"决策"图标时，执行第1条分支路径中的内容；第2次执行到"决策"图标时，执行第2条分支路径中的内容，以此类推。如果在"重复"下拉列表框中设置了多次循环，当执行完最后一条分支路径后，则重新回到第1条分支路径。
- 随机分支路径。选择此选项后，"决策"图标显示为 ◇。设置成随机分支路径后，在执行到"决策"图标时会随机选择一条分支执行。由于是随机选择的路径，所以在多次循环的过程中，某几条分支路径可能被执行多次，某几条分支路径可能一次也执行不到。
- 在未执行过的路径中随机选择。选择此选项后，"决策"图标显示为 ◇。决策判断分支的每一次循环都将执行一条未执行过的分支路径。
- 计算分支结构。选择此选项后，"决策"图标显示为 ◇。通过下面的文本框中输入的变量、表达式的值来选择要执行的分支路径；当值等于1时选择第1条分支路径；当值等于2时，选择第2条分支路径，以此类推。

(3)"时限"文本框。用于设置"决策"图标运行的时间，单位为秒，如在文本框中输入30，在运行这个决策判断分支结构的时候，最长时间为30s，超过30s，自动退出决策分支结构，流程转入下一环节。

(4)"显示剩余时间"复选框。如果选中此复选框，那么程序运行到这个决策判断分支结构时，会在屏幕上出现一个显示剩余时间的时钟。

(5)"复位路径入口"复选框。仅在"分支"属性设置为"顺序分支路径"或"在未执行的路径中随机选择"时可用。Authorware 用变量记忆已经执行路径的有关信息，当选中此复选框时，就会清除这些记忆信息。

2. 决策分支的属性设置

双击决策判断分支结构中的分支标记，即可打开对应的属性面板，如图9-3所示。

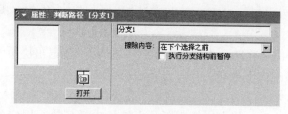

图 9-3 决策分支的属性面板

(1)"擦除内容"下拉列表框。设置擦除对应"分支"图标内容的时间，有以下3个选项。
- 在下个选择之前：执行完当前"分支"图标后，立刻擦除该分支的显示内容。
- 在退出之前：Authorware 从当前决策判断分支结构中退出后才进行擦除。
- 不擦除：不擦除所有信息(除非使用"擦除"图标)。

(2)"执行分支结构前暂停"复选框。选中此复选框，程序在离开当前分支路径前，演示窗口中会显示一个"继续"按钮，单击该按钮，程序才继续执行。

9.1.3 "决策"图标的应用——幻灯片随机播放

以上介绍了"决策"图标属性和决策分支属性的设置方法，如果想理解和掌握具体的属性设置,必须结合程序范例进行直观的体验。下面通过一个程序范例介绍"决策"图标的应用方法和技巧。

本范例是一个使用"决策"图标控制幻灯片放映的课件效果,程序流程图如图 9-4 所示。程序运行时,在演示窗口中单击"继续"按钮,程序随机放映图片,如图 9-5 所示。

图 9-4　程序流程图　　　　　图 9-5　程序运行效果

制作步骤如下:

(1) 新建一个 Authorware 文件。

(2) 从图标栏拖曳一个"决策"图标到流程线上,将其命名为"随机播放"。在该"决策"图标的属性面板中,"重复"下拉列表框中选择"直到判断值为真",在下面的文本框中输入 bofang=1。在流程设计窗口中单击,弹出"新建变量"对话框,单击"确定"按钮完成自定义变量的定义。

(3) 在"分支"下拉列表框中选择"随机分支路径"。"时限"文本框中输入 60,表示执行"决策"图标的总时间是 60s,不管怎样运行,程序都会在 60s 后继续执行流程线上的后续图标。选中"显示剩余时间"复选框。整个"决策"图标的属性设置如图 9-6 所示。

图 9-6　设置"决策"图标的属性

(4) 在"决策"图标的右侧单击,出现一个指向下方的手形指针。单击工具栏上的"导入"按钮,弹出"导入哪个文件?"对话框,单击对话框右下角的加号按钮,打开对话框的扩展面板。单击扩展面板上的"全部添加"按钮,将图片全部加入扩展窗口的"导入的文件列表"

列表框中,删除不需要的图片,如图9-7所示。

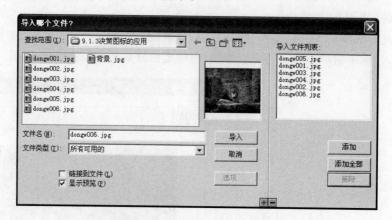

图9-7 "导入哪个文件?"对话框

(5) 单击"导入"按钮,将图片全部导入"决策"图标的右侧,如图9-8所示。

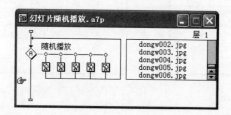

图9-8 在"决策"图标右侧加入多个分支路径

(6) 单击名称为dongw001.jpg的分支路径上方的分支标志,打开相应的决策分支属性面板。在"擦除内容"下拉列表框中选择"在下个选择之前"选项。勾选"执行分支结构前暂停"复选框,选中此复选框,可以在演示窗口中显示一个"继续"按钮,只有单击该按钮,程序才继续向下运行。分支路径的属性面板设置如图9-9所示。

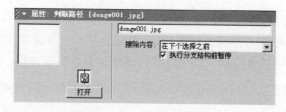

图9-9 设置分支路径的属性

(7) 按照同样的方法对其他决策分支路径的属性进行设置。

(8) 运行程序,直接拖曳小闹钟可以改变它的位置。单击"继续"按钮,可以随机播放决策分支中的图片。

专家点拨:如果不想使图片随机显示,可以单击"决策"图标,在"决策"图标的属性面板中重新设置。例如,将"重复"下拉列表框设置为"所有的路径","分支"下拉列表框设置为"顺序分支路径",取消对播放时间的属性设置。通过以上的修改,在程序运行时将没有时间限制，也不会出现表示时间的小闹钟，图片的播放是按次序播放的，并且在所有的图标都播放完毕后会退出判断分支结构，继续向下运行。

（9）从图标栏拖曳一个"计算"图标到流程线的下方，将其命名为"退出"。双击该图标，打开它的输入窗口，在窗口中输入 Quit()。定义这个"计算"图标以后，当决策判断分支结构执行完后（在60s时限内执行完）就直接关闭演示窗口退出程序。

9.2 导航结构

视频讲解

对于页面内容比较多的多媒体课件来说，导航结构的设计是程序成败的关键。在 Authorware 中，可以利用"框架"图标和"导航"图标设计一种程序导航结构，利用这种导航结构可以方便地在各个页面之间任意前进、后退，单击超文本对象跳转到相应的页面，查看历史记录等，甚至可以利用这种导航结构实现在程序中任意跳转。

9.2.1 导航结构的组成和功能

图 9-10 所示是一个导航结构的示意图。导航结构由"框架"图标、附属于"框架"图标的"页"图标（可以是"显示"图标、"群组"图标）和"导航"图标共同组成。

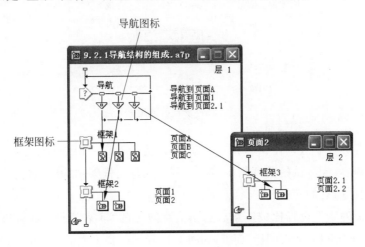

图 9-10　导航结构示意图

从图 9-10 可以看到，"框架"图标下挂若干"页"图标，使用"导航"图标可以跳转到程序中的任意"页"图标中。"导航"图标可以放在流程线上的任意位置，也可以放在"框架"图标以及"交互"图标结构中使用。"导航"图标指向的目的地只能是一个位于当前程序文件中的"页"图标。

9.2.2　"框架"图标

Authorware 中的"框架"图标提供了创建页面系统的简单方法，一系列用于交互的"导航"图标被包含在"框架"图标中，这些导航用的按钮可以直接使用，也可以有选择地使用，以满足不同的需要。

从图标栏中拖曳一个"框架"图标 放置到流程线上,在其右侧放置需要的图标(这里一般采用"显示"图标或"群组"图标),即可得到一个框架结构,如图 9-11 所示。

双击流程线上的"框架"图标,可看到其内部结构,如图 9-12 所示。

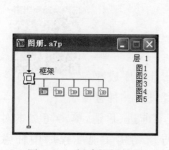

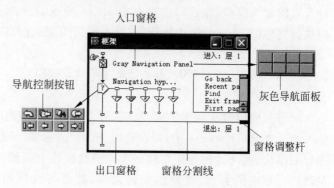

图 9-11 创建框架结构　　　　　　图 9-12 "框架"图标的内部结构

框架结构由入口窗格和出口窗格两个部分构成。入口窗格部分是框架结构的入口,提供了显示功能和按钮的交互功能。在程序运行时框架结构会显示一个导航面板,如图 9-13 所示。导航面板上的按钮用于实现页面跳转的控制。

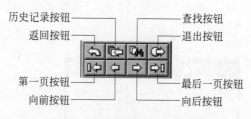

图 9-13 导航控制面板

出口窗格部分位于入口窗格部分的下方,默认情况下是一根空的流程线,用户可以根据需要在此添加内容,如测试题的评估内容等。程序在退出框架结构时,将清除所有显示的内容,并终止页面中所有的交互。

"框架"图标的属性设置比较简单。右击流程线上的"框架"图标,在弹出的菜单中选择"属性"命令,打开"属性:框架图标"面板,如图 9-14 所示。最上方的文本框可设置框架结构的名称,单击"页面特效"文本框右侧的按钮,能够为框架结构设置页面切换的过渡效果。"页面计数"显示此"框架"图标下共依附了多少个"页"图标。单击左侧的"打开"按钮会弹出框架窗口。

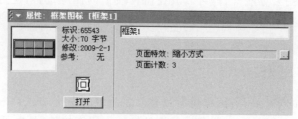

图 9-14 "属性:框架图标"面板

9.2.3 "导航"图标

"导航"图标的作用类似于Authorware的跳转函数GoTo,可实现程序流程的改变。"导航"图标必须和"框架"图标配合使用,二者缺一不可,程序流程的改变被限制在"框架"图标中了。

"导航"图标的使用有两种方式:自动导航和用户导航方式。使用自动导航方式时,在流程线上的任意位置放置"导航"图标,在属性面板中设置跳转的目标页,则程序运行时会自动跳转到该页上;使用用户导航方式,是在"交互"图标下挂接"导航"图标,通过按钮或热对象等交互方式让用户控制页面的跳转,就像在"框架"图标内部使用的那样。

双击流程线上的"导航"图标,打开"属性:导航图标"面板,如图9-15所示。

图9-15 "属性:导航图标"面板

属性面板的左侧是一些"导航"图标的基本信息,包括系统赋予的ID、图标的大小、最后修改的时间,以及是否使用了变量等内容。

属性面板中部的最上方是图标的名称栏,将来如果选中了目标页,在这里可以改变图标的名称。

属性面板的右上方是"目的地"下拉列表框,其中包括最近、附近、任意位置、计算和查找5种不同的位置类型。选择不同的设置类型,"导航"图标的外观也会有所不同。

9.2.4 "框架"图标和"导航"图标的应用——翻页导航型课件

下面使用"框架"图标制作一个翻页导航型演示课件。它实现了幻灯片的播放效果,通过按钮进行页面间的转换,并在其中加入了转换特效。课件运行效果如图9-16所示。

视频讲解

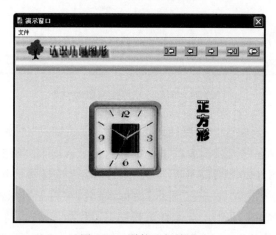

图9-16 课件运行效果

制作步骤如下:

(1) 新建一个 Authorware 文档,设置演示窗口大小为"根据变量",这样在制作过程中可以根据内容调整合适的演示窗口尺寸。

(2) 将一个"框架"图标放置到流程线上,在右侧放置 6 个"显示"图标,在"显示"图标中分别插入 6 个外部图片,流程结构如图 9-17 所示。

(3) 双击打开"框架"图标,删除其中的 Grey Navigation Panel"显示"图标,"导航"图标只保留 Exit Framework(退出)、First Page(第一页)、Previous Page(上一页)、Next Page(下一页)和 Last Page(最后一页),并更改它们的名称,如图 9-18 所示。

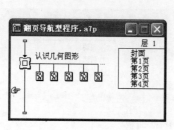

图 9-17　流程结构

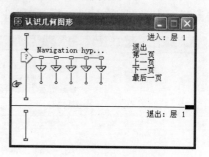

图 9-18　保留 5 个导航按钮

(4) 双击"交互"图标,在打开的演示窗口中调整 5 个导航按钮的位置,如图 9-19 所示。

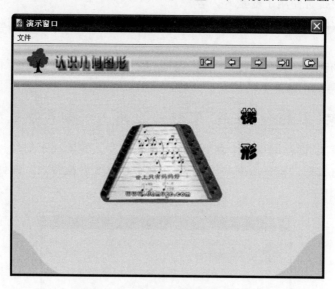

图 9-19　调整 5 个导航按钮的位置

(5) 选择"框架"图标,在弹出的属性面板中单击"页面特效"选项右侧的展开按钮,弹出"页特效方式"对话框。在"分类"列表框中选择"[内部]"选项,在"特效"列表框中选择"水平百叶窗方式"选项,如图 9-20 所示。最后单击"确定"按钮,完成页面切换特效的设置。

(6) 在"框架"图标下边添加一个"显示"图标,命名为"再见",双击这个"显示"图标,打开演示窗口并输入一些说明文字。接着在流程线下边添加一个"等待"图标和一个"计算"图标,"等待"图标设置成等待 5s,"计算"图标中添加 Quit()。流程结构如图 9-21 所示。

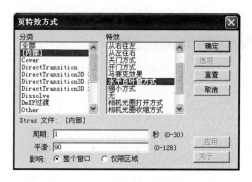

图 9-20　设置页面切换特效

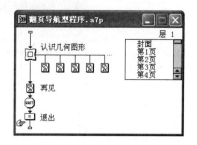

图 9-21　流程结构

专家点拨：现在运行程序，单击导航按钮可以实现页面的跳转。但是目前的导航方案并不完善，需要加以改善。在出现程序封面时，"第一页"按钮和"上一页"按钮应该设置成不可用，呈灰色显示。同样在程序的最后一页，"最后一页"按钮和"下一页"按钮也应该设置成不可用，呈灰色显示。

（7）双击打开"框架"图标，单击"第一页"导航按钮，在弹出的属性面板的"响应"选项卡中，设置"第一页"按钮的激活条件为 CurrentPageNum＜＞1，如图 9-22 所示。按照同样的方法设置"上一页"按钮的激活条件也为CurrentPageNum＜＞1。

图 9-22　设置按钮的激活条件

（8）按照类似的操作方法将"最后一页"按钮和"下一页"按钮的激活条件设置为 CurrentPageNum＜＞PageCount。这样，能够保证当前页面为开始页时，"第一页"和"上一页"按钮不可用。当前页为最后一页时，"下一页"按钮和"最后一页"按钮同样不可用。

专家点拨：CurrentPageNum 和 PageCount 都是系统变量，其中 CurrentPageNum 用于存储当前框架结构中已显示的最后一页的编号。PageCount 用于存储当前框架结构中所含的页面数。

9.3　超　文　本

所谓的超文本，指的是这样的一些文本对象，当对这些文本对象有鼠标动作时（如单击、双击和鼠标指针经过等），程序会跳转到这些文本对象链接的目标页，就像在网页中经常用到的超链接一样。

9.3.1　超文本对象的建立与链接

利用超文本对象建立导航链接的一般方法是，首先定义一个文本样式并建立该样式与具体页之间的链接，然后将该样式应用到指定的文本对象上。

（1）选择"文本"→"定义样式"命令，弹出"定义风格"对话框，单击"添加"按钮添加一个新样式。为了使超文本与其他文字区分，超文本显示的样式应与其他文字有所区别。例如，设置与其他文字不同的颜色、添加下画线等,如图 9-23 所示。

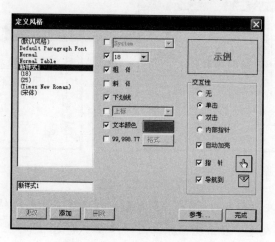

图 9-23 "定义风格"对话框

(2) "交互性"栏用于对鼠标动作、指针的样式和链接的对象进行设置。选中"导航到"复选框后,单击按钮,可打开"属性:导航风格"面板,设置超文本对象导航的目标及导航属性,如图 9-24 所示。

图 9-24 "属性:导航风格"面板

(3) 完成超文本样式定义后关闭所有设置面板,在演示窗口中选中需要应用超文本功能的文字,选择"文本"→"应用样式"命令,打开"应用样式"面板。在面板中选中已定义的带有导航链接的样式,即可完成超文本的应用,如图 9-25 所示。

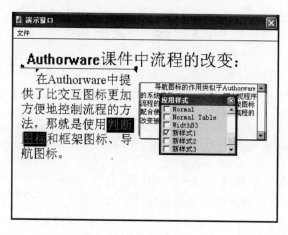

图 9-25 应用定义的样式

第 9 章　Authorware 课件的流程控制和知识对象　255

专家点拨：在设置超文本样式时，Authorware 自动加上名称的文本样式是不会在"应用样式"面板中显示的，必须重新定义它们的名称后 Authorware 才会承认它们是自定义样式。另外，在设定了文本样式后，每一个应用该文本样式的超文本都会定向于同一个目的页。如果不希望这样，可用变量或表达式来表示目的页，再在程序中指定。

9.3.2　超文本的应用——古诗欣赏

这是一个框架结构下超文本导航的多媒体课件，古诗的题目被做成超文本，单击开始界面中的超文本可以打开相应的古诗内容页面，再次单击古诗内容页面上的古诗题目可以返回主界面。课件主界面效果如图 9-26 所示。

视频讲解

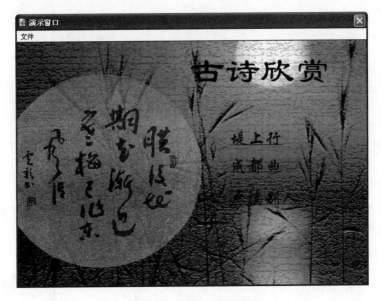

图 9-26　课件主界面效果

制作步骤如下：

（1）新建一个 Authorware 文档，从图标栏拖曳一个"框架"图标到流程线上，将其命名为"古诗"。

（2）打开"框架"图标的属性面板，单击"页面特效"选项右侧的展开按钮，弹出"页特效方式"对话框。在"分类"列表框中选择 Dissolve，在"特效"列表框中选择"Dissolve, Bits"，其他设置保持默认值，单击"确定"按钮完成设置。

（3）双击"框架"图标，打开"框架"图标的二级流程设计窗口，将"入口窗格"中的所有图标全部删除。

（4）选择"文本"→"定义样式"命令，弹出"定义风格"对话框。单击"添加"按钮，在对话框左侧的列表框出现一个名称为"新样式"的文本风格，列表框下方的文本框中也出现了该风格的名称"新样式"。将文本框中的原名称删除，重新输入名称"超文本链接"，按 Enter 键确定，可以看到在列表框中的文本风格名称也发生了改变。将文本的字体设置为"华文行楷"，字号设置为 24 磅，文本颜色设置为蓝色，设置为"下画线"风格。

在对话框右侧的"交互性"部分，选中"单击"单选按钮，设置响应方式为单击。选中"自动加亮"复选框,表示当在文本上按下鼠标时文本高亮显示,最终的设置如图 9-27 所示,单击"完成"按钮关闭对话框。

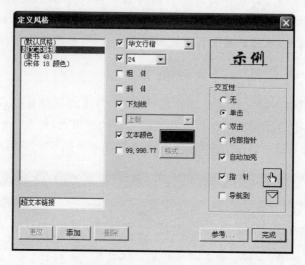

图 9-27 "定义风格"对话框

(5) 在"框架"图标右侧放置 4 个"显示"图标,并分别重新命名为主界面、堤上行、成都曲和卢溪别人。分别在每个"显示"图标中导入相应的背景图片,调整图片的位置,使它们充满演示窗口。

(6) 双击名称为"主界面"的"显示"图标,在打开的演示窗口中输入 4 段文字:古诗欣赏、堤上行、成都曲和卢溪别人。用同样的方法在其他"显示"图标的演示窗口中输入两段文字,一段是诗歌名称;另一段是诗歌内容。

(7) 在"主界面"显示图标的演示窗口中,按住 Shift 键的同时,单击 3 段古诗名称的文字,将它们一起选中。选择"文本"→"应用样式"命令,弹出一个"应用样式"对话框,选择"超文本链接"前面的复选框,如图 9-28 所示。可以看到在演示窗口中文本风格已经发生了改变。

图 9-28 "应用样式"对话框

(8) 单击工具栏上的"运行"按钮运行程序,演示窗口中显示出"主界面"画面。单击文本"堤上行",弹出一个"属性:导航"对话框。保持默认的设置,在右侧"页"选项后面的列表框中选择名称为"堤上行"的"显示"图标,单击"确定"按钮完成跳转设置,如图 9-29 所示。

图 9-29 "属性:导航"对话框

(9) 使用同样的方法设置主界面和其他页的超文本链接,效果如图 9-30 所示。设置完毕后,在流程线上的几个"显示"图标的左上方都出现了向下的空心小三角箭头。

第 9 章 Authorware 课件的流程控制和知识对象

图 9-30 其他页面的超文本链接情况

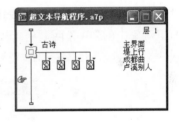

专家点拨：本例中其他 3 个古诗内容页中也使用了超文本，这样便于阅读完文本后返回主界面，这里也可以使用"框架"图标中的"返回"按钮来实现返回主界面的功能，也就是在"框架"图标的 8 个按钮中保留"退出框架"按钮。

到此为止，整个课件制作完成，流程结构图如图 9-31 所示。

图 9-31 流程结构图

9.4 知识对象

Authorware 提供的"设计"图标在很大程度上靠设计人员进行设计，同时在进行另外一个多媒体课件开发时，不得不对相似的甚至相同内容的图标进行重复设计，这在很大程度上浪费了设计人员的时间和精力，工作效率也大受影响。

知识对象是对一些常用功能经过封装处理后的模板，该模板具有向导功能，设计人员根据向导提示能轻松实现某一功能的程序编制，大大提高了工作效率。

9.4.1 认识知识对象

知识对象根据功能可分为以下 10 类：Internet、LMS、RTF 对象、界面构成、模型调色板、评估、轻松工具箱、文件、新建和指南。单击快捷工具栏上的"知识对象"按钮 ，调出如图 9-32 所示的"知识对象"面板。

要使用知识对象，只需通过"知识对象"面板上"分类"下拉列表框找到相应功能的模板集合，然后将列表中的知识对象拖曳到流程线上或直接双击，"知识对象"图标就会插入流程线上,设计人员根据弹出的知识对象向导一步一步设计,最终完成知识对象的插入,如图 9-33 所示。

图 9-32 "知识对象"面板

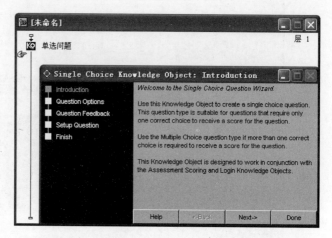

图 9-33 插入知识对象弹出知识对象向导对话框

9.4.2 知识对象的应用——单项选择题

选择题是多媒体课件制作中经常要制作的程序。在 Authorware 中通过评估类知识对象能很快完成单项选择题和多项选择题的制作。下面使用知识对象中的"单选问题"知识对象来创建一个单项选择题,程序流程如图 9-34 所示,执行效果如图 9-35 所示。

视频讲解

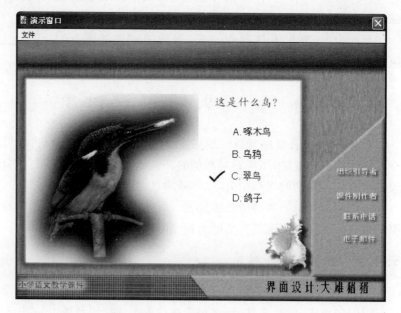

图 9-34 程序流程图 　　　　图 9-35 程序执行效果

制作步骤如下:

(1) 新建一个文件,选择"文件"→"保存"命令,将新建的文档进行保存。

(2) 拖曳一个"显示"图标到流程线,重命名为"背景"。双击打开"显示"图标设计窗口,导入一张练习题背景图片 back.gif。

(3) 单击快捷工具栏上的"知识对象"按钮 ,调出"知识对象"面板。选择"分类"下拉列表框中的"评估"选项,该列表中列出了"评估"类知识对象,将其中的"单选问题"知识对象拖曳到"背景"显示图标下面的流程线上,弹出单选问题知识对象向导,如图 9-36 所示。

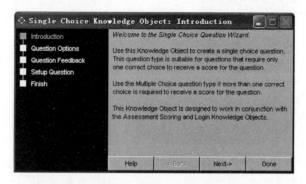

图 9-36　单选问题知识对象向导第 1 步

左侧显示当前使用的单选问题知识对象向导共分 5 步进行设置。右侧显示了当前使用的单选问题知识对象的简单介绍。

(4) 单击 Next 按钮,进入向导第 2 步设置,弹出如图 9-37 所示的页面,其中 Question base display layer 文本框用于设置单选题中文字、图片等对象的显示层。Media Folder 文本框用于设置单选题中使用的媒体存放路径,可以在下面的文本框中直接输入一个路径,也可以单击右侧的 按钮,弹出 Media Location 对话框,如图 9-38 所示,选择一个存放媒体的目录并单击"确定"按钮即可完成设置,建议将该目录放在与课件相同目录里。Distractor Tags 单选按钮组设置选择题答案中的选择标记。

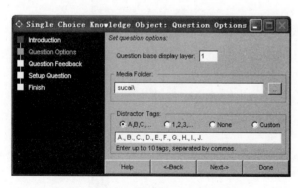

图 9-37　单选问题知识对象向导第 2 步

图 9-38　Media Location 对话框

(5) 单击 Next 按钮,进入向导第 3 步设置,显示如图 9-39 所示的页面,其中 Feedback 选项区域用于设置如何显示反馈信息,Immediate 单选按钮为立即显示;Check Answer Button 单选按钮为需要单击检测按钮查看反馈信息;No Feedback 单选按钮则不显示任何反馈信息。选中 Reset question on entry 复选框,则每次显示当前选择题会对反馈信息进行重置。Number of Tries 文本框设置允许用户尝试选择的最多次数。

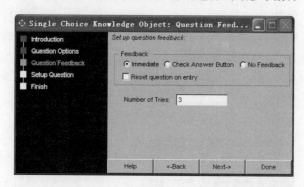

图 9-39　单选问题知识对象向导第 3 步

（6）单击 Next 按钮，进入向导第 4 步设置，显示如图 9-40 所示的页面。这一步对选择题的题干及答案进行设置。最上面的文本框为编辑区，可对选择题的题干或答案进行修改。紧接着下面是显示调用媒体的文本框，可以通过单击右侧的 Import Media 按钮，打开 Import Media 对话框，选择需要导入的媒体，导入的媒体将作为题干或答案的一部分，可以是图片、声音或视频。Preview Window 文本框显示了选择题的题干和答案。单击相应的内容，可以在最上面的文本框中对选定的内容进行修改。当选择了题干或某个答案，单击右侧的 Import Media 按钮，可为当前选择的题干或答案添加一个媒体。Add Choice 按钮和 Delete Choice 按钮可增加或删除一个答案项。Set selected item 选项区域用于设置所选定的答案是正确答案还是错误答案。Media 预览区将显示所选定的题干或答案中所包含的媒体信息。IMS Question & Test Interoperability ver 1.1 选项区域可输入或导出 XML 文件。

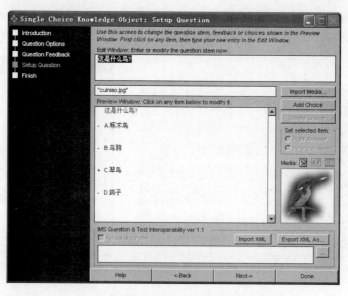

图 9-40　单选问题知识对象向导第 4 步

专家点拨：每个答案包含答案的说明文字，一般不能将其删除。如果确实不需要这些说明文字，则选定答案下面的说明文字，将其删除后输入一个空格即可。

(7) 单击 Next 按钮，进入向导第 5 步设置，弹出如图 9-41 所示的页面。这一步向导将根据刚才的设置创建知识对象，单击 Done 按钮完成设置并开始创建。要对设置进行修改，可以单击 Back 按钮，如果已经关闭了向导，只要双击流程线上的"知识对象"图标再次启动向导对设置进行修改。向导将提示知识对象中使用到的一些外部扩展函数、Xtras 等，并自动将所需文件复制到与课件程序文件所在的相同目录。

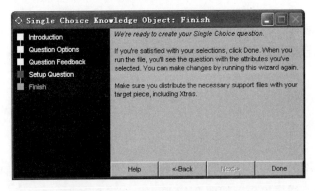

图 9-41　单选问题知识对象向导第 5 步

(8) 运行程序进行测试，通过单击相应的答案查看反馈信息。

9.5　本章习题

1. 选择题

(1) 运行带有框架结构的应用程序时，按下翻页控制面板上的"查找"按钮，可根据(　　)跳转到包含它的显示页。

　　A. 指定的图标名　　　　　　　　B. 输入的某关键词
　　C. 指定的图标 ID 号　　　　　　D. 输入的页号

(2) "框架"图标中的内容被组织成页，位于"框架"图标(　　)的所有图标被称为页。

　　A. 上方　　　B. 左侧　　　C. 右侧　　　D. 下方

(3) 在用框架结构设计的电子读物型程序中，从某章的某节随意跳转到任意章的任意节，应采用(　　)结构。

　　A. 页面管理　　B. 跳转　　C. 嵌套框架　　D. 交互框架

(4) 要在 Authorware 程序中改变程序的流向，除了可以使用"交互"图标外，还可使用(　　)、"框架"图标和"导航"图标。

　　A. "显示"图标　　B. "判断"图标　　C. "群组"图标　　D. "声音"图标

(5) 用户在(　　)面板中可以找到自定义的模板。

　　A. 变量　　　B. 函数　　　C. 知识对象　　　D. 属性

2. 填空题

(1) "判断"图标中不包含显示功能，不能在演示窗口中创建　　　　和　　　　对象。

(2) "框架"图标中的"页"通常指的是　　　　　　　，包括"显示""声音""数字电影""群组"等图标。

（3）"导航"图标主要用来实现图标间的_____，即从一个图标跳转到另一个图标。

（4）Authorware 支持这样的一些文本对象，当对这些文本对象有鼠标动作时（如单击、双击和鼠标指针经过等），程序会跳转到这些文本对象链接的目标页，就像在网页中经常用到的超链接那样，这些文本对象叫作_____。

（5）在 Authorware 中，模板文件必须保存在 Authorware 软件安装目录下的_____目录中。

（6）_____是对一些常用功能经过封装处理后的模板，该模板具有向导功能，设计人员根据向导提示能轻松实现某一功能的程序编制，大大提高了工作效率。

9.6　上机练习

练习 9-1　"决策"图标应用范例——闪烁的文字

本范例制作一个闪烁的文字效果，这种效果经常会在课件中出现，用于强调某些课件内容。程序流程图如图 9-42 所示。程序运行时，演示窗口中需要提示的文字内容会以闪烁的形式出现，如图 9-43 所示。

视频讲解

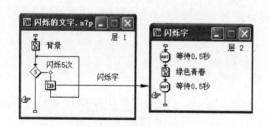

图 9-42　程序流程图

图 9-43　程序运行效果

主要制作步骤：

（1）新建一个 Authorware 文件，从图标栏拖曳一个"显示"图标到流程线上，将其命名为"背景"，双击该图标，打开它的演示窗口，将一个背景图片导入到演示窗口中。

（2）从图标栏拖曳一个"决策"图标到流程线的下方，将其命名为"闪烁 5 次"，同时打开"决策"图标的属性面板。

（3）在"重复"下拉列表框中选择"固定的循环次数"选项，在下面的文本框中输入 5；在"分支"下拉列表框中选择"顺序分支路径"选项。

（4）从图标栏拖曳一个"群组"图标到"决策"图标的右侧，将其命名为"闪烁字"。双击该图标，打开它的二级流程设计窗口。从图标栏拖曳两个"等待"图标到该级流程线上，在属性面板的"时间"文本框中输入".5"，表示等待时间为 0.5 秒，并将属性面板中的其他选择都取消。

专家点拨：在包含闪烁内容的"显示"图标的前后都必须加入"等待"图标，如果缺少前一个"等待"图标，闪烁将不会进行，如果缺少后一个"等待"图标，在对象的闪烁过程中将不做停留，一闪即过，并不能看出闪烁的内容。

（5）再拖曳一个"显示"图标到"等待"图标的中间，将其命名为"绿色青春"。双击该图标，打开它的演示窗口并输入文字"绿色青春"，设置合适的文字样式并设置文本为透明模式。按 Ctrl+C 组合键，将文本复制到剪贴板；再按 Ctrl+V 组合键，粘贴文本到演示窗口中。将复制的文本与原文本错开一点，并将文本颜色设置为红色，其他保持不变。

练习 9-2 "框架"图标应用范例——测试题课件

本练习制作一个使用框架结构的测试题课件。课件运行时，演示窗口显示当前的题号和题目，单击下方的按钮可显示不同的题目。单击"查看答案"按钮，可显示当前题目的答案。范例运行效果如图 9-44 所示，程序流程图如图 9-45 所示。

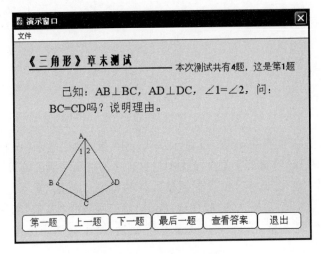

图 9-44　范例的运行效果

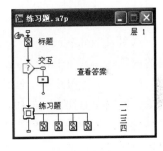

图 9-45　程序流程图

主要制作步骤：

（1）创建一个 Authorware 文件，将其保存为"练习题.a7p"。将一个"框架"图标放置到流程线上，在右侧放置 4 个"显示"图标，在"显示"图标中分别输入试题。

（2）双击打开"框架"图标，删除其中 Grey Navigation Panel"显示"图标，"导航"图标只保留 Exit Framework、First Page、Previous Page、Next Page 和 Last Page，并更改它们的名称。

（3）依次打开各个导航按钮的交互响应对应的属性面板，修改按钮样式为"标准 Macintosh 按钮系统"。在"属性"面板的"响应"选项卡中设置"第一题"和"上一题"按钮的激活条件为 CurrentPageNum<>1。

（4）对"下一题"和"最后一题"按钮交互属性进行相同设置，只是激活条件改为 CurrentPageNum<>PageCount。这样，能够保证当前页面为开始页时，"第一题"和"上一题"按钮不可用。当前页为最后一页时，"下一题"和"最后一题"按钮同样不可用。

（5）在"退出"导航图标上附着一个"计算"图标，在其中输入 Quit(0)，使退出框架的同时退出程序。

(6) 在框架结构的"退出"部分添加一个"框架"图标,将其命名为"答案",并将其内部所有图标全部删除,在其右侧放置 4 个"群组"图标并分别命名,分别在各个"群组"图标中放置一个"显示"图标,并在其中输入练习题的答案,完成答案页面的制作。

(7) 在主流程线上放置一个"交互"图标,在其右侧挂接一个"计算"图标,将交互响应类型设置为按钮交互。设置交互响应的属性,将该按钮的样式设为与导航按钮一致。将按钮命名为"查看答案",并将交互的分支类型设置为返回;在其下挂的"计算"图标中输入如下程序代码:

```
if CurrentPageNum = 1 then
    DisplayIcon(@"一")
end if

if CurrentPageNum = 2 then
    DisplayIcon(@"二")
end if

if CurrentPageNum = 3 then
    DisplayIcon(@"三")
end if

if CurrentPageNum = 4 then
    DisplayIcon(@"四")
end if
```

这里,DisplayIcon(@"IconID")是一个系统函数,可显示由 IconId 指定的"显示"图标中的内容;CurrentPageNum 是系统变量,存储当前框架结构中已显示过的最后一页的编号。

(8) 在主流程线最上端放置一个"显示"图标,在其中创建课件的标题。使用"文本"工具输入:"本次测试共有{PageCount}题,这是第{CurrentPageNum}题。"在这个"显示"图标的"属性"面板中选中"更新显示变量"复选框。PageCount 是系统变量,用于存储当前框架结构中所含的页面数。

练习 9-3　知识对象应用范例——简单电影播放器

通过"数字电影"图标插入的数字电影很难对其进行诸如暂停、快进、快退等播放控制,利用"界面构成"知识对象分类中的"电影控制知识对象"就能很轻松地实现对数字电影的播放控制。"电影控制知识对象"支持 AVI、DIR、MOV 及 MPEG-4 等多种格式的数字电影,设置也非常简单,只要指定一个数字电影文件,调整其位置和大小即可。已经完成的"简单电影播放器"程序流程如图 9-46 所示,运行效果如图 9-47 所示。

视频讲解

主要制作步骤:

(1) 新建一个文件,选择"文件"→"保存"命令,将新建的文档进行保存。

(2) 拖曳一个"计算"图标到流程线上,重命名为"重置窗口"。双击打开"计算"图标编辑窗口,输入代码 ResizeWindow(220,220),设置演示窗口大小为 220 像素×220 像素。

(3) 单击快捷工具栏上的"知识对象"按钮,调出"知识对象"面板,从"分类"下拉列表框中选择"界面构成"选项,下拉列表框出现"界面构成"分类的所有知识对象,双击其中的"电影控制",弹出"电影控制知识对象"向导。

图 9-46 程序流程

图 9-47 运行效果

(4) 单击 Next 按钮,进入向导第 2 步设置。单击 Filename 文本框右侧的 按钮,弹出 Select a Movie 对话框,选择一个数字电影文件 EDISON.avi,Filename 文本框中将显示调入数字电影文件的绝对路径。选中 Path is relative to FileLocation 复选框,则使用相对路径来调用数字电影文件,建议将数字电影文件复制到与程序同一目录中。

(5) 单击 Next 按钮,进入向导第 3 步设置。这一步将设置出现在演示窗口中的控制电影播放的控制按钮,它们分别是播放、暂停、快进、快退和停止按钮。如果不想让某个按钮出现在演示窗口,则只要取消对其右侧的复选框的选择即可。

(6) 单击 Next 按钮,进入向导第 4 步设置。这一步将对数字电影的大小进行设置。调整数字电影的大小可通过下面 3 种方法:在 Set size to 文本框中输入以像素为单位的宽度和高度数值;在 Resize to 文本框中输入缩放的百分比,选中 Proportional 复选框则在缩放时保持数字电影画面的纵横比;单击 Adjust 旁边的按钮,以每次 1 个像素为单位进行微调,键盘上的上下左右方向键对应于这里的 4 个按钮。

(7) 单击 Next 按钮,进入向导第 5 步设置。这一步设置数字电影在演示窗口的位置。调整数字电影在演示窗口中的位置可以通过下面 4 种方法:直接使用鼠标拖曳 Drag from here to screen 下面的预览窗口中"数字电影"图标到指定位置,相对应的演示窗口中将显示拖曳的结果;Click to position 将演示窗口分成 9 个方格,单击其中的相应方格则会将数字电影定位到相应的区域;单击 Nudge 下面的 4 个按钮可对数字电影以 1 个像素为单位进行微调;在 Position by value 文本框中输入表示数字电影左上角在演示窗口中的坐标值。单击 Reset Object 按钮将对数字电影的位置进行重置,重置后数字电影左上角的坐标将变成(0,0)。

(8) 单击 Next 按钮,进入向导第 6 步设置。这一步向导将根据刚才的设置创建知识对象,单击 Done 按钮完成设置并开始创建。要对设置进行修改,可以单击 Back 按钮,如果已经关闭了向导,只要双击流程线上的"知识对象"图标就可以再次启动向导,对设置进行修改。

(9) 运行程序进行测试。单击相应的控制按钮可对播放的数字电影进行控制,如暂停、快进等。

第10章 Flash 课件制作入门

Flash 是 Adobe 公司推出的交互式矢量动画制作软件,它以便捷、完美、舒适的动画编辑环境,深受广大动画制作爱好者的喜爱。

在众多的多媒体课件制作软件中,Flash 是功能最强大、使用最广泛的一种。Flash 不仅是一款动画制作软件,还是一个功能强大的多媒体编著工具,在实现课件的多媒体性、交互性、网络性等方面,Flash 具有其他软件不可比拟的优势。

本章主要内容:
- Flash 制作多媒体课件的功能和特点;
- Flash CS6 的基本工作环境;
- Flash 多媒体课件的制作流程;
- Flash 的基本操作;
- Flash 课件的发布。

10.1 Flash CS6 概述

Flash 早期是 Macromedia 公司的产品,目前被著名的 Adobe 公司收购,成为 Adobe 公司的主要产品。刚开始 Flash 只是一个单纯的矢量动画制作软件,但是随着软件版本的升级,特别是 Flash 内置的 ActionScript 脚本语言的一步步发展,Flash 逐渐演变为功能强大的多媒体程序开发工具。

10.1.1 Flash 制作多媒体课件的功能和特点

用 Flash 制作的课件,在多媒体性、交互性和网络性等综合功能方面,具备其他软件不可比拟的优势。因此,Flash 是目前最流行的多媒体课件制作软件。

多媒体性、交互性和网络性是多媒体课件最基本的 3 个特性,从这 3 个特性的基本实现能力以及综合设计能力上,Flash 是最完善的一种多媒体课件制作软件。

在多媒体方面,Flash 具备完善的媒体支持动能,能导入各种类型的图像、声音、视频、三维动画等。另外,Flash 本身又是功能强大的动画制作软件,可以直接设计制作课件所需要的动画效果,这是其他课件制作软件无法比拟的。

在交互方面,Flash 的动作脚本语言 ActionScript 提供了功能强大的交互程序设计能力,它逐渐演变成一个真正完善的面向对象的程序设计语言。课件制作者只需掌握一些简单的脚本命令,就可以实现多媒体课件需要的各种类型的交互功能。

在网络方面,Flash 主要就是用于网页的制作和网络应用程序的开发,采用矢量图形技术,制作的动画文件非常小,因此 Flash 制作的多媒体课件非常适合在网络上播放。另外,Flash 动画目前是 Internet 上事实的动画标准,具有强大的兼容性和广阔的发展空间。

10.1.2 Flash CS6 的工作环境

Flash 以便捷、完美、舒适的动画编辑环境,深受广大多媒体课件制作爱好者的喜爱,在制作课件之前,先对工作环境中的菜单、工具、面板等分别作详细的介绍,包括一些基本的操作方法和工作环境的组织和安排。

1. 开始页

运行 Flash CS6,首先映入眼帘的是"开始页","开始页"将常用的任务都集中放在一个页面中,用户可以在其中选择从哪个项目开始工作,很容易地实现从模板创建文档、新建文档和打开文档的操作。同时通过选择"学习"栏中的选项,用户能够方便地打开相应的帮助文档,进入具体内容的学习,如图 10-1 所示。

视频讲解

图 10-1 开始页

专家点拨:如果要隐藏开始页,可以选中"不再显示"复选框,然后在弹出的对话框中单击"确定"按钮,这样下次启动 Flash CS6 时就不会显示"开始页"。如果要再次显示开始页,可以通过选择"编辑"→"首选参数"命令,弹出"首选参数"对话框,然后在"常规"类别中设置"启动时"选项为"欢迎屏幕"即可。

2. 工作窗口

在"开始页"中选择"新建"下的 ActionScript3.0 选项,这样就启动了 Flash CS6 的工作窗口并新建一个影片文档。Flash CS6"传统"工作区界面窗口构成如图 10-2 所示。

视频讲解

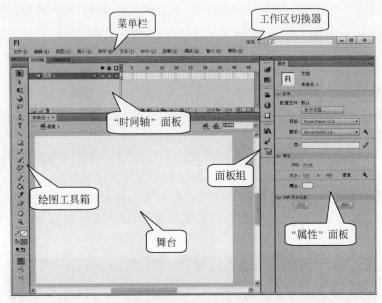

图 10-2　Flash CS6 的工作窗口

Flash CS6 的工作窗口主要包括应用程序栏、菜单栏、绘图工具箱、时间轴、舞台和面板等。

窗口最上方的是"应用程序栏",用于显示软件图标,设置工作区的布局。同时还包括了传统的 Windows 应用程序窗口的最大化、关闭和最小化按钮。

"应用程序栏"下方是"菜单栏",在其下拉菜单中提供了几乎所有的 Flash CS6 命令项。

"菜单栏"下方是"时间轴"面板,这是一个显示图层和帧的面板,其用于控制和组织文档内容在一定时间内播放的帧数,同时可以控制影片的播放和停止,如图 10-3 所示。时间轴左侧是图层,图层就像堆叠在一起的多张幻灯胶片一样,在舞台上一层层地向上叠加。如果上面的一个图层上没有内容,那么就可以透过它看到下面的图层。每一个图层上包括一些小方格,它们是 Flash 的"帧",是制作 Flash 动画的一个关键元素。

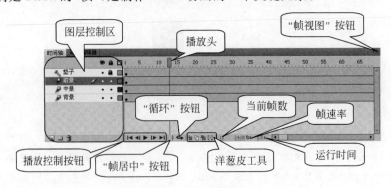

图 10-3　"时间轴"面板

第 10 章　Flash 课件制作入门　　269

专家点拨：在"时间轴"面板上双击"时间轴"标签，可以隐藏面板。隐藏后单击该标签能将面板重新显示。

单击"时间轴"标签右侧的"动画编辑器"标签可以切换到"动画编辑器"面板，如图 10-4 所示。Flash CS6 使用动画编辑器来对每个关键帧的参数进行完全控制，这些参数包括旋转角度、大小、缩放、位置和滤镜等。在"动画编辑器"面板中，操作者可以借助于曲线，以图形的方式来控制缓动。

视频讲解

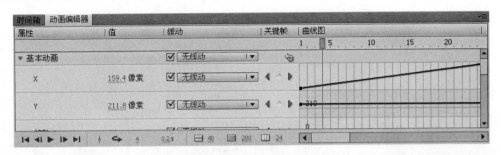

图 10-4　"动画编辑器"面板

"时间轴"面板下方是"舞台"。舞台是放置动画内容的矩形区域（默认是白色背景），这些内容可以是矢量图形、文本、按钮、导入的位图或视频等，如图 10-5 所示。

视频讲解

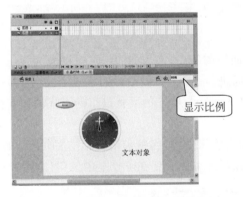

图 10-5　舞台

专家点拨：窗口中的矩形区域为"舞台"，默认情况下，它的背景是白色。将来导出的动画只显示矩形舞台区域内的对象，舞台外灰色区域内的对象不会显示出来。也就是说，动画"演员"必须在舞台上演出才能被观众看到。

工作时根据需要可以改变"舞台"显示的比例大小，可以在"时间轴"右下角的"显示比例"列表框中设置显示比例，最小比例为 8%，最大比例为 2000%。在"显示比例"列表框中还有 3 个选项，"符合窗口大小"选项用来自动调节到最合适的舞台比例大小；"显示帧"选项可以显示当前帧的内容；"显示全部"选项能显示整个工作区中包括"舞台"之外的元素。

窗口左侧是功能强大的"绘图工具箱"，它是 Flash 中最常用到的一个面板，其中包含了用于图形绘制和编辑的各种工具，利用这些工具可以绘制图形、创建文字、选择对象、填充颜色、创建 3D 动画等。单击"绘图工具箱"上的　　按钮，可以将面板折叠为图标。在面板的某些工具的右下角有一个三角形符号,表示这里存在一个工作组,单击该按钮后按住鼠标不放,则会显示工具组的工具。将鼠标移到打开的工具组中,单击需要的工具,即可使用该工具,如图10-6所示。

在"绘图工具箱"中单击某个工具按钮选择该工具,此时在"属性"面板中将显示工具设置选项,可以对工具的属性参数进行设置,如图10-7所示。

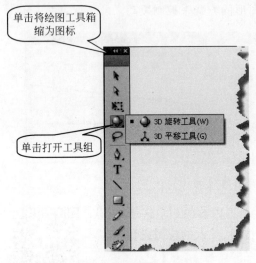

图10-6 打开隐藏的工具组

图10-7 在"属性"面板设置工具属性

3. 面板的基本操作

Flash CS6 加强了对面板的管理,常用的面板可以嵌入面板组中。使用面板组,可以对面板的布局进行排列,这包括对面板进行折叠、移动和任意组合等操作。在默认情况下,Flash CS6 的面板以组的形式停放在操作界面的右侧。

视频讲解

在面板组中单击图标或按钮 ,将能够展开对应的面板,如图10-8所示。从功能面板组中将一个图标拖出,该图标可以放置在屏幕上的任何位置,如图10-9所示。

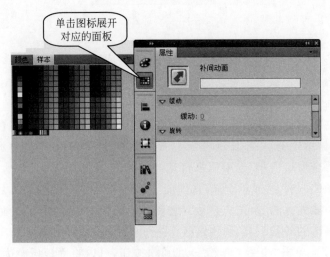

图10-8 展开面板

第 10 章　Flash 课件制作入门　271

图 10-9　放置面板

专家点拨：将面板标签拖曳到组面板的标题栏中，标题栏将由灰色变成蓝色，松开鼠标即可将该面板放置到组中。在展开的面板中，如果需要重新排列面板，只需将面板标签移动到组的新位置即可。

10.2　Flash CS6 的基本操作

对于初步接触 Flash 的读者来说，掌握 Flash 制作动画的工作流程和影片文档的基本操作方法是最迫切的一个要求。

10.2.1　Flash 课件的制作流程

Flash 动画的制作的基本流程是，准备素材→新建 Flash 影片文档→设置文档属性→制作动画→测试和保存动画→导出和发布影片。

1. 准备素材

根据动画内容准备一些动画素材，包括音频素材（声效、音乐等）、图像素材、视频素材等。一般情况下，需要对这些素材进行采集、编辑和整理，以满足动画制作的需求。

2. 新建 Flash 影片文档

Flash 影片文档有两种创建方法：一种是新建空白的影片文档；另一种是从模板创建影片文档。在 Flash CS6 中，新建空白影片文档有两种类型：一种是"ActionScript 3.0"；另外一种是"ActionScript 2.0"。这两种类型的影片文档不同之处在于前一个的动作脚本语言版本是 ActionScript 3.0，后一个的动作脚本语言版本是 ActionScript 2.0。

3. 设置文档属性

在正式制作动画之前，要先设置尺寸（舞台的尺寸）、背景颜色（舞台背景色）、帧频（每秒播放的帧数）等文档属性。这些操作要在"文档设置"对话框中进行，如图 10-10 所示。

"文档设置"对话框中参数的含义如下所述。

- 尺寸：舞台的尺寸最小可设定成宽 1 像素、高 1 像素，最大可设定成宽 2880 像素、高 2880 像素。另外，系统默认的尺寸单位是像素，可以自行输入"厘米""毫米""点"和"英寸"等单位的数值，也可以在"标尺单位"中选择。
- 调整 3D 透视角度以保留当前舞台投影：若要调整舞台上 3D 对象的位置和方向，以

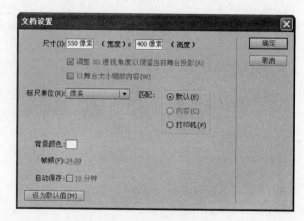

图 10-10 "文档设置"对话框

保持其相对于舞台边缘的外观,请勾选这个复选框。仅当更改舞台大小时此选项才可用。

- 标尺单位:标尺是显示在场景周围的辅助工具,以标尺为参照可以使用户绘制的图形更精确。在这里可以设置标尺的单位。
- "匹配"|"默认":使用默认值。
- "匹配"|"内容":文档大小将恰好容纳当前影片的内容。
- "匹配"|"打印机":文档大小将设置为最大可用打印区域。
- 背景颜色:设置舞台的背景颜色。单击颜色块,在弹出的调色板中选择合适的颜色即可。
- 帧频:默认的是 24fps。可以根据需要更改这个数值,数值越大动画的播放速度越快,动画运行也更为平滑,但是相应的文档体积也会较大。对于大多数计算机显示的动画,特别是网站中播放的动画,8~15fps 就足够了。
- 设为默认值:将所有设定存成默认值,下次再开启新的影片文档时,影片的舞台大小和背景颜色会自动调整成这次设定的值。

4. 制作动画

这是完成动画效果制作的最主要的步骤。一般情况下,需要先创建动画角色(可以用绘图工具绘制或者导入外部的素材),然后在时间轴上组织和编辑动画效果。

5. 测试和保存影片

动画制作完成后,可以选择"控制"→"测试影片"→"测试"命令(或按 Ctrl+Enter 键)对影片效果进行测试,如果满意可以选择"文件"→"保存"命令(或按 Ctrl+S 键)保存影片。为了安全,在动画制作过程中要经常保存文件。按 Ctrl+S 键,可以快速保存文件。

🎓 **专家点拨**:Flash 保存的影片源文件的扩展名为 fla。在测试影片时,系统会在影片源文件所在的文件夹下产生一个扩展名为 swf 的播放文件。

6. 导出和发布影片

如果对制作好的动画效果比较满意,最后可以导出或发布影片。选择"文件"→"导出"→"导出影片"命令,可以导出影片。选择"文件"→"发布"命令可以发布影片,通过发布影片可以得到更多类型的目标文件。

10.2.2 图层的基本操作

图层就像透明的玻璃一样,可以在舞台上一层层叠加。每个图层上都可以放置不同的图形,而且在一个图层上绘制和编辑对象,不会影响其他图层上的对象。

视频讲解

1. 新建图层

新建的 Flash 影片只有一个默认图层,名字是"图层 1"。绘制图形时可以根据需要增加多个图层,利用图层来组织和管理影片中的各种对象。新建图层的方法有 3 种,即通过程序菜单、右键快捷菜单和时间轴工具栏等。其中最常用的是第 3 种方法,单击时间轴左下方工具栏的"新建图层"按钮,就插入了新图层,默认的名字是"图层 2",如图 10-11 所示。

专家点拨:另外两种新建图层的方法:一是选择"插入"→"时间轴"→"图层"命令插入新图层;二是在时间轴的层编辑区右击某个图层,在弹出的快捷菜单中选择"插入图层"命令插入新图层。

2. 图层重命名

系统默认的图层名称为"图层 1""图层 2"等,制作中可以根据图层上的对象功能给图层重新命名,这样更便于编辑和管理。双击图层名称,在字段中输入新的名称即可重命名图层,如图 10-12 所示。

图 10-11 新建图层

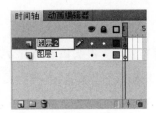

图 10-12 图层重命名

如果在图层名称前的标志 上双击,可以弹出"图层属性"对话框,如图 10-13 所示,在其中能重命名图层或选择图层类型等。

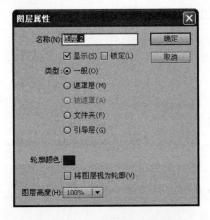

图 10-13 "图层属性"对话框

3. 选取图层

新建多个图层后，编辑工作只能在当前被选择的图层进行，所以绘制时必须先选取图层。选取图层的方法很多，最常用的是单击图层名称，这时图层名称的背景变为蓝色，而且旁边出现一个工作标志 ，表示该图层是当前工作图层，如图10-14所示。

专家点拨： 选取图层还有两种方法：一是单击时间轴上的任意一帧选择图层；二是直接选取舞台上的对象选择图层。如果按住 Shift 键，再分别单击图层名称，就能选取多个图层。

4. 删除图层

Flash 影片制作结束后，空白图层和无用图层必须删除，这样可以缩小文件的体积。删除图层时首先选取要删除的图层，然后单击时间轴面板上的"删除图层"按钮 即可删除图层，如图10-15所示。

图 10-14　选取图层

图 10-15　删除图层

专家点拨： 删除图层还有两种方法：一是拖曳要删除的图层到垃圾桶按钮 ；二是在要删除的图层名字上右击，在弹出的快捷菜单中选择"删除图层"命令。

5. 隐藏图层

添加了多个图层后，为便于舞台上对象的编辑，可以先将其他图层隐藏起来。单击图层名称的隐藏栏就可以隐藏图层，再次单击隐藏栏就显示该图层。如图10-16所示，将"图层1"隐藏了，隐藏栏上出现了一个红叉。

如果单击"隐藏图层"图标 ，可以将所有图层隐藏，再次单击"隐藏图层"图标会显示所有图层。隐藏图层后图层中的所有对象都不可见。

6. 锁定图层

如果在编辑当前图层上的对象时害怕误操作更改其他图层上的对象，可以将其他图层暂时锁定。被锁定的图层上面的对象依旧显示但不能被编辑。单击图层名字右边的锁定栏就可以锁定图层，再次单击锁定栏就解除了对图层的锁定。如图10-17所示，将"图层1"锁定了，锁定栏上出现了一个小锁。

单击"锁定图层"图标 ，可以将所有图层锁定，再次单击"锁定图层"图标就解除了对所有图层的锁定。

专家点拨： 用鼠标拖曳锁定栏也可以锁定多个图层或让多个图层开锁。

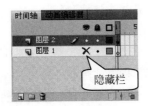
图 10-16　隐藏图层

图 10-17　锁定图层

7. 图层文件夹

当时间轴上的图层太多时，可以创建图层文件夹来进行管理。图层文件夹将图层放在一个树形结构中，通过扩展或折叠文件夹来查看包含的图层，图层文件夹中可以包含图层，也可以包含其他文件夹，这和计算机组织的文件结构相似。

新建图层文件夹的方法很多，最方便的是单击"新建文件夹"按钮 ，新建的图层文件夹就将出现在所选图层或文件夹的上面。图层文件夹建立后还可以为它重新命名，如图 10-18 所示。

拖曳某个图层到图层文件夹名称上，它就以缩进的方式出现在图层文件夹中，如图 10-19 所示。单击文件夹名称左侧的三角形可以展开或折叠文件夹。

图 10-18　新建图层文件夹

图 10-19　拖曳图层到文件夹下

专家点拨：图层文件夹的控制操作将影响文件夹中的所有图层。例如，锁定一个图层文件夹将锁定该文件夹中的所有图层。

10.2.3　帧的基本概念和操作

视频讲解

帧就是影像动画中最小单位的单幅影像画面，相当于电影胶片上的每一格镜头。一帧就是一幅静止的画面，连续的帧就形成动画。按照视觉暂留的原理每一帧都是静止的图像，快速连续地显示帧便形成了运动的假象。

在 Flash 文档中，帧表现在"时间轴面板"上，外在特征是一个个小方格。它是播放时间的具体化表现，也是动画播放的最小时间单位，可以用来设置动画运动的方式、播放的顺序及时间等。每 5 帧有个"帧序号"标识（呈灰色显示，其他的呈白色显示）。根据性质的不同，可以把"帧"分为"关键帧"和"普通帧"。

专家点拨：关键帧定义了动画的变化环节，逐帧动画的每一帧都是关键帧。补间动画在动画的重要点上创建关键帧，再由 Flash 自动创建关键帧之间的画面内容。实心圆点是有内容的关键帧,即实关键帧。无内容的关键帧(即空白关键帧)则用空心圆。表示。

1. 选择帧

动画中的帧有很多,在操作中首先要准确定位和选择相应的帧,然后才能对帧进行其他操作。如果选择某单帧来操作,可以直接单击该帧;如果要选择很多连续的帧,无论正在使用的是哪种绘图工具,都可以在要选择的帧的起始位置处单击,然后拖曳光标到要选择的帧的终点位置,此时所有被选中的帧都显示为黑色的背景,那么下面的操作就是针对这些帧了,如图 10-20 所示。

图 10-20 选择帧

专家点拨:在同时选择连续的多个帧时,还可以先单击起点帧,按住 Shift 键再单击需要选取的连续帧的最后一帧。另外,按住 Ctrl 键单击时间轴上的帧,可以选取多个不连续的帧。

2. 翻转帧

在创作动画时,一般是把动画按顺序从头播放,但有时也会把动画再反过来播放,创造出另外一种效果。这可以利用"翻转帧"命令来实现。它是指将整个动画从后往前播放,即原来的第一帧变成最后一帧,原来的最后一帧变成第一帧,整体调换位置。

具体操作步骤是,首先选定需要翻转的所有帧,然后在帧格上右击,在弹出的快捷菜单中选择"翻转帧"命令即可。

3. 移动播放头

使用播放头可以观察正在编辑的帧内容以及选择要处理的帧,并且通过移动播放头能观看影片的播放,比如向后移动播放头,可以从前到后按正常顺序来观看影片,如果由后到前移动播放头,那么看到的就是动画的回放内容。

播放头的红色垂直线一直延伸到底层,选择时间轴标尺上的一个帧并单击,就把播放头移到了指定的帧,或单击层上的任意一帧,也会在标尺上跳转到与该帧相对应的帧数目位置。所有层在这一帧的共同内容就是在工作区当前所看到的内容。

如果要拖曳播放头,可以在时间轴表示帧数目的背景上单击并左右拉动播放头。

4. 添加帧

制作动画时,根据需要常常要添加帧,比如作为背景的帧,如果只存在一帧,那么从第二帧开始的动画就没有了背景,因此,要为作为背景的帧继续添加相同的帧,在要添加的帧处右击,在弹出的快捷菜单中选择"插入帧"命令(也可以选择"插入"→"时间轴"→"帧"命令),这样就可以将该帧持续一定的显示时间了。

除了普通帧,可以根据不同的需求创建不同类型的帧,主要有两种:关键帧和空白关键帧。系统默认第一帧为空白关键帧,也就是没有任何内容的关键帧,它的外观是白色方格中间显示一个空心小圆圈。当在空白关键帧对应的舞台上创建对象后,这个空白关键帧就变成了关键帧,这时帧的外观是灰色方格中出现一个黑色小圆圈。

如果要在关键帧后面再建立一个关键帧,可以在时间轴面板所需插入的位置上右击,这时会弹出一个快捷菜单,选择其中的"插入关键帧"命令即可。也可以选择"插入"→"时间轴"→"关键帧"命令。如果要同时创建多个关键帧,只要用鼠标选择多个帧的单元格,右击,在弹出的快捷菜单中选择"插入关键帧"命令即可。

如果要创建空白关键帧,可以在时间轴面板所需插入的位置上选择一个单元格,右击,在弹出的快捷菜单中选择"插入空白关键帧"命令即可。也可以选择"插入"→"时间轴"→"插入空白关键帧"命令来完成。

专家点拨：创建关键帧和普通帧是在动画制作过程中频繁进行的操作，因此一般使用快捷键操作。按 F5 键插入普通帧；按 F6 键插入关键帧；按 F7 键插入空白关键帧。

5. 移动和复制帧

在制作动画过程中，有时会将某一帧的位置进行调整，也有可能是多个帧甚至一层上的所有帧整体移动，此时就要用到"移动帧"的操作了。

首先使用选取这些要移动的帧，被选中的帧显示为黑色背景，然后拖曳这些帧到需要移动到的新位置，如图 10-21 所示。

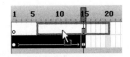

图 10-21　移动帧

如果既要插入帧又要把编辑制作完成的帧直接复制到新位置，那么还是先要选中这些需要复制的帧，再右击，在弹出的快捷菜单中选择"复制帧"命令，被复制的帧已经放到了剪贴板上，右击新位置，在弹出的快捷菜单中选择"粘贴帧"命令，就可以将所选择的帧粘贴到指定位置。

6. 删除帧

当某些帧已经无用了，可将它删除。由于 Flash 中帧的类型不同，所以删除的方法也不同。下面分别进行介绍。

如果只是将关键帧变为普通帧，可以右击它，在弹出的快捷菜单中选择"清除关键帧"命令。或选择需要清除的关键帧，选择"插入"→"时间轴"→"清除关键帧"命令即可。在时间轴上，关键帧清除前后的变化，如图 10-22 所示。

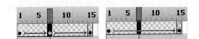

图 10-22　清除关键帧的前后对比

如果要删除帧（不管是什么类型的帧），将要删除的帧选中，右击，在弹出的快捷菜单中选择"删除帧"命令就可以了。

10.2.4　元件的基本操作

元件是指可以重复利用的图形、动画片段或按钮，它们被保存在"库"面板中，如图 10-23 所示。在制作动画的过程中，将需要的元件从"库"面板中拖曳到场景上，场景中的对象称为该元件的一个实例。如果库中的元件发生改变（如对元件重新编辑），则元件的实例也会随之变化。同时，实例可以具备个性，它的更改不会影响库中的元件本身。

视频讲解

元件除了可以重复应用之外，还有助于减小影片文件的大小，有助于多媒体课件的共享和传播。另外，在应用动作脚本（ActionScript）制作交互式课件时，某些元件（如按钮和影片剪辑元件）更是不可缺少的组成部分。

1. 元件的类型

依照功能和类型的不同，元件可分成以下 3 种。

（1）影片剪辑元件。影片剪辑元件是一个独立的动画片段，具备自己独立的时间轴。它可以包含交互控制、音效，甚至能包含其他的影片剪辑实例。它能创建出丰富的动画效

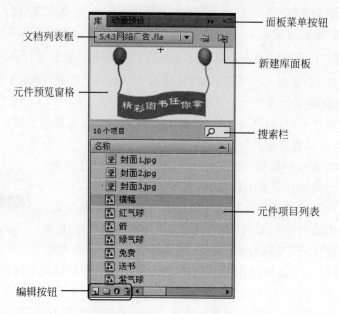

图 10-23 "库"面板

果,能使制作者的任何灵感变为现实。

（2）按钮元件。按钮元件是对鼠标事件(如单击和滑过)做出响应的交互按钮。它无可替代的优点在于使观众与动画更贴近,也就是利用它可以实现交互动画。

（3）图形元件。图形元件通常用于存放静态的图像,也能用来创建动画,在动画中可以包含其他元件实例,但不能添加交互控制和声音效果。

专家点拨：在一个包含各种元件类型的 Flash 影片文件中,选择"窗口"→"库"命令,可以在"库"面板中找到各种类型的元件。在"库"面板中除了可以存储元件对象以外,还可以存放从影片文件外部导入的位图、声音、视频等类型的对象。

2. 新建元件

选择"插入"→"新建元件"命令,弹出"创建新元件"对话框,如图 10-24 所示。在"名称"文本框中可以输入元件的名称,默认名称是"元件 1"。"类型"下拉列表中包括 3 个选项,分别对应 3 种元件的类型。

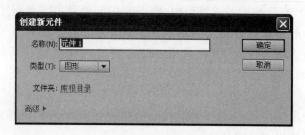

图 10-24 "创建新元件"对话框

单击"确定"按钮,就新建了一个元件。Flash 会将该元件添加到库中,并切换到元件编辑模式。在元件编辑模式下,元件的名称将出现在舞台左上角的上面,并在编辑场景中由一个十字光标表明该元件的注册点。

3. 转换为元件

除了新建元件以外，还可以直接将场景中已有的对象转换为元件。选择场景中的对象，选择"修改"→"转换为元件"命令（或按 F8 键），则弹出"转换为元件"对话框，如图 10-25 所示。其中，"名称"文本框中可以输入元件的名称，默认名称是"元件 1"；"类型"下拉列表中包括 3 个选项，分别对应 3 种元件的类型；"注册"选项右边是注册网格，在注册网格中单击，以便确定元件的注册点。

图 10-25 "转换为元件"对话框

单击"确定"按钮，就将场景中选择的对象转换为元件。Flash 会将该元件添加到库中。舞台上选定的元素此时就变成了该元件的一个实例。

专家点拨：在使用"转换为元件"对话框将对象转换为元件时，可指定对象在元件场景中的位置，这个位置以元件中心点为基准。如果选择"注册网格"左上角的方块，在转换为元件后，对象将被放置在左上角与元件的中心点对齐的位置。

10.3 Flash 课件的发布

Flash 课件制作完成以后，要将其发布成可以脱离 Flash 环境运行的动画文件，才能更好地用于教学。通常会将 Flash 课件发布成 SWF 影片、EXE 可执行文件、HTML 网页文件、AVI 视频等格式。

10.3.1 将 Flash 课件发布成 SWF 影片并输出到网页

当前，网络化教育是大势所趋，越来越多的学校建立了自己的教育网站，甚至有些教师朋友还创建了自己的个人网站。将制作的 SWF 课件嵌入网页，是每个想从事多媒体课件网络化应用的教师必须掌握的技巧。

虽然读者可以使用 Dreamweaver 之类的网页编辑工具来实现将 SWF 课件嵌入网页，不过，Flash 的出版功能，也可以实现单键完成从输出动画、到出版 HTML 以及 JavaScript 程序代码的所有步骤。

1. 发布文件设置

（1）在 Flash 中打开课件源文件，选择"文件"→"发布设置"命令，弹出"发布设置"对话框，如图 10-26 所示。

专家点拨：一般情况下，都把课件发布为 SWF 格式，当然，一些特殊情况下，可以将课件发布为其他格式，如 GIF 格式等。将课件发布为其他格式时，课件本身的一些功能有可能丧失，如交互功能等。

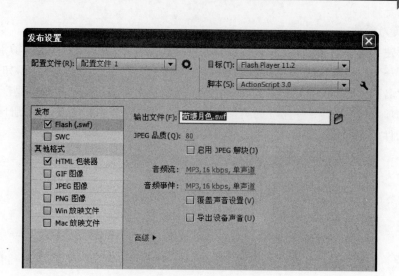

图 10-26 "发布设置"对话框

(2) 在"发布设置"对话框中的左侧列表中,可以选择要发布的项目,一般情况下,只选择"Flash(.swf)"和"HTML 包装器"两项即可。

(3) 在"发布设置"对话框中的"输出文件"文本框中会自动显示默认的文件名,如果想自定义发布的文件名,可以在"输出文件"文本框中输入文件名。

2. HTML 设置

(1) 选择"发布设置"对话框中的"HTML 包装器"选项,在右侧可以设置网页上预留给 Flash 影片的显示空间大小、动画品质、对齐方式等参数,如图 10-27 所示。

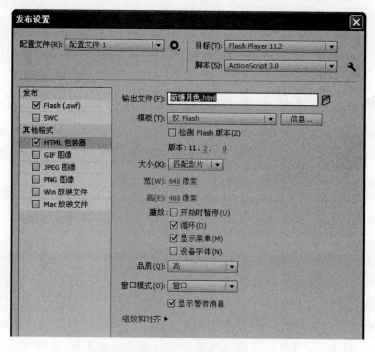

图 10-27 设置 HTML

(2) 单击"发布"按钮发布网页。Flash 会自动将课件影片发布为 SWF 文件,并产生一个网页文件。这些文件都将保存在和 Flash 影片源文件相同的文件夹里面。

10.3.2 将 Flash 课件发布成 EXE 文件

Flash 课件制作完成以后,SWF 文件在运行时需要 Flash 播放器(Flash Player)的支持。如果某个计算机上没有安装 Flash 播放器或 Flash 播放器版本太低,那么都不能正常运行课件。将 Flash 课件编译成 EXE 文件就可以解决这个问题,EXE 文件不需要 Flash 播放器的支持就可以直接运行。

1. 通过发布命令创建 EXE 文件

(1) 打开一个制作好的 Flash 课件源文件。

(2) 选择"文件"→"发布设置"命令,弹出"发布设置"对话框,在左侧的列表中勾选"Win 放映文件"复选框,如图 10-28 所示。

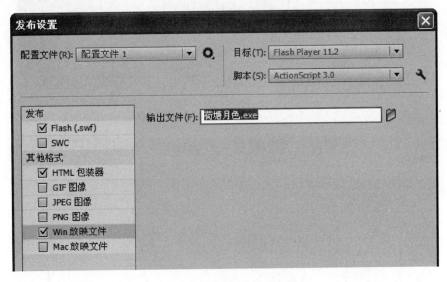

图 10-28 "发布设置"对话框

(3) 单击"发布"按钮,放映文件(EXE 文件)便存入和 Flash 课件源文件相同的文件夹下面了。最后单击"确定"按钮关闭"发布设置"对话框即可。

2. 将 SWF 课件编译成 EXE 文件

(1) 在 Flash 中打开课件源文件,将其导出为 SWF 格式的影片文件。

(2) 在保存此 SWF 文件的文件夹中,双击它,计算机会自动开启 Flash 影片播放器,如图 10-29 所示。

(3) 在 Flash 影片播放器中,选择"文件"→"创建播放器"命令,弹出"另存为"对话框,如图 10-30 所示。在对话框中输入放映文件的名称后,单击"保存"按钮即可。将课件制作成 EXE 文件以后,这个课件就可以在任何一台计算机上独立播放了。

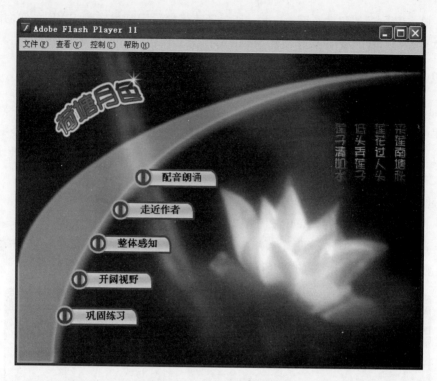

图 10-29　Flash 影片播放器

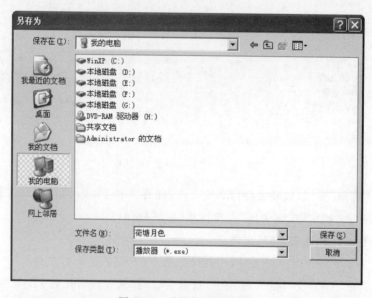

图 10-30　"另存为"对话框

10.3.3　将 Flash 课件发布成 AVI 视频文件

在教学活动中,利用"计算机+液晶投影仪"的模式进行 Flash 课件播放,能取得很好的教学效果,但是一些学校硬件设施比较薄弱,很多教室没有配备计算机和投影仪,还是原来的"电视机+DVD 机"的模式,那么如何在普通教室利用 DVD 机播放 Flash 课件呢?

要想让 Flash 课件脱离计算机环境，首先考虑将 Flash 动画转换成其他格式，如 AVI 视频格式。然后使用专门的刻录软件将 AVI 文件刻录成 DVD 光盘就可以了。

将 Flash 课件导出为 AVI 视频文件的步骤如下所述。

(1) 在 Flash 中打开课件源文件，选择"文件"→"导出"→"导出影片"命令，弹出"导出影片"对话框，如图 10-31 所示。

图 10-31 "导出影片"对话框

(2) 在"保存类型"下拉列表中选择"Windows AVI(＊.avi)"类型，在"文件名"文本框中输入文件名，单击"保存"按钮，弹出"导出 Windows AVI"对话框，在对话框中设置场景的尺寸、图像和声音的效果等参数，如图 10-32 所示。

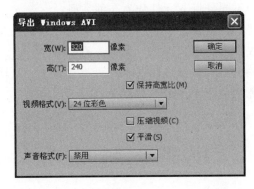

图 10-32 "导出 Windows AVI"对话框

(3) 设置完成后单击"确定"按钮，即可输出 AVI 文件。

专家点拨：除了 AVI 视频格式，还可以将 Flash 课件导出为 MOV 格式的视频文件。

10.4 本章习题

1. 选择题

(1) Flash 制作的影片源文件扩展名为(　　)，导出后的影片播放文件扩展名为(　　)。
　　A. SWF FLA　　　　B. FLA SWF　　　　C. PNG SWF　　　　D. FLA PNG

(2) 下面叙述正确的是(　　)。
　　A. Flash 影片文档的舞台尺寸默认是 500 像素×400 像素
　　B. Flash 影片文档的舞台背景颜色可以直接设置成从红色向白色变化的渐变色
　　C. Flash 影片文档的舞台背景颜色只能设置成纯色
　　D. 无论创建的动画元素是否放在舞台区域内，在测试影片时都能看见

(3) 关于元件和实例，下列说法中错误的是(　　)。
　　A. 元件是可以重复利用的图形、动画片段或按钮
　　B. 如果库中的元件发生改变(比如对元件重新编辑)，则元件的实例也会随之变化
　　C. 将需要的元件从"库"面板拖放到舞台上，舞台上的对象称为该元件的一个实例
　　D. 实例可以具备自己的个性，如果对实例进行更改，则会影响库中的元件本身

(4) 添加了多个图层后，为便于舞台上对象的编辑，可以先将其他图层隐藏起来。单击(　　)图标可以将所有图层隐藏起来。
　　A. ✏　　　　B. 👁　　　　C. 🗑　　　　D. 🔒

2. 填空题

(1) 在 Flash 软件窗口工作时，根据需要可以改变"舞台"显示的比例大小，可以在"时间轴"右下角的"显示比例"列表框中设置显示比例，最小比例为＿＿＿＿，最大比例为＿＿＿＿。

(2) 依照功能和类型不同，Flash 元件分为 3 种类型：＿＿＿＿、＿＿＿＿和＿＿＿＿。

(3) 创建关键帧和普通帧是在动画制作过程中频繁进行的操作，因此一般使用快捷键操作。按＿＿＿＿键插入普通帧，按＿＿＿＿键插入关键帧，按＿＿＿＿键插入空白关键帧。

(4) Flash 课件制作完成以后，要将其发布成可以脱离 Flash 环境运行的动画文件，才能更好地用于教学。通常会将 Flash 课件发布为＿＿＿＿、＿＿＿＿、＿＿＿＿和＿＿＿＿格式的文件。

10.5 上机练习

练习 10-1　Flash CS6 界面布局操作

对 Flash CS6 界面布局进行上机操作练习，主要包括熟悉 Flash CS6 界面布局，掌握面板的操作，显示/隐藏网格、标尺和辅助线等。

主要制作步骤：

(1) 启动 Flash CS6 软件，在开始页，选择"新建"下的 ActionScript 3.0，新建一个影片文档。

(2) 选择"窗口"→"工具栏"→"主工具栏"命令,观察 Flash 窗口的变化。
(3) 单击"绘图工具箱"左上角的按钮,切换工具的排列方式。
(4) 对面板进行各种操作,熟悉各种面板的布局。
(5) 选择相关的菜单命令,对网格、标尺和辅助线进行操作。
(6) 单击"工作区切换器"按钮打开下拉菜单,在其中分别选择不同的命令,来体验不同的工作区布局。

练习 10-2 Flash 课件的制作流程

利用投影滤镜制作一个阴影文字特效范例,范例效果如图 10-33 所示。通过这个阴影文字特效的制作过程,练习如何新建 Flash 影片文档、设置文档属性、保存文件、测试影片、导出影片、打开文件、修改文件、输入文本、设置文本的滤镜效果以及认识 Flash 所产生的文件类型等内容。

图 10-33 范例效果

主要制作步骤:
(1) 启动 Flash CS6,出现"开始页",选择"新建"下的 ActionScript 3.0 选项,这样就启动了 Flash CS6 的工作窗口并新建了一个影片文档。
(2) 展开"属性"面板,在"属性"栏下,单击"大小"右边的"编辑"按钮,弹出"文档设置"对话框。
(3) 设置"尺寸"为 300 像素×200 像素,设置"背景颜色"为浅蓝色,设置"帧频"为 12,其他保持默认。
(4) 在绘图工具箱中选择"文本工具" T 。在"属性"面板中,在"字符"栏下,设置"系列"为黑体,"大小"为 45 点,"颜色"为白色,其他属性保持默认。
(5) 将鼠标移向舞台上单击,在出现的文本框中输入"多媒体课件"。在绘图工具箱中选择"选择工具",拖曳文字到舞台中央。
(6) 选择"文件"→"保存"命令,弹出"另存为"对话框,指定影片保存的文件夹,输入文件名"练习 2 课件制作流程",单击"保存"按钮。这样就将影片文档保存起来了,文件的扩展名是 FLA。
(7) 选择"控制"→"测试影片"→"测试"命令,弹出测试窗口,在窗口中可以观察影片的效果,并且还可以对影片进行调试。关闭测试窗口可以返回影片编辑窗口对影片继续进行编辑。

(8) 打开"资源管理器"窗口,定位在影片文档保存的文件夹,可以观察到两个文件,如图 10-34 所示。左边是影片文档源文件(扩展名是 FLA),也就是第(1)步保存的文件。右边是影片播放文件(扩展名是 SWF),也就是第(2)步测试影片时自动产生的文件。直接双击影片播放文件可以在 Flash 播放器(对应的软件名称是 Flash Player)中播放动画。

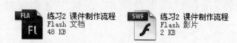

图 10-34 文档类型

(9) 选择"文件"→"导出"→"导出影片"命令,弹出"导出影片"对话框,指定导出影片的文件夹,输入导出影片文件名,单击"保存"按钮,弹出"导出 Flash Player"对话框。在这个对话框中可以设置导出影片的相关参数。这里不做改动,保持目前的默认参数。单击"确定"按钮,导出影片。导出的影片文件类型是播放文件,文件扩展名为 SWF。

(10) 单击影片文档窗口右上角的关闭按钮,关闭影片。

(11) 在"开始"页面的"打开最近的项目"下,单击"练习 2 课件制作流程.fla"文件,就把影片文档重新打开了。

专家点拨:如果在"开始"页面的"打开最近的项目"下找不到需要打开的文件,可以单击"打开"按钮,弹出"打开"对话框。在"查找范围"中定位到要打开影片文件所在的文件夹,选择要打开的影片文件(扩展名为 FLA)。单击"打开"按钮即可。

(12) 单击舞台上的文本对象。接着展开"滤镜"面板,单击"十"号按钮,在弹出的下拉菜单中选择"投影"滤镜。此时,舞台上文本对象产生了滤镜效果。

(13) 按 Ctrl+S 组合键保存文件。按 Ctrl+Enter 组合键测试影片效果,最后得到一个阴影效果的文字特效。

第11章 Flash课件中的多媒体对象

Flash作为专业的矢量动画软件,在矢量图形的绘制方面具备强大的功能。利用工具箱中的绘图工具可以创建效果丰富的课件图形。另外,Flash支持多种媒体的导入功能。在用Flash制作多媒体课件时,可以将外部的图像、声音(声效、解说词、音乐等)或者视频素材导入到Flash中进行处理。这样制作出来的课件,图像、动画、声音、视频等交织在一起,多种媒体同时作用,可以为学习者建构一个真正的学习情境。

本章主要内容:
- Flash课件中的文字
- Flash课件中的图形图像
- Flash课件中的声音
- Flash课件中的视频

11.1 Flash课件中的文字

在制作Flash课件时,常会需要创建各种文本。用工具箱中的"文本工具"可以直接输入文字,并且可以改变文字的字体、大小、颜色等属性,使用简单,设置方便。另外,还可以将已有的外部文本资料(如Word文本)导入Flash中应用。

11.1.1 创建传统文本

文本工具用来创建3种类型的文本字段,包括静态文本字段、动态文本字段和输入文本字段。这里主要介绍利用文本工具创建静态文本字段的方法。

视频讲解

图11-1 选择"传统文本"

(1) 新建一个Flash文档,在绘图工具箱中选择"文本工具" T 。
(2) 展开"属性"面板,从"文本引擎"下拉列表框中选择"传统文本",如图11-1所示。

🔍 **专家点拨**：这时可以看到"属性"面板的设置项有些改变，这些设置项都是用来设置文本的基本属性，包括字体、样式（粗体、斜体等）、字号大小、字符间距、颜色、对齐、字距、行距等。

（3）在舞台上拖曳鼠标指针出现文本框，该框的高度与设定的文字大小一致，长度由制作者决定，它的右上角出现了一个方形手柄，表明此时输入的是具有固定宽度的静态文本，如图 11-2 所示。

（4）此时光标开始闪烁，表示可以输入文字了。输入文字"固定宽度"，如图 11-3 所示。

图 11-2 固定宽度的文本框

图 11-3 输入文本

（5）接着输入文字"静态文本"，此时固定宽度的文本自动换行，如图 11-4 所示。

（6）将鼠标指针放在文本框右上角的方形手柄上拖曳，可以改变文本框的长度，让文本显示在一行内，如图 11-5 所示。

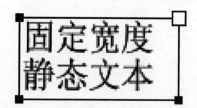

图 11-4 文本自动换行 　　　　　图 11-5 拖曳方形手柄

（7）接着在舞台空白处单击，右上角出现一个圆形的文本输入框，它就是扩展的静态文本框。输入文字，文本框按照输入文本的长短自动延伸而不会换行，如图 11-6 所示。

图 11-6 可扩展的静态文本框

（8）拖曳固定宽度静态文本的方形手柄，它会改变为扩展的静态文本，手柄变成了圆形。双击扩展的静态文本的圆形手柄，它会改变为固定宽度的静态文本，手柄变成了方形，如图 11-7 所示。

 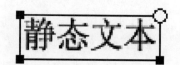

图 11-7 扩展和固定宽度静态文本间的互换

🔍 **专家点拨**：除了用"文本工具"直接在文本框中输入文字外，还可以利用"复制"与"粘贴"命令将 Word 文档、网页或写字板中的文本复制到文本框中。

11.1.2 设置文本属性

文本属性的设置是在"属性"面板中进行的。可以在选择"文本工具"后,紧接着就在"属性"面板中进行设置,然后再输入文本。也可以输入文本后,用"选择工具"选中文本,然后在"属性"面板中进行设置。

下面对文本工具的"文本属性"进行简要介绍。

- "文本类型"下拉列表框 [静态文本 ▼]:用来选择文本的类型,包括静态文本、动态文本和输入文本 3 种。默认为静态文本类型。
- "改变文字方向"下拉列表框 [↔ ▼]:用来选择文字的方向,包括"水平""垂直"和"垂直,从左向右"3 种。默认为水平。
- "系列"下拉列表框 [系列:黑体 ▼]:单击右侧的按钮将弹出下拉列表框,在其中可以选择字体系列。
- "样式"下拉列表框 [样式: Regular ▼]:可以为文本选择要应用的样式,包括 Regular(常规)、Italic(斜体)、Bold(粗体)、Bold Italic(粗斜体)。文本的样式和字体有关,有些字体仅包含 Regular 样式,那么"样式"下拉列表框就不可选。这时,从主菜单中选择"文本"→"样式"→"仿粗体"或"仿斜体"命令实现粗体或斜体,但是,仿样式可能看起来不如包含真正粗体或斜体样式的字体好。
- "嵌入"按钮 [嵌入…]:单击这个按钮,可以弹出"字体嵌入"对话框。在将含有文字的文档发布为 SWF 文档时,并不能保证所有文字的字体在播放计算机上可用,如果不可用则出现在播放时文字的外观发生改变。要保证 SWF 文档的播放时文字效果不变,需要在文档中嵌入全部的字体或某个字体的特定字符集。
- "大小"文本框 [大小: 45.0 点]:用来设置文字的大小,可以直接单击后输入数字,也可以通过拖曳设置字体大小。
- "字母间距"文本框 [字母间距:0.0]:直接输入数字或拖曳调整字符的距离。
- "颜色"按钮 [颜色: ■]:单击弹出调色板,在其中可以设置文字的颜色。
- "自动调整字距"复选框 [☑自动调整字距]:选中后可以根据字体的大小自动调整字距。默认为选中状态。
- "消除锯齿"下拉列表框 [消除锯齿: 可读性消除锯齿 ▼]:用来设置字体的呈现方法。其中包括 5 个选项,选择不同选项可以得到不同的字体呈现方法。
  * 使用设备字体:该选项将生成一个较小的 SWF 文件,因为它使用用户计算机上当前安装的字体来呈现文本。
  * 位图文本(无消除锯齿):该选项生成明显的文本边缘,没有进行高级消除锯齿。
  * 动画消除锯齿:该选项生成可顺畅进行动画播放的消除锯齿文本。
  * 可读性消除锯齿:该选项使用高级消除锯齿引擎。它提供了品质最高的文本,具有最易读的文本。
  * 自定义消除锯齿:该选项与"可读性消除锯齿"选项相同,但是可以直观地操作高级消除锯齿参数,以生成特定外观。该选项在为新字体或不常见的字体生成最佳的外观方面非常有用。

- 切换上标和下标按钮 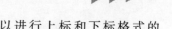：分别单击这两个按钮，可以进行上标和下标格式的切换。

专家点拨：除了以上主要介绍的"字符"栏中各种文本属性的设置以外，在"属性"面板中还提供了"段落"栏、"选项"栏、"滤镜"栏等，可以对文字进行更丰富的属性设置。

11.1.3 文本分离和变形

丰富的字体能为课件增添色彩，但如果制作的影片文档在没有安装该字体的计算机上运行时，Flash 课件就不能正常显示文本，以致带来不必要的麻烦。解决这个问题最好的办法就是分离文本，下面进行实际操作。

视频讲解

(1) 新建一个 Flash 文档，保存文档属性的默认设置。

(2) 选择"文本工具"，在"属性"面板中，从"文本引擎"下拉列表框中选择"传统文本"。在"系列"下拉列表框中设置字体为"黑体"，大小为 39 点，字体颜色为蓝色，在舞台中输入文字"江山如此多娇"。

(3) 选中文本，选择"修改"→"分离"命令或按 Ctrl+B 组合键分离文本，文本被分离成单字。

(4) 再次按 Ctrl+B 组合键分离文本，此时文本变成了以网点显示的形状，再不能改变字体和字号。文本分离过程如图 11-8 所示。

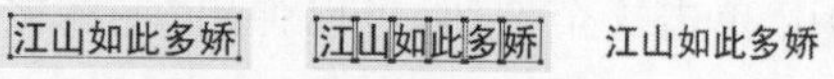

江山如此多娇　　江山如此多娇　　江山如此多娇

图 11-8　分离文本过程

(5) 使用"选择工具"拖曳文字形状的笔画，使形状变形。

(6) 单击绘图工具箱中的"填充颜色"按钮，在弹出的调色板中选择"彩虹"线性渐变色。

(7) 框选分离后的所有文本形状，使用"颜料桶工具"单击图形应用填充色。变形及变色过程如图 11-9 所示。

江山如此多娇　　江山如此多娇

图 11-9　变形及变色过程

专家点拨：文本是不能直接应用填充效果的，把文本分离成形状后就可以使用填充效果。这也是分离文本的一个重要目的。

11.1.4 文字滤镜

滤镜指的是能够应用于文本、影片剪辑和按钮的特殊效果，能够为对象增添奇妙的视觉感受。为对象添加滤镜，可以通过"属性"面板的"滤镜"栏来添加或设置。在"滤镜"栏中，可以对滤镜进行添加、复制、粘贴以及启用和禁用等操作，还可以对滤镜的参数进行修改。

视频讲解

Flash 包括投影、模糊、发光、斜角、渐变发光、渐变斜角和调整颜色 7 种滤镜特效，图 11-10 所示是添加各种滤镜后的文字效果。

图 11-10　各种文字滤镜效果

为文本添加滤镜效果的方法很简单。在舞台上选择文本对象,在"属性"面板中展开"滤镜"栏,单击"添加滤镜"按钮,在打开的菜单中单击需要使用的滤镜即可,如图 11-11 所示。针对一个对象,可以添加多个滤镜,效果叠加。添加的滤镜以列表方式显示在"滤镜"栏。

专家点拨:选择"删除全部"命令,将删除"滤镜"栏列表中所有滤镜。选择"禁用全部"命令,列表中滤镜将存在,但对象将禁用滤镜效果。选择"启用全部"命令,将启用列表中的全部滤镜效果。

如果需要将应用于一个对象的滤镜,应用到另一个对象,可以使用复制、粘贴的方法。在"属性"栏列表中选择一个滤镜,单击列表下的"复制"按钮。如果需要复制所有的滤镜效果,则选择"复制全部"命令。如果只是需要复制选择的滤镜,选择"复制所选"命令,如图 11-12 所示。选择另一个对象后,单击"复制"按钮,选择菜单中的"粘贴"命令,滤镜效果即可应用到选择的对象。

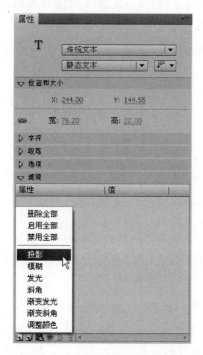

图 11-11　选择需要使用的滤镜

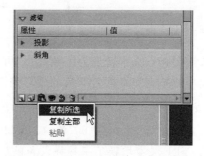

图 11-12　单击"复制"按钮选择命令

专家点拨:在"滤镜"栏的列表中选择滤镜,单击"删除滤镜"按钮,选择的滤镜将删除。单击"启用或禁用滤镜"按钮,将禁用或重新启用选择的滤镜,单击"重置滤镜"按钮,将能够使滤镜的参数恢复到初始值。

11.1.5 创建 TLF 文本

视频讲解

Flash CS6 所支持的 TLF 文本加强了文本的控制,支持更丰富的文本布局功能和对文本属性的精细控制。

在 Flash CS6 中,其默认的文本引擎是 TLF,使用工具箱中的"文本工具"可以创建两种类型的 TLF 文本,即点文本和区域文本。点文本的容器的大小由其包含的文本所决定,而区域文本的容器大小与包含的文本量无关。

1. 点文本

在工具箱中选择"文本工具",在舞台上单击,此时就会出现一个文本输入框。在文本框中输入文字,文本框会随着文字的输入而向右扩大。此时,文本框中文字不会自动换行,在需要换行时,按 Enter 键即可,如图 11-13 所示。

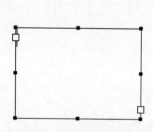

图 11-13 输入点文本

2. 区域文本

在工具箱中选择"文本工具",在舞台上向右拖曳鼠标获得一个文本框,这个文本框就是一个文本容器,如图 11-14 所示。在文本框中输入文字时,文本的输入范围将被限制在这个容器中,即当文字超出了这个范围时将会自动换行,如图 11-15 所示。

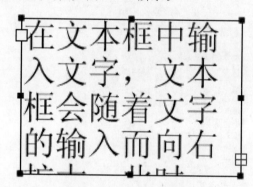

图 11-14 拖曳鼠标绘制文本框　　　　图 11-15 输入的文字会自动换行

如果需要将点文本转换为区域文本,可以使用"选择工具"拖曳文本框上的黑点调整文本框的大小或拖曳文本框右下角的圆形控制柄。

专家点拨:注意 TLF 文本框与传统文本框的区别,在左右两侧各增加了一个矩形调节手柄,称为"进"端口和"出"端口。TLF 文本与传统文本的操作基本相同,但是与传统文本相比,TLF 文本增强了字符样式和段落样式等功能。

11.1.6 TLF 文本段落分栏

TLF 文本具有更多段落样式,为在 Flash 课件建内容较多的文本提供了更为强大的排版方式。下面通过一个范例介绍 TLF 文本段落的应用。

视频讲解

（1）新建一个 Flash 文档，保存文档属性的默认设置。

（2）选择"文本工具"，在"属性"面板的"字符"栏中，设置"大小"为 18 点。

（3）在舞台上拖曳鼠标创建一个文本框，在文本框中输入需要的文本。也可以通过复制、粘贴的方法将外部文本文件中的文字复制到文本框中。在文本框的右下角显示一个红色网格控制手柄，这说明文本框中的所有文本没有完全显示出来，如图 11-16(a)所示。

(a) 文本没有完全显示　　(b) 文本完全显示

图 11-16　创建文本

（4）用鼠标拖曳文本四周的黑色方块手柄，扩大文本框的空间，直至所有文本全部显示出来，如图 11-16(b)所示。

（5）切换到"选择工具"，选中文本框，下面在"属性"面板中设置文本的属性。

（6）在"字符"栏，设置左、右边距为 8 像素，设置缩进为 35 像素，如图 11-17 所示。这样，文本段落在文本框中的左、右边距会变为 8 像素，并且每个段落首行会自动缩进 35 像素，如图 11-18 所示。

图 11-17　设置边距和缩进 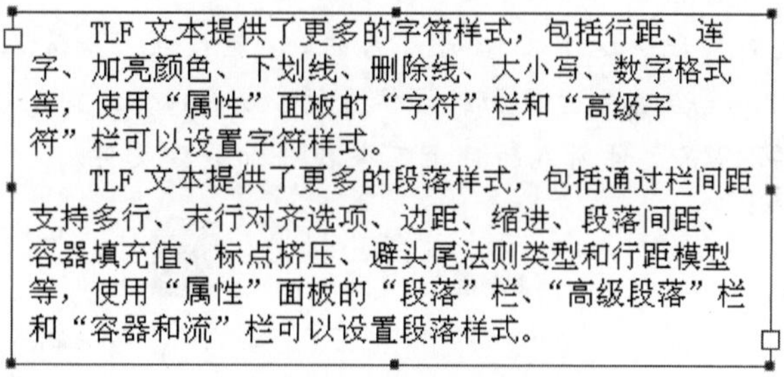　　图 11-18　文本效果

（7）在"容器和流"栏，设置"列"为 2，设置"列间距宽度"为 20 像素，这样舞台上的文本段落变成了双栏显示，调整文本框，使文本完全显示，如图 11-19 所示。

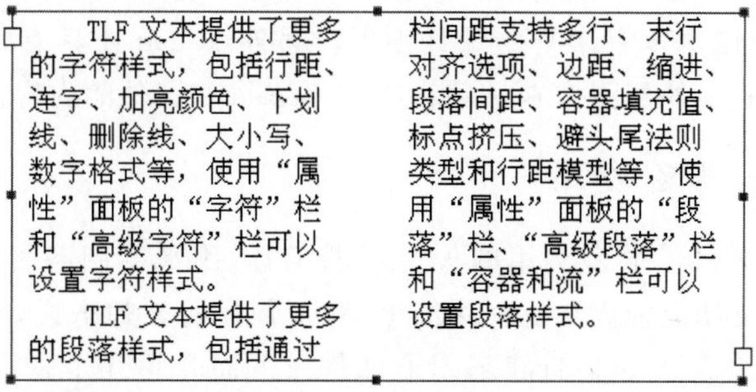

图 11-19　文本段落双栏显示

(8) 选择“文本工具”,将光标定位在文本框的最后,再输入一些文本,这样文本框可能容纳不下所有的文本,因此显示不全。重新在“容器和流”栏进行设置,将“列”设为 3,设置“列间距宽度”为 5 像素,并调整文本框,效果如图 11-20 所示。

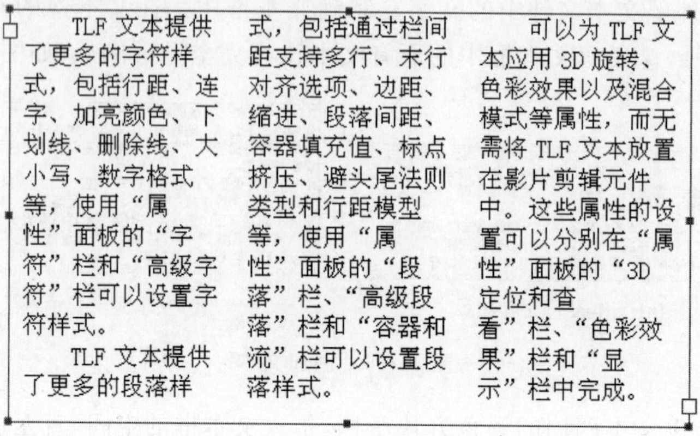

TLF 文本提供了更多的字符样式，包括行距、连字、加亮颜色、下划线、删除线、大小写、数字格式等，使用“属性”面板的“字符”栏和“高级字符”栏可以设置字符样式。
TLF 文本提供了更多的段落样式，包括通过栏间距支持多行、末行对齐选项、边距、缩进、段落间距、容器填充值、标点挤压、避头尾法则类型和行距模型等，使用“属性”面板的“段落”栏、“高级段落”栏和“容器和流”栏可以设置段落样式。
可以为 TLF 文本应用 3D 旋转、色彩效果以及混合模式等属性，而无需将 TLF 文本放置在影片剪辑元件中。这些属性的设置可以分别在“属性”面板的“3D 定位和查看”栏、“色彩效果”栏和“显示”栏中完成。

图 11-20　文本段落 3 栏显示

(9) 保存文件。按 Ctrl+Enter 组合键测试影片。

专家点拨:当发布或输出带有 TLF 文本容器的 Flash 影片时,系统会自动创建一个名为 textLayout_1.0.0.595.swz 的文件,如图 11-21 所示。这是一个运行时共享库文件,该文件包含了 TLF 文本的功能定义,Flash Player 会自动动态加载该文件,并对 TLF 文本进行处理。这个文件是必需的,一般情况下,在 Adobe 的网站上有该文件的副本,Flash Player 会首先尝试加载该位置的 textLayout_1.0.0.595.swz 文件,如果不可用,那么就会在 SWF 文件所在的目录下查找并加载该文件。

textLayout_1.0.0...
Flash SWZ 文件
153 KB
11.1.6_TLF文本段落分栏
Flash 文档
11.1.6_TLF文本段落分栏
SWF 文件

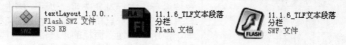

图 11-21　3 个“文件”图标

11.2　Flash 课件中的图形图像

Flash 作为专业的矢量动画软件,在矢量图形的绘制方面具备强大的功能。利用工具箱中的绘图工具可以创建效果丰富的课件图形。另外,Flash 还具有将各种类型的外部图像导入的功能,这样利用外部图像素材,能更加丰富 Flash 课件的内容。

11.2.1　绘图工具的应用

Flash 工具箱中提供了很多实用的矢量绘图工具,用来绘制各种图形,对图形进行上色、编辑等。这些工具功能强大而且使用简单,对于普通的教师来说,不需要太多的绘图专业技能,就能绘制既美观又专业的静态图形课件。下面介绍几个常用的绘图工具的使用方法。

1. 线条工具

线条工具是绘制各种直线最常用的工具,它的使用非常广泛。首先尝试绘制一条直线。

(1) 单击"线条工具",移动鼠标指针到舞台上,这时鼠标指针变成了十字形状。按住左键并拖曳,到合适位置松开左键,一条直线就画好了,如图 11-22 所示。

视频讲解

(2) 选择线条工具后,打开"属性"面板,在"填充和笔触"栏中,可以设置线条的笔触颜色、笔触高度和笔触样式等,从而可以画出风格各异的线条来,如图 11-23 所示。

(3) 在"属性"面板中,单击"笔触颜色"按钮,会弹出一个调色板,此时鼠标指针变成滴管状。用滴管直接拾取颜色或在文本框里直接输入颜色的十六进制数值,就可以完成线条颜色的设置,如图 11-24 所示。

图 11-22　绘制直线　　　　　　图 11-23　"属性"面板

(4) 在"属性"面板中,单击"样式"右边的按钮会弹出一个下拉菜单,如图 11-25 所示。在其中可以选择线条笔触样式。

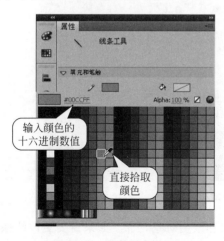 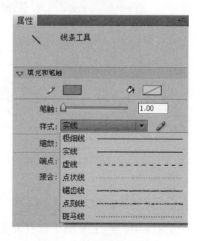

图 11-24　笔触调色板　　　　　　图 11-25　设置笔触样式

专家点拨:在使用"线条工具"绘制直线时,按住 Shift 键拖曳,可以将线条的角度限制为 45°的倍数,从而方便地画出水平、垂直等方向上的直线。同时,便于绘制线条间成直角关系的图形。按住 Alt 键拖动,可以从拖动点中心向两边绘制直线。

选择"线条工具"后，在"属性"面板中单击"样式"右边的"编辑笔触样式"按钮，弹出"笔触样式"对话框，根据需要在其中进行相应的设置，如图11-26所示。设置完成后单击"确定"按钮，然后在舞台上拖曳即可绘制自定义笔触样式的线条。绘制各种样式的线条效果如图11-27所示。

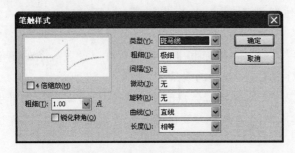

图11-26 "笔触样式"对话框

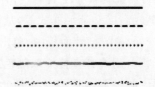

图11-27 各种样式的线条

专家点拨：对于初学者来说，在"笔触样式"对话框中多试试改变线条的各项参数，对各种线条的理解和绘图能力的提高会有很大帮助。

使用"滴管工具"和"墨水瓶工具"可以很快地将任意线条的属性套用到其他的线条上。具体操作步骤如下所述。

（1）用"滴管工具"单击要套用属性的线条，查看"属性"面板，它显示的就是该线条的属性，此时所选工具自动变成了"墨水瓶工具"。

（2）使用"墨水瓶工具"单击其他线条，可以看到，被单击线条的属性变成了第一个线条的属性了，如图11-28所示。

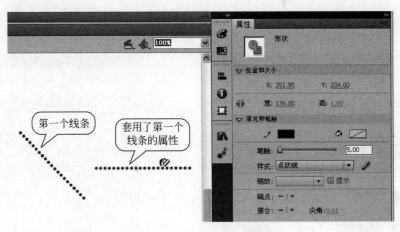

图11-28 快速套用线条属性

"选择工具"主要用于选择对象、移动对象和改变对象轮廓。如果需要更改线条的方向和长短，可以用"选择工具"来实现。

在工具箱中选中"选择工具"，然后移动鼠标指针到线条的端点处，当鼠标指针右下角出现直角标志后，拖曳鼠标即可改变线条的方向和长短，如图11-29所示。

将鼠标指针移动到线条上，当鼠标指针右下角出现弧线标志后，拖曳鼠标即可改变线条的轮廓，可以使直线变成各种形状的弧线，如图11-30所示。

图 11-29　改变线条方向和长短　　　图 11-30　改变线条为弧线状

2. 矩形工具

"矩形工具"可以绘制矩形、圆角矩形、正方形这些基本图形。在绘图工具箱中选择"矩形工具" ，展开"属性"面板，在其中可以设置矩形的笔触颜色、笔触高度、笔触样式、填充颜色、矩形边角半径等属性，如图 11-31 所示。

视频讲解

图 11-31　设置"矩形工具"的属性

"填充和笔触"栏下的各个选项的含义和"线条工具"属性面板中的相同，这里不再赘述。"矩形选项"栏下的各个选项的含义如下所述。

"矩形边角半径"文本框：包括 4 个文本框，用于指定矩形的角半径。可以在框中输入内径的数值，或单击滑块相应地调整半径的大小。如果输入负值，则创建的是反半径。还可以取消选择锁定角半径的图标，然后分别调整每个角半径。

"重置"按钮：单击这个按钮，可以将矩形边角半径重置为 0。

根据需要，将矩形工具的属性设置完成以后，在舞台上拖曳鼠标即可绘制出一个矩形。绘制的各种矩形如图 11-32 所示。

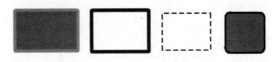

图 11-32　各种矩形

专家点拨：在绘制矩形时，如果按下 Shift 键拖曳鼠标，那么可以绘制正方形。

如果想精确绘制矩形，可以选择"矩形工具"后，按下 Alt 键在舞台上单击，弹出"矩形设置"对话框，如图 11-33 所示，在其中可以以像素为单位精确设置矩形的宽、高和边角半径的数值。

默认情况下，用"矩形工具"绘制的是形状，用"选择工具"可以对矩形进行选择。单击矩形某个边框可以选中这个边框;双击矩形任意一个边框可以选中全部矩形边框;单击矩形填充可以选中填充形状;双击填充可以选中整个矩形(包括整个边框和填充)。

3. 基本矩形工具

利用基本矩形工具绘制出来的是一种叫作"图元"的对象,这种对象不同于一般的形状。在绘图工具箱中选择"基本矩形工具" ,在舞台上拖曳鼠标即可绘制"图元"矩形。用"选择工具"单击"图元"矩形,会出现一个矩形线框,上面有8个控制点,拖曳控制点可以改变矩形的边角半径。另外,在"属性"面板中可以对"图元"矩形的各种属性重新设置,这样可以得到各种各样的图形,如图11-34所示。

视频讲解

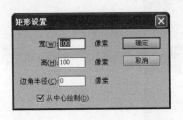

图11-33 "矩形设置"对话框　　　　图11-34 基本矩形工具绘制的各种"图元"图形

🔶 **专家点拨**:在用基本矩形工具绘制图元矩形时,要想更改矩形的边角半径,请按向上箭头键或向下箭头键。当圆角达到所需圆度时,松开键即可。

4. 椭圆工具

"椭圆工具"可以绘制椭圆、圆、扇形、圆环等基本图形。在绘图工具箱中选择"椭圆工具" ,展开"属性"面板,在其中可以设置矩形的笔触颜色、笔触高度、笔触样式、填充颜色、起始角度、结束角度、内径等属性,如图11-35所示。

视频讲解

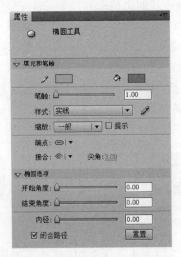

图11-35 设置"椭圆工具"的属性

"填充和笔触"栏下的各个选项的含义和"线条工具"属性面板中的相同,这里不再赘述。"椭圆选项"栏下的各个选项的含义如下所述。

"开始角度"文本框和"结束角度"文本框:用于指定椭圆的开始点和结束点的角度。使用这两个控件可以轻松地将椭圆和圆形的形状修改为扇形、半圆形及其他有创意的形状。

"内径"文本框:用于指定椭圆的内径(即内侧椭圆)。可以在该文本框中输入内径的数值,或单击滑块相应地调整内径的大小。允许输入的内径数值范围为0~99,表示删除的椭圆填充的百分比。

"闭合路径"复选框:用于指定椭圆的路径(如果指定了内径,则有多个路径)是否闭合。如果指定了一条开放路径,但未对生成的形状应用任何填充,则仅绘制笔触。默认情况下此复选框处于勾选状态。

"重置"按钮:将重置"开始角度""结束角度"和"内径"的值为0。

根据需要,将"椭圆工具"的属性设置完成以后,在舞台上拖曳鼠标即可绘制需要的图形。绘制的各种图形如图11-36所示。

专家点拨:在绘制椭圆时,如果按下Shift键拖曳鼠标,那么可以绘制圆形。

如果想精确绘制椭圆,可以在选择"椭圆工具"后,按下Alt键在舞台上单击,弹出"椭圆设置"对话框,如图11-37所示,在其中可以以像素为单位精确设置椭圆的宽、高的数值。

图11-36 椭圆工具绘制的各种图形

图11-37 "椭圆设置"对话框

专家点拨:默认情况下,椭圆工具绘制的也是形状。在用"选择工具"选择用椭圆工具绘制的图形时,情况和选择矩形一样,这里不再赘述。

5. 基本椭圆工具

利用"基本矩形工具"可以绘制和"椭圆工具"所绘制出的同样的图形,包括椭圆、圆、圆弧、圆环等,但是基本绘图工具绘制的不是形状,而是"图元"对象。在绘图工具箱中选择"基本椭圆工具" ,在舞台上拖曳鼠标即可绘制"图元"椭圆。用"选择工具"单击"图元"椭圆,会出现一个矩形线框,上面有两个控制点,拖曳控制点可以改变椭圆的起始角度、结束角度、内径等属性,这样可以得到各种各样的图形,如图11-38所示。另外,在"属性"面板中可以对选中的"图元"椭圆的各种属性重新进行设置。

视频讲解

图11-38 基本矩形工具绘制的各种"图元"图形

6. 多角星形工具

"多角星形工具"是一个复合工具,可以利用它绘制规则的多边形和星形。在绘图工具箱中选择"多角星形工具" ,展开"属性"面板,在其中可以设置多边形或星形的笔触颜色、笔触高度、笔触样式、填充颜色等属性,如

视频讲解

图 11-39 所示。

单击"属性"面板中的"选项"按钮,弹出"工具设置"对话框,如图 11-40 所示。单击打开"样式"下拉列表框可以设置为"多边形"或"星形","边数"能输入一个介于 3～32 之间的数字。根据需要,设置为多边形后,在舞台上拖曳鼠标即可绘制一个多边形,绘制的各种多边形如图 11-41 所示。

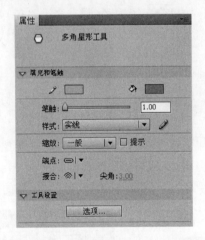

图 11-39 设置"多角星形工具"的属性

图 11-40 "工具设置"对话框

选择"样式"为"星形"时,"星形顶点大小"决定了顶点的深度,介于 0～1 之间,数字越接近 0,创建的顶点就越细小。设置完成同样可以绘制各种星形,如图 11-42 所示。

图 11-41 各种多边形　　　　　　　　　　图 11-42 各种星形

7. 铅笔工具

"铅笔工具"用来自由手绘线条,单击绘图工具箱中的"铅笔工具" ,在"属性"面板中可以定义线条颜色、粗细、样式和平滑度等。其中"平滑"选项表示绘制线条时的平滑程度,平滑值越大,形状越平滑。

视频讲解

选择"铅笔工具"后,在绘图工具箱的选项栏中可以定义绘制线条的模式,包括伸直、平滑和墨水,如图 11-43 所示。

"伸直"模式:把绘制的线条自动转换成接近形状的直线。

"平滑"模式,把绘制的线条转换为接近形状的平滑曲线。

"墨水"模式:不进行修饰,完全保持鼠标轨迹的形状。

图 11-44 所示是用不同模式绘制的山峰。

图-43 "铅笔工具"选项　　　　　　图 11-44 不同铅笔模式画的山峰

8. 钢笔工具

Flash 中钢笔工具组包括钢笔工具、添加锚点工具 、删除锚点工具 和转换锚点工具 4 种，钢笔工具用来绘制任意直线、折线或曲线。选择"钢笔工具"，展开"属性"面板，可以设置笔触颜色、笔触样式等，如图 11-45 所示。

视频讲解

图 11-45　钢笔工具的属性设置

1）用钢笔工具绘制直线

在舞台上单击，出现一个小圆圈，它就是锚点。移动鼠标指针到另一位置单击，出现一个新锚点，两个圆点之间出现一条直线路径，不断拖曳鼠标指针单击，就能绘制非常复杂的直线路径。如果要结束开放路径的绘制，双击最后一个点即可。要闭合路径，将"钢笔工具"放置到第一个锚点上，如果定位准确，就会在靠近钢笔尖的地方出现一个小圆圈。单击或拖曳可以闭合路径。使用"选择工具"就能看到绘制的路径是线条。绘制过程如图 11-46 所示。

图 11-46　绘制的直线路径

专家点拨：锚点是钢笔工具绘制路径的构造点，决定了线条的方向、形状和大小。

2）添加和删除锚点

选择工具箱中的"添加锚点工具"，鼠标指针变为带"＋"号的钢笔尖，单击需要添加锚点的位置就可以增加一个锚点，如图 11-47 所示。

选择工具箱中的"删除锚点工具"，鼠标指针变为带"－"号的钢笔尖，单击锚点可以删除锚点，如图 11-48 所示。

图 11-47　添加锚点

图 11-48　删除锚点

3）用钢笔工具绘制曲线

钢笔工具还可以绘制平滑的曲线，下面进行实际操作。

（1）选择工具箱中的"钢笔工具"，在舞台上单击创建第一个锚点。

（2）将鼠标指标移动到新位置，向右拖曳，直线路径变成了曲线。

（3）松开左键，到新位置继续创建曲线，绘制过程如图11-49所示。

图11-49　使用钢笔工具画曲线

专家点拨：使用"钢笔工具"绘制曲线时，以锚点为中心生成的线段叫作切线手柄。拖曳该手柄，可以调整曲线的方向和形状。另外，在用"钢笔工具"绘制曲线时，尽量用更少的锚点来完成曲线的绘制，因为太多的锚点会影响系统显示曲线的速度且不利于对曲线的编辑。

4）调整路径上的锚点

在使用钢笔工具绘制曲线时，会创建曲线点，即连续的弯曲路径上的锚点。在绘制直线段或连接曲线段的直线时，会创建转角点，即在直线路径上或直线和曲线路径接合处的锚点。默认情况下，选定的曲线点显示为空心圆圈，选定的转角点显示为空心正方形。

若要将线条中的线段从直线段转换为曲线段或从曲线段转换为直线段，请将转角点转换为曲线点或将曲线点转换为转角点。

（1）用"钢笔工具"在舞台上绘制一个由直线段构成的折线。

（2）选择工具箱中的"转换锚点工具" ，将鼠标指针移动到最下边的锚点上。

（3）在锚点位置将方向点拖出，这样就将折线变成了曲线，如图11-50所示。

图11-50　将折线变成曲线

（4）这时，还可以使用"转换锚点工具"自由地改变曲线的曲率、大小等。

（5）如果想把曲线变成原来的折线，只需用"转换锚点工具"在曲线锚点上单击即可。

专家点拨：钢笔工具可以胜任复杂图形的绘制，虽然初学者短时间内很难掌握其使用要领，但只要多加练习，一定会熟能生巧，随心所欲地绘制任意图形。

9. 部分选取工具

使用"部分选取工具"可以精细地调整线条的形状。选择工具箱中的"部分选取工具" ，选择图形中的曲线，线条上会出现一个个锚点。

拖曳锚点可以改变锚点的位置，在锚点上拖曳切线手柄可以改变曲线的形状。图11-51所示是调整形状的过程。

视频讲解

选择绘制的折线，拖曳锚点可以改变形状。按住Alt键拖曳锚点，出现了切线手柄，这时可以拖曳手柄自由改变曲线的形状，调整过程如图11-52所示。

图 11-51　使用部分选取工具调整形状

图 11-52　改变折线形状

10. 刷子工具

"刷子工具"可以随意地涂画色块区域。选择"刷子工具" ，展开"属性"面板，可以在其中设置绘制色彩和平滑值，平滑值越大，形状越平滑。

选择"刷子工具"后，在绘图工具箱的选项栏中可以设置刷子的大小和样式，如图 11-53 所示，左图为刷子大小；右图为刷子的样式。

视频讲解

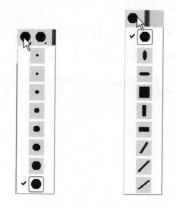

图 11-53　刷子工具的大小和样式

专家点拨：选择"刷子工具"后，在工具箱下方单击"锁定填充"按钮 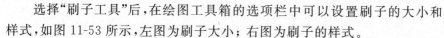 可启动刷子工具的锁定功能。如果填充色为渐变色，用刷子工具绘制的多个图形被视为同一区域。

选择"刷子工具"后，单击工具箱下方的"刷子模式"按钮 ，弹出刷子填充模式下拉菜单，在其中可以选择"标准绘画""颜料填充""后面绘画""颜料选择"和"内部绘画"5 种填充模式。

- 标准绘画：不管是线条还是填色范围，只要是画笔经过的地方，都被上色。
- 颜料填充：只改变填色范围，不会遮盖线条。
- 后面绘画：绘制在图像后方，不会影响前景图像。
- 颜料选择：对选择的区域涂色。
- 内部绘画：在绘画时，画笔的起点必须在轮廓线以内，而且画笔的范围也只作用在轮廓线以内。

图 11-54 所示是用刷子工具在不同模式下在草莓上的绘制效果。

图 11-54 5 种模式绘制的效果

专家点拨：使用"刷子工具"能够获得毛笔上彩的效果,该工具常用于绘制对象或为对象填充颜色。使用"刷子工具"绘制的图形属于面,而非线,因此绘制的图形没有外轮廓线。

11. 喷涂刷工具

喷涂刷工具类似于一个粒子喷射器,使用它可以将图案喷涂在舞台上。在默认情况下,工具将使用当前选定的填充颜色来喷射粒子点。同时,该工具也可以将按钮元件、影片剪辑和图形元件作为笔刷效果来喷涂。下面以使用外部图形作为喷涂粒子为例介绍喷涂刷工具的使用方法。

视频讲解

(1) 启动 Flash CS6 并创建一个空白文档。选择"文件"→"导入"→"导入到库"命令,弹出"导入到库"对话框,在其中选择作为喷涂粒子的图片文件"烟花.wmf",单击"打开"按钮,将选择的文件导入到库中。

(2) 在工具箱中选择"喷涂刷工具" ,在"属性"面板中单击"编辑"按钮,弹出"选择元件"对话框,在其中的列表中选择作为粒子的元件后单击"确定"按钮,如图 11-55 所示。

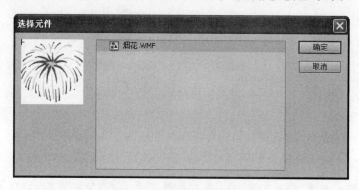

图 11-55 "选择元件"对话框

(3) 在"属性"面板中对"喷涂刷工具"做进一步的设置,完成设置后,在舞台上单击或拖曳鼠标,即可将选择的图案喷涂在舞台上,如图 11-56 所示。

下面介绍"喷涂刷工具"的"属性"面板各设置项的含义。

- 缩放宽度：此设置项只在将元件作为粒子时可用,其用于设置作为喷涂粒子的元件宽度的缩放比例。其值小于 100% 将元件的宽度缩小,大于 100% 增大元件宽度。
- 缩放高度：此设置项只在将元件作为粒子时可用,其用于设置作为喷涂粒子的元件高度的缩放比例。其值小于 100% 将元件的高度缩小,大于 100% 增大元件高度。
- "随机缩放"复选框：用于指定按随机缩放比例将基于元件的粒子放置到舞台上并改变每个粒子的大小。
- "旋转元件"复选框：此复选框只在将元件作为粒子使用时可用。勾选该复选框,在

第 11 章 Flash 课件中的多媒体对象 305

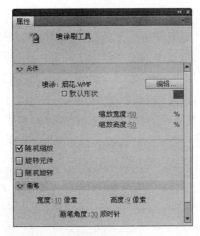

图 11-56 设置工具并喷涂图案

喷涂时将围绕单击点旋转喷涂粒子。
- "随机旋转"复选框：此复选框只在将元件作为粒子使用时可用。勾选该复选框，在喷涂时喷涂粒子将按随机旋转角度放置到舞台上。
- 宽度和高度：用于设置整个粒子群的宽度和高度。
- 画笔角度：用于设置整个粒子群的顺时针旋转角度。

12. 橡皮擦工具

"橡皮擦工具"可以像使用橡皮一样擦去不需要的图形。选择绘图工具箱中的"橡皮擦工具" ，在工具箱下方的选项栏中单击"橡皮擦形状"按钮，可以设置橡皮擦的大小和形状。单击"橡皮擦模式"按钮 ，在弹出的菜单中有 5 个选项：标准擦除、擦除填色、擦除线条、擦除所选填充和内部擦除。

视频讲解

- 标准擦除：移动鼠标擦除同一层上的笔触色和填充色。
- 擦除填色：只擦除填充色，不影响笔触色。
- 擦除线条：只擦除笔触色，不影响填充色。
- 擦除所选填充：只擦除当前选定的填充色，不影响笔触色，不管此时笔触色是否被选中。使用此模式之前需先选择要擦除的填充色。
- 内部擦除：只擦除橡皮擦笔触开始处的填充色。如果从空白点开始擦除，则不会擦除任何内容。以这种模式使用橡皮擦并不影响笔触色。

在"橡皮擦工具"的选项中选择"水龙头" 模式，单击需要擦除的填充区域或笔触段，可以快速将其删除。

图 11-57 所示是用橡皮擦工具在不同模式下在草莓上的擦除效果。

图 11-57 5 种模式擦除的效果

专家点拨：双击橡皮擦工具，可以删除舞台上的全部内容。

13. Deco 工具

Deco 工具是一个装饰性绘画工具,用于创建复杂几何图案或高级动画效果。工具提供了"藤蔓式填充""网格填充"和"对称刷子"等多种模式,并内置了默认的图案供用户选择使用。同时,用户也可以使用图形或对象来创建更为复杂的图案,并轻松获得动画效果。

视频讲解

在工具箱中选择"Deco 工具" ,默认的填充模式是"藤蔓式填充"。利用这种模式,可以将图案以"藤蔓式填充"方式填满舞台,如图 11-58 所示。

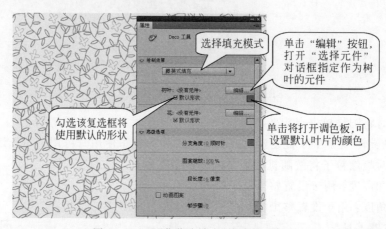

图 11-58 以"藤蔓式填充"模式填充舞台

11.2.2 设计图形色彩

丰富的色彩是建构动画必不可少的元素。在设计图形色彩时,主要使用墨水瓶工具、颜料桶工具、渐变变形工具和颜色面板进行操作。

1. 颜料桶工具

"颜料桶工具"可以使用纯色、渐变色和位图对闭合的轮廓进行填充。在绘图工具箱中选择"颜料桶工具" ,展开"属性"面板,在其中可以设置填充颜色属性。另外,选择"颜料桶工具"后,在绘图工具箱的下方的选项栏里出现了"颜料桶工具"的两个属性设置按钮:"空隙大小" 和"锁定填充" 。

视频讲解

"空隙大小"按钮:单击这个按钮,打开下拉列表,如图 11-59 所示。其中包括"不封闭空隙""封闭小空隙""封闭中等空隙"和"封闭大空隙"4 个填充时闭合空隙大小的选项。如果要填充颜色的轮廓有一定的空隙,那么可以在这个"空隙大小"列表框中选择一个合适的选项,以完成颜色的填充。有时,因为轮廓的缝隙太大,所以选择"封闭大空隙"选项也不能完成轮廓的颜色填充。

图 11-59 "空隙大小"选项

"锁定填充"按钮:选中它可以对舞台上的图形进行相同颜色的填充。一般情况下,在进行渐变色填充时,这个选项十分有用。

专家点拨:使用"颜料桶工具"为图形填充渐变色时单击可以确定新的渐变起始点,然后向另一方向拖曳可以快速更改渐变填充效果。

2. 颜色面板

"颜色"面板可以方便地对线条和形状的填充颜色进行创建编辑。默认情况下,"颜色"面板停驻在面板区,双击面板的标题栏能折叠或打开该面板。如果面板区没有"颜色"面板,可以选择"窗口"→"颜色"命令或按 Shift＋F9 组合键将其打开,如图 11-60 所示。

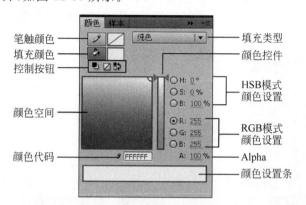

图 11-60 "颜色"面板

"笔触颜色"按钮:单击 按钮,切换到笔触颜色。单击后面的色块按钮弹出调色板,在其中可以设置图形的笔触颜色。

"填充颜色"按钮:单击 按钮,切换到填充颜色。单击后面的色块按钮弹出调色板,在其中可以设置图形的填充颜色。

控制按钮:包括"黑白""没有颜色"和"交换颜色"3 个按钮。单击"黑白"按钮,可以设置"笔触颜色"为黑色、"填充颜色"为白色;单击"没有颜色"按钮,可以设置"笔触颜色"为无色或"填充颜色"为无色;单击"交换颜色"按钮,可以让"笔触颜色"和"填充颜色"的设置颜色互相交换。

"类型"列表框:在这个列表框中可以选择填充的类型,包括纯色、线性渐变、径向渐变和位图填充 4 种填充类型。

"HSB 模式"颜色设置:可以分别设置颜色的色相、饱和度和亮度。

"RGB 模式"颜色设置:可以用 RGB 模式来分别设置红、绿和蓝的颜色值。在相应的文本框中可以直接输入颜色值进行颜色设置。

"颜色空间":单击鼠标,可以选择颜色。

"颜色控件":在 HSB 模式或 RGB 模式中单击某个单选按钮后,这个颜色控件会随之发生变化,用鼠标可以操作这个颜色控件从而改变颜色设置。

"Alpha"文本框:设置颜色的透明度,范围为 0~100%,0 为完全透明,100% 为不透明。

"颜色代码"文本框:这个文本框中显示以"♯"开头十六进制模式的颜色代码,可以直接在这个文本框中输入颜色值。

"颜色设置条":当用户选择填充类型为纯色时,这里显示所设置的纯色。当用户选择填充类型为渐变色时,这里可以显示和编辑渐变色。

3. 渐变填充

渐变填充有两种:线性渐变和径向渐变。它们都可以在"颜色"面板中设置。

1) 线性渐变填充

"线性渐变"用来创建从起点到终点沿直线变化的颜色渐变,展开"颜色"面板,在填充类型中选择"线性渐变"填充,图 11-61 所示。

"流":这里用来控制超出渐变范围的颜色布局模式。它有扩展颜色(默认模式)、反射颜色和重复颜色 3 种模式。"扩展颜色"是指把纯色应用到渐变范围外;"反射颜色"是指将线性渐变色反向应用到渐变范围外;"重复颜色"是指把线性渐变色重复应用到渐变范围外。图 11-62 所示是 3 种模式的区别。

图 11-61 设置线性渐变

扩展颜色　　反射颜色　　重复颜色

图 11-62 "流"选项的不同效果

默认情况下,"颜色"面板下方的颜色设置条上有两个渐变色块,左边的表示渐变的起始色,右边的表示渐变的终止色,如图 11-63 所示。单击颜色设置条或颜色设置条的下方可以添加渐变色块。Flash 最多可以添加 15 个渐变色块,从而创建多达 15 种颜色的渐变效果。

下面通过实际操作介绍一下线性渐变填充的应用。

(1) 选择"矩形工具",展开"颜色"面板,单击"类型"后面的三角按钮,弹出下拉列表,在其中选择"线性渐变"。

(2) 双击颜色设置条左边的色块,在弹出的调色板中选择蓝色。单击右边的色块,在弹出的调色板中选择黄色。

(3) 单击颜色设置条的中间区域,增加一个渐变色块,设置这个色块的颜色为绿色,如图 11-64 所示。

图 11-63 "线性"渐变

图 11-64 设置渐变色

(4) 在舞台上拖曳鼠标绘制一个矩形,沿直线进行线性渐变的图形就绘制完成了,如图 11-65 所示。

图 11-65　绘制线性渐变填充的矩形

2) 径向渐变

"径向渐变"可以创建一个从中心焦点出发沿环形轨道混合的渐变。展开"颜色"面板,在"类型"下拉列表中选择"径向渐变"选项,如图 11-66 所示。选择不同的"流"选项,效果如图 11-67 所示。

图 11-66　选择径向渐变

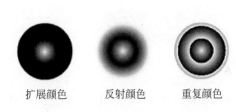

图 11-67　"溢出"选项的不同效果

径向渐变的颜色设置条上默认有两个渐变色块,左边的色块表示渐变中心的颜色,右边的色块表示渐变的边沿色。下面通过实际操作介绍一下径向渐变填充的应用。

(1) 选择"椭圆工具",打开"颜色"面板,单击"类型"后面的下三角按钮,弹出下拉列表,在其中选择"径向渐变"选项。

(2) 单击颜色设置条左边的色块,在弹出的调色板中选择蓝色,用同样的方法设置右边的色块颜色为黑色,如图 11-68 所示。

(3) 按住 Shift 键拖曳鼠标在舞台上绘制一个圆,径向渐变的图形就绘制完成了,如图 11-69 所示。

专家点拨:在"颜色"面板中设置径向渐变填充色后,绘制图形时默认的径向渐变色的中心点在图形中心。如果使用"颜料桶工具"给图形填充颜色,那么单击图形的任意位置,就会将径向渐变色的中心点改变到该位置。

4. 渐变变形工具

渐变变形工具通过调整填充颜色的大小、方向或中心,可以使渐变填充或位图填充变形。在绘图"渐变变形工具"通过调整填充颜色的大小、方向或中心,可以使渐变填充或位图填充变形。在绘图工具箱中单击"任意变形工具"，在下拉列表中选择"渐变变形工具"，单击舞台上绘制的线性渐变图形，线性渐变上面出现两条竖向平行的直线，其中一条上有方形和圆形的手柄，如图 11-70 所示。

图 11-68　设置渐变色　　　　　　图 11-69　绘制径向渐变填充的圆形

其中平行线代表渐变的范围，拖曳中心圆点手柄可以改变渐变的位置，拖曳方形手柄可以改变渐变的范围大小，拖曳圆形手柄可以旋转渐变色的方向。图 11-71 是拖曳不同手柄时的效果图。

图 11-70　使用渐变变形工具　　　　图 11-71　拖曳手柄

绘制径向渐变的图形后，选择"渐变变形工具"，单击径向渐变的图形，出现一个带有若干编辑手柄的环形边框，如图 11-72 所示。

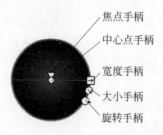

图 11-72　径向渐变填充变形手柄

边框中心的小圆圈是填充色的"中心点"，边框中心的小三角是"焦点"。边框上有 3 个编辑手柄，分别是大小、旋转和宽度手柄，当鼠标指针移动到手柄上指针形状会发生变化。
- 中心点手柄可以更改渐变的中心点，鼠标指针移到它上面会变成一个四向箭头；
- 焦点手柄可以改变径向渐变的焦点，鼠标指针移到它上面会变成倒三角形；
- 大小手柄可以调整渐变的大小，鼠标指针移到它上面会变成内部有一个箭头的圆；
- 旋转手柄可以调整渐变的旋转，鼠标指针移到它上面会变成 4 个圆形箭头；
- 宽度手柄可以调整渐变的宽度，鼠标指针移到它上面会变成一个双头箭头。

尝试拖曳不同的手柄，效果如图 11-73 所示。

第 11 章　Flash 课件中的多媒体对象　311

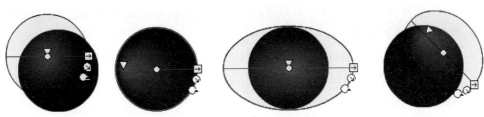

图 11-73　更改后的径向渐变

11.2.3　图形变形

绘制的图形对象常常需要变形操作,如缩放大小、扭曲形状等,这时就要用到变形面板和任意变形工具。

1. 变形面板

"变形"面板可以对选定对象执行缩放、旋转、倾斜和创建副本的操作,如图 11-74 所示。

视频讲解

"变形"面板的具体情况如下所述。

- 缩放:可以在相应的文本框中输入"垂直"和"水平"缩放的百分比值,"约束"按钮处于  状态,可以使对象按原来的宽高比例缩放。"约束"按钮处于 状态,对象就可以不按照原来的宽高比例缩放。
- 旋转:在相应的文本框中输入旋转角度,可以使对象旋转。
- 倾斜:在相应的文本框中输入"水平"和"垂直"角度可以倾斜对象。
- "重置选区和变形"按钮 :可以复制新对象并且执行变形操作。
- "取消变形"按钮 :用来恢复上一步的变形操作。

专家点拨:"变形"面板中还包括 3D 旋转和 3D 中心点这两个选项栏,当选中应用了 3D 的对象时,利用这两个选项栏可以改变 3D 旋转的角度和 3D 平移的中心点。

2. 任意变形工具

任意变形工具用来对绘制的对象缩放、扭曲和旋转等变形操作。选择"任意变形工具" ,单击绘制好的图形,在图形上出现了变形控制框,如图 11-75 所示。

视频讲解

图 11-74　"变形"面板　　　　　图 11-75　变形控制框

把鼠标指针移动到不同位置时鼠标指针的形状会发生不同的变化,从而代表变形的不同操作,具体情况如下所述。

- 斜向箭头：鼠标指针位于4个角时的形状,拖曳可以缩放图形。
- 水平或垂直平行反向箭头：鼠标指针位于水平或垂直框线上时的形状,拖曳可以倾斜图形。
- 水平或垂直箭头：鼠标指针位于框线控制点上时的形状,拖曳可以水平或垂直缩放图形。
- 圆弧箭头：鼠标指针位于4个角外部时的形状,拖曳可以旋转图形。

专家点拨：在使用"任意变形工具"调整对象大小时,按住Alt键能够使对象以中心点为基准缩小或放大。按住Shift键,能够使对象按照原来的长宽比缩小或放大。按住Alt+Shift组合键可使对象按照原来的长宽比以中心点为基准缩小或放大。

在选择"任意变形工具"后,在绘图工具箱的下方选项栏中有4个按钮,分别是"旋转与倾斜""缩放""扭曲"和"封套"。

专家点拨：可以使用"扭曲"和"封套"功能的对象包括：形状；利用铅笔工具、钢笔工具、线条工具和刷子工具绘制的对象；打散后的文字。图元、群组、元件、位图、视频对象、文本和声音等对象是不能使用"扭曲"和"封套"工具的。

11.2.4 外部图像素材的导入和编辑

对于制作课件来说,位图资源很丰富,没有绘图基础的教师,可以利用一些现成的位图来制作课件。另外,位图的表现力更丰富,有一些复杂的图形课件可能只有位图才能够表现清楚。因此,掌握在Flash课件中插入和处理图像是一种很重要的技能。

1. 导入位图

(1) 新建一个Flash影片文档,设置背景颜色为蓝色,其他参数保持默认值。

(2) 选择"文件"→"导入"→"导入到舞台"命令,弹出"导入"对话框,在对话框中选择所需要的图片文件,单击"打开"按钮,导入课件所需的电流表、电压表图像文件(电流表.jpg和电压表.jpg),如图11-76所示。

视频讲解

专家点拨：导入到Flash中的图像文件的幅面不能小于2像素×2像素。在"导入"对话框中,按下Ctrl键,依次单击图像文件,可同时选中要导入的多个图像文件。按住Shift键单击可同时选择两个文件之间的所有连续的图像文件。另外,还可以直接选择"文件"→"导入"→"导入到库"命令,将外部图像直接导入到"库"面板中。

(3) 导入到文档中的图像会自动分布在场景的舞台上,按Del键,将场景中的图像文件全部删除,此时图像文件已经保存在库中。打开"库"面板可以看到导入的位图对象,如图11-77所示。

专家点拨：导入的位图在"库"面板中的名称就是图像的文件名,它们的类型标识为位图,注意观察它们的图标,它们具有独特的图标,和其他类型的对象的图标不一样。"库"面板中的这些位图对象也像图形元件一样,可以随时将它们拖曳到场景中使用。

第 11 章　Flash 课件中的多媒体对象　**313**

图 11-76　导入位图

图 11-77　"库"面板中的位图

2. 去掉位图的背景

导入到 Flash 中的位图往往有背景，这对课件效果有很大的影响，也不利于课件整体风格的设计，可以想象，漂亮的图像下面有一块白色或黑色的背景是多么难看。下面就讨论在 Flash 中如何去掉图像的背景。

视频讲解

（1）在"库"面板中单击"电流表"图像名称，选中电流表图像，将图像拖曳到舞台中央，如图 11-78 所示。

（2）此时，对电流表图像无法进行修改，因为 Flash 将导入的图像作为单个的对象处理，要进行编辑修改，必须将位图分离。选择"修改"→"分离"命令，或按 Ctrl＋B 组合键将电流表图像分离，如图 11-79 所示。

图 11-78　拖曳"库"面板中的位图对象

图 11-79　分离位图

（3）选择工具箱中的"套索工具" ，单击选项栏中的"魔术棒设置"按钮 ，弹出"魔术棒设置"对话框，在"阈值"中输入 20，在"平滑"下拉列表中选择"平滑"选项，如图 11-80 所示。

专家点拨："阈值"用来定义在选取范围内相邻像素色值的接近程度，数值越高，选取的范围越宽。可以输入的范围为 0～200。

（4）选择绘图工具箱中的"魔术棒"工具，选中图像背景，按 Del 键，删除选中的背景。重复上述操作，直到将所有不需要的背景删除为止，如图 11-81 所示。

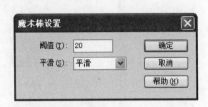

图 11-80　"魔术棒设置"对话框　　　　图 11-81　用"魔术棒"擦除背景

（5）放大舞台显示比例，选择"橡皮擦工具"，在"橡皮擦形状"下拉菜单中，选择一个较小的圆形橡皮擦，将不干净的边缘小心地擦除。

专家点拨：在 Flash 中去除位图的背景时，对于大片的相同或相近色，用"魔术棒工具"能比较方便地去除。如果要去掉的背景比较复杂，可直接用"索套工具"或在相应的"选项"中选择"多边形模式"，对需去除背景的区域逐个选择后，再删除。

11.3　Flash 课件中的声音

声音是多媒体课件中的重要元素。课件中经常用到的声音类型有背景音乐、旁白、按钮上的声效等。Flash 是著名的多媒体网页动画制作软件，由于其设计的初衷是为网络应用提供多媒体集成元素，所以它对声音的支持值得称道，尤其是可以将声音做大幅度的压缩，使得 Flash 课件的文件体积很小，便于在网上使用。

11.3.1　导入声音

只有将外部的声音文件导入到 Flash 中以后，才能在 Flash 课件中加入声音效果。能直接导入 Flash 的声音文件类型，主要有 WAV 和 MP3 两种格式。另外，如果系统上安装了 QuickTime 4 或更高的版本，就可以导入 AIFF 格式和只有声音而无画面的 QuickTime 影片格式。

视频讲解

下面通过实际操作来介绍将声音导入 Flash 课件中的方法。

（1）新建一个 Flash 影片文档或打开一个已有的 Flash 影片文档。

（2）选择"文件"→"导入"→"导入到库"命令，弹出"导入到库"对话框，在该对话框中，选择要导入的声音文件，单击"打开"按钮，将声音导入，如图 11-82 所示。

（3）等声音导入后，就可以在"库"面板中看到导入的声音文件，以后可以像使用元件一样使用声音对象了，如图 11-83 所示。

11.3.2　引用声音

无论是采用导入舞台还是导入到库的方法，将声音从外部导入 Flash 以后，时间轴并没有发生任何变化。必须在时间轴上引用声音对象，声音才能出现在时间轴上，才能进一步应用声音。

图 11-82 "导入到库"对话框

图 11-83 "库"面板中的声音文件

（1）将"图层 1"重新命名为"声音"，选择第 1 帧，然后将"库"面板中的声音对象拖曳到场景中，如图 11-84 所示。

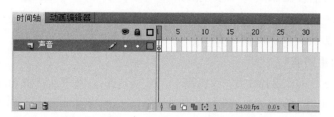

图 11-84 将声音引用到时间轴上

（2）这时，"声音"图层第 1 帧出现一条短线，这就是声音对象的波形起始点，任意选择后面的某一帧，如第 30 帧，按下 F5 键，就可以看到声音对象的波形，如图 11-85 所示。说明已经将声音引用到"声音"图层了。这时按 Enter 键，就可以听到声音了，如果想听到效果更为完整的声音，可以按 Ctrl＋Enter 组合键进行测试。

图 11-85 图层上的声音

专家点拨： 要彻底删除导入到 Flash 动画中的声音素材，应该在"库"面板中选择该声音元件，单击面板下方的 按钮将其从"库"中删除，而不是仅仅从时间轴上将放置该声音素材的帧删除。注意，使用这种方式删除的文件是无法使用 Ctrl＋Z 组合键恢复的。

11.3.3 声音属性的设置和编辑

选择"音效"图层的第 1 帧,打开"属性"面板,可以发现,"属性"面板中有很多设置和编辑声音对象的参数。

视频讲解

面板中各参数的意义如下。

- "名称"下拉列表:从中可以选择要引用的声音对象,这也是另一个引用库中声音的方法。
- "效果"下拉列表:从中可以选择一些内置的声音效果,如声音的淡入、淡出等效果。
- "编辑声音封套"按钮 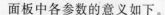:单击这个按钮,可以弹出"编辑封套"对话框,在其中可以对声音做进一步的编辑。
- "同步"下拉列表:这里可以选择声音和动画同步的类型,默认的类型是"事件"类型。另外,还可以设置声音重复播放的次数。

引用到时间轴上的声音,往往还需要在声音的"属性"面板中对它进行适当的属性设置,才能更好地发挥声音的效果。

11.3.4 声音和字幕同步的制作方法

声音和动画的同步效果是一个很重要的技术。在制作 Flash 多媒体课件时旁白声音和字幕的同步效果,就需要用到这个技术。下面通过具体范例介绍声音和字幕同步效果的制作方法。

视频讲解

1. 导入和引用声音

(1) 新建一个 Flash 影片文档,设置舞台尺寸为 320 像素×200 像素,背景色为蓝色。

(2) 选择"文件"→"导入"→"导入到库"命令,将声音文件"古诗.wav"和"背景音乐.wav"导入到这个影片的库中。

(3) 将"图层 1"更名为"标题"。在这个图层上用"文本工具"输入古诗的标题文字,并在"属性"面板的"滤镜"栏中设置文字的滤镜效果,如图 11-86 所示。

(4) 插入新图层并重命名为"背景音乐"。从"库"面板中拖曳"背景音乐.wav"声音对象到舞台上,在第 1 帧上出现一条短线,说明声音文件已经应用到了关键帧上。

2. 设置声音属性

(1) 单击"背景音乐"图层的第 1 帧,在"属性"面板中,选择"同步"下拉列表中的"数据流"选项,如图 11-87 所示。

专家点拨:"同步"下拉列表中"数据流"选项使声音和时间轴同时播放,并且同时结束。在定义声音和动画同步效果时,一定要使用"数据流"选项。

(2) 单击"属性"面板中的"编辑声音封套"按钮,弹出"编辑封套"对话框,如图 11-88 所示。在"编辑封套"对话框中,单击右下角的"以帧为单位"按钮,使它处于选中状态,这时,对话框中显示声音持续的帧数,拖曳滚动条可以看到声音的持续帧数。

(3) 知道了声音的长度(所需占用帧数)后,在"背景音乐"图层上,选中最后已经知道的声音帧数,按 F5 键在最后一帧插入帧。这样,声音波形就完整地出现在"背景音乐"图层上,如图 11-89 所示。

第 11 章　Flash 课件中的多媒体对象　317

图 11-86　创建标题

图 11-87　设置声音

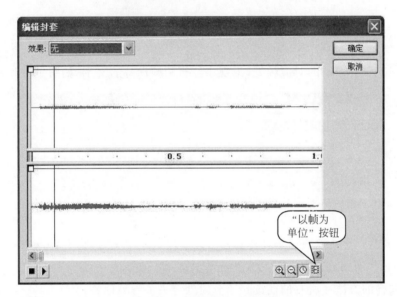

图 11-88　"编辑封套"对话框

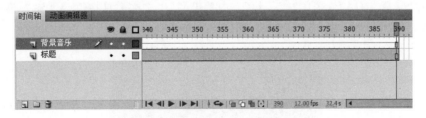

图 11-89　让声音波形完整呈现

（4）插入新图层，并命名为"朗读声音"，在这个图层的第 71 帧插入空白关键帧。从"库"面板中将"古诗.wav"声音对象应用到该图层的第 71 帧上。在"属性"面板中设置声音的"同步"选项为"数据流"。

3. 定义声音分段标记

（1）新建一个图层，重新命名为"字幕"。按 Enter 键试听声音，当出现第一句朗读句子时，再按 Enter 键暂停声音的播放。这时，播放头的位置就是出现第一句朗读文字的帧的位置。在"字幕"图层上，选择此时的播放头所在的帧，按 F7 键，插入一个空白关键帧。

（2）选中新添加的空白关键帧，在"属性"面板的"标签"栏的"名称"文本框中，输入"第一句"，如图 11-90 所示。

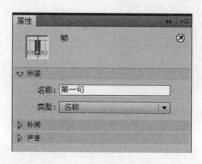

图 11-90　定义帧标签

（3）此时"字幕"图层的对应帧处，出现小红旗和帧标签的文字，如图 11-91 所示。

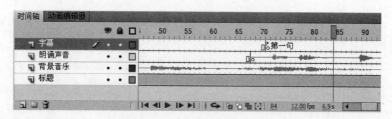

图 11-91　"字幕"图层的标签标志

专家点拨：为关键帧添加标签在动画制作中是非常普遍的，它可以明确指示一个特定的关键帧位置，为后续的动画制作提供必要的参考。

（4）用同样的方法在所有的朗读句子分段处定义关键帧标签。

4. 创建字幕

（1）在"字幕"图层上，选中"第一句"空白关键帧，用文本工具在舞台上输入第一句诗词"人闲桂花落"，并设置合适的文字格式，如图 11-92 所示。

图 11-92　创建第一句诗词

（2）用同样的方法在其他 3 个空白关键帧上创建另外 3 句诗词。

（3）测试影片，可以预览到字幕和旁白声音同步播放的效果。

专家点拨：为了使字幕呈现的效果更加精彩，还可以利用补间动画制作字幕文字呈现的动画特效。

11.4　Flash 课件中的视频

从 Flash MX 版本，Flash 开始全面支持视频文件的导入和处理。Flash CS6 在视频处理功能上更是跃上一个新的高度，Flash 视频具备创造性的技术优势，允许把视频、数据、图形、声音和交互式控制融为一体，从而创造出引人入胜的丰富体验。

11.4.1　基础知识

若要将视频导入到 Flash 中，必须使用以 FLV 或 H.264 格式编码的视频。视频导入向导（选择"文件"→"导入"→"导入视频"命令）会检查导入的视频文件，如果视频不是 Flash 可以播放的格式，则会提醒用户。

视频讲解

所有的视频都是一种经过特殊处理的压缩文件格式，当它们呈现在屏幕上时是经过解压软件解压缩处理后得到的，Flash Player 就是一种视频解压缩软件。并非所有视频编码格式 Flash Player 都可以识别和播放，Flash Player 仅可以识别 On2 VP6、Sorenson Spark 和 H.264 编码格式，不同的 Flash Player 版本支持的程度也不相同。

对于那些 Flash Player 不能使用的编码视频，可以使用 Adobe Media Encoder CS6 将这些视频编码为 Flash Player 可以识别的编码格式。

表 11-1 列出了针对不同的编码器、发布的版本和播放外部视频所要求的播放器的列表。

表 11-1　发布的版本和播放外部视频所要求的播放器的列表

编码器	SWF 版本（发布版本）	Flash Player 版本（播放所需的版本）
Sorenson Spark	6	6、7、8
	7	7、8、9、10
On2 VP6	6、7、8	8、9、10
H.264	第 9.2 版或更高版本	第 9.2 版或更高版本

在 Flash CS6 中，有 3 种方法来使用视频，它们分别是从 Web 服务器渐进式下载方式、使用 Adobe Flash Media Server 流式加载方式和直接在 Flash 文档中嵌入视频方式。

11.4.2　将视频应用到 Flash 课件

将视频应用到 Flash 课件中是通过一个视频导入向导来完成的，具体操作步骤如下。

视频讲解

（1）新建一个 Flash 影片文档。

（2）选择"文件"→"导入"→"导入视频"命令，弹出"导入视频"对话框，如图 11-93 所示。

（3）单击"浏览"按钮，弹出"打开"对话框，在其中选择需要导入的视频文件。

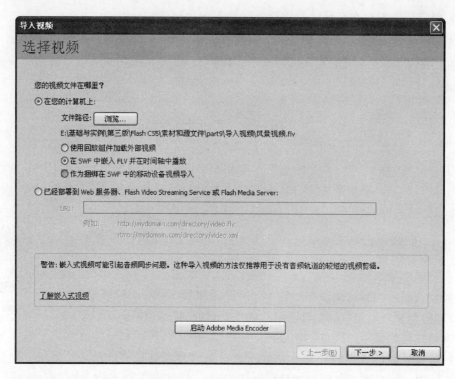

图 11-93　打开"导入视频"向导

（4）一般情况下，可以选择"使用回放组件加载外部视频"单选按钮或"在 SWF 中嵌入 FLV 并在时间轴中播放"单选按钮。

（5）单击"下一步"按钮，在这个视频导入向导的指引下就可以逐步完成操作。

11.5　本章习题

1. 选择题

（1）文本工具用来创建 3 种类型的传统文本，包括（　　）、动态文本和输入文本。

　　A. 静态文本　　　　B. 宋体　　　　　　C. 黑体　　　　　　D. 楷体

（2）下面所列的绘图工具中，不能绘制直线的一项是（　　）。

　　A. 钢笔工具　　　　B. 铅笔工具　　　　C. 线条工具　　　　D. 选择工具

（3）渐变变形工具可以对所填颜色的范围、方向和角度等进行调节来获得特殊的效果。其中，要改变填充高光区应该使用（　　）。

　　A. 大小手柄　　　　B. 旋转手柄　　　　C. 中心点手柄　　　D. 焦点手柄

（4）在对导入的声音文件进行编辑时，"编辑封套"对话框的（　　）按钮处于选中状态时，时间单位被设置为帧。

　　A. ⊕　　　　　　　B. ⊖　　　　　　　C. ▭　　　　　　　D. ⊙

（5）在 Flash 中应用视频时，在"导入视频"向导的"选择视频"对话框中，单击（　　）单选按钮能够将视频文件设置为嵌入到 Flash 动画中。

　　A. 使用回放组件加载外部视频

B. 以数据流方式从 Flash 视频数据流传输

C. 以数据流方式从 Flash Communication Server 传输

D. 在 SWF 中嵌入 FLV 并在时间轴中播放

2. 填空题

（1）Flash CS6 将要输入的传统文本框的一角会显示一个手柄，用以标识该文本框的类型。对于_____的静态文本框，会在其右上角出现一个圆形手柄。对于_____的静态文本框，会在该文本块的右上角出现一个方形手柄。

（2）利用"颜色"面板对线条或图形进行填充时，有 4 种填充类型，分别是_____、_____、_____和_____。

（3）"刷子模式" 有 5 种，它们分别是_____模式、_____模式、_____模式、_____模式和_____模式。

（4）在制作动画与声音同步效果时，声音的"同步"选项应该设置为_____。

（5）并非所有视频编码格式 Flash Player 都可以识别和播放，Flash Player 仅可以使用 On2 VP6、Sorenson Spark 和_____编码格式，不同的 Flash Player 版本支持的程度也不相同。

11.6　上机练习

练习 11-1　绘制函数图像

运用 Flash 的绘图工具绘制二次函数的曲线，效果如图 11-94 所示。函数图像大体有两个部分组成，一是坐标系，它可以使用线条工具非常便捷地绘制；二是函数图像部分，二次函数是由一条抛物线组成的，可以使用钢笔工具绘制。

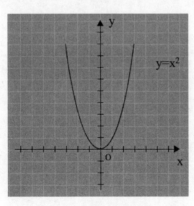

图 11-94　函数图像

主要制作步骤：

（1）新建一个 Flash 影片文档并显示网格。对齐网格能让绘制的线条吸附在网格的交叉点上，这样绘制出来的线条有着同样的高度和宽度。

（2）选择线条工具，沿网格按下 Shift 键画一条水平的直线。选择多角星形工具，设置填充色为"黑色"，多边形的边数为 3，在水平线右侧画一个小小的三角形作箭头。

(3) 选择线条工具,画一条垂直线段,按住 Ctrl 键,拖曳该线条快速复制若干份,全选所有线条。选择"窗口"→"对齐"命令,打开"对齐"面板,接着单击"垂直中齐"和"水平平均间隔"按钮则线段被平均排列。运用选择工具将线段上移到水平线上,作为 X 轴的刻度。然后按 Ctrl+A 快捷键全选所有图形,接着按 Ctrl+G 快捷键组合图形。这样 X 轴就绘制好了。

(4) 按照类似的方法绘制一个 Y 轴。

(5) 选择钢笔工具,在坐标系左上象限内找到二次函数的点(X 轴方向上 3 格,Y 轴方向上 9 格)单击,然后到坐标系的原点按下左键不放,沿着 X 轴的正方向往右拖曳,就出现了一条曲线。拖曳鼠标指针时要观察曲线经过相应点时(X 轴方向上 2 格,Y 轴方向上 4 格),松开左键,然后在 Y 轴右侧相应的点处单击,曲线就绘制完成了。

(6) 最后用文本工具输入需要的文字。特别要注意数学公式中的上标的创建方法。例如,创建 $y=x^2$ 的操作方法是,在舞台上单击出现文本输入框,然后输入文字 $y=x2$,仅选择文字中的 2,在"属性"面板中设置其"字符位置" 为"上标"即可。

练习 11-2　石墨分子晶体结构俯视图

利用 Flash 绘图工具制作一个化学课程中的石墨分子晶体的结构俯视图,效果如图 11-95 所示。在进行这个操作练习时,将使用到多角星形工具、椭圆工具、任意变形工具、填充变形工具、混色器面板等。

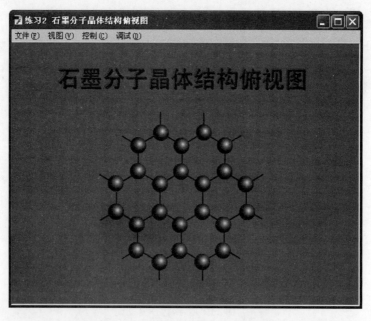

图 11-95　石墨分子晶体结构俯视图

主要制作步骤:

(1) 新建一个 Flash 影片文档。设置"背景颜色"为暗绿色(♯339999),其他保持默认。

(2) 用多角星形工具绘制一个正六边形。

(3) 复制并组合多个正六边形,效果如图 11-96 所示。用"选择工具"将所有图形选中,选择"修改"→"取消组合"命令,取消所有图形的组合。然后选中多余的线条,按 Del 键将其删除,完成后效果如图 11-97 所示。

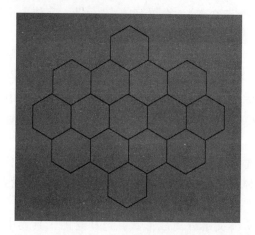

图 11-96 复制并组合六边形

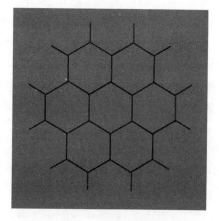

图 11-97 完成后的图形

(4) 使用"椭圆工具"绘制球体,并将其设置为无边框的放射状填充色。使用"任意变形工具"改变球体大小,使用"填充变形工具"改变球体填充色。

(5) 按住 Ctrl 键的同时,用鼠标拖曳石墨分子晶体,复制出若干石墨分子晶体,用"选择工具"将石墨分子晶体移动到所需位置。

(6) 最后用文本工具输入课件标题即可。

练习 11-3 文字和位图的应用

综合应用文字和位图来练习制作一幅课件图形素材。效果如图 11-98 所示。

图 11-98 文字和位图的应用

主要制作步骤:

(1) 新建一个 Flash 影片文档。设置舞台尺寸为 400 像素×200 像素,其他参数保持默认。

(2) 选择"文件"→"导入"→"导入到库"命令,弹出"导入到库"对话框,在其中选择所需要的图像文件("背景.jpg"和"鸽子.jpg")。单击"打开"按钮,将图像文件导入到"库"面板中。

(3) 将"库"面板中的"背景"位图拖曳到舞台上,将"图层 1"重新命名为"背景"。隐藏"背景"图层。

(4) 新建一个图层,重新命名为"鸽子"。将"库"面板中的"鸽子"位图拖曳到舞台上。

将这个位图打散,去掉背景,将其中的"鸽子"分离出来。

(5) 新建一个图层,重新命名为"和谐"。锁定其他两个图层。选中绘图工具箱中的"文本工具"。在"属性"面板上选择"文本类型"为"静态文本"。设置字体为"行楷",字体大小为 40 磅,字体颜色为黄色。其他文本属性采用默认设置。

(6) 在舞台上输入第一组文字"和谐",选中文字,展开"属性"面板,在"滤镜"栏中,单击"添加滤镜"按钮 ,在弹出的下拉列表框中选择"模糊"滤镜。在右边的滤镜参数区设置"模糊"值为 3×3px,品质为"低"。继续单击"添加滤镜"按钮 ,在弹出的下拉列表框中选择"发光"滤镜。在右边的滤镜参数区设置"模糊"值为 10×10px,强度为 650%,品质为"低",颜色为白色,勾选"挖空"复选框。

(7) 新建一个图层,重新命名为"中国"。选择绘图工具箱中的"文本工具",在"属性"面板中设置字体为"综艺",字体大小为 50 磅,字体颜色为黑色。其他文本属性保持默认设置。在舞台中单击,输入第二组文字"中国"。

(8) 选中文字,连续按 Ctrl+B 组合键两次将文字分离成形状。选择绘图工具箱中的"墨水瓶工具",将"笔触颜色"设置为黄色,单击文字边框,勾勒出文字轮廓。

(9) 展开"颜色"面板,单击"填充颜色"按钮,在"填充类型"下拉菜单中,选择"位图"选项。将鼠标指针移动到"颜色"面板下方的位图缩略图上,光标变成了"滴管"状,单击需要的位图缩略图。然后选择"颜料桶"工具,将鼠标指针移到舞台上为文字形状填充颜色。用"渐变变形工具"调整填充效果。

练习 11-4　声音和字幕的同步效果——英语单词识读

利用声音和动画的同步技术制作一个课件范例——英语单词识读。课件运行时,随着一声提示音乐的响起,先显示一幅动物图片,然后可以听到相关单词的朗读声音,同时屏幕上显示单词字幕。课件范例效果如图 11-99 所示。

图 11-99　英语单词识读

主要制作步骤:
(1) 新建一个 Flash 影片文档,设置舞台尺寸为 400 像素×300 像素,背景色为蓝色。

（2）选择"文件"→"导入"→"导入到库"命令，将声音文件"英语单词.wav"和3张动物图片导入到库中。

（3）将"图层1"重命名为"声音"。从"库"面板中拖曳"英语单词.wav"声音对象到舞台上。单击"声音"图层的第1帧，在"属性"面板中，选择"同步"下拉列表中的"数据流"选项。

（4）单击"属性"面板中的"编辑封套"按钮，弹出"编辑封套"对话框，在其中查看声音持续的帧数。知道了声音的长度（所需占用帧数）后，在"声音"图层上，选中最后已经知道的声音帧数，按F5键在最后一帧插入帧。这样，声音波形就完整地出现了。

（5）新建一个图层，重新命名为"图片"。在3个提示音乐出现的位置分别插入空白关键帧，然后将"库"面板中的相应图片拖曳到这3个关键帧对应的舞台上。

（6）新建一个图层，重新命名为"文字"。按Enter键试听声音，当出现第一句英语单词朗读时，再按一下Enter键暂停声音的播放。这时，播放头的位置就是出现第一句英语单词朗读的帧的位置。在"文字"图层上，选择此时的播放头所在的帧，按F7键，插入一个空白关键帧。用"文本工具"输入相应的英语单词。

（7）用同样的方法在其他英语单词朗读的位置分别插入空白关键帧，并用"文本工具"输入相应的英语单词。

练习11-5　在Flash课件中嵌入视频

下面进行将视频文件嵌入到Flash课件中的操作练习。这个练习是将视频文件"片头.mpg"直接嵌入Flash时间轴进行播放。

主要制作步骤：

（1）新建一个Flash影片文档。选择"文件"→"导入"→"导入视频"命令，弹出"导入视频"对话框。

（2）单击"浏览"按钮，弹出"打开"对话框，在其中选择需要嵌入文档的视频文件，这里导入的是一个名字为"风景视频.flv"的视频文件。

（3）单击"打开"按钮，返回到"导入视频"向导。选择"在SWF中嵌入FLV并在时间轴中播放"单选按钮。

（4）单击"下一步"按钮，出现"嵌入"向导窗口，这里可以设置视频嵌入方式。在默认情况下，"将实例放置到舞台上"复选框被勾选，此时视频将直接导入到舞台。如果只是需要将视频导入到库中，可以取消对"将实例放置到舞台上"复选框的勾选。

（5）单击"下一步"按钮，出现"完成视频导入"向导窗口。这里会显示一些提示信息。直接单击"完成"按钮。将会出现导入进度窗口，加载进度完成后，视频就被导入到舞台上。按下Enter键可以播放视频效果。

练习11-6　在Flash课件中播放外部视频

使用渐进式下载播放功能导入视频文件，视频文件将独立于Flash课件文件外，在需要更新视频文件内容时，只需直接修改相应的视频文件，而无须对使用它的SWF文件进行再编辑，从而极大地提高了效率。下面进行渐进式下载播放外部视频的操作练习。最终范例制作效果如图11-100所示。

图 11-100　播放外部视频

主要制作步骤：

（1）新建一个 Flash 影片。文档属性保持默认设置。

（2）选择"文件"→"导入"→"导入视频"命令，弹出"导入视频"向导，选择"使用播放组件加载外部视频"单选按钮。单击"浏览"按钮，弹出"打开"对话框，在其中选择需要使用的视频文件"视频素材.flv"，单击"打开"按钮，回到"导入视频"对话框。

（3）单击"下一步"按钮，出现"外观"向导窗口，在此可以设置 FLVPlayback 视频组件的外观。在"外观"下拉列表框中有许多默认的播放器外观可供选择，在其中任意选择一个选项。

（4）单击"下一步"按钮，将在对话框中给出当前导入视频的有关信息及提示，此时单击"完成"按钮，经过一定的导入进度提示后，就完成了操作，舞台上出现先前所选择的视频播放器。

（5）按 Ctrl+Enter 组合键测试影片，可以在播放器的支持下对视频进行播放。

（6）保存文件后，打开"资源管理器"窗口。可以发现，保存 Flash 影片的文件夹下对应这个范例有 4 个文件，如表 11-2 所示。

表 11-2　本范例包括的文件

文 件 名	说　　明
渐进式下载播放视频.fla	影片源文件
渐进式下载播放视频.swf	影片播放文件
视频素材.flv	外部视频文件
MinimaFlatCustomColorAll.swf	播放器外观组件影片

（7）插入视频后，用户在舞台上选择视频实例，在"属性"面板中可以对视频属性进行设置。可以在"位置和大小"栏中设置视频在舞台上的位置和播放窗口的大小。在"组件参数"栏中，可以对 FLVPlayback 视频播放组件的属性进行设置，如设置组件的对齐方式（align 下拉列表）、组件的外观样式（skin 设置项）和背景颜色（skinBackgroundColor 设置项）等。

第12章 Flash 课件中的动画制作

在制作动画模拟演示课件方面，Flash 具有其他课件制作软件无法比拟的优势，它具备强大的动画制作功能，制作出来的动画体积小、内容丰富。本章介绍 Flash 动画制作的基本原理，在介绍过程中还兼顾对 Flash 基本概念的深化理解，以及一些操作的灵活应用，力争让读者尽快掌握 Flash 动画制作的方法和技巧。

本章主要内容：
- 逐帧动画的制作方法；
- 形状补间动画的制作方法；
- 传统补间动画的制作方法；
- 引导路径动画的制作方法；
- 对象补间动画的制作方法；
- 遮罩动画的制作方法；
- 3D 动画和骨骼动画的制作方法。

12.1 逐帧动画

逐帧动画是一种常见的动画形式，其原理是在"连续的关键帧"中分解动画动作，也就是在时间轴的每帧上逐帧绘制不同的画面，使其连续播放而成动画。

12.1.1 逐帧动画的制作方法

逐帧动画是最传统的动画方式，是通过细微差别的连续帧画面，来完成动画作品。相当于在一本书的连续若干页的页脚都画上图形，快速地翻动书页，就会出现连续的动画一样。

视频讲解

逐帧动画的制作方法包括两个要点：一是添加若干个连续的关键帧；二是在关键帧中创建不同的、但有一定关联的画面。下面通过一个"火柴小人"的简单动画介绍逐帧动画的制作方法。

(1) 新建一个 Flash 影片文档，保持文档参数的默认设置。

(2) 选择"椭圆工具"，设置"笔触颜色"为无，"填充颜色"为黑色。在舞台上绘制一个圆形，作为小人的头部。

(3) 选择"线条工具"，在"属性"面板中设置"笔触颜色"为黑色，"笔触高度"为 5。在舞台上绘制几根线条，作为小人的四肢，如图 12-1 所示。

(4) 选择第 5 帧,按 F6 键插入一个关键帧,将这个帧上的小人图形进行修改。修改过程如图 12-2 所示。具体方法是,用一个红色线条分割代表手臂的线条,删除不需要的线条后再绘制一条黑色斜线。

图 12-1　第 1 帧上的小人图形

图 12-2　第 5 帧上的小人图形的修改过程

(5) 选择第 10 帧,按 F6 键插入一个关键帧,将这个帧上的小人图形进行修改。最后效果如图 12-3 所示。修改方法和步骤(4)类似。

(6) 分别在第 15、第 20、第 25、第 30 和第 35 帧插入关键帧,并且分别修改相应的小人图形,效果如图 12-4 所示。

图 12-3　第 10 帧上的小人图形

第15帧　　第20帧　　第25帧　　第30帧　　第35帧

图 12-4　后 5 个关键帧上的小人图形

(7) 选择第 39 帧,按 F5 键插入帧。

(8) 这样,逐帧动画的效果就完成了。按下 Ctrl+Enter 组合键测试动画,可以看到火柴小人手臂舞动的效果。

12.1.2　绘图纸功能

绘图纸是一个帮助定位和编辑动画的辅助功能,这个功能对制作逐帧动画的效果特别好。通常情况下,Flash 在舞台中一次只能显示动画序列的单个帧。使用绘图纸功能后,就可以在舞台中一次查看两个或多个帧了。

视频讲解

因为逐帧动画的各帧画面有相似之处,所以如果要一帧一帧绘制,不但工作量大,而且定位会非常困难。这时如果用绘图纸功能,一次查看和编辑多个帧,对制作细腻的逐帧动画将有很大的帮助。图 12-5 所示是使用了绘图纸功能后的场景,可以看出,当前帧中的画面用全彩色显示,其他帧的画面以半透明显示,这样看起来好像所有帧内容是画在一张半透明的绘图纸上,这些内容相互层叠在一起。当然,这时只能编辑当前帧的画面内容。但是其他帧的画面可以作为参考,对当前帧的画面的编辑起到辅助功能。

绘图纸各个按钮的功能如下。

"绘图纸外观"按钮：按下此按钮后,在时间轴的上方,出现绘图纸外观标记。拉动外观标记的两端,可以扩大或缩小显示范围。

"绘图纸外观轮廓"按钮：按下此按钮后,场景中显示各帧画面的轮廓线,填充色消

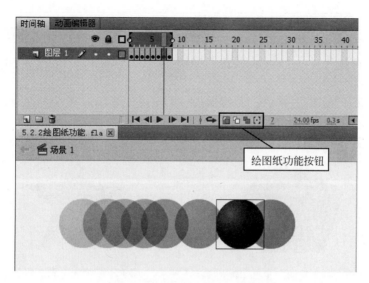

图 12-5　同时显示多帧内容的变化

失,特别适合观察画面轮廓。另外,可以节省系统资源,加快显示过程。

"编辑多个帧"按钮 ：按下此按钮后可以显示全部帧内容,并且可以进行多帧同时编辑。

"修改标记"按钮 ：按下此按钮后,弹出下拉菜单,菜单中有以下选项：

- "始终显示标记"选项：会在时间轴标题中显示绘图纸外观标记,无论绘图纸外观是否打开。
- "锚定标记"选项：会将绘图纸外观标记锁定在它们在时间轴标题中的当前位置。通常情况下,绘图纸外观范围是和当前帧的指针以及绘图纸外观标记相关的。通过锚定绘图纸外观标记,可以防止它们随当前帧的指针移动。
- "标记范围 2"选项；会在当前帧的两边显示两个帧。
- "标记范围 5"选项；会在当前帧的两边显示 5 个帧。
- "标记整个范围"选项；会在当前帧的两边显示全部帧。

专家点拨：绘图纸就像洋葱皮那样是一层套一层的显示方式,在编辑动画时能够一次性看到多个帧的画面。要注意的是绘图纸功能不能使用在已经被锁定的图层上,若要在该图层使用绘图纸功能,应该首先解除对图层的锁定。

12.2　形状补间动画

通过形状补间可以创建类似于形变的动画效果,使一个形状逐渐变成另一个形状。利用形状补间动画可以制作人物头发飘动、人物衣服摆动、窗帘飘动等动画效果。

12.2.1　形状补间动画的制作方法

形状补间动画的基本制作方法是,在一个关键帧上绘制一个形状,然后在另一个关键帧更改该形状或绘制另一个形状。定义好形状补间动画后,Flash 自动补上中间的形状渐变过程。

视频讲解

下面制作一个圆形变成矩形的动画效果。

（1）新建一个 Flash 影片文档，保持文档属性默认设置。

（2）选择"多角星形工具"，在舞台上绘制一个无边框红色填充的五边形，如图 12-6 所示。

（3）在"图层 1"的第 20 帧，按 F7 键插入一个空白关键帧。用"多角星形工具"绘制一个无边框红色填充的五角星，如图 12-7 所示。

图 12-6 绘制一个五边形

图 12-7 绘制一颗五角星

专家点拨：绘制五边形和五角星时，一定要保证"绘图"面板中的"对象绘制"按钮不被按下，这样才能绘制出需要的形状。

（4）选择第 1 帧，右击，在弹出的快捷菜单中选择"创建补间形状"命令。这时，"图层 1"第 1～20 帧之间出现了一条带箭头的实线，并且第 1～20 帧之间的帧格变成绿色，如图 12-8 所示。

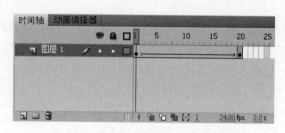

图 12-8 形状补间动画的时间轴面板

（5）这样就制作完成了一个形状补间动画。按下 Enter 键，可以看到一个五边形逐渐变化为五角星的动画效果。

（6）形状补间动画除了可以制作形状的变形动画，也可以制作形状的位置、大小、颜色变化的动画效果。选择第 20 帧上的五角星，将它的填充颜色更改为黄色。

（7）再按下 Enter 键，可以看到一个五边形逐渐变化为五角星，并且同时图形颜色由红色逐渐过渡为黄色。

12.2.2 形状补间动画的参数设置

定义了形状补间动画后，在"属性"面板的"补间"栏可以进一步设置相应的参数，以使得动画效果更丰富，如图 12-9 所示。

1．"缓动"选项

将鼠标指针指向"缓动"右边的缓动值，会出现小手标志，拖动即可设置参数值。也可以

图 12-9 "属性"面板

直接单击缓动值,然后在文本框中输入具体的数值,设置完后,动画效果会作出相应的变化。具体情况如下所述。

- 在-1～-100 的负值之间,动画的速度从慢到快,朝动画结束的方向加速补间。
- 在 1～100 的正值之间,动画的速度从快到慢,朝动画结束的方向减慢补间。
- 默认情况下,补间帧之间的变化速率是不变的。

2. "混合"选项

这个选项的下拉列表中有两个选项:

- 分布式:创建的动画的中间形状更为平滑和不规则。
- 角形:创建的动画中间形状会保留有明显的角和直线。

专家点拨:"角形"只适合于具有锐化转角和直线的混合形状。如果选择的形状没有角,Flash 会还原到分布式形状补间动画。

12.2.3 添加形状提示

要控制更加复杂或特殊的形状变化,可以使用形状提示。形状提示会标识起始形状和结束形状中的相对应的点。例如,如果要通过补间形状制作一个改变人物脸部表情的动画时,可以使用形状提示来标记每只眼睛。这样在形状发生变化时,脸部就不会乱成一团,每只眼睛还都可以辨认。

视频讲解

下面用一个简单的数字转换效果,来说明形状提示的妙用。

(1) 新建一个 Flash 影片文档,保持文档属性默认设置。

(2) 选择"文本工具"。在"属性"面板中,设置字体为 Arial Black,字体大小为 150,文本颜色为黑色。

(3) 在舞台上单击,输入数字 1。选择"修改"→"分离"命令,将数字分离成形状,如图 12-10 所示。

(4) 选择"图层 1"第 20 帧,按 F7 键插入一个空白关键帧。选择"文本工具",输入数字 2。

(5) 同样把这个数字 2 分离成形状,如图 12-11 所示。

(6) 选择第 1 帧,右击,在弹出的快捷菜单中选择"创建补间形状"命令定义形状补间动画。

(7) 按下 Enter 键,可以观察到数字 1 变形为数字 2 的动画效果。但是这个变形过程很乱,不太符合需要的效果。下面添加变形提示以改进动画效果。

(8) 选择"图层1"的第1帧,选择"修改"→"形状"→"添加形状提示"命令两次。这时舞台上会连续出现两个红色的变形提示点(重叠在一起),如图12-12所示。

图12-10　将数字分离成形状 　　图12-11　第20帧上的数字形状 　　图12-12　添加两个变形提示点

(9) 在主工具栏中,确认"贴紧至对象"按钮处于被按下状态,调整第1和第20帧处的形状提示,如图12-13所示。

(10) 调整后在旁边空白处单击,提示点的颜色会发生变化。第1帧上的变为黄色,第20帧上的变为绿色。

(11) 再次按下 Enter 键,可以观察到数字1变形为数字2的动画效果已经比较美观了。数字转换的过程是按照添加的提示点进行的。

第1帧　　　　第2帧

图12-13　调整提示点

专家点拨:在 Flash 中形状提示点的编号从 a~z 共有26个。在使用形状提示时,并不是提示点越多效果越好。有时过多的提示点反而会使补间形状动画异常。在添加提示点时,应首先预览动画效果,只在动画不太自然的位置添加提示点。

12.2.4　课件范例——摇曳的烛光

本节利用形状补间动画制作一个动画范例——摇曳的烛光。夜晚,烛光在欢快地燃烧和跳动,泛着美丽的光晕,十分漂亮。范例效果如图12-14所示。

视频讲解

本范例的制作步骤如下。

1. 制作蜡烛杆

(1) 新建一个 Flash 影片文档,设置舞台背景为黑色,其他参数保持默认设置。

(2) 将"图层1"改名为"蜡烛杆"。在这个图层用椭圆工具绘制一个"笔触颜色"为白色、无填充色的椭圆。按下 Ctrl 键向下拖曳椭圆,得到一个椭圆副本。用线条工具绘制两条直线连接两个椭圆。最后删除下面椭圆内侧的一个圆弧。这样就得到一个圆柱体图形。制作示意图如图12-15所示。

图12-14　摇曳的烛光

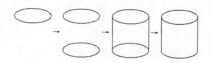

图12-15　圆柱体图形的制作示意图

(3) 选择颜料桶工具,在"颜色"面板中设置填充颜色为"径向渐变",4 个渐变色块从左到右的颜色值依次为♯FDA682、♯FC6525、♯DA4303 和♯8E2C02。用"颜料桶工具"单击填充圆柱体的侧面,并且用"渐变变形工具"将变形中心点调整到圆柱体侧面的顶部,如图 12-16 所示。

图 12-16　填充圆柱体侧面

(4) 下面设置圆柱体顶面的填充色。在"颜色"面板中设置填充颜色为"径向渐变",6 个渐变色块从左到右的颜色值依次为♯FCA783、♯FCB347、♯FC8958、♯FDC48A、♯DA4303 和♯8E2C02。用"颜料桶工具"单击填充圆柱体的顶面,并且用"渐变变形工具"调整,如图 12-17 所示。

图 12-17　填充圆柱体顶面

(5) 将蜡烛图形原来的白色笔触删除。至此,一个蜡烛杆就制作完成了,效果如图 12-18 所示。

(6) 新插入一个图层,改名为"蜡烛芯"。在这个图层上,用刷子工具绘制一个如图 12-19 所示的蜡烛芯。蜡烛芯的填充颜色值为♯541101。

图 12-18　蜡烛杆　　　　图 12-19　添上蜡烛芯

2. 用形状补间动画制作蜡烛火焰效果

（1）新插入一个图层，改名为"蜡烛火焰"。选择椭圆工具，打开"颜色"面板，在其中设置"笔触颜色"为无，设置"填充颜色"为线性渐变。两个渐变色块的颜色值从左到右依次是 #FFFF99、#9E8E03，两个渐变色块的 Alpha 值从左到右依次是 100%、30%。设置完成后，在舞台上绘制一个椭圆，并且用"渐变变形工具"调整，如图 12-20 所示。

图 12-20　绘制一个椭圆

（2）在"蜡烛火焰"图层的第 5、第 9、第 13、第 17、第 21、第 25 和第 29 帧分别插入关键帧。

（3）用选择工具分别调整各个关键帧上的椭圆形状，将它们调整成火焰燃烧的形状，如图 12-21 所示。

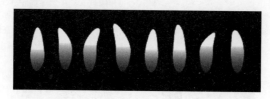

图 12-21　各个关键帧上的火焰形状

专家点拨：在调整时，注意不要将形状幅度调整得太大，否则可能会出现变形混乱的现象。

（4）选择第 1 帧，右击，在弹出的快捷菜单中选择"创建补间形状"命令，这样就定义了第 1 与第 5 帧之间的形状补间动画。按照同样的方法依次定义每两个关键帧之间的形状补间动画。

（5）按 Enter 键观看动画效果。如果发现变形混乱，说明某个关键帧上的火焰形状调整得幅度太大。可以重新对这个火焰形状进行调整，直到符合要求为止。

3. 用形状补间制作光晕效果

（1）新插入一个图层，改名为"光晕"。选择椭圆工具，打开"颜色"面板，在其中设置"笔触颜色"为无，设置"填充颜色"为"径向渐变"。3 个渐变色块的颜色值从左到右依次是 #F4F402、#FCE725 和 #FCF08B，3 个渐变色块的 Alpha 值从左到右依次是 100%、70%、0。在舞台上绘制一个圆，让它代表蜡烛燃烧的光晕，如图 12-22 所示。

图 12-22　绘制光晕

(2) 在"光晕"图层的第 15 和第 29 帧分别插入关键帧。

(3) 选择第 15 帧上的圆,在"变形"面板中设置圆的尺寸放大到 150%。

(4) 选择第 1 帧,右击,在弹出的快捷菜单中选择"创建补间形状"命令,这样就定义了第 1~15 帧之间的形状补间动画。按照同样的方法定义第 15~29 帧之间的形状补间动画。

(5) 至此,本范例制作完成。图层结构如图 12-23 所示。

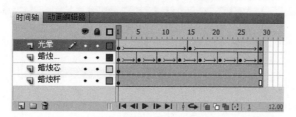

图 12-23　图层结构

12.3　传统补间动画

在某一个时间点(也就是一个关键帧)可以设置实例、组或文本等对象的位置、尺寸和旋转等属性,在另一个时间点(也就是另一个关键帧)可以改变对象的这些属性。在这两个关键帧间定义了传统补间,Flash 就会自动补上中间的动画过程。

12.3.1　传统补间动画的创建方法

构成传统补间动画的对象包括元件(影片剪辑元件、图形元件、按钮元件)、文字、位图、组等,但不能是形状,只有把形状组合成"组"或转换成"元件"后才可以成为传统补间动画中的"演员"。

视频讲解

下面制作一个飞机飞行的动画效果。

(1) 新建一个 Flash 影片文档,设置舞台背景色为蓝色,其他保持默认。

(2) 选择"文本工具"。在"属性"面板中,设置"文本引擎"为传统文本,"系列"为 Webdings,"大小"为 100 点,"颜色"为白色。

(3) 在舞台上单击，然后按 J 键，这样舞台上就出现一个飞机符号。将这个飞机符号拖曳到舞台的右上角，如图 12-24 所示。

(4) 选择"图层 1"的第 35 帧，按 F6 键插入一个关键帧。

(5) 把第 35 帧上的飞机移动到舞台的左下角，如图 12-25 所示。

图 12-24　输入飞机符号　　　　　　　　图 12-25　第 35 帧上的飞机位置

(6) 选择第 1 和第 35 帧之间的任意一帧，右击，在弹出的快捷菜单中选择"创建传统补间"命令，如图 12-26 所示。

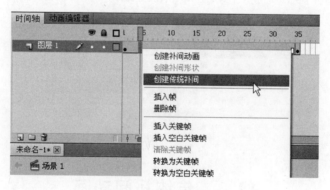

图 12-26　定义传统补间

(7) 这时，"图层 1"第 1～35 帧之间出现了一条带箭头的实线，并且第 1～35 帧之间的帧格变成淡紫色，如图 12-27 所示。

图 12-27　传统补间动画的时间轴面板

(8) 这样就完成了一个传统补间动画的制作。按 Enter 键，可以看到飞机从舞台右上角飞行到舞台左下角的动画效果。

　　专家点拨：创建传统补间动画，还可以在起始关键帧和终止关键帧间的任意一帧上单击,然后选择"插入"→"传统补间"命令。当需要取消创建的传统补间动画时,可以任选一帧右击,在弹出的快捷菜单中选择"删除补间"命令。

12.3.2 传统补间的参数设置

定义了传统补间后,在"属性"面板的"补间"栏中可以进一步设置相应的参数,以使得动画效果更丰富,如图12-28所示。

图 12-28 "属性"面板

1. "缓动"选项

鼠标指向缓动值直接拖动或在缓动值上单击输入,可以设置缓动值。设置完后,传统补间会以下面的设置作出相应的变化。

- 在 −1～−100 的负值之间,动画运动的速度从慢到快,朝运动结束的方向加速补间。
- 在 1～100 的正值之间,动画运动的速度从快到慢,朝运动结束的方向减慢补间。
- 默认情况下,补间帧之间的变化速率是不变的。

在"缓动"选项右边有一个"编辑缓动"按钮 ,单击它,弹出"自定义缓入/缓出"对话框,如图12-29所示。利用这个功能,可以制作更加丰富的动画效果。

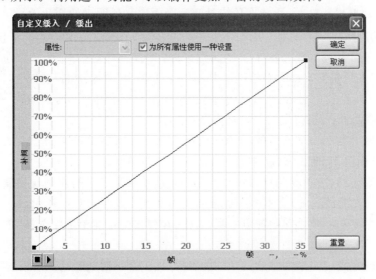

图 12-29 "自定义缓入/缓出"对话框

2. "旋转"选项

"旋转"下拉列表中包括 4 个选项。选择"无"（默认设置）可禁止元件旋转；选择"自动"可使元件在需要最小动作的方向上旋转对象一次；选择"顺时针"（CW）或"逆时针"（CCW），并在后面输入数字，可使元件在运动时顺时针或逆时针旋转相应的圈数。

3. "贴紧"复选框

勾选此复选框，可以根据注册点将补间对象附加到运动路径，此项功能主要用于引导路径动画。

4. "调整到路径"复选框

将补间对象的基线调整到运动路径，此项功能主要用于引导路径动画。在定义引导路径动画时，勾选了这个复选框，可以使动画对象根据路径调整身姿，使动画更逼真。

5. "同步"复选框

勾选此复选框，可以使图形元件的动画和主时间轴同步。

6. "缩放"复选框

在制作传统补间动画时，如果在终点关键帧上更改了动画对象的大小，那么这个"缩放"复选框勾选与否就会影响动画的效果。

如果勾选了这个复选框，那么就可以将大小变化的动画效果补出来。也就是说，可以看到动画对象从大逐渐变小（或从小逐渐变大）的效果。

如果没有勾选这个复选框，那么大小变化的动画效果就补不出来。默认情况下，"缩放"选项自动被勾选。

12.3.3 传统补间动画的应用范例

传统补间动画可以将动画对象的各种属性的变化效果补出来，这些属性包括位置、大小、颜色、透明度、旋转、倾斜、滤镜参数等。但是，这并不是说针对任何一种对象类型都能把这些属性的变化呈现出来。例如，对于透明度这个属性来说，只有传统补间动画的"演员"是图形元件或影片剪辑元件时，才能在传统补间动画中定义透明度的变化效果。

1. 缩放动画效果

(1) 新建一个 Flash 影片文档，文档属性保持默认。

(2) 选择"多角星形工具"，在绘图工具箱的下边选中"对象绘制"功能。在"属性"面板中，设置笔触色为无，填充颜色为红色。接着单击"选项"按钮，在弹出的对话框中设置"类型"为"星形"，边数为 5。

视频讲解

(3) 在舞台上绘制一个五角星，这是一个绘制对象，如图 12-30 所示。

(4) 选择"图层 1"的第 30 帧，按 F6 键插入一个关键帧。

(5) 选中第 30 帧上的五角星，打开"变形"面板，约束宽和高的比例，在"缩放宽度"文本框中输入 200%，"缩放高度"文本框中也自动变为 200%，如图 12-31 所示。

(6) 选择第 1～30 帧之间的任意一帧，右击，在弹出的快捷菜单中选择"创建传统补间"命令。

(7) 这样就完成了一个文字缩放动画的制作，按 Enter 键观看动画效果。

图 12-30　绘制五角形

图 12-31　"变形"面板

2. 颜色变化效果

下面制作五角星从红色逐渐变为黄色的动画效果。接着上面的步骤继续操作。

视频讲解

(1) 选中第 30 帧上的五角星,在"属性"面板中,单击"填充颜色"按钮,在弹出的调设色板中设置颜色为黄色。

(2) 按 Enter 键观看动画效果,看到五角星从小逐渐变大。但是颜色并没有从红色逐渐过渡为黄色,没有达到期望的目标。这说明对于绘制对象这种类型的"演员",在传统补间动画中不能直接实现颜色属性的变化。如果想实现颜色变化的动画效果,必须改变"演员"的类型。

(3) 新建一个 Flash 影片文档。选择"多角星形工具",在舞台上绘制一个红色没有边框的五角星。选中这个五角星,选择"编辑"→"转换为元件"命令,弹出"转换为元件"对话框,在"名称"文本框中输入一个元件名称,选择"类型"为"图形",如图 12-32 所示。单击"确定"按钮,这样舞台上的五角星就变成了图形元件的一个实例。

图 12-32　"转换为元件"对话框

(4) 选择"图层 1"的第 30 帧,按 F6 键插入一个关键帧。选中第 30 帧上的五角星,打开"变形"面板,将五角星的尺寸放大到 200%。选择第 1～30 帧之间的任意一帧,右击,在弹出的快捷菜单中选择"创建传统补间"命令。

(5) 选中第 30 帧上的五角星实例,在"属性"面板中的"色彩效果"栏,选择"样式"下拉列表中的"色调"选项,然后单击"色调"右侧的色块按钮,在弹出的调色板中选择黄色,如图 12-33 所示。

(6) 按 Enter 键观看动画效果,看到五角星从小逐渐变化到大,并且颜色从红色逐渐过渡为黄色。

3. 旋转动画效果

下面制作五角星旋转的动画效果。接着上面的步骤继续操作。

(1) 选择第 1 帧,在"属性"面板中的"补间"栏,选择"旋转"下拉列表中的"顺时针"选项。

(2) 在"旋转"选项后面的文本框中输入 2,如图 12-34 所示。

视频讲解

图 12-33　设置色调

图 12-34　设置旋转参数

(3) 按 Enter 键观看动画效果,可以看到五角星顺时针旋转两圈的动画效果。

4. 淡入淡出效果

(1) 新建一个 Flash 影片文档,文档属性保持默认。

(2) 选择"文本工具",在"属性"面板中,设置"文本引擎"为传统文本,"系列"为黑体,"大小"为 38 点,"颜色"为黑色。

视频讲解

(3) 在舞台上单击,然后输入文字"淡入淡出效果"。选中这个文本,选择"修改"→"转换为元件"命令,将这个文本对象转换为图形元件。

(4) 选择"图层 1"的第 20 帧,按 F6 键插入一个关键帧。

(5) 选择第 1 帧上的实例,在"属性"面板的"色彩效果"栏中,选择"样式"下拉列表中的 Alpha 选项,设置 Alpha 值为 2%,如图 12-35 所示。

图 12-35　设置 Alpha 值

(6) 选择第 1~20 帧之间的任意一帧,右击,在弹出的快捷菜单中选择"创建传统补间"命令。

(7) 这样就完成了一个文字淡入的动画效果,按 Enter 键观看动画效果。下面制作文字淡出的动画效果。

(8) 右击第 1 帧,在弹出的快捷菜单中选择"复制帧"命令。

(9) 右击第 40 帧,在弹出的快捷菜单中选择"粘贴帧"命令。

(10) 选择第 20~40 帧之间的任意一帧,右击,在弹出的快捷菜单中选择"创建传统补间"命令。

(11) 再按 Enter 键观看动画效果,可以看到文字淡入淡出的动画效果。

专家点拨:对于"组"对象,在定义它的传统补间动画时,只能将它的位置、大小、旋转、倾斜等属性的变化效果补出来。但是由于"组"对象没有透明度(Alpha)属性,所以就不能制作"组"对象的透明度补间动画效果。如果要制作透明度补间动画效果(如淡入淡出动画),就必须使用元件。

5. 逐渐模糊的动画效果

(1) 新建一个 Flash 影片文档,文档属性保持默认。

(2) 选择"文本工具",在"属性"面板中,设置"文本引擎"为传统文本,"系列"为黑体,"大小"为 30 点,"颜色"为黑色。在舞台上单击,然后输入文字"模糊效果演示"。

视频讲解

(3) 选择"图层 1"的第 30 帧,按 F6 键插入一个关键帧。

(4) 选择第 1 帧上的文字,打开"属性"面板,在"滤镜"栏添加一个"模糊"滤镜,并设置"模糊 X"和"模糊 Y"为 2,如图 12-36 所示。

(5) 选择第 30 帧上的文字,在"滤镜"栏添加一个"模糊"滤镜,并设置"模糊 X"和"模糊 Y"为 10,如图 12-37 所示。

图 12-36　第 1 帧上的文字模糊滤镜设置　　图 12-37　第 30 帧上的文字模糊滤镜设置

(6) 选择第 1~30 帧之间的任意一帧,右击,在弹出的快捷菜单中选择"创建传统补间"命令。

(7) 按 Enter 键观看动画效果,可以看到文字逐渐模糊的动画效果。

专家点拨:补间动画可以将滤镜参数的变化效果呈现出来,这样为制作丰富多彩的动画提供了更广阔的空间。

12.4　基于传统补间的路径动画

利用传统补间动画制作的位置移动动画是沿着直线进行的,可是在生活中,有很多运动路径是弧线或不规则的,如月亮围绕地球旋转、鱼儿在大海里遨游等,在 Flash 中利用"沿路径运动的传统补间"就可以制作出这样的效果。将一个或多个图层链接到一个引导图层,使一个或多个对象沿同一条路径运动的动画形式被称为"路径动画"。这种动画可以使一个或多个对象完成曲线或不规则运动。

12.4.1 制作路径动画的方法

一个最简单的"路径动画"由两个图层组成,上面一层是"引导层",它的"图层"图标为 ;下面一层是"被引导层",图标为 ，同普通图层一样。

下面通过制作一个飞机沿圆周飞行的动画,讲解制作路径动画的方法。

视频讲解

(1) 新建一个 Flash 影片文档,设置舞台背景色为蓝色,其他保持默认。

(2) 选择"文本工具"。在"属性"面板中,设置"文本引擎"为传统文本,"系列"为 Webdings,"大小"为 100 点,"颜色"为白色。

(3) 在舞台上单击,然后按 J 键,这样舞台上就出现一架飞机,如图 12-38 所示。

(4) 在"图层 1"的第 50 帧按 F6 键插入一个关键帧,将飞机移动到其他位置。

图 12-38 输入飞机符号

(5) 选择第 1~50 帧之间的任意一帧,右击,在弹出的快捷菜单中选择"创建传统补间"命令。这样就定义了从第 1~50 帧的传统补间动画。这时的动画效果是飞机直线飞行。

(6) 选择"图层 1"右击,在弹出的快捷菜单中选择"添加传统运动引导层"命令,这样"图层 1"上面就出现一个引导层,并且"图层 1"自动缩进,如图 12-39 所示。

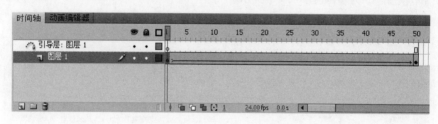

图 12-39 添加运动引导层

(7) 选择"椭圆工具",设置"笔触颜色"为黑色,"填充颜色"为无。在舞台上绘制一个大圆。

(8) 选择"橡皮擦工具",在选项中选择一个小一些的橡皮擦形状。将舞台上的圆擦一个小缺口,如图 12-40 所示。

专家点拨：这里之所以将圆擦一个小缺口,是因为在引导层上绘制的路径不能是封闭的曲线,路径曲线必须有两个端点,这样才能进行后续的操作。

(9) 切换到"选择工具"。确认"贴紧至对象"按钮 处于被选中状态。选择第 1 帧上的飞机,拖曳它到圆缺口左端点,如图 12-41 所示。注意,在拖曳过程中,当飞机快接近端点时,会自动吸附到上面。

(10) 按照同样的方法,选择第 50 帧上的飞机,拖曳它到圆缺口右端点,如图 12-42 所示。

(11) 按 Enter 键,可以观察到飞机沿着圆周在飞行。但是飞机的飞行姿态不符合实际情况,可通过下面的操作步骤改进。

第12章 Flash课件中的动画制作 343

图 12-40 擦一个小缺口的圆

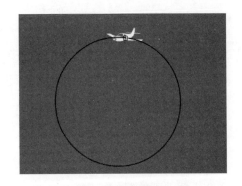

图 12-41 飞机吸附到左端点

（12）选择"图层1"第1帧，在"属性"面板的"补间"栏中勾选"调整到路径"复选框，如图 12-43 所示。

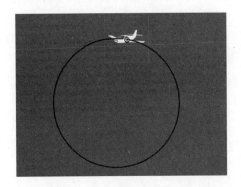

图 12-42 飞机吸附到右端点

图 12-43 调整到路径

（13）测试影片，可以观察到飞机姿态优美地沿着圆周飞行。

12.4.2 课件范例——台风模拟演示动画

本范例是有关台风知识的一个模拟演示动画。范例运行时，三股台风按照不同的路径从海面向大陆移动，通过演示，可以使人们直观、生动地观察和理解台风移动的主要路径。动画效果如图 12-44 所示。图层结构如图 12-45 所示。

视频讲解

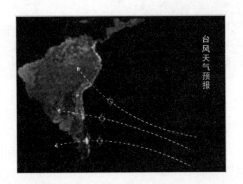

图 12-44 台风模拟动画效果

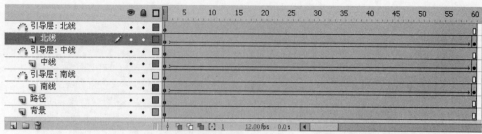

图 12-45　图层结构

下面详细讲解动画的制作步骤。

1. 创建动画背景

（1）新建一个 Flash 影片文档，设置舞台背景颜色为深蓝色，其他参数保持默认。

（2）将"图层 1"重新命名为"背景"。把事先准备好的外部图像文件"海洋和陆地.gif"导入到舞台上。选择"修改"→"分离"命令，将位图打散为形状。

（3）用"索套工具"和"橡皮擦工具"将图像的背景去掉。然后将其转换为名字为"背景"的图形元件。适当放大图像的尺寸，并将其放置在舞台的左侧。

（4）用"文本工具"在舞台右侧输入动画的标题，如图 12-46 所示。

2. 创建"台风"图形元件

（1）新建一个名字为"台风"的图形元件。下面在这个元件的编辑场景中进行操作。

（2）在"颜色"面板中设置"笔触颜色"为"无"，设置"填充颜色"为红色到浅红色的径向渐变色。选择"基本椭圆工具"，在场景中绘制一个圆。

（3）用"渐变变形工具"对圆的填充色进行适当调整。

（4）在"属性"面板中，将圆的"内径"设置为 50，这样得到一个圆环。

（5）选择"修改"→"分离"命令，将圆环转变为形状。

（6）将显示比例放大到 400%，按住 Alt 键，用鼠标在圆环的合适位置向外拉出两个尖角，并适当调整。这样就得到一个台风的图形。制作过程如图 12-47 所示。

图 12-46　创建动画背景

图 12-47　"台风"图形元件

3. 创建台风沿路径移动的动画

（1）返回到"场景 1"。在"背景"图层上新插入一个图层，并改名为"南线"。将"库"面板中"台风"图形元件拖曳到舞台的右下方。

（2）选择"南线"图层右击，在弹出的快捷菜单中选择"添加传统运动引导层"命令，这样

"南线"图层上面就出现一个引导层,并且"南线"图层自动缩进。

(3) 选中"引导层:南线"图层,用"线条工具"绘制一条白色的虚线。用"选择工具"将这条虚线调整成弧状,如图 12-48 所示。

(4) 在"背景"图层和"引导层:南线"图层的第 60 帧插入普通帧,在"南线"图层的第 60 帧插入关键帧。

(5) 选择"南线"图层的第 1 帧右击,在弹出的快捷菜单中选择"创建传统补间"命令。这样定义了从第 1~60 帧的传统补间动画。

(6) 确认"贴紧至对象"按钮 处于被选中状态。选择第 1 帧上的台风,拖曳它使其吸附到弧线的右端点。选择第 60 帧上的台风,拖曳它使其吸附到弧线的左端点。

(7) 至此,南线台风沿路径的动画制作完成。按 Enter 键预览动画效果,可以看到台风沿弧线路径移动的效果。

(8) 按照以上同样的步骤,再制作中线和北线台风沿路径的动画。中线和北线的路径效果如图 12-49 所示。

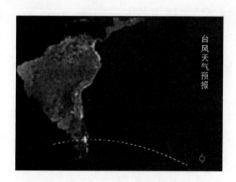

图 12-48　绘制并调整虚线

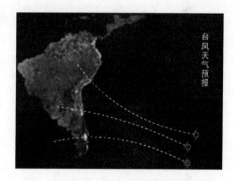

图 12-49　3 条路径效果

4. 将路径在动画中显示出来

(1) 按 Ctrl+Enter 组合键测试影片,可以看到 3 条线路的台风移动效果。但是路径本身并不显示。这是因为路径在引导层,而引导层上的对象都不在最终发布的播放影片中显示。如果想让路径显示出来,必须将它们复制到普通图层上。

(2) 在"背景"图层上新插入一个图层并改名为"路径"。选择"引导层:南线"图层上的弧线,选择"编辑"→"复制"命令,然后选择"路径"图层,选择"编辑"→"粘贴到当前位置"命令。

(3) 按照同样的方法,将"引导层:中线"图层上的弧线和"引导层:北线"图层上的弧线都复制到"路径"图层上。

(4) 在"路径"图层上用"线条工具"在 3 条弧线左端分别绘制一个箭头。

至此,本范例基本制作完成。

5. 增强动画效果

(1) 选择"插入"→"新建元件"命令,弹出"创建新元件"对话框,在"名称"文本框中输入"旋转台风",在"类型"下拉列表中选择"影片剪辑",如图 12-50 所示。单击"确定"按钮进入元件的编辑场景中。

(2) 将"库"面板中的"台风"图形元件拖曳到场景中心。在第 10 帧插入一个关键帧。

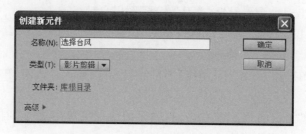

图 12-50 "创建新元件"对话框

(3) 右击第 1 帧,在弹出的快捷菜单中选择"创建传统补间"命令。在"属性"面板的"旋转"列表框中选择"顺时针"。这样就定义了一个台风旋转一圈的动画效果。

(4) 返回"场景 1"。选择"南线"图层第 1 帧上的"台风"图形实例,在"属性"面板中单击"交换"按钮,弹出"交换元件"对话框,在其中的列表框中选择"旋转台风"影片剪辑元件,如图 12-51 所示。

图 12-51 "交换元件"对话框

(5) 单击"确定"按钮,返回"属性"面板,在"实例行为"下拉列表框中选择"影片剪辑"。这样,舞台上的"台风"图形实例就变成了"旋转台风"影片剪辑实例。

(6) 按照以上同样的步骤,将"南线"图层第 60 帧、"中线"图层第 1 帧与第 60 帧、"北线"图层第 1 帧与第 60 帧上的"台风"图形实例交换成"旋转台风"影片剪辑实例。

(7) 按 Ctrl+Enter 组合键测试影片,可以看到一个旋转的台风图形在沿着 3 条路径移动。

专家点拨:这里创建了一个影片剪辑元件,让它作为引导路径动画的"演员",从而使这个范例更加逼真。

12.5　对象补间动画

前面学习了传统补间动画,它是 Flash 最基础的一种补间动画类型,是将补间应用于关键帧。从 Flash CS4 开始,引入了一种基于对象的补间动画类型,这种动画可以对舞台上对象的某些动画属性实现全面控制,由于它将补间直接应用于对象而不是关键帧,所以这也被称为对象补间。

12.5.1 对象补间动画的制作方法

下面利用对象补间动画制作一架飞机由远及近的飞行动画范例。

（1）新建一个 Flash 文档，设置舞台背景颜色为蓝色，其他保持默认设置。

（2）选择"文本工具"。在"属性"面板中，设置"文本引擎"为传统文本，"系列"为 Webdings，"大小"为 100 点，"颜色"为白色。

（3）在舞台上单击，然后按 J 键，这样舞台上就出现一个飞机符号。将这个飞机符号拖曳到舞台的右上角，如图 12-52 所示。

图 12-52　输入飞机符号

（4）选择第 40 帧，按 F5 键插入帧。选择第 1～40 帧之间的任意一帧，右击，在弹出的快捷菜单中选择"创建补间动画"命令，这时第 1～40 帧之间的帧颜色变成了淡蓝色，如图 12-53 所示。

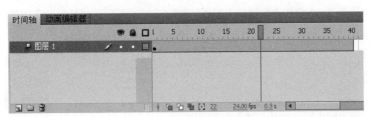

图 12-53　创建补间动画

专家点拨：在创建补间动画时，也可以右击文本对象，在弹出的快捷菜单中选择"创建补间动画"命令。

（5）将播放头移动到第 40 帧，然后移动舞台上的飞机到舞台的左下角。这样就在第 40 帧创建了一个属性关键帧，同时可以发现舞台上出现一个路径线条，线条上有很多节点，每个节点对应一个帧，如图 12-54 所示。

专家点拨：第 40 帧这个关键帧，不是普通的关键帧，而是被称为属性关键帧。注意属性关键帧和普通关键帧的不同，属性关键帧在补间范围中显示为小菱形。但对象补间的第 1 帧始终是属性关键帧，它仍显示为圆点。

（6）按 Enter 键，可以看到飞机从舞台右上角飞行到舞台左下角的动画效果。

（7）默认情况下，时间轴显示所有属性类型的属性关键帧。右击第 1～40 帧之间的任意一帧,在弹出的快捷菜单中打开"查看关键帧"联级菜单,可以看到所有 6 个属性类型都被勾选,如图 12-55 所示。

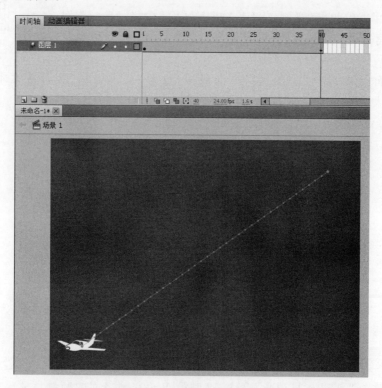

图 12-54　创建属性关键帧

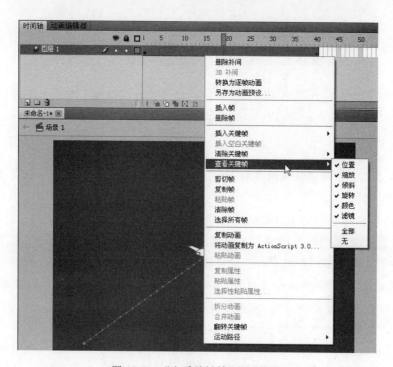

图 12-55　"查看关键帧"联级菜单

(8) 如果不想在时间轴上显示某一属性类型的属性关键帧,那么只需在"查看关键帧"联级菜单中取消对某种属性类型的勾选即可。例如,这里取消对"位置"属性的勾选,就可以看到第 40 帧不再显示菱形,如图 12-56 所示。虽然这里取消了第 40 帧上的菱形显示,但是并不影响对象补间动画的效果。

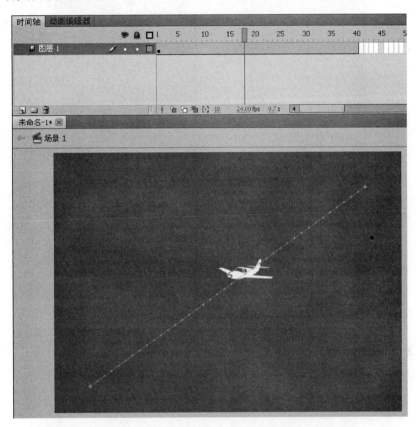

图 12-56　取消显示第 40 帧上的菱形

专家点拨：属性关键帧上的菱形只是一个符号,它表示在该关键帧上"对象的属性"有了变化。这里第 40 帧上改变了飞机的 X 和 Y 这两个位置属性,因此在该帧中为 X 和 Y 添加了属性关键帧。

(9) 现在观察动画效果,飞机是沿着直线飞行的,这是因为舞台上的路径线条目前还是一条默认的直线。下面来编辑路径线条,用"选择工具"将路径线条调整为曲线,如图 12-57 所示。

专家点拨：除了用"选择工具"对路径线条进行调整外,还可以使用"部分选取工具"像使用贝塞尔手柄那样调整路径线条。另外,可以将路径线条复制到普通图层上,也可以将普通图层上的曲线复制到补间图层以替换原来的路径线条。

(10) 按 Enter 键,可以看到飞机沿着一条抛物线飞行的动画效果。

(11) 移动播放头到第 20 帧,然后选择对应舞台上的飞机,将其移动位置。这样在第 20 帧就创建了一个新的属性关键帧,如图 12-58 所示。

(12) 移动播放头到第 40 帧,选中舞台上对应的飞机,在"属性"面板中更改其"宽",以

图 12-57 调整路径线条

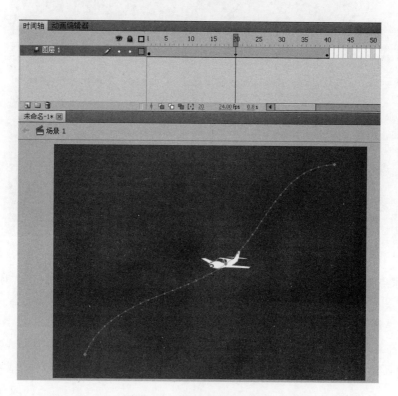

图 12-58 创建新属性关键帧

放大飞机的尺寸。这样等于在第 40 帧又更改了飞机的"缩放"属性。

(13) 再次按 Enter 键,可以看到飞机由远及近逐渐放大的飞行动画。

(14) 如果想调整飞机沿路径飞行的姿势,可以单击第 1~40 帧之间的任意一帧,打开"属性"面板,勾选"旋转"栏下面的"调整到路径"复选框,如图 12-59 所示。这时,第 1~40 帧之间的所有帧都变成了属性关键帧。用"部分选取工具"调整一下路径线条,如图 12-60 所示。

图 12-59　勾选"调整到路径"复选框

图 12-60　调整到路径

(15) 再次按 Enter 键,可以看到飞机沿着曲线路径飞行的动画效果,并且飞机的飞行姿势也是沿着路径曲线进行调整的。

12.5.2　动画编辑器和动画预设

动画编辑器和动画预设可以加强补间动画的功能。前者可以在创建了对象补间动画后以多种方式来对补间进行控制;后者可以自动生成补间动画。

1. 动画编辑器

在时间轴上创建了补间后,使用"动画编辑器"面板能够以多种方式来

视频讲解

对补间进行控制。选择"窗口"→"动画编辑器"命令,打开"动画编辑器"面板,如图12-61所示。在面板的左侧是对象属性的可扩展列表以及动画的"缓动"属性,面板右侧的时间轴上显示直线或曲线,直观表现不同时刻的属性值。

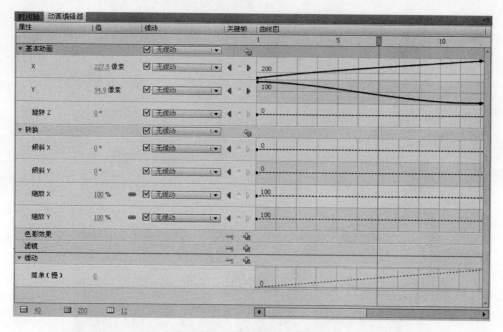

图12-61 "动画编辑器"面板

在"动画编辑器"面板底部的"图形大小"文本框中输入数值,或左右拖曳文本,可以改变时间轴的垂直高度;在"扩展图形的大小"文本框中输入数值,或左右拖曳文本,可以更改所选属性的垂直高度;在"可查看的帧"文本框中输入数值,或左右拖曳文本,可以更改出现在时间轴中的帧的数量。"动画编辑器"面板中其他按钮的作用,如图12-62所示。

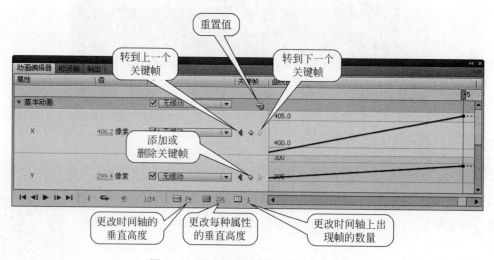

图12-62 "动画编辑器"面板中的按钮

"动画编辑器"面板提供了针对补间动画所有属性的信息和设置项。通过"动画编辑器"面板,用户可以查看所有补间属性和属性关键帧,还可以通过设置相应的设置项来实现对动画的精确控制。

2. 动画预设

动画预设是 Flash 内置的补间动画,可以被直接应用于舞台上的实例对象。使用动画预设,可以节约动画设计和制作的时间,极大地提高工作效率。

视频讲解

Flash 内置的动画预设,可以在"动画预设"面板中选择并预览其效果。选择"窗口"→"动画预设"命令,打开"动画预设"面板,在面板的"默认预设"文件夹中选择一个动画预设选项,在面板中即可查看其动画效果,如图 12-63 所示。下面介绍使用动画预设的方法。

在舞台上选择可创建补间动画的对象,在"动画预设"面板中选择需要使用的预设动画,单击"应用"按钮,选择对象即被添加预设动画效果,如图 12-64 所示。

专家点拨:在应用预设动画时,每个对象只能使用一个预设动画,如果对对象应用第二个预设动画,第二个预设动画将替代第一个。另外,每个动画预设包含特定数量的帧,如果对象已经应用了不同长度的补间,补间范围将进行调整以符合动画预设的长度。

图 12-63 "动画预设"面板

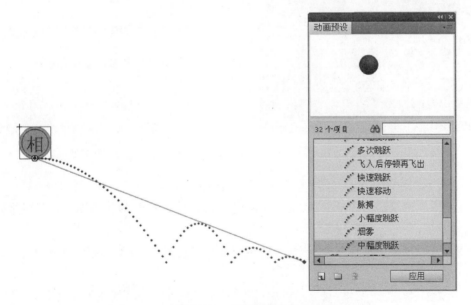

图 12-64 应用预设动画

12.6 遮罩动画

遮罩动画是 Flash 中一个很重要的动画类型,很多效果丰富的动画都是通过遮罩动画来完成的。遮罩动画的原理是,在舞台前增加一个"电影镜头"。这个"电影镜头"不仅仅局限于圆形,可以是任意形状,甚至可以是文字。将来导出的影片,并不是将舞台上的全部对象都显示出来,而是只显示"电影镜头"拍摄出来的对象,其他不在"电影镜头"区域内的舞台对象不显示。

12.6.1 遮罩动画的制作方法

下面通过具体的操作来讲解遮罩动画的制作方法。

(1) 新建一个 Flash 影片文档,保持文档属性的默认设置。

(2) 导入一个外部图像(夜景.png)到舞台上。

视频讲解

(3) 新建一个图层,在这个图层上用"椭圆工具"绘制一个圆(无边框,任意色)。计划将这个圆当作遮罩动画中的电影镜头对象来用。

目前,影片有两个图层,"图层 1"上放置的是导入的图像,"图层 2"上放置的是圆(计划用做电影镜头对象),如图 12-65 所示。

(4) 下面来定义遮罩动画效果。右击"图层 2",在弹出的快捷菜单中选择"遮罩层"命令。图层结构发生了变化,如图 12-66 所示。

图 12-65 舞台效果

图 12-66 遮罩图层结构

注意观察图层和舞台的变化。

"图层 1":图层的图标改变了,从普通图层变成了被遮罩层(被拍摄图层),图层缩进,图层被自动加锁。

"图层 2":图层的图标改变了,从普通图层变成了遮罩层(放置拍摄镜头的图层),图层被加锁。

舞台显示也发生了变化,只显示电影镜头"拍摄"出来的对象,其他不在电影镜头区域内的舞台对象都没有显示,如图 12-67 所示。

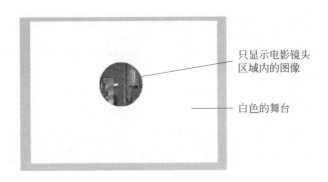

图 12-67　定义遮罩后的舞台效果

专家点拨：遮罩动画效果的获得一般需要两个图层，这两个图层是被遮罩的图层和指定遮罩区域的遮罩图层。实际上，遮罩图层是可以同时应用于多个图层的。遮罩图层和被遮罩图层只有在锁定状态下，才能在编辑工作区中显示遮罩效果。解除锁定后的图层在编辑工作区中是看不到遮罩效果的。

(5) 按 Ctrl+Enter 组合键测试影片，观察动画效果。可以看到只显示了电影镜头区域内的图像。

(6) 下面改变一下镜头的形状。分别在"图层 1"的第 15 帧按 F5 键添加一个普通帧。将"图层 2"解锁。在"图层 2"的第 15 帧按 F6 键添加一个关键帧，将"图层 2"的第 15 帧上的圆放大尺寸。定义从第 1～15 帧的补间形状。图层结构如图 12-68 所示。

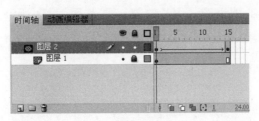

图 12-68　图层结构

(7) 按 Ctrl+Enter 组合键测试影片，观察动画效果。可以看到只显示了电影镜头区域内的图像，并且随着电影镜头（圆）的逐渐变大，显示的图像区域也越来越多。

(8) 下面改变一下改变镜头的位置。将"图层 1"上的圆放置在舞台左侧，将"图层 2"的第 15 帧上圆的大小恢复到原来的尺寸，并放置在舞台的右侧。

(9) 按 Ctrl+Enter 组合键测试影片，观察动画效果。可以看到随着电影镜头（圆）的位置移动，显示的图像内容也发生变化，好像一个探照灯的效果。

从上面的操作可以得出这样的结论，在遮罩动画中，可以定义遮罩层中电影镜头对象的变化（尺寸变化动画、位置变化动画、形状变化动画等），最终显示的遮罩动画效果也会随着电影镜头的变化而变化。

除了可以设计遮罩层中的电影镜头对象变化，还可以让被遮罩层中的对象变化，甚至可以是遮罩层和被遮罩层同时变化。这样可以设计更加丰富多彩的遮罩动画效果。

12.6.2 课件范例——课件中的电影镜头效果

在制作多媒体课件时,有时候需要很多电影镜头效果。例如,推/拉镜头效果、移动镜头效果、升/降镜头等效果。

下面通过实际范例的制作学习利用遮罩动画模拟电影镜头效果的制作方法。

(1) 新建一个 Flash 影片文档,保持文档属性的默认设置。

(2) 导入一个外部图像(夜景.png)到舞台上,将其转换为影片剪辑元件。用"任意变形工具"将这个图片实例压扁拉长,并让其左端对齐舞台左端。效果如图 12-69 所示。

(3) 在第 40 帧插入一个帧,定义第 1~40 帧间的补间动画,并将第 40 帧上的图片向左移动,使图片的右端对齐舞台右端,效果如图 12-70 所示。

图 12-69 将图片压扁拉长　　　　　　　图 12-70　第 40 帧上的图片效果

(4) 新建一个图层,在这个图层上用"矩形工具"绘制一个矩形(无边框,任意色)。这个矩形的宽和舞台的宽一样,高和夜景图片的高一样,如图 12-71 所示。

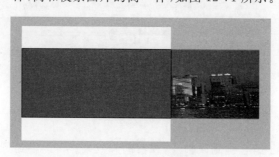

图 12-71 绘制矩形

(5) 右击"图层 2",在弹出的快捷菜单中选择"遮罩层"命令。这样就定义了一个遮罩动画。"图层 2"上是一个矩形的拍摄镜头对象,保持静止不动。"图层 1"是一张夜景图片,它在做一个从右向左的移动动画。

(6) 按 Ctrl+Enter 组合键测试影片,观察动画效果。可以看到一个从左向右拍摄夜景的电影镜头效果。之所以有这种效果是因为相对运动的错觉,"图层 2"上的矩形拍摄镜头并没有动,只是"图层 1"上的夜景图片在动。而最终看到好像是电影镜头在移动一样。

(7) 接着制作一个推镜头的效果。先将"图层 1"解锁,将"图层 2"隐藏。这样便于对"图层 1"上的图片进行操作。

(8) 选择"图层 1"的第 41 帧,插入一个关键帧,选择"图层 1"的第 70 帧,按 F5 键插入一个帧。将播放头移动到第 70 帧,选择第 70 帧上的图片,打开"变形"面板,设置宽和高同时放大到 500%。

（9）选择"图层 2"的第 70 帧，按 F5 键添加帧。此时的图层结构如图 12-72 所示。

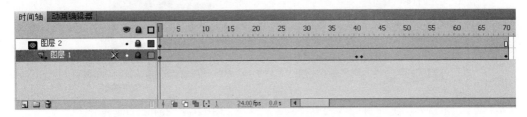

图 12-72　图层结构

（10）按 Ctrl+Enter 组合键测试影片，观察动画效果。可以看到电影镜头从左向右拍摄夜景后，推镜头得到一个夜景的近景效果。

12.7　3D 动画和骨骼动画

Flash 从 CS4 开始提供了 3D 工具，能够使设计者在三维空间内对普通的二维对象进行处理，再和补间动画相结合就能制作出 3D 动画效果。骨骼动画是一种应用于计算机动画制作的技术，其依据的是反向运动学原理。这种技术应用于计算机动画制作是为了能够模拟动物或机械的复杂运动，使动画中的角色动作更加形象逼真，使设计者能够方便地模拟各种与现实一致的动作。

12.7.1　3D 动画

视频讲解

Flash 允许用户通过在舞台的 3D 空间中移动和旋转影片剪辑来创建 3D 效果，Flash 为影片剪辑在 3D 空间内的移动和旋转提供了专门的工具，它们是"3D 平移工具" 和 "3D 旋转工具" ，使用这两种工具可以获得逼真的 3D 透视效果。

在 Flash 的 3D 动画制作过程中，平移指的是在 3D 空间中移动一个对象，使用"3D 平移工具"能够在 3D 空间中移动影片剪辑的位置，使得影片剪辑获得与观察者的距离感。在工具箱中选择"3D 平移工具"，在舞台上选择影片剪辑实例。此时在实例的中间将显示出 X 轴、Y 轴和 Z 轴，其中 X 轴为红色，Y 轴为绿色，Z 轴为黑色的圆点，如图 12-73 所示。使用鼠标拖曳 X 轴或 Y 轴的箭头，即可将实例在水平或垂直方向上移动。

使用 Flash 的"3D 旋转工具"可以在 3D 空间中对影片剪辑实例进行旋转，旋转实例可以获得其与观察者之间形成一定角度的效果。

在工具箱中选择"3D 旋转工具"，选择舞台上的影片剪辑实例，在实例的 X 轴上左右拖曳鼠标将能够使实例沿着 Y 轴旋转，在 Y 轴上上下拖曳鼠标将能够使实例沿着 X 轴旋转，如图 12-74 所示。

3D 补间实际上就是在补间动画中运用 3D 变换来创建关键帧，Flash 会自动补间两个关键帧之间的 3D 效果。在创建 3D 补间动画时，首先创建补间动画，然后将播放头放置到需要创建关键帧的位置，使用"3D 平移工具"或"3D 旋转工具"对舞台上的实例进行 3D 变换。在创建关键帧后，Flash 将自动创建两个关键帧间的 3D 补间动画。

图 12-73　使用"3D 平移工具"　　　图 12-74　使用"3D 旋转工具"

12.7.2　骨骼动画

在 Flash CS4 之前,要对元件创建规律性运动动画,一般使用补间动画来完成,但是补间动画有其局限性,如只能控制一个元件。在 Flash CS4 之后,Flash 引入了骨骼动画,允许用户用骨骼工具将多个元件绑定以实现复杂的多元件的反向运动,这无疑大大提高了复杂动画的制作效率。

视频讲解

在 Flash CS6 中,如果需要制作具有多个关节的对象的复杂动画效果(如制作人物走动动画),使用骨骼动画将能够十分快速地完成。

创建骨骼动画首先需要定义骨骼。Flash CS6 提供了一个"骨骼工具" ,使用该工具可以向影片剪辑元件实例、图形元件实例或按钮元件实例添加 IK 骨骼。在工具箱中选择"骨骼工具",在一个对象中单击,向另一个对象拖曳鼠标,释放鼠标后就可以创建两个对象间的连接。此时,两个元件实例间将显示创建的骨骼。在创建骨骼时,第一个骨骼是父级骨骼,骨骼的头部为圆形端点,有一个圆圈围绕着头部。骨骼的尾部为尖形,有一个实心点,如图 12-75 所示。

图 12-75　创建骨骼

选择"骨骼工具",单击骨骼的头部,向第二个对象拖曳鼠标,释放鼠标后即可创建一个分支骨骼。根据需要创建的骨骼的父子关系,依次将各个对象连接起来,这样骨架就创建完成了。

在为对象添加了骨架后,即可以创建骨骼动画了。在制作骨骼动画时,可以在开始关键帧中制作对象的初始姿势,在后面的关键帧中制作对象不同的姿态,Flash 会根据反向运动学的原理计算连接点间的位置和角度,创建从初始姿态到下一个姿态转变的动画效果。

在完成对象的初始姿势的制作后,在"时间轴"面板中右击动画需要延伸到的帧,选择关联菜单中的"插入姿势"命令。在该帧中选择骨骼,调整骨骼的位置或旋转角度,如图 12-76 所示。此时,Flash 将在该帧创建关键帧,按 Ctrl+Enter 组合键测试动画即可看到创建的骨骼动画效果。

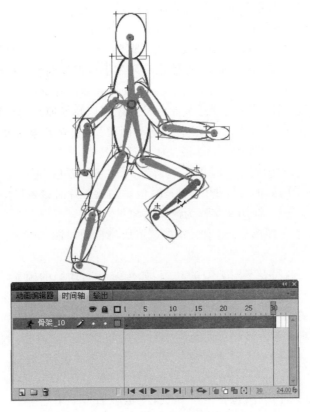

图 12-76　创建骨骼动画

专家提醒:在"时间轴"面板中将姿势图层最后一帧向左或向右拖曳能够改变动画的长度,此时 Flash 将按照动画的持续时间重新定位姿势帧,并添加或删除帧。如果需要清除已有的姿势,可以右击姿势帧,选择"清除姿势"命令即可。

12.8　本章习题

1. 选择题

(1) 按下(　　)按钮后,在时间轴的上方,出现绘图纸外观标记。拉动外观标记的两端,可以扩大或缩小显示范围。

　　A. 　　　　　B. 　　　　　C. 　　　　　D.

(2) 假设一个传统补间动画的"演员"是一个组对象,(　　)动画效果不能够实现。

　　A. 位置移动　　B. 尺寸逐渐缩小　　C. 淡入淡出　　D. 尺寸逐渐放大

(3) 关于传统补间动画的叙述,错误的是(　　)。

　　A. 直接参与形状补间动画的"演员"只能是形状,而不能是其他类型的对象

B. 形状补间动画这种动画类型只能实现形状变形效果,不能实现动画对象的颜色和位置的变化效果

C. 在 Flash 中形状提示点的编号从 a~z 共有 26 个

D. 如果想制作一个红色的圆逐渐变成绿色的圆的动画效果,既可以用传统补间动画来实现,也可以用形状补间动画来实现

(4) 关于基于对象的补间动画中的路径曲线,下列说法中错误的是(　　)。

　　A. 可以用"选择工具"对路径线条进行调整

　　B. 可以使用"部分选取工具"像使用贝塞尔手柄那样调整路径线条

　　C. 可以将路径线条复制到普通图层上,使路径曲线在动画中显示

　　D. 不能将普通图层上的曲线复制到补间图层以替换原来的路径线条

(5) 遮罩动画是 Flash 中的一个很重要的动画类型,很多效果丰富的动画都是通过遮罩动画来完成的。关于遮罩动画,下面说法中错误的是(　　)。

　　A. 在一个遮罩动画中,"遮罩层"只有一个,"被遮罩层"可以有多个

　　B. 遮罩层中的图形可以是任何形状,但是播放影片时遮罩层中的图形不会显示

　　C. 在遮罩层中不能用文字作为遮罩对象

　　D. 在定义遮罩图层后,遮罩层和被遮罩层将自动加锁

2. 填空题

(1) 不同的帧颜色代表不同类型的动画,如传统补间动画的帧显示为_____,补间形状的帧显示为_____。没有定义补间动画的关键帧后的普通帧显示为_____,它继承和延伸该关键帧的内容。

(2) 创建关键帧和普通帧是在动画制作过程中频繁进行的操作,因此一般使用快捷键进行操作。按_____键插入普通帧,按_____键插入关键帧,按_____键插入空白关键帧。

(3) 逐帧动画的制作方法包括两个要点,一是添加若干个连续的_____;二是在其中创建不同的、但有一定_____的画面。

(4) 在制作沿引导路径的传统补间动画时,一定要保证_____按钮处于按下状态,这样才能保证动画对象正确吸附到引导路径的两个端点。

(5) 对象补间动画具有功能强大且操作简单的特点,用户可以对动画中的补间进行最大程度的控制。能够应用对象补间的元素包括影片剪辑元件实例、图形元件实例、按钮元件实例以及_____。

(6) 遮罩动画是 Flash 的一种基本动画方式,制作遮罩动画至少需要两个图层,即遮罩层和_____。在创建遮罩动画时,位于上层的图层中的对象就像一个窗口一样,透过它的_____可以看到位于其下图层中的区域,而任何的非填充区域都是_____的,此区域中的图像将不可见。

12.9　上机练习

练习 12-1　逐帧动画范例——人物行走

下面利用逐帧动画练习制作一个人物原地行走的动画效果,范例效果如图 12-77 所示,

图层结构如图 12-78 所示。

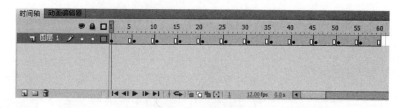

图 12-77　人物走路动画　　　　　　图 12-78　图层结构

主要制作步骤：

（1）新建一个 Flash 影片文档。保持影片文档的默认设置。

（2）选择"文件"→"导入"→"导入到库"命令，弹出"导入到库"对话框，在其中选择需要导入的图像素材（共 12 张人物行走动作图像）。单击"打开"按钮，即可将图像素材导入到"库"面板中。

专家点拨：在 Flash 中制作人物行走动画时，通常都是通过逐帧动画来完成。在每个关键帧中创建人物行走动作的细微变化，可以用绘图工具直接在每个关键帧上绘制卡通人物的动作。但是，这需要制作者具备很强的绘图能力，为了简化本范例的制作过程，这里直接提供了卡通人物行走动作的图像素材。

（3）打开"库"面板，将其中的"走路 1.jpg"位图拖曳到舞台中央。

（4）选择第 2 帧，按 F6 键插入关键帧。选中第 2 帧上的卡通人物图像，在"属性"面板中单击"交换"按钮，弹出"交换位图"对话框，在其中选择"走路 2.jpg"位图，单击"确定"按钮。这样，第 2 帧上的卡通人物图像就被更换为需要的人物行走动作图像了。

（5）按照先插入关键帧再交换位图的类似方法，从第 3 帧开始操作，一直到第 12 帧为止。

（6）按 Enter 键观看动画效果，可以看到人物原地行走的动画效果，但是行走的速度太快，下面把行走速度降低一些。选中第 1 帧，连续按 F5 键 4 次。

（7）按照同样的方法，在每个关键帧后面插入 4 个普通帧。按 Ctrl+Enter 组合键测试影片，观看动画效果。

专家点拨：这里制作人物原地行走的动画效果，是为了简化本范例制作技术的目的。如果想制作人物向前行走的动画效果，可以在一个影片剪辑元件中制作人物原地行走的动画效果，然后用这个影片剪辑实例制作向前移动的补间动画即可。

练习 12-2　传统补间动画范例——化合反应的微观现象

用动作补间动画制作一个"化合反应的微观现象"动画模拟演示课件，它从微观角度通过动画演示了硫和氧化合反应的实现过程。课件效果如图 12-79 所示。图层结构如图 12-80 所示。

图 12-79　化合反应的微观现象

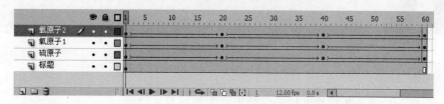

图 12-80　图层结构

主要制作步骤：

(1) 新建一个 Flash 影片文档。设置舞台背景颜色为♯FFCCCC，其他文档属性保持默认设置。

(2) 将"图层 1"重命名为"标题"。用文本工具在这个图层上输入课件标题和相关的提示信息。

(3) 分别创建硫原子和氧原子图形元件。

(4) 新建 3 个图层，并重新命名。

(5) 将"库"面板中的氧原子图形元件分别拖曳两个实例到两个图层上。将"库"面板中的硫原子图形元件拖曳一个实例到另一个图层上。

(6) 分别在 3 个图层上定义氧原子和硫原子的传统补间动画，以实现它们的位置移动。

练习 12-3　形状补间动画范例——内吞现象

利用形状补间动画练习制作"内吞现象"动画模拟演示课件，它演示了液体吞入细胞的过程。课件效果如图 12-81 所示。图层结构如图 12-82 所示。

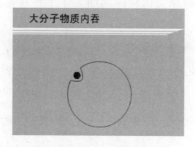

图 12-81　内吞现象

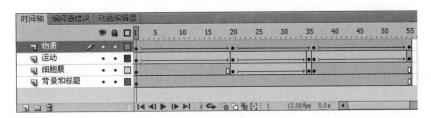

图 12-82　图层结构

主要制作步骤：

（1）新建一个 Flash 影片文档。设置背景色为淡绿色（♯B0E0B6），其他文档属性保持默认设置。

（2）新建一个"物质"图形元件，在此元件的编辑场景中，用绘图工具绘制一个填充色为黑色的圆形。

（3）将"图层1"重命名为"背景和标题"。用文本工具在这个图层上输入课件标题，然后用绘图工具绘制细长形装饰条。

（4）新建3个图层，分别命名为"细胞膜""运动"和"物质"。

（5）锁定"背景"图层。选中"细胞膜"图层，绘制一个无填充的圆形。在圆形的左上方用选择工具拖曳选择一段弧，选择"编辑"→"剪切"命令。选中"运动"图层，在场景中选择"编辑"→"粘贴到当前位置"命令，把弧移动到"运动"图层。从"库"面板中把"物质"图形元件拖曳在场景的"物质"图层。

（6）在"细胞膜"图层，定义第 20～35 帧之间的形状补间动画。这里实现细胞膜逐渐变形的动画效果。

（7）在"运动"图层，分别定义第 1～20 帧、第 20～35 帧、第 36～55 帧之间的形状补间动画。这里实现大分子物质内吞过程中，所接触的细胞膜发生形变的动画效果。在制作过程中要仔细调整每个关键帧上的形状。

（8）在"物质"图层，分别定义第 1～20 帧、第 20～36 帧、第 36～55 帧之间的传统补间动画。这里实现大分子物质移动的动画效果。

练习 12-4　引导路径动画范例——太阳、地球和月亮

利用引导路径动画练习制作一个模拟太阳、地球和月亮旋转的课件。课件运行时，月亮围绕地球旋转，同时地球围绕太阳旋转。课件效果如图 12-83 所示。图层结构如图 12-84 所示。

图 12-83　太阳、地球和月亮

图 12-84　图层结构

主要制作步骤：

（1）新建一个 Flash 影片文档。设置舞台尺寸为 620 像素×500 像素，其他文档属性保持默认设置。

（2）创建一个名字为"背景"的图形元件，在这个元件的编辑场景中用矩形工具绘制一个矩形，设置矩形没有边框，填充色为蓝色到白色的线性渐变色。

（3）分别创建名字为"地球""月亮"和"太阳"的图形元件。用椭圆工具分别绘制代表地球、月亮和太阳的圆形。它们的颜色分别被填充为白色到蓝色的放射性渐变色、纯黄色和白色到红色的放射性渐变色。

（4）新建一个名字为"月亮和地球"的影片剪辑元件。在这个元件的编辑场景中，利用引导路径动画制作月亮绕地球旋转的动画效果，如图 12-85 所示。

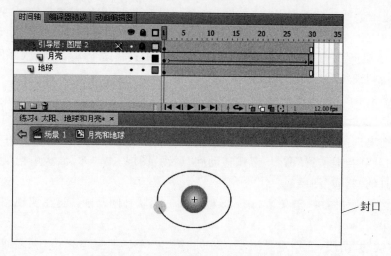

图 12-85 "月亮和地球"影片剪辑元件

（5）返回"场景 1"。将"图层 1"重命名为"背景和标题"。将"库"面部中"背景"图形元件拖曳到这个图层对应的舞台上，设置它正好覆盖舞台，并用文本工具输入课件标题。

（6）新建一个名字为"太阳"的图层，将"库"面部中的"太阳"图形元件拖曳到这个图层对应的舞台中央。

（7）利用引导路径动画制作"月亮和地球"影片剪辑实例围绕太阳旋转的动画效果。

练习 12-5　遮罩动画范例——太阳、地球和月亮（加强版）

练习 12-4 制作的模拟太阳、地球和月亮旋转的动画效果有一个缺陷：地球本身没有自转。下面通过遮罩动画添加模拟地球自转的动画效果，从而加强这个模拟动画效果的真实性。

主要制作步骤：

（1）打开前面完成的影片源文件"练习 12-4 太阳、地球和月亮.fla"。下面在这个文件的基础上进行操作。

（2）将外部的地球图像素材"地球图.jpg"导入"库"中。新建一个名字为"陆地"的图形元件，将"地球图.jpg"拖曳到元件的场景中，并将图像的背景去掉。

（3）新建一个名字为"旋转的地球"的影片剪辑元件。在这个元件的编辑场景中，将"图层1"重命名为"地球"。然后将"地球"图形元件拖曳到场景的中心。

（4）新建一个图层，重命名为"陆地"。在这个图层上，将"陆地"图形元件拖曳到场景中，并且在第1~40帧之间定义传统补间动画，使"陆地"图形实例从右向左移动。

（5）为"陆地"图层添加一个遮罩图层，并且在这个遮罩图层上放置一个"地球"图形实例。

（6）在"月亮和地球"影片剪辑元件的编辑场景中，选中"地球"图形实例，在"属性"中单击"交换"按钮，将其交换为"旋转的地球"影片剪辑实例。

（7）测试影片，会看到地球在自转、月亮围绕地球旋转、地球围绕太阳旋转的动画效果。

第13章 Flash 课件中的交互和导航

Flash 提供了强大的动作脚本语言 ActionScript,利用动作脚本语言可以使 Flash 课件具备完善的交互功能。对于内容多、结构复杂的大型多媒体课件,往往采用结构化、模块化的程序设计方法,这时 Flash 课件的交互和导航功能显得尤为重要。

本章主要内容:
- ActionScript 概述;
- 动作面板的使用方法;
- 按钮元件的制作方法;
- 用按钮和帧动作脚本控制 Flash 课件;
- 典型单场景交互演示课件的制作方法;
- 多模块导航课件的制作方法。

13.1 ActionScript 概述

Flash CS6 支持两个版本的脚本语言:ActionScript 2.0 和 ActionScript 3.0。ActionScript 3.0 是开发 Flash 应用程序的首选,它的开发效率高、程序运行速度快。考虑很多编程人员还在使用 ActionScript 2.0 进行程序开发,为了开发平台的延续和兼容,Flash CS6 同时支持 ActionScript 2.0 文档的开发。

对于普通的 Flash 课件开发人员来说,ActionScript 2.0 比较容易掌握,而且利用 ActionScript 2.0 进行 Flash 课件交互和导航功能的开发完全能够满足要求。因此本章主要利用 ActionScript 2.0 进行介绍。

13.1.1 动作面板

Flash 提供了一个专门处理动作脚本的编辑环境——"动作"面板。如果"动作"面板没有显示在 Flash 窗口中,那么可以选择"窗口"→"动作"命令来显示。ActionScript 2.0 的动作面板和 ActionScript 3.0 的动作面板既有相同的地方也有不同的地方,下面分别进行介绍。

视频讲解

1. ActionScript 2.0 的动作面板

新建一个 ActionScript 2.0 文件,选择"窗口"→"动作"命令将"动作"面板打开。下面来认识"动作"面板的组成,如图 13-1 所示。

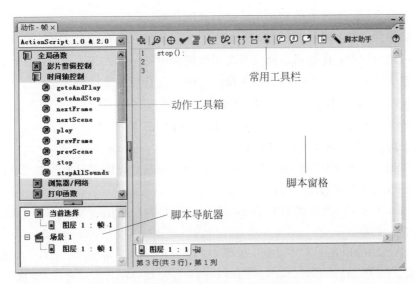

图 13-1　ActionScript 2.0 的"动作"面板

"动作"面板是 Flash 的程序编辑环境,由两部分组成。右侧部分是"脚本窗格",这是输入和显示代码的区域;左侧部分是"动作工具箱",每个动作脚本语言元素在该工具箱中都有一个对应的条目。

在"动作"面板中,"动作工具箱"还包含一个"脚本导航器","脚本导航器"是 Flash 影片文档中相关联的帧动作、按钮动作具体位置的可视化表示形式。可以在这里浏览 Flash 影片文档中的对象以查找动作脚本代码。如果单击"脚本导航器"中的某一项目,则与该项目关联的脚本将出现在"脚本窗格"中,并且播放头将移到时间轴上的相应位置。

"脚本窗格"上方是"常用工具栏",包含若干功能按钮,利用它们可以快速对动作脚本实施一些操作。从左向右按钮的功能依次如下所述。

- 将新项目添加到脚本中:单击这个按钮,会弹出一个下拉列表,其中显示 ActionScript 工具箱中也包含的所有语言元素。可以从语言元素的分类列表中选择一项添加到脚本中。
- 查找:在 ActionScript 代码中查找和替换文本。
- 插入目标路径:帮助用户为脚本中的某个动作设置绝对或相对目标路径。
- 语法检查:检查当前脚本中的语法错误。语法错误列在"输出"面板中。
- 自动套用格式:设置脚本的格式以实现正确的编码语法和更好的可读性。可以在"首选参数"对话框中设置自动套用格式首选参数。
- 显示代码提示:如果已经关闭了自动代码提示,可以使用"显示代码提示"手动显示正在编写的代码行的代码提示。
- 调试选项:在脚本中设置和删除断点,以便在调试 Flash 文档时可以停止,然后逐行跟踪脚本中的每一行。
- 折叠成对大括号:对出现在当前包含插入点的成对大括号或小括号间的代码进行折叠。
- 折叠所选:折叠当前所选的代码块。

- 展开全部：展开当前脚本中所有折叠的代码。
- 应用块注释：将注释标记添加到所选代码块的开头和结尾。
- 应用行注释：在插入点处或所选多行代码中每一行的开头处添加单行注释标记。
- 删除注释：从当前行或当前选择内容的所有行中删除注释标记。
- 显示/隐藏工具箱：显示或隐藏动作工具箱。
- 脚本助手：单击这个按钮可以切换到"脚本助手"模式。在"脚本助手"模式中，将提示输入创建脚本所需的元素。
- 帮助：显示针对"脚本窗格"中选中的 ActionScript 语言元素的参考帮助主题。

2. ActionScript 3.0 的动作面板

ActionScript 3.0 的动作面板和 ActionScript 2.0 的动作面板基本相同，只有"动作工具箱"的内容有区别。

新建一个 ActionScript 3.0 文件，选择"窗口"→"动作"命令将"动作"面板打开，如图 13-2 所示。因为 ActionScript 3.0 和 Java 一样基于 ECMAScript 开发，实现了真正意义上的面向对象，所以"动作工具箱"中是按照"包＞类"这样的结构进行组织。

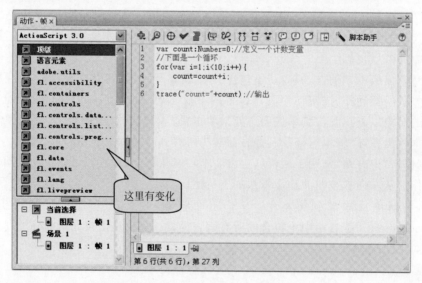

图 13-2　ActionScript 3.0 的"动作"面板

13.1.2　脚本助手

"脚本助手"为初学者使用脚本编辑器提供了一个简单的、具有提示性和辅助性的友好界面，初学者可以利用"脚本助手"模式快速创建一些简单的动作脚本。本节通过制作一个载入外部图像的程序来体验一下"脚本助手"的魅力。

视频讲解

(1) 事先准备一个图像文件（这里准备的是"电脑.jpg"）。新建一个 AcrionScript 2.0 影片文档。将其保存为"脚本助手的应用.fla"，并且这个文件一定要保存到和图像文件同一个文件夹下。

(2) 选择"窗口"→"公共库"→Buttons，打开按钮公共库，从 Buttons Oval 类别中任意选择一个按钮,拖曳到舞台上。

(3) 新建一个影片剪辑元件,在这个元件中不做任何操作,这样得到一个空白的影片剪辑元件。

(4) 返回"场景1"。按 Ctrl+L 组合键打开"库"面板,将其中的空白影片剪辑元件拖曳到舞台上。

(5) 确认空白影片剪辑实例处在选中状态,在"属性"面板中设置这个实例的名字为 aa,如图 13-3 所示。这个空白影片剪辑实例将作为载入图片的容器,并用于控制被调入图片的位置。

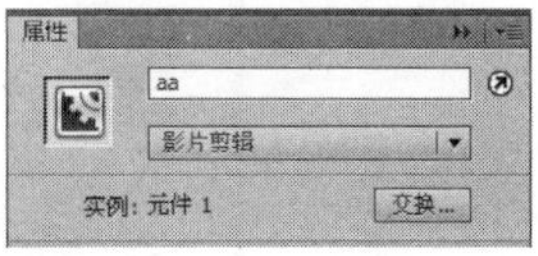

(6) 选中舞台上的按钮,打开"动作"面板。单击右上角的"脚本助手"按钮 ,进入"脚本助手"模式。

图 13-3 定义实例名

(7) 单击"将新项目添加到脚本中"按钮,在弹出的下拉菜单中选择"全局函数"→"影片剪辑控制"→on 命令,在"脚本助手"模式的编辑窗格中,默认鼠标事件为"释放",这里不做改变,如图 13-4 所示。

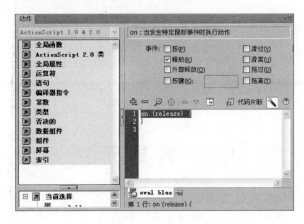

图 13-4 添加脚本

(8) 再次单击"将新项目添加到脚本中"按钮,在弹出的下拉菜单中选择"全局函数"→"浏览器/网络"→loadMovie 命令,在"脚本助手"模式的编辑窗格的 URL 文本框中输入"电脑.jpg",在"位置"下拉列表中选择"目标",然后在后面的文字框中输入 aa,也就是舞台上空白影片剪辑的实例名称,如图 13-5 所示。

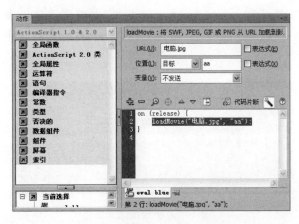

图 13-5 添加 loadMovie 函数

(9) 按 Ctrl+Enter 组合键测试影片。单击按钮,外部图像被载入,效果如图 13-6 所示。

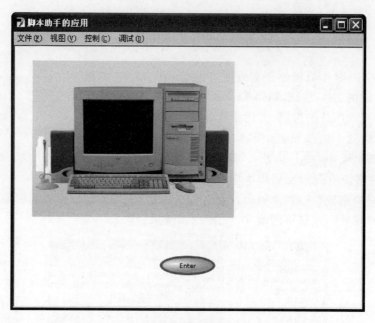

图 13-6 范例效果

13.2 按钮元件

按钮元件是实现 Flash 课件和用户进行交互的灵魂,它能够响应鼠标事件(单击或滑过等),执行指定的动作。按钮元件可以拥有灵活多样的外观,可以是位图,也可以是绘制的形状;可以是一根线条,也可以是一个线框;可以是文字,甚至还可以是看不见的"透明按钮"。

13.2.1 认识按钮元件

新建一个影片文档,选择"插入"→"新建元件"命令,弹出"创建新元件"对话框,在"名称"文本框中输入"五边形",在"类型"下拉列表中选择"按钮",如图 13-7 所示。单击"确定"按钮,进入按钮元件的编辑场景中,如图 13-8 所示。

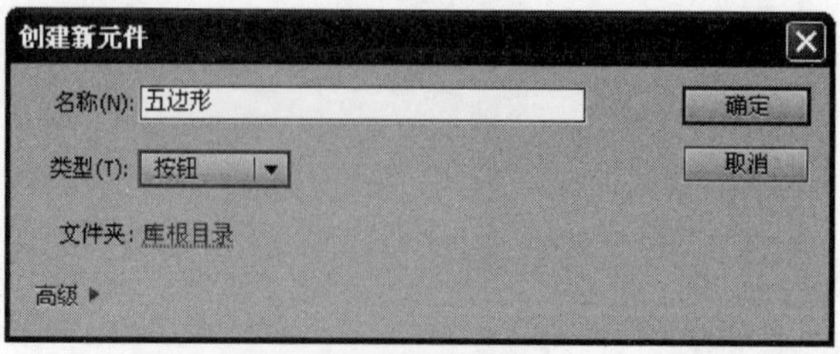

视频讲解

图 13-7 新建按钮元件

图 13-8　按钮元件的时间轴

按钮元件拥有和影片剪辑元件、图形元件不同的编辑场景，它的时间轴上只有 4 个帧，通过这 4 个帧可以指定不同的按钮状态。

- "弹起"帧：表示鼠标指针不在按钮上时的状态。
- "指针经过"帧：表示鼠标指针在按钮上时的状态。
- "按下"帧：表示鼠标单击按钮时的状态。
- "点击"帧：定义对鼠标做出反应的区域，这个反应区域在影片播放时是看不到的。这个帧上的图形必须是一个实心图形，该图形区域必须足够大，以包含前面三帧中的所有图形元素。运行时，只有在这个范围内操作鼠标才能被播放器认定为事件发生。如果该帧为空，则默认以"弹起"帧内的图形作为响应范围。

13.2.2　变色按钮

本节制作一个变色按钮范例，按钮是一个蓝色到黑色的径向渐变色的椭圆形，当鼠标指向按钮时，椭圆变为黄色到黑色的径向渐变色；当鼠标单击按钮时，椭圆变为绿色到黑色的径向渐变色，如图 13-9 所示。

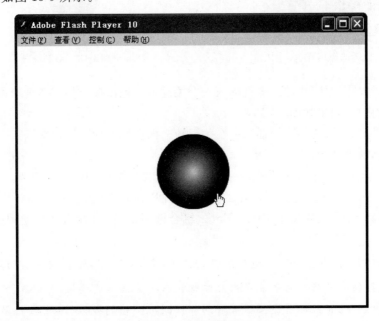

图 13-9　变色按钮

具体的制作步骤如下所述。

(1) 新建一个影片文档,选择"插入"→"新建元件"命令,弹出"创建新元件"对话框,在"名称"文本框中输入"椭圆",选择"类型"为"按钮",如图 13-10 所示。

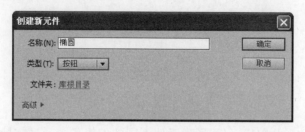

图 13-10　新建按钮元件

(2) 单击"确定"按钮,进入按钮元件的编辑场景中,选择"椭圆工具",设置"笔触颜色"为无,设置"填充色"为样本色中的"蓝色球形",如图 13-11 所示。然后在场景中绘制一个如图 13-12 所示的椭圆。

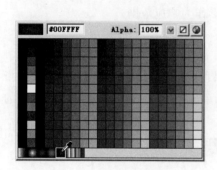

图 13-11　选择填充色

图 13-12　绘制椭圆

(3) 选择"指针经过"帧,按 F6 键插入一个关键帧。把该帧上的图形重新填充为黄色到黑色的径向渐变色,效果如图 13-13 所示。

(4) 选择"按下"帧,按 F6 键插入一个关键帧。把该帧上的图形重新填充为绿色到黑色的径向渐变色,效果如图 13-14 所示。

(5) 选择"点击"帧,按 F6 键插入一个关键帧,定义鼠标的响应区为椭圆。

(6) 至此,这个按钮元件就制作好了。现在返回"场景 1",并从"库"面板中将"椭圆"按钮元件拖曳到舞台上,然后按下 Ctrl+Enter 组合键测试,将鼠标指针移动到按钮上,按钮会变色。

专家点拨:在 Flash 影片文档编辑状态下,舞台上的按钮实例默认的是禁用状态,无法直接测试按钮的效果。为了能在影片编辑状态下直接测试按钮,可以选择"控制"→"启用简单按钮"命令,此时鼠标滑过按钮可看到"指针经过"帧的效果,单击按钮显示"按下"帧的效果。

图 13-13 "指针经过"帧上的图形

图 13-14 "按下"帧上的图形

13.2.3 文字按钮

文字按钮是导航菜单中经常使用的元素。图 13-15 所示为一个网站导航菜单，里面包括 5 个文字按钮。

视频讲解

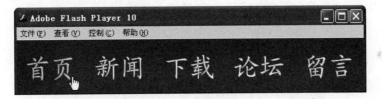

图 13-15 导航菜单

下面制作这个包括 5 个文字按钮的导航菜单。

（1）新建一个 Flash 影片文档。设置舞台尺寸为 480 像素×80 像素，背景颜色为蓝色。

（2）选择"插入"→"新建元件"命令，弹出"创建新元件"对话框，在"名称"文本框中输入"首页按钮"，选择"类型"为"按钮"，单击"确定"按钮，进入按钮元件的编辑场景中。

（3）选择"文本工具"，在"属性"面板中，设置"文本类型"为静态文本，"字体"为楷体，"字体大小"为 40，"文本颜色"为白色。在场景中输入"首页"文字，如图 13-16 所示。

（4）选择"指针经过"帧，按 F6 键插入一个关键帧。把该帧上的文字颜色重新设置为黄色。

（5）选择"按下"帧，按 F6 键插入一个关键帧。把该帧上的文字颜色重新设置为红色。

（6）选择"点击"帧，按 F7 键插入一个空白关键帧。单击"编辑多个帧"按钮，如图 13-17 所示。这样可以使文字显示出来，辅助创建"点击"帧上的感应区。

（7）选择"矩形工具"，绘制一个刚好覆盖着文字的矩形，如图 13-18 所示，这个矩形是文字按钮的鼠标感应区域。

（8）返回"场景 1"，并从"库"面板中将"首页"按钮元件拖曳到舞台上，然后按下 Ctrl+Enter 组合键测试。

图 13-16　制作"弹起"帧上的文字

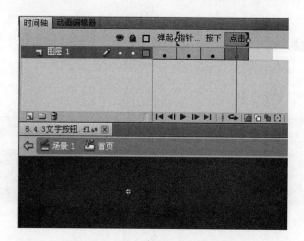

图 13-17　单击"编辑多个帧"按钮

图 13-18　绘制矩形

(9) 其他 4 个文字按钮的制作方法类似。制作完成以后，将这些按钮整齐排列在舞台上即可。

13.2.4 透明按钮

视频讲解

透明按钮是一种很特殊的按钮，利用透明按钮制作 13.2.3 节的导航菜单，方法会变得更简便。下面是具体的制作步骤。

（1）新建一个 Flash 影片文档。设置舞台尺寸为 480 像素×80 像素，背景颜色为蓝色。

（2）选择"插入"→"新建元件"命令，新建一个名字为"透明"的按钮元件。在这个元件的编辑场景中，选择"点击"帧，按 F7 键插入一个空白关键帧。用"矩形工具"绘制一个大小合适的矩形，如图 13-19 所示。这样就制作了一个透明按钮。这个按钮只有一个矩形鼠标响应区，没有按钮图形。

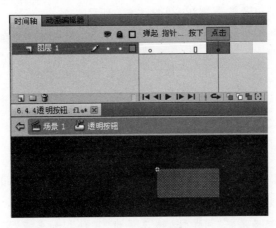

图 13-19　绘制矩形

（3）返回"场景 1"，用"文本工具"在舞台上输入 5 组文字，如图 13-20 所示。

图 13-20　输入文字

（4）打开"库"面板，拖曳 5 个"透明"按钮元件的实例放置到 5 组文字上，如图 13-21 所示。这样每组文字上都覆盖一个透明按钮，因此文字也就具备按钮的功能了。

图 13-21　添加透明按钮实例后的效果

专家点拨：在制作按钮元件时，可以通过在按钮元件中嵌套影片剪辑元件的实例，从而实现动态的按钮效果。

13.2.5 给按钮加上声效

视频讲解

如果给按钮加上合适的声效，一定能让多媒体课件增色不少。给按钮加上声效的步骤如下所述。

（1）打开一个事先制作好的影片文档"按钮（原始）.fla"，这个影片中制作了一个按钮元件。

（2）选择"文件"→"导入"→"导入到库"命令，将声音文件"按钮音效.mp3"导入这个影片的库中。

（3）打开"库"面板，用鼠标双击需要加上声效的按钮元件，这样就进入这个按钮元件的编辑场景中，下面要将导入的声音加入这个元件中。

（4）新插入一个图层，重新命名为"声效"。选择这个图层的第2帧，按F7键插入一个空白关键帧，然后将"库"面板中的"按钮音效.mp3"声音对象拖曳到场景中，这样，"音效"图层从第2帧开始出现了声音的声波线，如图13-22所示。

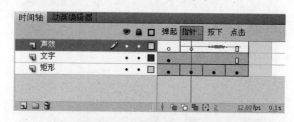

图13-22　给按钮添加声音

（5）打开"属性"面板，将"同步"选项设置为"事件"，并且重复一次。此时测试影片，当鼠标移动到按钮上时，声效就出现了。

专家点拨：这里必须将"同步"选项设置为"事件"，如果是"数据流"同步类型，那么将听不到声音。给按钮加声效时一定要使用"事件"同步类型。

13.3　Flash课件的交互功能

交互性是Flash课件的一个重要特点，本节介绍Flash多媒体课件的交互功能的实现方法。

13.3.1　控制Flash课件播放的方法

视频讲解

在Flash课件中，通过简单的按钮动作和帧动作就能实现课件的交互功能。下面通过一个具体范例介绍控制Flash课件播放的方法。

1. 范例分析

（1）打开事先制作好的一个影片文件（化合反应的微观现象（原始）.fla）。这是一个化学课件，运行时动画自动播放。打开的影片文件的图层结构如图13-23所示。

（2）这里想将这个课件改进为能交互控制动画播放。具体功能是，课件刚开始运行时，先停止在第1帧。单击"播放"按钮，动画开始播放；单击"暂停"按钮，动画暂停播放；单击"重播"按钮，动画重新开始播放。效果如图13-24所示。

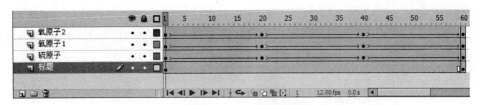

图 13-23　图层结构

图 13-24　课件范例效果

2. 定义第 1 帧和最后 1 帧的停止动作

（1）在"氧原子 2"图层上新添加一个图层，并重新命名为"程序代码"。选择"程序代码"图层的第 1 帧，打开"动作"面板，在其中左边的"动作工具箱"中，单击"全局函数"，展开以后，再单击"时间轴控制"，如图 13-25 所示。这时，"时间轴控制"类别下的函数都显示出来了。

图 13-25　展开"时间轴控制"函数类别

（2）双击"时间轴控制"类别下的 stop 函数，在"动作"面板右边的"脚本输入区"出现一个包括 stop()函数的程序行，如图 13-26 所示。

（3）完成以上操作以后，"程序代码"图层的第一帧发生了变化，上面显示一个 a 标志，如图 13-27 所示。

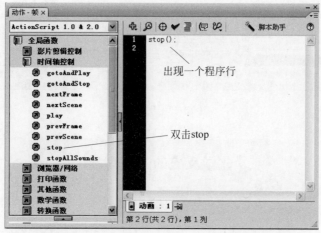

图 13-26　双击 stop 函数

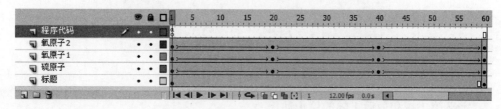

图 13-27　帧动作标志

(4) 按照同样的方法,在"程序代码"图层的最后 1 帧添加 stop 函数。

(5) 测试影片。由于在第一帧定义了一个 stop 函数,所以影片停在第一帧,后面的动画没有接着播放。下面通过一个按钮来控制动画开始播放。

3．用按钮控制动画播放

(1) 在"程序代码"图层上新建一个"按钮"图层。选择"按钮"图层第 1 帧,选择"窗口"→"公用库"→Buttons 命令,打开"外部库"面板,将其中 classic buttons→Playback 类别下的名字为 gel Right 的按钮元件拖曳到舞台右下角的合适位置。

(2) 保持这个按钮实例处在选中状态,打开"动作"面板。在"动作工具箱"中展开"全局函数"→"影片剪辑控制"类别,双击该类别下的 on 函数,这样,"脚本窗口"中就自动出现相应的 on 函数程序代码,并且屏幕上同时还弹出了关于 on 函数的参数设置下拉列表框,如图 13-28 所示。

(3) 双击参数设置下拉列表框中的 press,接着将光标移动到大括号的右边,然后再切换到"动作工具箱",展开"全局函数"中的"时间轴控制"类别,双击这个类别下面的 play 函数,这时在"脚本窗口"中会出现一个新的程序代码。

(4) 最后单击"脚本窗口"上方的"自动套用格式"按钮 ,将"脚本窗口"中的脚本变得更清楚,最后完成的程序代码如图 13-29 所示。

(5) 至此,"播放"按钮的程序代码就被定义好了。测试影片,然后单击按钮,会发现动画开始播放了。

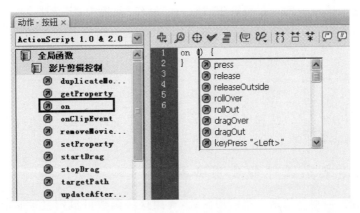

图 13-28　定义 on 函数

图 13-29　完成的程序代码

4．用按钮控制动画暂停

（1）将"外部库"面板中 classic buttons→Playback 类别下的名字为 gel Stop 的按钮元件拖曳到舞台右下角的合适位置。

（2）保持这个按钮实例处在选中状态，在"动作"面板中，定义这个按钮实例的程序代码是：

```
on (press) {
  stop();
}
```

这段程序代码的定义方法和步骤 3 操作类似，这里不再赘述。当动画播放时，单击这个按钮，动画暂停播放。单击"播放"按钮，动画会接着播放。

5．用按钮控制动画重新播放

（1）将"外部库"面板中 classic buttons→Playback 类别下的名字为 gel Rewind 的按钮元件拖曳到舞台右下角的合适位置。

(2) 保持这个按钮实例处在被选中状态,在"动作"面板中,定义这个按钮实例的程序代码是:

```
on (press) {
  gotoAndPlay(1);
}
```

这段程序代码的定义方法和步骤 3 操作类似,这里不再赘述。当动画播放时,单击这个按钮,动画会跳转到第 1 帧重新开始播放。

13.3.2 制作交互课件的常用函数

"时间轴控制"类别下包括一些常用函数,利用这些函数可以定义动画的一些简单交互控制。在 ActionScript 2.0 的"动作"面板中,单击"动作工具箱"中的"全局函数",在展开的项目中单击"时间轴控制",就可以将时间轴控制函数显示出来。下面讲解这些函数的用法。

1. gotoAndPlay

一般形式:

```
gotoAndPlay(scene,frame);
```

作用:跳转并播放。跳转到指定场景的指定帧,并从该帧开始播放,如果没有指定场景,则将跳转到当前场景的指定帧。

参数:scene,跳转至场景的名称;frame,跳转至帧的名称或帧数。

利用这个函数,可以随心所欲地播放不同场景、不同帧的动画。

例如,当单击被附加了 gotoAndPlay 动作的按钮时,动画跳转到当前场景第 16 帧并且开始播放。相应代码如下:

```
on(release){
  gotoAndPlay(16);
}
```

例如,当单击被附加了 gotoAndPlay 动作的按钮时,动画跳转到场景 2 第 1 帧并且开始播放。相应代码如下:

```
on(release){
  gotoAndPlay("场景 2",1);
}
```

2. gotoAndstop

一般形式:

```
gotoAndstop(scene,frame);
```

作用:跳转并停止播放。跳转到指定场景的指定帧并从该帧停止播放,如果没有指定场景,则跳转到当前场景的指定帧。

参数:scene:跳转至场景的名称;frame:跳转至帧的名称或数字。

3. nextFrame

作用:跳至下一帧并停止播放。

例如，单击按钮，跳到下一帧并停止播放。相应代码如下：

```
on(release){
  nextFrame();
}
```

4．Prevframe

作用：跳至前一帧并停止播放。

例如，单击按钮，跳到前一帧并停止播放。相应代码如下：

```
on(release){
  prveFrame();
}
```

5．nextScene

作用：跳至下一个场景并停止播放。

6．prevScene

作用：跳至前一个场景并停止播放。

7．play

作用：可以指定电影继续播放。在播放电影时，除非另外指定，否则均从当前场景的第1帧开始播放。

8．stop

作用：停止当前播放的电影，该动作最常见的运用是使用按钮控制电影剪辑。

例如，如果需要某个电影剪辑在播放完毕后停止而不是循环播放，则可以在电影剪辑的最后一帧附加stop()函数。这样，当电影剪辑中的动画播放到最后一帧时，播放将立即停止。

9．stopAllSounds

作用：使当前播放的所有声音停止播放，但不停止动画的播放。说明：被设置的流式声音将会继续播放。

例如：

```
on(release){
  stopAllSounds();
}
```

当按钮被单击时，电影中的所有声音将停止播放。

13.4　典型单场景交互课件

Flash具备很强的交互设计功能，利用它能轻松地制作交互式课件。对于内容和结构比较简单的交互式课件，在Flash中利用一个场景便能完成。本节通过课件范例"人类的朋友——可爱的动物"介绍典型单场景交互课件的制作方法。

13.4.1　课件简介

这个课件通过展示一些动物的图片和文字说明，来激发学生爱护自然、保护动物的环保意识,在按钮的控制下,一幅幅可爱的动物图片渐渐地显示出来,效果如图13-30所示。

图13-30　课件效果

本课件范例是通过帧动作和按钮动作来实现交互功能的。完成以后的课件结构十分典型,只要理解了这个范例的制作方法,其他类似的课件能很容易地制作出来。

13.4.2　制作步骤

1. 创建影片文档并导入素材

(1) 新建一个ActionScript 2.0影片文档,设置舞台尺寸为550像素×420像素,背景颜色为灰色,其他属性保持默认设置。

(2) 将"图层1"重新命名为"动物"。选择"文件"→"导入"→"导入到舞台"命令,在弹出的"导入"对话框中选择所有要导入的动物图像文件,如图13-31所示。

图13-31　"导入"对话框

（3）单击"打开"按钮，这时会弹出一个提示框，如图 13-32 所示。选择"是"按钮。这样，动物图像就全部被导入到舞台上，并且每个图像占一个关键帧，此时的图层结构如图 13-33 所示。

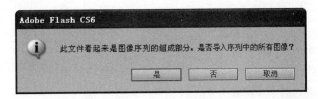

图 13-32 导入图像序列

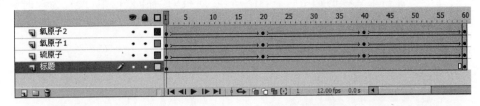

图 13-33 导入图像以后的图层结构

（4）新插入一个图层，重新命名为"背景"，并将其移动到"动物"图层的下边。在这个图层上创建一个背景图形元件，效果如图 13-34 所示。这个背景图形有层次感、立体感，渐变填充颜色上还覆盖横向的条纹。最后，在背景图形元件的左上角创建课件标题并修饰图形（两片树叶）。

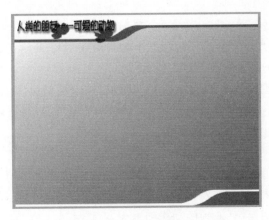

图 13-34 背景图形元件

2. 将动物图像转换为影片剪辑元件

为了让动物图像更具备感染力，将每张动物图像转换为影片剪辑元件，形成一种动态显示的效果，并加上说明文字的飞入动画，下面以第一个动物创建过程为例进行介绍，其他类似。

（1）选中"动物"图层第 1 帧上的动物图片。选择"修改"→"转换为元件"命令，将动物图片转换为名字叫 dw1 的影片剪辑元件。

（2）双击场景中的 dw1 实例，进入到 dw1 元件的编辑场景。选中编辑场景中的动物图片，按 F8 键将图片转换为名字为 dw01 的图形元件。这里，把 dw1 元件编辑场景中的动物图片转换为图形元件的目的主要是为了方便定义补间动画效果，如动画中的透明度的设置等。

（3）选中"图层 1"的第 20 帧，按 F6 插入一个关键帧。选中第 1 帧上的 dw01 实例，然后在"变形"面板中设置尺寸缩小比例为 20％，注意使约束复选处于被选中状态，这样可以等比例缩放图形，如图 13-35 所示。

（4）打开"属性"面板，在"色彩效果"栏中选择"样式"下拉列表中的 Alpha 属性进行设置，设置为 10％，如图 13-36 所示。

图 13-35　"变形"面板

（5）选中图层第 1 帧，右击，在弹出的快捷菜单中选择"创建传统补间"命令。保持第 1 帧的选中状态，在"属性"面板的"补间"栏中，设置为顺时针旋转 1 次，如图 13-37 所示。

图 13-36　"属性"面板

图 13-37　定义旋转飞入动画

（6）插入一个新图层，并重新命名为"文字 01"。选中这个图层的第 21 帧，按 F7 键插入一个空白关键帧。选择"文本工具"，在场景中输入有关这个动物的说明文字。接着按 F8 键将文本对象转换为图形元件。

（7）选中"文字 1"图层的第 26 帧，按 F6 键插入一个关键帧。然后选中这个图层的第 21 帧上的文本图形实例，按 Shift＋→组合键，将文本向右移动到舞台外部。选中"文字 1"图层的第 21 帧，右击，在弹出的快捷菜单中选择"创建传统补间"命令，定义从第 21～26 帧间的动作补间动画。

（8）再插入一个新图层，并重新命名为"声音"。在这个图层的第 19 帧插入一个空白关键帧。将一个合适的声音文件导入到 Flash 中，并引用到"声音"图层的第 19 帧上。

（9）定义"文字 1"图层第 26 帧的动作脚本为：

stop();

最后，影片剪辑元件 dw1 的图层结构如图 13-38 所示。

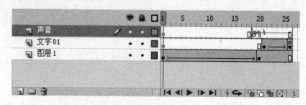

图 13-38　影片剪辑元件 dw1 的图层结构

3. 创建交互控制

（1）返回到"场景 1"。在"动物"图层上新增加两个图层，分别重新命名为"按钮"和"程序代码"。

（2）选择"文件"→"导入"→"打开外部库"命令，弹出"作为库打开"对话框，在其中选择"按钮.fla"文件，如图 13-39 所示。单击"打开"按钮，打开"按钮.fla"文件的库。

图 13-39 "作为库打开"对话框

（3）选择"按钮"图层的第 1 帧，然后将"按钮.fla"文件的库中的"立体按钮"元件拖曳到物体的右下角的合适位置，并更改它的大小以适应舞台的尺寸。

（4）复制一个按钮，并放在原来按钮的左边。选择"修改"→"变形"→"水平翻转"命令，将按钮水平翻转。这样就得到两个控制按钮，效果如图 13-40 所示。

图 13-40 两个控制按钮

（5）分别定义两个按钮上的程序代码。左边按钮上的程序代码是：

```
on (release) {            //单击按钮时,跳转到上一帧开始播放
    prevFrame();
}
```

右边按钮上的程序代码是：

```
on (release) {            //单击按钮时,跳转到下一帧开始播放
```

```
nextFrame();
}
```

(6) 选择"程序代码"图层。在这个图层上,从第 2~10 帧分别按 F7 键插入 9 个空白关键帧。每个关键帧的动作脚本都定义为:

```
stop();
```

完成以后的图层结构如图 13-41 所示。

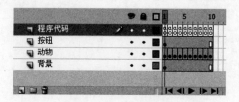

图 13-41　图层结构

至此,本课件范例制作完毕。本范例是一个典型的单场景交互课件,图层结构十分清晰。每个要演示的影片剪辑占一个关键帧,并且每个关键帧都用 stop 函数停止。利用按钮控制帧跳转以实现对课件的交互控制。今后在制作类似的课件效果时,都可以直接套用这个图层结构。

13.5　多场景导航课件

视频讲解

对于内容多、结构复杂的大型课件,初学者往往感到无从下手,这是因为初学者没有掌握一种系统的、科学的设计方法。

在规划课件时,主要使用的是结构化、模块化的程序设计方法。具体设计方法是,根据课件的内容,将其分解为一个课件主控模块和几个课件功能模块,如果需要,将课件功能模块再细化为几个功能子模块。课件主控模块用来控制和调度各个课件功能模块的播放,各个课件功能模块来具体实现相应课件内容的展示,如图 13-42 所示。这种"化大为小,分而治之"的设计方法,可以使课件的制作变得容易。

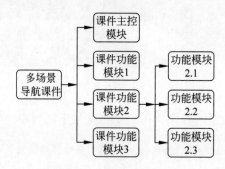

图 13-42　模块化课件设计

多场景导航课件一般有两种制作方法:典型多场景课件和网络型多场景课件。下面分别讲解。

13.5.1　典型多场景课件的制作方法

把教学内容分成一个课件主控模块和几个课件功能模块，然后把每个课件功能模块通过多个场景来制作，每个场景都可以独立地制作属于这个场景的动画。利用 Flash 的多场景技术可以很好地实现模块化课件设计的思想。

Flash 动画文件的层次结构是这样的：一个 Flash 影片文档可以包含多个场景，每个场景中又包含若干个层和帧。每个场景上的内容通常是某个相同主题的动画，Flash 利用不同的场景组织不同的动画主题。

播放一个多场景的动画时，将按照它们在"场景"面板中的排列顺序逐次播放。添加了多个场景的"场景"面板如图 13-43 所示。

图 13-43　"场景"面板

一般情况下，多场景导航演示课件不能按照"场景"面板中的顺序逐次播放。需要单独设计一个导航场景，用它来控制整个课件的交互播放，这个场景实际上就是实现课件的主控模块的功能。图 13-44 所示是典型多场景导航课件设计方法示意图。

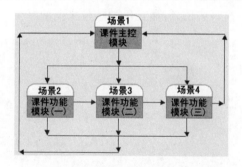

图 13-44　多场景导航课件设计方法

专家点拨：这种方法的优点是代码简单，结构清晰，是一种典型的多模块程序设计思路。另外，因为每个课件功能模块单独占用一个场景，所以当课件内容多、具有二级功能模块时，这种方法也能应付自如。

下面通过一个课件范例——荷塘月色，介绍利用多场景动画技术制作多场景导航课件的方法。

1．课件欣赏

荷塘月色是中学语文中的一篇课文，本课件通过"配乐朗诵""走近作者""整体感知""开阔视野"和"巩固练习"5 个教学模块展示这篇课文。

运行课件,首先出现主控导航界面,如图 13-45 所示。这是一个以荷花为背景的界面,表现一种朦胧的月色下荷花若隐若现的意境。一个弧状的图形横跨整个界面,它代表一个月亮的夸张造型,这也蕴含课件内容本身和月亮有关系。沿着这个弧状图形,放置着课件的 5 个导航按钮,从平面构图上可以说十分巧妙。

图 13-45　主控导航界面

单击任何一个导航按钮,即可跳转到相应的界面,展示对应的教学模块的内容。例如,单击"配乐朗诵"按钮,可以跳转到如图 13-46 所示的界面。"配乐朗诵"教学模块充分利用了 Flash 多媒体课件声形并茂的特点,动听的配乐朗诵和优美的动画,不仅使学生直观地感受到作者朱自清在课文中描写的情景,而且给学生带来美的享受。

图 13-46　"配乐朗诵"教学模块

2. 制作思路

1）规划教学模块和课件结构

在制作内容比较丰富、教学模块比较多的多媒体课件时，首先要通过对课件内容和表现形式的分析，做出课件结构的整体规划。在进行规划时，主要使用模块化的程序设计思想。

通过分析，本课件被分成了 6 个模块。一个主控模块，在一个单独的场景中实现它。另外还有 5 个功能模块，分别是"配乐朗诵"模块、"走近作者"模块、"整体感知"模块、"开阔视野"模块、"巩固练习"模块，它们也分别在不同的场景中实现。

课件的导航控制主要是通过主控模块场景中的按钮来实现，在每个功能模块中也分别设计一个返回按钮，用来返回主控模块场景。这些按钮中的动作脚本一般形式是：

```
on(press){
gotoAndPlay("场景名", 1);
}
```

动作脚本的含义是，当单击按钮时，课件转到某一个场景的第 1 帧并开始播放，脚本中的"场景名"参数决定了具体转到哪一个场景。

本课件的结构规划如图 13-47 所示。

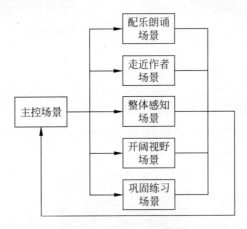

图 13-47　课件结构规划

2）设计主控界面

一个漂亮的主控界面，能为多媒体课件增色不少，另外它也可以突出课件表现的主题，增强课件的感染力。利用图像素材在 Photoshop 中设计课件中的主控界面图像是最常用的方法，用这种方法设计出来的课件画面具有较强的感染力。

本课件是一张以荷花图像为素材，利用 Photoshop 的滤镜、图层、图层样式、路径、选区、文字样式等技术，进行主控界面的设计，如图 13-48 所示。

3）在 Flash 中创建和规划场景

本课件是一个多场景的影片文档。在"场景"面板中，单击右下角的"添加场景"按钮，添加 5 个场景，并重新将它们命名为"主控导航场景""配乐朗诵场景""走近作者场景""整体感知场景""开阔视野场景"和"巩固练习场景"，如图 13-49 所示。

单击舞台右上角的"编辑场景"按钮 ，弹出一个下拉菜单，如图 13-50 所示。在其中选择某一个场景名称，就可以切换到这个场景中，舞台的左上角也显示出该场景的名称。

图 13-48　利用 Photoshop 设计主控界面

图 13-49　定义场景

图 13-50　转换场景

4）制作主控导航场景

切换到"主控导航场景"。选择"文件"→"导入"→"导入到舞台"命令，将在 Photoshop 中制作好的主控界面图像导入"背景"图层上。

创建一个名为"导航控制按钮"的按钮元件。在按钮元件的编辑场景中画出一个按钮，效果如图 13-51 所示。

图 13-51　"库"中的导航控制按钮

添加一个名为"导航控制"的图层。在"库"面板中拖曳 5 个"导航控制按钮"到"导航控制"图层中，并把它们按照弧状图形的曲线走向进行放置，形成弧状的效果。用"文本工具"

在 5 个按钮上输入相应的标题文字。

在设计主控导航界面时，制作了一颗旋转的星星绕着"荷塘月色"标题文字旋转的动画效果。这种在静态的界面上添加动态效果的设计方法，可以起到画龙点睛的效果。

5）制作其他场景

除了主控导航场景外，其他 5 个场景都是实现具体教学内容的功能模块场景。在制作时，如果教学内容比较多，需要多页或多层次显示，可以采用 13.4 节的单场景课件结构进行设计。将教学内容设计成影片剪辑元件，利用帧跳转法实现课件的交互控制。例如，"整体感知场景"就是采用的这种课件结构，图层结构如图 13-52 所示。

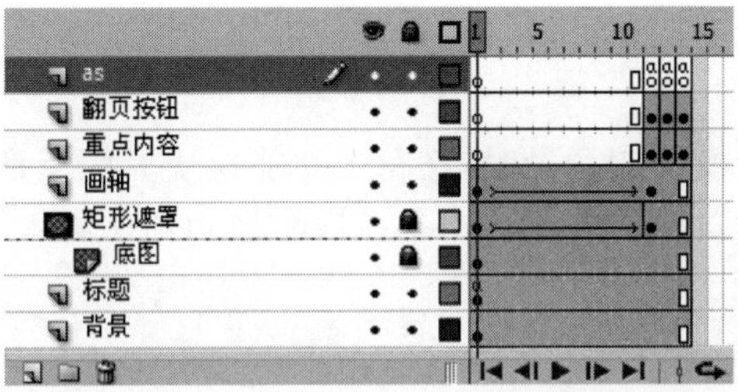

图 13-52 "整体感知场景"的图层结构

"配乐朗诵场景"对应的教学内容是本课件的一个重点功能模块，它的效果使这个课件极富感染力。Flash MV 动画是目前最流行的一种多媒体作品形式，"配乐朗诵场景"的制作就采用了 Flash MV 的设计方法。在制作时，大量采用了电影镜头的动画效果，动画主角是导入的外部图像素材。有的图像淡入淡出，有的图像由远到近，有的图像由近到远……这些模拟电影镜头推拉、摇摆等技术实现的动画效果，具有较强的感染力。

专家点拨：电影镜头效果通常是使用遮罩动画来制作的。具体的制作方法，读者可以参考 12.6.2 节的相关内容。

6）实现交互导航功能

进入到"主控导航场景"，分别选择主控导航界面上的 5 个控制按钮，在"动作"面板中定义它们的动作脚本。

"配乐朗诵"按钮的动作脚本：

```
on (release) {
  gotoAndPlay("配乐朗诵场景", 1);
}
```

"走近作者"按钮的动作脚本：

```
on (release) {
  gotoAndPlay("走近作者场景", 1);
}
```

"整体感知"按钮的动作脚本：

```
on (release) {
  gotoAndPlay("整体感知场景", 1);
}
```

"开阔视野"按钮的动作脚本:

```
on (release) {
  gotoAndPlay("开阔视野场景", 1);
}
```

"巩固练习"按钮的动作脚本:

```
on (release) {
  gotoAndPlay("巩固练习场景", 1);
}
```

以上动作脚本的功能类似,单击按钮时,按钮动作会控制动画跳转到相应的场景并进行播放。

另外在制作 5 个功能模块的场景时,在每个功能模块界面上都放置了一个返回按钮,这个按钮用来返回"主控导航场景"界面。这个返回按钮的动作脚本是:

```
on (release) {
  gotoAndPlay("主控导航场景", 1);
}
```

13.5.2 网络型多模块课件的制作方法

loadMovieNum()函数可以在一个 swf 影片中加载外部的 swf 影片。将课件分解为若干课件模块(包括一个主控模块和若干功能模块),把每个课件模块制作成独立的 Flash 影片,最后利用 loadMovieNum()函数实现各个课件模块间的相互调用,实现模型如图 13-53 所示。

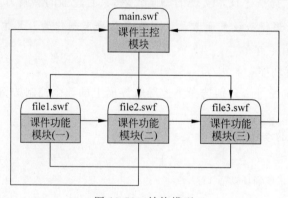

图 13-53 结构模型

根据课件内容,将各个课件功能模块制作成独立的 Flash 影片,并导出成相应的 swf 文件。课件主控模块也制作成独立的 Flash 影片,其中主要设计一个导航菜单。导航菜单由若干按钮组成,按钮和课件的功能模块相对应。单击导航菜单中的按钮可以载入相应的课件功能模块 swf 影片。在每个功能模块影片中也设计一个返回主控模块影片的按钮。这些导航控制按钮上的程序代码的一般形式是:

```
on(release){
  loadMovieNum("URL", level);
}
```

程序代码的功能是，当单击并释放按钮时，加载指定的 swf 影片。

URL：设置加载的 swf 文件的绝对路径或相对路径。一般这里都是使用相对路径，也就是直接用 swf 文件名替代这个参数。这时，必须让多个 swf 文件（主控模块和若干功能模块）都应该存放在相同的文件夹下。

level（级别）：用于设置将动画加载到哪一级界面上。在 Flash 播放器中，按照加载的顺序，影片文件被编号了。第一个加载的影片将被放在最底层（0 级界面）上，以后载入的影片将被放在 0 级以上的界面中。例如，在一个主影片中利用下面的程序代码加载另一个影片：

```
loadMovieNum("概述.swf",0);
```

这个函数将要加载的"概述.swf"的级别设置为 0，由于主影片默认的也在 0 级别上，所以被加载的影片将取代原来 0 级别上的主影片文件。如果把加载的影片的级别定义为 1：

```
loadMovieNum("概述.swf",1);
```

则 0 级别上的主影片不会被加载的影片取代，两个影片会同时存在，一个在 0 级别上，另一个在 1 级别上。当不想让加载进来的影片将主控影片中的导航菜单覆盖时，可以采用这种级别设置。

loadMovieNum()函数中的 level 参数对设计课件导航结构很重要。实际工作中要根据具体的导航实现思路来设置 level 参数，从而确定被加载的影片是否覆盖原有的影片。

专家点拨：loadMovieNum()函数是将外部的 swf 文件或 jpg 文件加载到影片特定的级别。如果要将外部的 swf 文件或 jpg 文件加载到影片中的某个影片剪辑中，则需要使用 loadMovie()函数。

下面通过一个课件范例——金属的物理性质的制作思路，介绍利用 loadMovieNum()函数制作网络型多模块导航课件的方法。

1．课件欣赏

本范例是高中化学"金属的物理性质"网络型多模块导航课件。这个课件共包括 6 个模块，分别是 1 个课件片头、1 个主控导航模块、4 个功能模块。其中，4 个功能模块包括金属的内部结构、金属的导热性、金属的导电性、金属的延展性等教学内容。

这个课件的特点是，动画十分精彩，通过动画直观模拟了金属物质微观世界的奥秘，这是传统的教学模式很难实现的。课件运行时，先播放一个课件片头，如图 13-54 所示。

这个课件片头播完以后，影片将自动跳转到课件的主控导航界面，如图 13-55 所示。在主控导航界面下边有 4 个导航按钮，单击它们可以分别调用独立的影片文件，以打开相应的课件功能模块进行播放。图 13-56 所示为其中"金属的导电性"功能模块播放时的一个画面。

2．制作思路

1）规划教学模块和课件结构

在制作课件之前，先进行模块化课件设计。通过分析，本课件共划分为 6 个模块：1 个课件片头模块、1 个主控导航模块、4 个功能模块。课件片头模块和主控导航模块分别用一个独立的 swf 影片文件实现，另外的 4 个功能模块对应演示课件的具体内容，它们也分别用

图 13-54　课件片头

图 13-55　课件的主控导航界面

4 个独立的 swf 影片文件实现，最后用 loadMovieNum( ) 函数实现整个课件的导航控制功能。

这 6 个课件模块对应的 swf 影片文件名为：
- 课件片头模块——片头.swf。
- 主控导航模块——主控界面.swf。
- 功能模块 1(金属的内部结构)——内部结构.swf。
- 功能模块 2(金属的导热性)——导热性.swf。
- 功能模块 3(金属的导电性)——导电性.swf。
- 功能模块 4(金属的延展性)——延展性.swf。

第 13 章　Flash 课件中的交互和导航　395

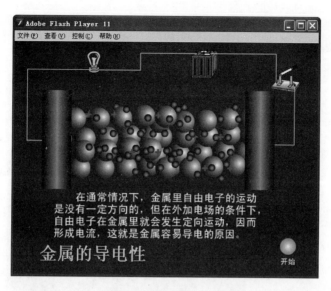

图 13-56　课件播放时的一个画面

🐍**专家点拨**：需要特别注意的是，6 个 swf 影片文件需要存放在同一个文件夹下，以便相互调用。

为了清楚地表达上面规划的课件结构，需绘制一个课件层次结构图，以方便在设计制作之前做到有的放矢，心中有数，如图 13-57 所示。

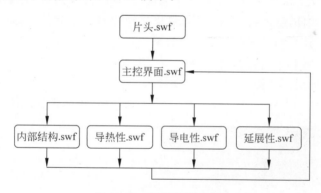

图 13-57　课件结构层次图

2）制作课件片头影片

新建一个 ActionScript 2.0 影片文档。设置舞台尺寸为 600 像素×448 像素，舞台的背景色为蓝色（♯000099）。在主场景中创建一个课件片头动画效果，如图 13-58 所示。课件片头形象地说就是一段开场白。本课件的片头播放时，滚动的小球、不断变换的字母条、颜色各异的金属符号加上音乐，极富感染力。

3）制作主控导航影片

主控导航影片文档属性和片头影片一样。在舞台上绘制一个渐变色矩形，覆盖整个舞台。这样得到一个渐变色的背景效果。另外，导航条和课件标题都用影片剪辑元件，它们将整个界面动态地表现出来，增加了课件的感染力，如图 13-59 所示。

在主控界面的下边放置了 4 个导航按钮，它们是主控导航界面上最重要的对象，分别定

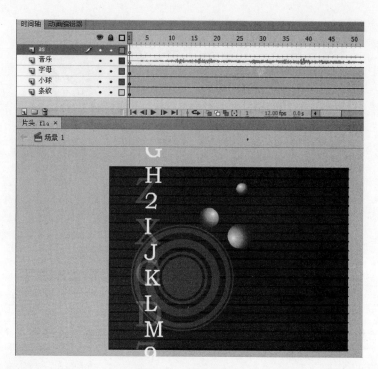

图 13-58　课件片头

义它们的动作脚本就可以实现对其他课件功能模块的调用。这 4 个导航按钮被制作成了一个独立的影片剪辑元件，名字叫"导航条"。这里之所以将 4 个导航按钮放置在一个影片剪辑元件中，就是为了让它们呈现一种飘动的效果。

4）制作功能模块 1——内部结构.swf

本课件将金属的内部结构设计成一个功能模块，用独立的 Flash 影片（内部结构.swf）来实现这个功能模块的内容。打开影片源文件"内部结构.fla"，图层结构如图 13-60 所示。

图 13-59　主控界面效果

图 13-60　内部结构.swf 的图层结构

这个影片共有 5 个图层。"标题文本"图层放置的是标题和文字说明。"晶体 MC"图层放置的是"金属离子""自由电子"和"正电荷"影片剪辑。"典型结构 MC"图层的第 2 帧上放置了"体心立方""面心立方"和"密排六方"3个影片剪辑,这是课件的主要演示内容。"按钮"图层上有两个关键帧,第1个关键帧上是实现跳转到"典型结构 MC"图层第2帧进行播放的按钮,第2个关键帧上是实现返回主控界面的按钮。as 图层上的两个空白关键帧上分别定义了停止动作,用来配合按钮控制动画。

运行"内部结构.swf",先播放影片第1帧并停止,屏幕上显示标题、文字说明以及"金属离子""自由电子"和"正电荷"影片剪辑元件的组合动画效果。

单击屏幕右下角的"点击观看"按钮,跳转到"典型结构 MC"图层第2帧进行播放。由于"典型结构 MC"图层第2帧放置了"体心立方""面心立方"和"密排六方"3个影片剪辑,所以这时屏幕上显示这3个影片剪辑实例。

"体心立方""面心立方"和"密排六方"3个影片剪辑元件分别用动画展示3种典型金属晶体结构。每个影片剪辑元件中通过定义一些补间动画来模拟金属晶体的内容结构,十分直观。

"密排六方"影片剪辑元件的图层结构如图 13-61 所示。"密排六方"影片剪辑元件的动画效果如图 13-62 所示。单击"密排六方"按钮就可以开始播放动画,从而模拟展示这种类型的金属晶体内部结构。

图 13-61 "密排六方"元件的图层结构

图 13-62 "密排六方"动画效果

专家点拨:对于图层特别多的元件或场景,在制作中可分类合理设置图层文件夹,然后将相应的图层移动至图层文件夹中,这样可以给课件制作带来极大的便利。

5) 制作功能模块 2——导热性.swf

播放"导热性.swf"影片,单击屏幕上的"开始"按钮后,动画演示点燃酒精灯给金属加热,可以看到金属晶体慢慢从右到左变红,最后整块金属达到同样的温度。整个动画过程只包含了传统补间动画,它是利用色调的变化来实现这个动画过程的。

打开影片源文件"导热性.fla",图层结构如图 13-63 所示。从图层结构可以看出,这个影片主要是由"金属离子"和"自由电子"的传统补间动画实现的。进一步研究可以发现,每个传统补间动画都是利用对象的色调变化制作完成的。

例如,最下边的"金属离子"图层是一个从第 25~105 帧的传统补间动画。具体制作步骤是,在这个图层的第 25 帧放置一个金属离子影片剪辑,在第 105 帧插入关键帧,选择第

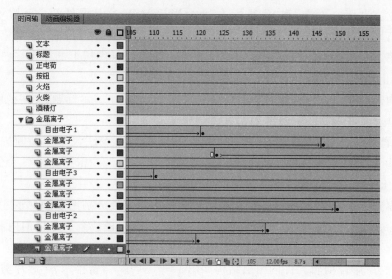

图 13-63 导热性.swf 的图层结构

25 帧创建传统补间动画。单击第 105 帧上的实例,打开"属性"面板,在"色彩效果"栏的"样式"下拉列表中选择"色调"选项,将 RGB 值分别设置为 255、90、0,"色调"为 60%,如图 13-64 所示。

6)制作另外两个功能模块

本课件用独立的 Flash 影片(导电性.swf)来实现金属的导电性这个功能模块的内容;用独立的 Flash 影片(延展性.swf)来实现金属的延展性这个功能模块的内容。制作方法与另外两个模块类似,主要是通过补间动画设计。

7)定义主控界面上的导航按钮动作

图 13-64 设置色调

打开"主控界面.fla"文件,在"库"面板中双击打开"导航条"影片剪辑元件,在这个元件的编辑场景中,在"内部结构"图层第 11 帧上选择"内部结构性"按钮。在"动作"面板中定义这个按钮的动作脚本为:

```
on(release){
    loadMovieNum("内部结构.swf", 0);
}
```

这段动作脚本的功能是,单击并释放按钮后,加载名字为"内部结构.swf"的影片文件,级别为 0。

专家点拨:在"动作工具箱"中依次展开"全局函数"→"浏览器/网络函数"类别,可以看到 loadMovieNum 函数。

按照同样的方法,为其他 3 个按钮定义动作脚本。

"导热性"按钮的动作脚本为:

```
on(release){
    loadMovieNum ("导热性.swf", 0);
```

}
//单击并释放按钮后,加载名字为"导热性.swf"的影片文件,级别为 0

"导电性"按钮的动作脚本为:

```
on(release){
    loadMovieNum ("导电性.swf", 0);
}
```
//单击并释放按钮后,加载名字为"导电性.swf"的影片文件,级别为 0

"延展性"按钮的动作脚本为:

```
on(release){
    loadMovieNum ("延展性.swf", 0);
}
```
//单击并释放按钮后,加载名字为"延展性.swf"的影片文件,级别为 0

这 4 个按钮的动作脚本主要使用的就是 loadMovieNum 函数,功能是加载课件 4 个功能模块对应的 swf 影片文件。从脚本中可以看出,影片文档全部被设置加载在 0 级上,这样后面被加载的动画总会取代原来 0 级别上的动画文件,不会出现重叠的问题。

8) 定义返回主控界面的动作

从 4 个功能模块 swf 影片返回到主控界面 swf 影片是通过返回按钮来实现的,返回按钮的脚本为:

```
on(release){
    loadMovieNum ("主控界面.swf", 0);
}
```
//单击并释放按钮后,加载名字为"主控界面.swf"的影片文件,级别为 0

这个动作脚本的功能也是通过 loadMovieNum 函数调用主控界面 swf 影片文件,从而实现返回主控界面的目的。

9) 定义课件片头到主控导航界面的连接动作

"片头.swf"是一个独立的影片文件,它也是通过 loadMovieNum 函数调用"主控界面.swf"影片文件来实现自然连接至主控界面的,它的动作脚本是被定义在片头动画播放完的最后一帧:

```
loadMovieNum("主控界面.swf", 0);
```

当片头动画播放完,就开始执行这段动作脚本,也就是立即调用"主控界面.swf"文件,进入主控导航界面进行播放。

专家点拨:利用 loadMovieNum()函数制作课件导航功能的优点是,课件既较好地实现了模块化课件设计的思想,又使课件具备了很强的网络特性。因为这种类型的课件在播放时,并不把全部的课件模块都装载到计算机的内存中,只先装载课件的主控模块,需要时,再在课件主控界面上单击控制按钮把其他的课件模块装载运行。这种方法很适合制作网络型 Flash 课件,具有广阔的应用前景。

13.6 本章习题

1. 选择题

(1) "脚本窗格"上方有若干功能按钮,利用它们可以快速对动作脚本实施一些操作,如果需要使编写的程序代码自动套用编程格式,应单击(　　)按钮。

　　A. ✏　　　　　B. ▤　　　　　C. ⊕　　　　　D. 🔍

(2) 按钮元件中,(　　)定义了按钮的响应范围。

　　A. "弹起"帧　　　B. "指针经过"帧　　　C. "点击"帧　　　D. "按下"帧

(3) 课件转到一个名字为"主界面"场景的第 1 帧并开始播放,相应的动作脚本是(　　)。

　　A. gotoAndPlay("主界面", 1);　　　　B. gotoAndPlay(主界面, 1);

　　C. gotoandPlay("主界面", 1);　　　　D. gotoAndstop("主界面", 1);

2. 填空题

(1) 为了从当前场景跳转到前一个场景中,应该使用的时间轴控制函数是_____。

(2) 在 Flash 文档的编辑状态下,舞台上的按钮默认的是禁用状态,无法直接测试按钮的效果。为了能在文档编辑状态下直接测试按钮,可以选择_____命令,此时鼠标滑过按钮可看到"指针经过"帧的效果,单击按钮显示"按下"帧的效果。

(3) 典型单场景交互课件的图层结构十分清晰。每个要演示的影片剪辑占一个关键帧,并且每个关键帧都用_____函数让其停止。利用_____控制帧跳转以实现对课件的交互控制。

(4) 网络型多场景课件的制作方法是,将课件分解为若干课件模块(包括一个主控模块和若干功能模块),把每个课件模块制作成独立的 Flash 影片,最后利用_____函数实现各个课件模块间的相互调用。

13.7 上机练习

练习 13-1　制作按钮元件

制作一个按钮元件,效果如图 13-65 所示。

主要制作步骤:

(1) 新建一个 Flash 影片文档。保持影片文档的默认设置。

(2) 选择"插入"→"新建元件"命令,弹出一个"新建元件"对话框,在"名称"文本框中输入"立体按钮",在"类型"选项中选择"按钮"单选按钮。单击"确定"按钮,进入到按钮元件的编辑场景中。

(3) 在"弹起"帧绘制一个立体按钮图形。这个图形由如图 13-66 所示的几个图形组合而成。图中右边的两个图形(三角形和矩形)都是深灰色填充颜色。

(4) 选择"指针经过"帧,按 F6 键插入一个关键帧,把该帧上的图形放大为 110%。并把这个帧上的深灰色形状的填充色重新填充为蓝色。

图 13-65　按钮元件效果

图 13-66　按钮图形分解图

（5）"按下"帧上的图形和"弹起"帧上的图形基本相同，因此利用复制帧的方法即可得到。先右击"弹起"帧，在弹出的快捷菜单中选择"复制帧"命令，然后右击"按下"帧，在弹出的快捷菜单中选择"粘贴帧"命令即可。最后改变按钮图形的立体方向，使得按钮按下时有一个动态的效果。

（6）选择"点击"帧，按 F7 键插入一个空白关键帧，用"矩形工具"绘制一个矩形。注意一定要让这个矩形完全包容前面关键帧中的图形。

（7）将一个声音文件（sound.mp3）导入到影片的库中。

（8）在"立体按钮"元件的编辑场景中，新插入一个图层，将这个图层重新命名为"按钮声效"，选择该图层中的第 2 帧（指针经过帧），按 F7 键插入一个空白关键帧。

（9）打开"库"面板，将其中名为 sound 的声音拖曳到场景中。选择"按钮声效"图层的第 3 帧（按下帧），按 F7 键插入一个空白关键帧。

练习 13-2　制作单场景交互课件

利用单场景帧跳转技术制作一个"认识图形"课件。课件以幻灯片的形式展示一些生活中的实物图片，让小学生在自己的身边认识几何图形。学生们在轻松自然的浏览图片过程中，学习知识，激发想象力。课件播放时，先显示一个课件封面，如图 13-67 所示。

图 13-67　课件封面效果

单击画面右下角的播放按钮,可以播放课件的下一个页面,图 13-68 所示是其中的一个图形展示页面效果。在课件的图形展示页面上有两个按钮,左下角的按钮控制课件向前播放,右下角的按钮控制课件向后播放。这样可以任意控制课件的跳转播放。

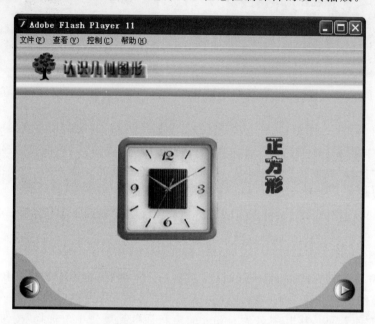

图 13-68　运行中的一个画面

主要制作步骤:
(1) 创建课件界面和导入图像素材。
(2) 制作按钮元件。
(3) 在主场景,布局图形和按钮元件。
(4) 定义帧动作和按钮动作实现课件的交互控制。

练习 13-3　利用多场景跳转技术制作课件

本章 13.5.2 节介绍了一个"金属的物理性质"网络型导航课件的制作思路。将这个课件改造成多场景导航课件,也就是利用多场景跳转技术重新制作这个课件。

主要制作步骤:
(1) 新建影片文档,新添加 5 个场景,共得到 6 个场景。这 6 个场景分别对应"片头""主控界面""内部结构""导热性""导电性""延展性"这 6 个模块。
(2) 分别在每个场景中创建相应的内容。可以采用复制、粘贴的方法,直接利用"金属的物理性质"网络型导航课件源文件进行制作。
(3) 按照 13.5.1 节的典型多场景导航课件的设计思路进行导航功能的制作。

练习 13-4　利用加载外部 swf 文件技术制作课件

本章 13.5.1 节介绍了一个"荷塘月色"多场景导航课件的制作思路。将这个课件改造成网络型多模块导航课件,也就是利用 loadMovieNum()函数(加载外部 swf 文件)重新制作这个课件。

主要制作步骤：

（1）本练习要创建6个影片文件，分别对应"主控导航界面""配乐朗诵""走近作者""整体感知""开阔视野""巩固练习"6个模块。

（2）分别在每个影片文件中创建相应的内容。可以采用复制、粘贴的方法，直接利用"荷塘月色"多场景导航课件源文件进行制作。

（3）按照13.5.2节的网络型多模块导航课件的设计思路进行导航功能的制作。

附录 A 习题参考答案

第 1 章习题答案

1. 选择题

(1) C (2) C (3) B (4) B

2. 填空题

(1) 文字、图形、图像、动画、音频、视频

(2) 对比与统一、对称与平衡、韵律与节奏、渐变与突变

(3) 色相、明度、饱和度

第 2 章习题答案

1. 选择题

(1) D (2) C (3) D

2. 填空题

(1) 设计

(2) 普通视图、幻灯片浏览视图、幻灯片放映视图

(3) 插入

第 3 章习题答案

1. 选择题

(1) B (2) A (3) C (4) C

2. 填空题

(1) 插入、SmartArt

(2) 跨幻灯片播放

(3) 开发工具

(4) Shockwave Flash Object

第 4 章习题答案

1. 选择题

(1) B (2) D (3) B (4) C

2. 填空题

(1) 进入、退出、强调、动作路径

(2) 取消超链接

(3) 开发工具

(4) Visual Basic for Applications

第 5 章习题答案

1. 选择题

(1) A (2) C (3) C (4) A

2. 填空题

(1) Del

(2) 双击或单击"粘贴"按钮

(3) "修改"→"文件"→"属性"、回放、大小

(4) .exe、.aam、.htm

第 6 章习题答案

1. 选择题

(1) A (2) D (3) B (4) D (5) B (6) B (7) C (8) C

2. 填空题

(1) "修改"→"置于下层"

(2) "编辑"→"选择粘贴"、Microsoft Office Word 文档

(3) Ctrl+P

(4) 大

(5) 右下方、时钟样式的设置标志

(6) WAVE、MP3

(7) 相应的视频播放插件或视频解码软件

第 7 章习题答案

1. 选择题

(1) B (2) B (3) D (4) B (5) C

2. 填空题

(1) 暂停

(2) 删除

(3) 英文

(4) Quit()

(5) 运动

(6) 指向固定点、指向固定直线上的某点、指向固定区域内的某点、指向固定路径的终点、指向固定路径上的任意点

第 8 章习题答案

1. 选择题

(1) D　(2) C　(3) B　(4) C

2. 填空题

(1) 交互图标、交互分支

(2) "显示"图标、"等待"图标、"计算"图标

(3) 交互作用、显示

(4) 一对英文大括号中

(5) 按键响应、时间限制响应

第 9 章习题答案

1. 选择题

(1) B　(2) C　(3) C　(4) B　(5) C

2. 填空题

(1) 文本、图形

(2) "框架"图标中下挂的一组图标

(3) 跳转

(4) 超文本

(5) Knowledge Object

(6) 知识对象

第 10 章习题答案

1. 选择题

(1) B　(2) C　(3) D　(4) B

2. 填空题

(1) 8%、2000%

(2) 图形元件、按钮元件、影片剪辑元件

(3) F5、F6、F7

(4) SWF、EXE、HTML、AVI(或 GIF)

第 11 章习题答案

1. 选择题

(1) A　(2) D　(3) C　(4) C　(5) D

2. 填空题

(1) 可扩展、固定宽度

(2) 纯色、线性渐变、径向渐变、位图填充

(3) 标准绘画、颜料填充、后面绘画、颜料选择、内部绘画

(4) 数据流

(5) H.264

第 12 章习题答案

1. 选择题

(1) B (2) C (3) B (4) D (5) C

2. 填空题

(1) 浅蓝色、浅绿色、灰色

(2) F5、F6、F7

(3) 关键帧、关联

(4) 紧贴至对象

(5) 文本

(6) 被遮罩层、填充区域、不透明

第 13 章习题答案

1. 选择题

(1) B (2) C (3) A

2. 填空题

(1) prevScene

(2) "控制"→"启用简单按钮"

(3) stop、按钮

(4) loadMovieNum

图书资源支持

感谢您一直以来对清华版图书的支持和爱护。为了配合本书的使用,本书提供配套的资源,有需求的读者请扫描下方的"书圈"微信公众号二维码,在图书专区下载,也可以拨打电话或发送电子邮件咨询。

如果您在使用本书的过程中遇到了什么问题,或者有相关图书出版计划,也请您发邮件告诉我们,以便我们更好地为您服务。

我们的联系方式:

地　　址:北京市海淀区双清路学研大厦 A 座 701

邮　　编:100084

电　　话:010-83470236　010-83470237

资源下载:http://www.tup.com.cn

客服邮箱:2301891038@qq.com

QQ:2301891038(请写明您的单位和姓名)

资源下载、样书申请

书圈

扫一扫,获取最新目录

课程直播

用微信扫一扫右边的二维码,即可关注清华大学出版社公众号"书圈"。